Thomas Schmallowsky
Katrin Schmallowsky

Squeeze out im normativen Umfeld

Thomas Schmallowsky
Katrin Schmallowsky

Squeeze out im normativen Umfeld

Ein Leitfaden zur Rechtsanwendung

Tectum Verlag

Thomas Schmallowsky
Katrin Schmallowsky
Squeeze out im normativen Umfeld. Ein Leitfaden zur Rechtsanwendung

© Tectum – ein Verlag in der Nomos Verlagsgesellschaft, Baden-Baden 2018

2., überarbeitete Auflage

ISBN: 978-3-8288-4105-5
eISBN: 978-3-8288-6968-4

Printed in Germany
Alle Rechte vorbehalten

Besuchen Sie uns im Internet
www.tectum-verlag.de

Bibliografische Informationen der Deutschen Nationalbibliothek
Die Deutsche Nationalbibliothek verzeichnet diese Publikation in der Deutschen Nationalbibliografie; detaillierte bibliografische Angaben sind im Internet über http://dnb.ddb.de abrufbar.

Inhalt

Unseren Familien

A) Einleitung und Übersicht

In den zurückliegenden Jahren war es den Unternehmen nach herrschendem Recht in Deutschland nicht möglich, Minderheitsaktionäre ohne Weiteres aus der Gesellschaft herauszudrängen. Gefordert wurde immer wieder die Einführung einer squeeze out / freeze out[1] Regelung, die den Mehrheitsaktionären die Möglichkeit eines Minderheitsausschlusses ohne komplizierte Rechtsgestaltungen geben sollte. Am 01.01.2002 wurde dem Drängen nach vereinfachter Rechtsgestaltung mit dem Wertpapiererwerbs- und Übernahmegesetz[2] Rechnung getragen, indem die §§ 327 a bis 327 f in das AktG eingefügt wurden. Die nachfolgenden Überlegungen sollen die verfassungsrechtlichen Besonderheiten der neuen Regelung darstellen und überdies dem Gedanken der Besteuerung im Rahmen des § 23 I Satz 1 Nr. 2 EStG, der KSt sowie der KapESt Rechnung tragen.

Im ersten Teil dieser Arbeit wird das Institut des Squeeze-out analysiert. Insbesondere wird der Werdegang dieser Regelung von der historischen Intention des Gesetzgebers über die Beschlussfassung der Hauptversammlung der Gesellschaft bis zum Rechtsmittelgebrauch der Minderheitsaktionäre dargestellt.

Im zweiten Teil dieser Arbeit soll im Vordergrund die einkommensteuerliche Betrachtung als Folge eines Squeeze-out bei Minderheitsaktionären betrachtet werden. Insbesondere wird dabei auf das geltende deutsche Steuerrecht (2004) eingegangen und Exkurse in das Bilanzrecht ausgeführt. Die enge Verzahnung von Gesellschaftsrecht, Steuerrecht und Bilanzrecht i. e. S. machen es erforderlich, auf betriebswirtschaftliche Aspekte näher einzugehen. Es wird jedoch nicht angestrebt, einen vollumfänglichen Einblick in die

---

[1] Im folgenden „squeeze-out" genannt. Die Terminologie ist nicht eindeutig. I. d. R. wird freeze-out als gesellschaftsrechtliche Maßnahme im technischen Sinne und squeeze-out als Gestaltung der gesellschaftsinternen Verhältnisse mit Zwang zum Ausscheiden der Minderheitsaktionäre verstanden.

[2] BGBl. I 2001, S. 3822.

bilanzrechtlichen und wirtschaftsökonomischen Grundlagen zu geben. Insoweit sei auf die einschlägige Fachliteratur der Betriebswirtschaftslehre verwiesen. Im Mittelpunkt dieses Buches steht somit die verfassungsrechtliche Kontrolle des § 23 I S. 1 Nr. 2 EStG, der nach Ansicht des Verfassers verfassungswidrig ist sowie die weitreichenden steuerlichen Folgen des Aktienbezuges. Diesbezüglich orientiert sich die vorliegende Arbeit am Urteil des Zweiten Senats des BVerfG vom 09.03.2004 – 2 BvL 17/02.

Im dritten Teil dieser Arbeit werden die Folgen des Squeeze-out nach Maßgabe des Körperschaftssteuerrechts im Hinblick auf die Gesellschaft untersucht. Es wird dargestellt, dass das Körperschaftssteuergesetz einer Rechtsanpassung in Bezug auf die EU-Erweiterung bedarf.

Im vierten Teil dieser Arbeit wird die Kapitalertragssteuer im Hinblick auf die Anteilseigner einer AG oder KGaA untersucht. Der Verfasser wird darstellen, dass die Kapitalertragsteuer einer regulären Neufassung bedarf, um den Finanzwettbewerb deutscher Unternehmen und Anleger zu stärken.

Im fünften Teil dieser Arbeit stehen summarische Betrachtungen der Ergebnisse, Wertungen und Vorschläge hinsichtlich eines neuen Steuer- und Gesellschaftsrechts im Vordergrund.

Es wird kein Anspruch erhoben, sämtliche Rechtsprechung und Literatur dieses umfangreichen Sachgebietes berücksichtigt zu haben.

I) Rechtslage vor dem 01.01.2002

Bereits 1997 plädierte der Bundesverband der Deutschen Industrie und die Börsensachverständigenkommission für die Einführung der Squeeze-out-Regelung, um einen Auskauf von Minderheitsaktionären zu ermöglichen.[3] Auch der deutsche Anwaltsverein entwarf 1999 einen Gesetzesvorschlag hinsichtlich einer neuen Regelung im Wettbewerbsrecht, dem das neue Gesetz nahezu uneingeschränkt Rechnung trägt.[4] In der Praxis fanden sich häufig Konzerngesellschaften, die aus einem Mehrheitsaktionär und vielen kleineren Minderheitsaktionären bestanden. Dadurch bestand die Gefahr der räuberischen Aktionäre, d. h. Aktionäre, die Abfindungen, Dividenden etc. durch Anfechtung von Beschlüssen der jeweiligen Gesellschaft erzwangen.[5] Ferner bestand die Gefahr, dass Deutschland in seiner Wettbewerbsfähigkeit beeinträchtigt wurde. Durch fehlende gesetzliche Möglichkeiten, Minderheitsaktionäre aus einem Unternehmen herauszudrängen, bestand in rechtsvergleichender Erwägung die Sorge, dass der Finanzplatz Deutschland hinter anderen Finanzmärkten zurück fiel. Warum auch sollten landesfremde Unternehmen sich in Deutschland ansiedeln, wenn de lege lata die Befürchtung bestand, dass Minderheitsaktionäre Entschlüsse des Unternehmens blockieren würden? Beispielhaft sei die ehemalige Mannesmann AG genannt. Darin hatte der Großaktionär ca. 99 % aller Aktienanteile in seinem Besitz, während der Rest der ausgegebenen Aktien eine Streuung von ca. 2,7 Millionen Stück aufwies.

Eine einheitliche Rechtsgestaltung im deutschen Recht gab es zu diesem Zeitpunkt nicht. Allenfalls existierten Leitsätze für Unternehmensübernahmen der Börsensachverständigenkommission des Bundesministerium der Finanzen sowie ein auf freiwilliger Basis anzuerkennender Übernahmekodex der Börsensachverständigenkommission. Diesen hatten sich jedoch nur wenige Unternehmen zu eigen gemacht, sodass nicht zuletzt die rechtliche

[3] Land/Hasselbach, DB 2000, 1747.

[4] Vgl. Pötzsch, Das neue Übernahmerecht, S. 53 f.

[5] Vgl. Piepenburg, Mitgliedschaftliche Treupflichten der Aktionäre, S 359 ff; ebenso Planck, Aktionärsklagen im französischen und deutschen Recht unter Einbeziehung der neueren Rechtsentwicklung in Belgien, S. 200 ff.

Unverbindlichkeit des Kodex sich als Hürde für das deutsche Übernahmerecht darstellte. Um dennoch den Unternehmen eine Möglichkeit der Aktienkonzentration in einer Hand zu geben, gab es einige Möglichkeiten, um Minderheitsaktionäre aus ihrer Rolle als Unternehmensanteilsinhaber herauszudrängen. Vorliegend wird daher auf die Rechtslage ab 2002 ff. eingegangen, um die historische Entwicklung verständlicher zu gestalten.

1) Verschmelzung auf nichtbörsennotierte Gesellschaft

Am Verbreitesten in Deutschland war zunächst die Verschmelzung von börsennotierten Gesellschaften auf eine nichtbörsennotierte Gesellschaft.[6] Diese Going-Private-Technik richtete sich nach § 2 ff. UmwG a.F. Gem. § 20 UmwG a.F. erlischt die börsennotierte Gesellschaft, sobald diese ihr Vermögen auf die übernehmende Gesellschaft übertragen hat, die nicht an der Börse notiert ist. Dazu kommen musste die Eintragung in das Handelsregister worauf die ursprüngliche Gesellschaft erlosch und die ihr anhaftende Börsennotierung selbstredend mit ihr unterging. Als Übernahmekandidaten kamen sowohl Personengesellschaften als auch Kapitalgesellschaften in Betracht. Diese konnte zu eben dem Zweck des Going-Private extra gegründet werden. Voraussetzung für die Verschmelzung war weiterhin, dass gem. § 4 ff. UmwG a.F. ein notarieller Verschmelzungsvertrag zwischen beiden Rechtsträgern geschlossen wurde. Ferner bedurfte es gem. §§ 43 ff. UmwG zur Wirksamkeit des Verschmelzungsvertrages mindestens einer Dreiviertelmehrheit des bei der Beschlussfassung der jeweiligen Hauptversammlung der beteiligten Rechtsträger vertretenen Kapitals. Für die Aktionäre änderte sich die Rechtslage dergestalt, dass diese Anteile an der übernehmenden Gesellschaft erhielten und ihre Aktienanteile somit quasi umtauschten. Gem. §§ 12 ff. UmwG hatte eigens dazu ein unabhängiger Prüfer schriftlich darüber Bericht zu

[6] Vgl. Schwichtenberg, DStR 2001, 2075, 2076 f.

erstatten, inwieweit das Umtauschverhältnis angemessen war. Ferner hatten die jeweiligen Gesellschaftsvertretungsorgane zur geplanten Verschmelzung Stellung zu nehmen und die Durchführung der Verschmelzung zu erläutern.

2) Auflösung der Gesellschaft, §§ 262 ff. AktG

Ein weiteres Werkzeug, Minderheitsaktionäre aus der Gesellschaft zu drängen war die Auflösung und Nichtigerklärung der Gesellschaft gem. §§ 262 ff. AktG.[7] Auflösung in diesem Zusammenhang ist die Zweckänderung der Gesellschaft, d. h. an die Stelle des bisherigen, regelmäßig auf Gewinnerzielung durch Betrieb des Gesellschaftsunternehmens gerichteten Zwecks tritt der Abwicklungszweck.[8] Durch die Auflösung wird demnach das Vermögen der AG liquidiert und damit die bestehenden Gläubiger befriedigt. Das restliche Vermögen wird unter den Aktionären verteilt. Sinn und Zweck einer solchen Auflösung sind das gesonderte Ausscheiden der Gesellschaft aus dem Rechtsleben, die Ermöglichung der Verwertung des Gesellschaftsvermögens durch Verteilung an die Gläubiger sowie die Ermöglichung der Desinvestition der Mittel an die Aktionäre und die Umgehung[9] des UmwG mit dem ihm anhaftenden Minderheitenschutz. Ferner können mit der Auflösung der Gesellschaft vermögenslose oder mit Gründungsfehlern behaftete AGs liquidiert werden. Abzugrenzen ist bei der Auflösung von der Beendigung oder dem Erlöschen der Gesellschaft. Beide Begriffe definieren den Untergang der AG als juristische Person. Die Auflösung dagegen ist der Beginn der erforderlichen Abwicklung, wogegen die Beendigung den Schluss darstellt.[10]
Die vorangestellten Begriffe und Paragraphen gelten jedoch nur für die AG. Für die KGaA gilt der spezielle § 289 AktG.

Die Auflösung kann nur durch Beschluss der Hauptversammlung gem. § 262 Abs. 1 Nr. 2 AktG durchgeführt werden.

---

[7] Vgl. Ehricke/Roth, DStR 2001, 1120.
[8] Hüffer, AktG, § 262 Rn. 2.
[9] A. A. Willms, a. a. O, S. 18 ff.
[10] Hüffer,AktG, § 262 Rn. 3.

Vorteil einer solchen Auflösung ist, dass die Gesellschaft erlischt und mit ihr auch die Stimmrechte der Aktionäre. Somit können die Minderheitsaktionäre der Gesellschaft nicht weiter eine Sperrwirkung gegen eventuelle Beschlüsse entgegensetzen.

Nachteil einer Auflösung ist dagegen, dass die Gesellschaft aus dem Rechtsleben scheidet und nicht mehr handlungsfähig ist. Die Folge ist, dass eine neue Gesellschaft gegründet werden müsste, die dann im Zweifel wiederum Minderheitsaktionäre aufnimmt. Daher kommt einem solchen Minderheitenausschluss nur mittelbare Wirkung in sehr begrenztem Wirkungsraum zu. Die mit der Auflösung entstehenden Schwierigkeiten und finanziellen Aufwendungen stehen mithin in keinem wirtschaftlich vertretbaren Verhältnis, sodass die Auflösung einer AG als Instrument des Minderheitenausschlusses nur relativ selten zur Anwendung gekommen sein dürfte.

3) Nichtigerklärung der Gesellschaft, §§ 275 ff. AktG

Eine weitere Auflösungsmöglichkeit besteht in der Nichtigerklärung der AG gem. §§ 275 ff. AktG. Voraussetzung dafür ist, dass die Satzung der Gesellschaft keine Regelung über die Höhe des Grundkapitals oder über den Gegenstand des Unternehmens enthält.[11] Ferner besteht ein Auflösungsgrund, wenn die Bestimmungen der Satzung über den Gegenstand des Unternehmens nichtig sind. Die Nichtigerklärung kann von jedem Aktionär oder jedem Mitglied des Vorstandes und des Aufsichtsrates durch klageweise Geltendmachung bewirkt werden. Das stattgebende Urteil ist Gestaltungsurteil, d. h. die AG wird für nichtig erklärt. Das Urteil bewirkt die Auflösung der Gesellschaft. Hinsichtlich der Auflösungsfolgen ist auf die Regelungen der §§ 264 ff. AktG zu verweisen, d. h. die vorbenannten Ausführungen zur Auflösung der Gesellschaft gelten auch hier. Damit treten auch die Vor- und Nachteile in

[11] Vgl. MüKo-AktG-Hüffer, § 275 Rn. 16.

Kraft wie bei einer Auflösung per se. Insofern ist auch der Anwendung der §§ 275 ff. AktG nur eine geringe Wirkungskraft beschieden.

4) Eingliederung der Gesellschaft, §§ 319 ff. AktG

In Betracht käme noch die Eingliederung der AG in eine Hauptgesellschaft gem. §§ 319 ff. AktG.[12] Voraussetzung dafür ist jedoch, dass die Hauptgesellschaft bereits im Besitz der einzugliedernden AG zu 100 % ist oder 95 % gem. § 320 I AktG ist.[13] Der Hauptaktionär muss jedoch mit seiner AG seinen Sitz im Inland haben. In der Rechtsfolge können die ausgeschlossenen Aktionäre nicht nur Barabfindung sondern auch eine Abfindung mit Anteilen des Hauptaktionärs verlangen. Es wird also nicht unmittelbar ein Verlust jeder mitgliedschaftlichen Beteiligung gegen vermögensmäßige Entschädigung bewirkt. Daraus folgt, dass die Eingliederung als Instrument des Minderheitsaktionärsauschlusses nicht in Betracht kommt.[14] Entweder ist der Hauptaktionär bereits im Besitz der einzugliedernden AG zu 100 %. Dann ist eine Eingliederung sinnlos. Oder er hält 95 % der Aktien der einzugliedernden AG. Dann muss er jedoch befürchten, die Minderheitsaktionäre nicht vollkommen aus der neuen Gesellschaft ausschließen zu können, indem er teilweise eine Abfindung in Form von Gesellschaftsanteilen gewähren muss. Auch dann ist der Zweck, nämlich der komplette Ausschluss von Minderheitsaktionären, verfehlt.

5) Reverse Stock Split

Ein weiteres Institut zur Verdrängung der Minderheitsaktionäre ist das Reverse-Stock-Split-Verfahren, also das Zusammenlegen von Aktien.[15] Dabei wird eine bestimmte Anzahl von Alt-Aktien zu einer Neu-Aktie zusammengefasst. Als Folge dessen haben Aktionäre, die nur weniger als die festgelegte Anzahl von

---

[12] Vgl. Habersack, ZIP 2001, 1230 f.
[13] Riehmer / Haarmann u. a.; Öffentliche Übernahmeangebote, Vor §§ 29 bis 34 Rn. 25.
[14] So auch Kallmeyer, AG 2000, 59.
[15] Vgl. dazu Land/Hasselbach, DB 2000, 557, 560 f.

Alt-Aktien besitzen, ihren Bestand an Aktien veräußern oder als Alternative Aktien hinzukaufen müssen. Dabei wird der Preis für die hinzuzukaufenden Aktien i. d. R. ungünstig sein, damit das verfolgte Ziel, also das Herausdrängen der Minderheitsaktionäre erreicht wird. In der deutschen Rechtsprechung wurde diese Handhabung des Herausdrängens von Minderheitsaktionären als treuwidrig erklärt. Begründet wurde dies mit dem Schutz der Anleger, die im allgemeinen eine wirtschaftlich schwache Stellung einnehmen. Somit ist das Reverse-Stock-Split-Verfahren nach deutschem Recht unzulässig und mithin nicht mehr anzuwenden.

II) Rechtslage nach dem 01.01.2002

Die Rechtslage nach dem 01.01.2002 stellt eine weitgehende Änderung des AktG dar. Durch die in der Folge sehr beschränkten Ausschlussmittel der Verschmelzung, Auflösung, Nichtigerklärung und Eingliederung von Gesellschaften wurde nunmehr ein neues Instrument zum Ausschluss von Minderheitsaktionären eingeführt – das „Squeeze-out-Verfahren“.[16]
Mit dem Squeeze-out-Verfahren soll es dem Hauptaktionär ermöglicht werden, seine unternehmerische Initiative voll entfalten zu können.[17]

1) Squeeze-out-Verfahren, §§ 327 a ff. AktG

Ziel des „Squeeze-out-Verfahrens“ gem. §§ 327 a ff. AktG ist es, dem Hauptaktionär die Möglichkeit zu geben, unliebsame Minderheitsaktionäre aus der Gesellschaft zu verdrängen.[18] Anteile an einer anderen Gesellschaft erhalten die Aktionäre dabei nicht. Vielmehr werden die Minderheitsaktionäre auf eine Barabfindung verwiesen die angemessen sein muss.
Ferner ist das Squeeze-out-Verfahren kein Konzernierungsakt, d. h. das Verfahren spielt sich nicht gesellschaftsrechtlich auf der Ebene der Gesellschaft ab. Das Verhältnis Gesellschaft – Hauptaktionär wird nicht tangiert.

---

[16] Wörtlich: „Herausdrängen“.
[17] Vetter, DB 2001, 743, 745.
[18] Baums, WM 2001, 1843, 1843 ff.

Im Squeeze-out-Verfahren spielt das berechtigte Interesse der Wirtschaft, Strukturmaßnahmen ohne schwer kalkulierbaren zeitlichen und finanziellen Aufwand durchzuführen eine tragende Rolle. Das Squeeze-out-Verfahren ist also wirtschaftlich und politisch bedingt. Insbesondere sollen die §§ 327 ff. AktG verhindern, dass Strukturänderungen von Kleinaktionären behindert werden respektive der Mehrheitsaktionär zu finanziellem Einlenken auf Druck der Minderheitsaktionäre bewegt wird. In Folge dessen werden mit der neuen Regelung auch Anfechtungsklagen vermieden, was wiederum zu einer Entlastung der Gerichtsbarkeit führt.

2) Bestreben der Bundesregierung

Das Bestreben der Bundesregierung war es, zum Einen die Unternehmen an den Standort Deutschland[19] zu binden, die bereits Erweiterungspläne beschlossen haben, sich dennoch von der Niederlassung auf dem deutschen Markt distanzierten, um unliebsame Überraschungen mit Minderheitsaktionären zu vermeiden. Ferner war die Bundesregierung bemüht, Rechtssicherheit hinsichtlich etwaiger Ausschlüsse aus der Gesellschaft für die Minderheitsaktionäre als Normzweck zu schaffen. Im Rahmen der Europäisierung und Globalisierung lässt sich ein Verdrängungswettbewerb nämlich nicht mehr aufhalten. Dann aber müssten die Anteilseigner auch besonderen Schutz erfahren, die die Gesellschaft durch Aktienanteile stützen und vorantreiben.

Ferner sollte in der Vorwärtsbewegung der Entbürokratisierung der erhebliche Formalaufwand entschärft werden. Denn aus der Beachtung zwingender minderheitsschützender Normen ergab sich oft das rechtliche und tatsächliche Bedürfnis, alle damit verbundenen Formalien auf dem Bürokratiewege einzuhalten.

Auch stellt sich immer wieder das Problem, dass Unternehmen Beschlüsse nicht durchführen oder zur Entstehung gelangen lassen können, da einige

[19] Vgl. auch Ehricke u. a., WpÜG, Einf. Rn. 36.

Minderheitsaktionäre der Gesellschaft unbekannt seien. Daran schließen sich die Fälle an, in denen es Minderheitsaktionäre gibt, die aufgrund interner Übertragung (Abtretung, Erbe etc.) von ihrer Beteiligung keine Kenntnis haben. So sollte die Blockade und die damit verbundene Investitionsunsicherheit abgeschafft werden.

Nicht zuletzt hatte die Bundesregierung den europäischen Wettbewerb[20] und deren Richtlinien im Auge. So war es bereits vor der deutschen Einführung des Squeeze-out in einigen Mitgliedstaaten der EU sowie in den USA möglich, Minderheitsaktionäre auszuschließen. Somit sollte der Wettbewerbsnachteil deutscher Unternehmen entschärft werden.

Argumentiert wurde schließlich auch, dass der Erwerber einer Gesellschaft im Rahmen einer Übernahme nach dem WpÜG auch die Möglichkeit erhalten sollte, tatsächlich alleiniger Anteilsinhaber der Gesellschaft zu werden.

3) Wirtschaftliche Nachteile der alten Rechtslage

Wirtschaftlich betrachtet, haftete der alten Rechtslage das enorme Kostenproblem an. Durch Druck der Minderheitsaktionäre konnte ein kleiner Teil von Anteilseignern eine ganze Gesellschaft lähmen, um seine Interessen durchzusetzen. Für den Fall, dass eventuelle Angebote des Mehrheitsaktionärs nicht akzeptabel schienen, konnte mittels Anfechtungsklage das wirtschaftliche Bemühen der Gesellschaft gesperrt werden, bis neue Angebote vorlagen. Auch ausländische Investoren schreckte die Handhabung von Minderheiten in Kapitalgesellschaften ab, in den Standort Deutschland zu investieren.[21] Warum sollte auch ein Gesellschafter eine AG oder eine KGaA auf dem deutschen Wirtschaftsmarkt errichten, wenn von Anfang an zu befürchten stand, dass die Unternehmensführung quasi in der Hand von wenigen Aktionären lag, die zudem noch nicht einmal eine beachtenswerte (im Hinblick auf das der Gesellschaft anhaftende Eigenkapital) wirtschaftliche Kraft darstellten.

---

[20] Vgl. dazu Abb. 2 ff. im Anhang hinsichtlich des bereits einsetzenden „Steuerwettbewerbs" bezüglich ausgewählter EU-Länder.

[21] Vgl. dazu Vetter, ZIP 2000, 1817, 1818.

Umgangen werden konnte dieses Problem nicht, da für eine etwaige Mehrheitseingliederung die Gesellschaft Ihren Sitz im Inland haben musste. Inwieweit diese Terminologie im Zeitalter der Gesamtheit der europäischen Union, insbesondere mit der Niederlassungsfreiheit im gesamten europäischen Raum, noch tragbar ist, kann angezweifelt werden hier jedoch dahingestellt bleiben. Zu beachten ist ferner die beachtliche Zahl von Gesellschaften, die mit Minderheitsstrukturen zu kämpfen haben. Die andauernden Zahlen von durchgeführten und erfolgreich abgeschlossenen Squeeze-out-Beschlüssen zeigt, dass ein erheblicher Bedarf an einer neuen Gesetzesregelung bestand.

4) Empirische Erwägungen

Divergenzpunkt für eine Squeeze-out-Regelung ist ferner auf empirischer Seite, dass die die Gesellschaft leitenden Manager risikoaverser sind als ihre Aktionäre.[22] Je firmeneigener das Humankapital, der Arbeitseinsatz ist, desto weniger hat dieses Kapital außerhalb des jeweiligen Unternehmens an Wert aufzuweisen. Daraus folgt, dass auch der Manager gehemmt ist, uneingeschränkt zu agieren. Oberste Priorität für eine Gesellschaft ist es bislang immer gewesen, diese zu erhalten, Kapital zu bilden und dieses in möglichst hohem Maße auf Anteilseigner und die Gesellschaft daselbst zu verteilen.[23] Das einzusetzende Kapital bildet sich jedoch wiederum aus der Größe der Gesellschaft und die ihr anhaftenden Strukturen.[24] Manager werden also streng bemüht sein, die Gesellschaft voranzutreiben, da letztlich auch ihr Job mit der Gesellschaftsstruktur eng verknüpft ist.[25] Die Gesellschafter werden demnach bestrebt sein, das Unternehmen latent zu vergrößern und Strukturen aufzubauen, die dem Zweck der Gesellschaft förderlich sind. Damit verbunden sind aber auch immer Strukturveränderungen in der Aktionärsschicht. Denn mit

---

[22] Zur Haftungsverteilung im Konzernrecht vgl. Emmerich/Sonnenschein, Konzernrecht, S. 375 ff. m. w. N; zur analogen organschaftlichen Haftung vgl. Ziemons, a. a. O., S. 58 ff & S. 212 ff.

[23] Vgl. Zimmerling, a. a. O., S. 143 f.

[24] Vgl. Wöhe/Kußmaul, a. a. O., S. 4, S. 196 ff; Wöhe, a. a. O, S. 11.

[25] Vgl. zum Widerruf der Bestellung zum Vorstandsmitglied: Kittner/Köstler/Zachert, a. a. O., Rn. 568 f.

einer Sicherung der Gesellschaft verbunden ist auch immer das Bestreben nach Verringerung von Liquiditätsschwankungen.[26] Diese rühren in nicht unerheblichem Maße aus Gewinnmitnahmen von Kleinaktionären her, die, aus ihrer Sicht selbstverständlich, am Erfolg des Unternehmens partizipieren wollen.

Ferner ist zu beachten, dass Gesellschaften den Geschäftskurs im Laufe eines Geschäftsjahres ändern wollen, um der Insolvenzgefahr aus dem Wege zu gehen oder sich den Marktbedürfnissen anzupassen. Eine Minderheitenstruktur in der Gesellschaft ist dabei nicht förderlich, wenn solch gelagerte Entscheidungen durch ein Minderheitsvotum blockiert werden könnte. Sollen dann die Minderheitsaktionäre bewegt werden, den Gesellschaftsänderungen zuzustimmen, sind wiederum erheblich finanzielle Mittel notwendig, um die Ansicht der blockierenden Anteilseigner zu verändern.

Ferner ist die Börsenakzeptanz nicht unerheblich zu werten. Wird bekannt, dass die Minderheitsaktionäre die Gesellschaft verlassen müssen und somit nicht mehr durch Voten Beschlüsse anfechten können, steigt die Ertragserwartung und damit auch der Börsenkurs. Der Börsenkurs wiederum stellt den zuverlässigen Maßstab für die Leistung der Gesellschaft dar. Dagegen spricht, dass ein langfristig niedriger Börsenkurs, gerade in heutigen Zeiten der Gewalt und der täglichen „bad news“, kein zuverlässiger Indikator für ein erfolgreiches Management sein kann. Jedenfalls ist dies für die Zukunft kaum empirisch nachweisbar. Denn bereits in der Vergangenheit wurde geltend gemacht, dass ein solcher Zusammenhang auf keiner empirischen Grundlage beruhe.[27]

Nicht unerheblich wiegt auch, dass sich das Unternehmensmanagement von potenziellen Übernahmen bedroht sieht und versucht ist, die Ressourcen des Unternehmens effektiver zu nutzen. Dazu gehört auch, die Aktionärsstruktur in einer Hand zu vereinen. Hier spielt also weniger die ökonomische Betrachtungsweise als mehr Maßnahmen zum Schutz vor Unternehmensübernahmen eine bedeutende Rolle.

---

[26] Vgl. Wichert, a. a. O., S. 156 ff.

[27] Vgl. Ekkenga/Schulz, WpÜG, Einf, Rn. 31 m. w. N.

5) Änderung des AktG

Im Zuge des WpÜG wurde die neue Squeeze-out-Regelung in das AktG eingegliedert. Betroffen waren hierbei die §§ 327 a ff. AktG. De lege lata ist ein Squeeze-out nur auf börsen- oder nichtbörsennotierte AG oder KGaA anwendbar. Damit gehört dieses neue Verfahren dogmatisch nicht in das WpÜG. Jedoch ist im Zusammenhang mit dem WpÜG festzustellen, dass das Verfahren das Spiegelbild des § 29 II WpÜG darstellt. Danach ist bei Überschreiten von 30 % der Stimmrechte ein Angebot auf Übernahme des Zielunternehmens abzugeben. Damit soll die Möglichkeit eröffnet werden, tatsächlicher alleiniger Anteilseigner zu werden. Die Angabe eines Angebotes nach dem WpÜG ist jedoch keine Voraussetzung des Squeeze-out.

a) Voraussetzungen des Squeeze-out

Das Squeeze-out-Verfahren hat als Voraussetzungen **aa)** das Vorliegen einer KGaA oder einer AG, **bb)** das Vorhandensein eines Hauptaktionärs mit mindestens 95 %-iger Beteiligung am Grundkapital der Gesellschaft, **cc)** dem tatsächlichen Verlangen des Hauptaktionärs auf Übertragung der Minderheitsaktionärsanteile, **dd)** eine angemessene Abfindung der Minderheitsaktionäre, **ee)** eine ordnungsgemäße Beschlussfassung der Hauptversammlung sowie **ff)** als negative Tatbestandsvoraussetzung keine Notwendigkeit der Börsennotierung des Unternehmens.

aa) AG / KGaA

Voraussetzung für einen Squeeze-out-Beschluss ist zunächst das Vorliegen einer Aktiengesellschaft (slowak.: Akciova` spolocnost (a.s.)) oder einer Kommanditgesellschaft auf Aktie (slowak.: KG = Komanditna` spolocnost (k.s.)). Beide Unternehmen müssen nicht börsennotiert sein. Es kommt insofern lediglich auf die Gesellschaftsform per se an. Andere Gesellschaftsformen kommen bereits de natura nicht in Betracht, da die Beteiligung mittels Aktien an der Gesellschaft nicht möglich ist. Insoweit mangelt eine analoge Anwendung der Squeeze-out-Vorschriften an einer planwidrigen Regelungslücke.

bb) Hauptaktionär mit 95 % beteiligt am Grundkapital, § 327 a I S. 1 AktG

Eine weitere Voraussetzung für die Durchführung des Squeeze-out ist, dass der Mehrheitsaktionär gem. § 327 a I S. 1 AktG mit 95 % des Grundkapitals an der Gesellschaft beteiligt ist. Damit verbunden ist nicht auch eine Stimmenmehrheit; insofern wird im RegE von einer „Kapitalbeteiligung" gesprochen. Ob diese Voraussetzung vorliegt, bestimmt sich nach den §§ 327 a II, 8, 16 II, IV AktG.

aaa) Nennbetragsaktien, §§ 8 I, II, 16 AktG

Bei Gesellschaften mit Nennbetragsaktien bestimmen sich die dem Mehrheitsaktionär gehörenden Anteile nach §§ 8 I, II, 16 AktG. Dabei ist das Verhältnis ausschlaggebend, was sich aus dem Gesamtnennbetrag der dem Mehrheitsaktionär gehörenden Anteile zum Nennbetrag des Grundkapitals ergibt.

[Exkurs:]

Der Nennbetrag des Grundkapitals hat stets mit dem Betrag aller ausgegebenen Nennbetragsaktien übereinzustimmen. Der Umfang des Mitgliedschaftsrechts bestimmt sich daher aus dem Verhältnis des Nennbetrags einer Nennbetragsaktie zum Nennbetrag des Grundkapitals.[28] Dabei ist die Höhe der Kapitalbeteiligung maßgeblich, wobei zugleich der Nennbetrag auch den Mindestbetrag der auf die Aktie zu leistenden Einlage beziffert.[29]

Sowohl die Nennbeträge als auch die Zahl der Aktien jeden Nennbetrags sind in der Satzung der Gesellschaft festzulegen. Dabei müssen die Aktien auf volle Euro festgesetzt werden. Der Mindestnennbetrag ist mit einem Euro zu beziffern, wobei die Gesellschafter frei sind in der Entscheidung, in welcher Höhe die Nennbetragsaktien ausgegeben werden sollen. Durch Vermeidung der Stückelung von Aktien in kleine Nennbeträge werden mehrheitsorientierte Gründer einer AG oder KGaA einer breiten Streuung entgegenwirken. Durch

---

[28] Vgl. Schlüter, Börsenhandelsrecht, S. 57 f.

[29] Heider, MüKo-AktG, § 8 Rn. 66.

Satzungsänderung ist eine Aktiennennbetragsänderung durchsetzbar. Diese bestimmt sich nach den §§ 179 ff. AktG wobei mit der Änderung des Aktiennennbetrages auch eine Änderung des Grundkapitals verbunden sein kann aber nicht muss. Aber auch ohne Grundkapitaländerung kann eine Nennbetragsänderung herbeigeführt werden. Dazu ist jedoch notwendig, dass das Grundkapital neu gestückelt werden muss. Diese Stückelung kann erfolgen durch Aktienteilung, Aktienvereinigung oder kombinierte Aktienteilung/Aktienvereinigung, wobei die Zustimmung der betroffenen Aktionäre erforderlich sein dürfte.

[Exkurs Ende]

bbb) Stückaktien, §§ 8 I, III, 16 AktG

Bei Unternehmen mit Stückaktien ermittelt sich die 95 %-Beteiligung gem. §§ 8 I, III, 16 AktG durch das Verhältnis der Zahl der Aktien des Hauptaktionärs zur Gesamtaktienzahl.

[Exkurs:]

Stückaktien sind generell unechte nennwertlose Aktien, denn sie sind unmittelbar auf das Grundkapital bezogen. Rechnerisch ermittelt sich der zu bestimmende Betrag, indem das Grundkapital in umfänglich gleiche Stückaktien auseinanderdividiert wird.[30] Dieser ermittelte Betrag wird im Gegensatz zur Nennbetragsaktie nicht in die Satzung aufgenommen. Da der Wert der Stückaktien im Wege der einfachen Division ermittelbar ist, steht es den Gesellschaftern frei, in welche Anzahl von Stückaktien das Grundkapital zerlegt werden soll. Somit ist auch der Wert der Stückaktien in das Ermessen der Gesellschafter gestellt. Jedoch ist auch auf diesem Berechnungswege darauf zu achten, dass der Mindestbetrag von einem Euro nicht unterschritten wird. In der Höhe ist der Stückbetrag nicht begrenzt, sodass auch Werte im Dezimalbereich durchaus keine Seltenheit sind. Der Wert der Stückaktien wird

---

[30] Auch „fiktiver Nennbetrag“ genannt.

immer dann verändert (erhöht/vermindert), wenn das Grundkapital verändert wird. Dies kann durch Kapitalerhöhung oder Kapitalherabsetzung geschehen. Hinzuweisen ist in diesem Zusammenhang auf das sog. Unteilbarkeitsgebot, d. h. eine Realteilung von Aktien ist de lege lata nicht vorgesehen. Eine Aktie kann also nicht in mehrere für sich bestehende Mitgliedschaftsrechte aufgeteilt werden. Gleiches gilt für die Stimmrechte und die Anfechtungsbefugnis, also die Verwaltungsrechte i. w. S. Genauso nichtig sind Abspaltungen des Rechts auf Gewinnteilhabe.

[Exkurs Ende]

Die Berechnung der Mehrheit von 95 % des Hauptaktionärs ist nicht eindeutig im Gesetz geregelt. Insofern gibt § 327 a I S. 1 AktG lediglich eine Hilfestellung zur Bestimmung des Zeitpunktes.

Das Squeeze-out-Verfahren bestimmt sich nach den Vorgaben der Hauptversammlung.[31] Die Hauptversammlung hat die Aufgabe, das entsprechende Mehrheitserfordernis in die Minderheitsaktionärsabspaltung mit einzubeziehen. Für alle Mitglieder sollten daher die Voraussetzungen eines Squeeze-out-Beschlusses nachvollziehbar vorliegen um eventuelle Anfechtungen zu vermeiden. Der materiellen Kontrolle durch die Anteilseigner ist besonders Rechnung zu tragen. Um den Mehrheitsentscheid in der Hauptversammlung herbeiführen zu können, bedarf es dann jedoch auch einer 95 % - Mehrheit des Hauptaktionärs, was unabdingbare Voraussetzung für den Squeeze-out-Beschluss ist. Daher wird richtigerweise auf den Zeitpunkt der Hauptversammlung abzustellen sein.[32]

cc) Verlangen auf Übertragung der Minderheitsaktionärsanteile, § 327 a I AktG

Nunmehr ist auch Voraussetzung, dass gem. § 327 a I AktG auf Verlangen eines einzelnen Aktionärs die Minderheitsaktionärsanteile dem Squeezeout und der Abfindungsregelung unterliegen.

---

[31] Vgl. A. II. 5. ee.

[32] So i. E. auch Grzimek, WpÜG, Art. 7 Rn. 52.

dd) Abfindung der Minderheitsaktionäre, §§ 327 a I, 327 b AktG

Die Abfindung der Minderheitsaktionäre bestimmt sich nach §§ 327a I, 327 b AktG. Danach hat der Mehrheitsaktionär unter Berücksichtigung der Verhältnisse der Gesellschaft den Minderheitsaktionären eine angemessene Barabfindung zu überweisen.[33] Problematisch ist dabei, dass der Hauptaktionär die Barabfindung schuldet und somit zu befürchten steht, dass der Betrag dementsprechend gering ausfallen wird.[34] Jedoch muss konsequent die Entscheidung über die Barabfindung in den Händen des Mehrheitsaktionärs bleiben. Denn dieser hat den Squeeze-out-Beschluss eingeleitet und ist mithin Herr des Verfahrens. Fraglich ist jedoch, wie die Barabfindung angemessen berechnet werden kann. In der Regel wird lange vor der Beschlussfassung die Barabfindung festgelegt.[35] De lege lata soll die Abfindung jedoch den Wert des Unternehmens widerspiegeln. In der Zeit zwischen Festlegung des Abfindungsbetrages und dem Beschluss der Hauptversammlung (wird ausgeführt) kann sich sowohl wirtschaftlich als auch politisch als auch tatsächlich eine Menge an äußeren Einflüssen verändern und somit auf den Wert der Gesellschaft (positiv/negativ) auswirken. Durch die Vorlage des Prüfungsberichts (vgl. § 327 c AktG) des Hauptaktionärs über die Abfindungshöhe sowie die Erklärung eines die Abfindung absichernden Kreditinstituts kommt es zu einer Divergenz zwischen Barabfindung und wahrem Wert der Gesellschaft.

---

[33] Grzimek / Geibel u. a.; WpÜG, Art. 7 Rn 8.

[34] Zur Kursmanipulation vgl. auch Bosse, Erwerb eigener Aktien, S. 33 ff.

[35] Man spricht hier i. d. R. von einem Zeitraum um fünf Wochen.

Von der Rspr. wurden daher verschiedene Wege zur Beurteilung der Barabfindung zugelassen:

(1) Vor Bekanntgabe des Unternehmensvertrages wird der Durchschnittswert aus den Notierungen des Unternehmens der vorangegangenen fünf Monate gebildet

(2) Der Referenzzeitraum müsse auf drei Monate vor der Hauptversammlung, im Zweifelsfalle jedoch verlängerbar auf sechs Monate gelegt werden (BGH)

(3) Der Börsenkurs am Bewertungsstichtag sei ausschließlich maßgeblich

(4) Die Lit. plädiert für einen Zeitraum von einem „kurzen" Zeitraum bis zu einem Jahr.

Wegen der zu befürchtenden Manipulation des Barabfindungswertes[36], hat das BVerfG den Börsenkurs am Bewertungsstichtag in die Beurteilung mit einbezogen, jedoch offen gelassen, ob dieser nun als Untergrenze anzusehen sei. Jedenfalls verlange Art. 14 I GG keine solche Untergrenze sondern stelle lediglich auf einen Durchschnittswert ab. Dieser Durchschnittswert ergebe sich aus einer Vielzahl von Werten, die aus einer gewissen Bandbreite herausgelöst werden sollen. Damit soll dem Missbrauch beider Parteien begegnet werden. Der Referenzzeitraum wurde jedoch offen gelassen.[37] Dieser offenen Ansicht muss gefolgt werden. Eine starre Regelung verbietet sich auf Grund der unterschiedlichen Unternehmen sowie wegen der jeweils unterschiedlichen Mark- und Gesellschaftslagen von selbst. Der Börsenkurs am Stichtag kann allenfalls ein Indiz für die Bewertung darstellen. Insbesondere in heutigen Zeiten zeigt sich, dass das Börsenbarometer kein Indikator für einen funktionierenden Markt mehr darstellt.

---

[36] Zur Insiderregelung vgl. Weber, Insiderrecht und Kapitalmarktschutz, S. 35 f. sowie Kohls, Bankrecht; Rn. 510 ff.; vgl. contra Insiderhandelsverbot Hartmann, Juristische und ökonomische Regelungsprobleme des Insiderhandels, S. 48 ff.

[37] BVerfGE 100, 298, 298 ff.

Anzumerken ist ferner, dass Synergieeffekte aus Unternehmensverbindungen hinsichtlich der Bewertung außer Betracht bleiben müssen (h. Rspr.).

Annex:

Die vergangenen Jahrzehnte wurden geprägt durch die intensive Diskussion der Verfahren zur Bewertung von Unternehmen. In der Literatur wurden diese stetig weiter entwickelt. Im Jahr 2008 hat das Institut der Wirtschaftsprüfer mit dem IDW Standard S1 grundlegende Verfahrensstandards veröffentlicht, welche bei der Bewertung von Unternehmen in Deutschland zu berücksichtigen sind (vgl. Institut der Wirtschaftsprüfer (Hrsg.) (2008), IDW S 1 i.d.F. 2008). Die zunehmende Globalisierung und die damit einhergehende Tätigkeit der Unternehmen auf internationalen Märkten sorgen vor allem für gewerbliche Unternehmen dafür, dass sich die Discounted-Cash-Flow-Verfahren (DCF-Verfahren) gegenüber dem zur Bewertung des deutschen Mittelstandes eingesetztem Ertragswertverfahren durchgesetzt haben (vgl. Zwirner, C. (2012), Unternehmensbewertung - Bewertungsmethoden und -ansätze). Diesen Verfahren liegt sämtlichst die Annahme zugrunde, dass sich der Unternehmenswert nur aus den zukünftig zu erzielenden Überschüssen ergeben kann, da ein Käufer zwar zukünftige Überschüsse, nicht aber vergangene vereinnahmen kann. Allen Verfahren gleich ist in jedem Fall die grundsätzliche Vorgehensweise. Ziel ist es, Prognosen für die zukünftigen Zahlungsüberschüsse des zu bewertenden Unternehmens zu erstellen. Diese werden aggregiert aus Vergangenheitsdaten, welche aus Bilanzen, Gewinn- und Verlustrechnungen sowie Kapitalflussrechnungen aus möglichst vielen, im Wesentlichen aber drei bis fünf vorangegangenen Perioden gewonnen werden sowie aus Planungsrechnungen des zu bewertenden Unternehmens.

Zur Berechnung des Unternehmenswertes wird die Zukunft in Phasen unterteilt, wobei die erste Phase zumeist drei bis fünf Perioden umfasst und als Detailplanungsphase bezeichnet wird (vgl. Kruschwitz, L.; Löffler, A.; Essler, W. (2009), Unternehmensbewertung für die Praxis: Fragen und Antworten). Die zweite Phase wird auch als ewige Rente bezeichnet, was sich auf das Going-Concern-Prinzip bezieht.

Demnach weisen die zu bewertenden Unternehmen eine unendliche Lebensdauer auf, für welche konstante Free-Cash-Flows angenommen werden. Für die Detailplanungsphase seien die Free-Cash-Flows C_t für jede Periode t =1,… ,T determiniert. Sei ferner die Prognose C_{T+1} des nachhaltig erzielbaren Free-Cash-Flows in der ewigen Rente bekannt. Dann ergibt sich der Unternehmenswert vereinfachend durch Abzinsung der Cash-Flows auf den Bewertungsstichtag:

$$UW = \sum_{t=1}^{T} \frac{C_t}{(1+r_i)^t} + \frac{C_{T+1}}{r_i},$$

wobei r_i den Kapitalisierungszinssatz bezeichnet (vgl. Seppelfricke, P. (2007), Handbuch Aktien- und Unternehmensbewertung: Bewertungsverfahren, Unternehmensanalyse, Erfolgsprognose). Dieser wird bei den DCF-Verfahren mit Hilfe des Capital Asset Pricing Models (CAPM)

$$r_i = i + \beta_i(r_M - i)$$

bestimmt, wobei i dem Basiszinssatz entspricht, welcher die Verzinsung bei Investition in eine risikolose Anlage angibt und r_i der erwarteten Rendite des zu bewertenden Unternehmens entspricht. Die Marktrisikoprämie r_M -i gibt die durchschnittliche Renditeerwartung an, welche für mit dem zu bewertenden Unternehmen vergleichbare Unternehmen zusätzlich zur Basisverzinsung anzusetzen ist. Der Betafaktor β_i gibt an, in welchem Maße das zu bewertende Unternehmen den Schwankungen des Marktes unterliegt. Ist der Betafaktor größer als 1, so unterliegt das Unternehmen stärkeren Schwankungen als der Markt, birgt also höhere Risiken, aber auch größere Chancen für den Erwerber. Für die Unternehmensbewertung werden somit wenige Vergangenheitsdaten zu zukünftigen Überschüssen verdichtet, womit die Zahl der auswählbaren Zukunftsszenarien stark beschränkt wird; es findet eine sogenannte Punktschätzung statt, welche im Hinblick auf die angenommene unendliche Lebensdauer des zu bewertenden Unternehmens kritisch betrachtet werden muss. (Vgl. Gimpelevich, D. (2011), Simulation-based excess return model for real estate development. A practical Monte Carlo simulation-based method for quantative risk management and project valuation for real estate development projects illustrated with a high-rise office development case study)

[Exkurs:]

Der IDW geht in seinen Standards auch auf Freiberuflerpraxen wie Rechtsanwälte, Steuerberater und Arztpraxen sowie ferner auf insolvenzgefährdete Unternehmen ein. Häufig gibt es zusätzlich zum IDW S1 Empfehlungen der jeweiligen Kammern, mit welchen Methoden eine Bewertung im jeweiligen Zweig vorzunehmen ist. Exemplarisch soll dies im Folgenden am Beispiel einer Steuerberatungskanzlei dargestellt werden.

Bevor mit der eigentlichen Bewertung begonnen werden kann, sind insbesondere auch für Freiberufler zunächst der Bewertungsanlass sowie die Position des Auftraggebers zu analysieren. Mögliche Anlässe für die Bewertung können dabei u. a. sein (vgl. dazu und im Folgenden Popp in Druckarczyk/Ernst (2007), Branchenorientierte Unternehmensbewertung, 255-275):

- Übergabe der Kanzlei,
- Aufnahme eines Partners/Eintritt von Gesellschaftern,
- Austritt eines Partners/Gesellschafters,
- Zusammenschluss von Kanzleien,
- Erwerb von Beteiligungen an Kanzleien,
- Zugewinnausgleichsberechnungen bei Ehescheidungen,

Eine wesentliche Information für die richtige Auswahl der Parameter in der Bewertung sind die Identität und die Motivation des Auftraggebers der Bewertung.

Möglicherweise soll ein Unternehmen gekauft oder verkauft werden; gesucht ist hierbei die Preisober- bzw. -untergrenze für Käufer bzw. Verkäufer. Existiert dabei auf Käufer- oder Verkäuferseite nicht nur eine Partei, so ist ferner auf die persönlichen Risikopräferenzen der Beteiligten abzustellen.

Speziell sind jedoch auch nichtmonetäre Ziele des Entscheidungsträgers zu berücksichtigen, die persönliche Freiheit, welche mit der Selbstständigkeit bei Erwerb eines Unternehmens üblicherweise einhergeht, ist monetär nicht messbar, jedoch ein bei der Bewertung nicht zu vernachlässigender Faktor (vgl. Popp in Druckarczyk/Ernst (2007), Branchenorientierte Unternehmensbewertung, 255-275).

Ein wesentlicher Unterschied zur Bewertung gewerblicher Unternehmen liegt in der Fortführbarkeit des Unternehmens. Während gewerbliche Unternehmen zumeist mit der Vorgabe einer unendlich langen Lebensdauer (ewige Rente) bewertet werden, kann bei kleinen und mittleren freien Unternehmen mit jedem Eigentümerwechsel ein Bruch in der Entwicklung stattfinden. Je größer das Unternehmen dabei ist, umso weniger werden die Überschüsse von Einzelmandaten und somit auch von der Person des Eigentümers abhängig sein. Ist eine solche Abhängigkeit jedoch vorhanden, so entsteht eine Diskrepanz zwischen dem Anspruch des Eigentümers, welcher die bislang erwirtschaftete Leistung – vor allem auch aus Altersvorsorgegründen – vergütet sehen will und dem des Erwerbers, welcher mit geringerem Kostenaufwand eine ähnliche Firma aufbauen könnte.

Während die Form der Übernahme bei gewerblichen Unternehmen selten Auswirkungen auf die Cash-Flows und somit auch den Unternehmenswert hat, stellt sich dies bei freien Unternehmen anders dar. Bleibt hier der ursprüngliche Eigentümer als Ansprechpartner für Mandanten verfügbar bzw. begleitet er die Übernahme der Mandanten durch den neuen Eigentümer, so lassen sich Umsatzeinbrüche größtenteils vermeiden.

Die Bewertung findet üblicherweise in zwei Schritten statt; zum Einen wird der Goodwill, also alle immateriellen Werte, ermittelt; zum Anderen wird die Substanz, also der Wert aller materiellen Güter, bestimmt. Die Summe beider Werte ergibt den Wert des Unternehmens.

Die Bewertung des Goodwills erfolgt üblicherweise mithilfe der Multiplikatormethode (vgl. hierzu und im Folgenden die Hinweise der Bundessteuerberaterkammer in Bundessteuerberaterkammer (2017), Hinweise der Bundessteuerberaterkammer für die Ermittlung des Wertes einer Steuerberaterpraxis). Als Bemessungsgrundlage dient der Umsatz, weshalb dieses Verfahren auch als Umsatzverfahren bezeichnet wird. Der Umsatz wird mit Hilfe von Kundenlisten und den jeweiligen Jahresumsätzen berechnet. Dabei werden anonymisierte Kundenlisten zumindest für drei vergangene Jahre erstellt, welche Informationen bezüglich des Honorars – nach Möglichkeit geteilt nach Geschäftsbereichen – und falls möglich auch über die vertretene Branche, die Rechtsform des Kunden und weitere Daten enthält. Die Kundenliste ist darauf auszurichten, dass die aufgeführten Mandate und somit auch die damit verbundenen Umsätze nachhaltig sind. Zu untersuchen ist ferner die Personalstruktur hinsichtlich Ausbildungsgrad, Alter, Zugehörigkeit und Vergütung. Auch die Organisationsstruktur kann sich sowohl positiv als auch negativ auf den Wert auswirken. Üblicherweise werden pauschale Abschläge für anfallende Kosten und kalkulatorischen Unternehmerlohn vorgenommen, der so ermittelte Nettoüberschuss wird dann mit dem Rentenbarwertfaktor abgezinst.

Im Rahmen der Multiplikatormethode wird der bereinigte Jahresumsatz mit einem Umsatzmultiplikator multipliziert. Dieser ergibt sich aus den bei Transaktionen vergleichbarer Unternehmen derselben Branche erzielten Preisen im Verhältnis zu deren bereinigtem Umsatz. Die Steuerberaterkammer schlägt hier Werte zwischen 0,8 und 1,4 vor. Auf diese Werte können jedoch auch Zu- oder Abschläge vorgenommen werden, beispielsweise für (vgl. dazu Bundessteuerberaterkammer in Bundessteuerberaterkammer (2017), Hinweise der Bundessteuerberaterkammer für die Ermittlung des Wertes einer Steuerberaterpraxis):

Expansionsmöglichkeiten, Nachhaltige Mandatsbeziehungen, Überleitung durch den ursprünglichen Eigentümer, Personalstruktur (Ausbildung, Alter, Erfahrung), Kanzleieinrichtung, Standort, deutschlandweite oder internationale Mandantenstruktur.

Die Substanz eines Unternehmens setzt sich aus dem Wert sämtlicher materieller Güter zusammen.

Dazu zählen insbesondere:

EDV, Büroeinrichtung; Fachbücher, Fachzeitschriften; Software; Material; Immobilien.

Dabei bleiben gemietete oder geleaste Vermögenswerte unberücksichtigt. Sowohl Verbindlichkeiten als auch Forderungen werden nur dann dem Substanzwert abgezogen oder hinzugerechnet, wenn der neue Eigentümer diese übernimmt. Als Wert wird regelmäßig der Zeitwert der materiellen Güter angesetzt. Der Substanzwert wird mithilfe einer Inventurliste ermittelt, die folgende Informationen enthalten sollte und üblicherweise Bestandteil des Vertrages ist (vgl. Englert in Peemöller Hrsg. (2005), Praxishandbuch der Unternehmensbewertung, 527-539):

Inventarnummer, Art des Gegenstands, Anschaffungsdatum, Anschaffungskosten, Substanzwert sowie - falls vorhanden - Informationen über Rechte Dritter.

Das hier vorgestellte Verfahren wird auch im IDW Standard S1 aus dem Jahr 2008 für Steuerberatungskanzleien empfohlen. Zur Kontrolle empfiehlt die Bundessteuerberaterkammer die Überprüfung des ermittelten Wertes mithilfe eines modifizierten Ertragswertverfahrens.

Das Ertragswertverfahren ermittelt den Wert des Unternehmens durch die Barwertermittlung nachhaltiger zukünftiger Erträge. Zur Bestimmung der zukünftig erzielbaren Überschüsse werden Detailplanungen erstellt, in deren Rahmen detailliert sämtliche Kostenarten berücksichtigt werden. Ferner kann eine Einschätzung von Risiken und Chancen im Rahmen einer Szenarioanalyse vorgenommen werden. Dabei werden verschiedene Entwicklungen, beispielsweise die Fortführung der bisherigen Struktur, eine strategische Neuausrichtung oder moderatere Veränderungen, jeweils mit Eintrittswahrscheinlichkeiten belegt und so ein mittlerer Zukunftserfolg bestimmt (vgl. hierzu und im Folgenden die Bundessteuerberaterkammer in Bundessteuerberaterkammer (2017), Hinweise der Bundessteuerberaterkammer für die Ermittlung des Wertes einer Steuerberaterpraxis und Englert in Peemöller Hrsg. (2005), Praxishandbuch der Unternehmensbewertung, 527-539). Zur Prognose zukünftiger Erträge werden die Daten aus vergangenen

Jahren ausgewertet. Der Umfang der Vergangenheitsanalyse sollte beim Ertragswertverfahren ca. drei bis fünf Jahre umfassen. Die Detailplanungsphase sollte ebenfalls drei bis fünf Jahre umfassen. Diese Zeit entspricht durchschnittlich der Zeit, die der Erwerber benötigen würde, um ein vergleichbares Unternehmen aufzubauen.

Eine gesonderte Bewertung muss für nicht betriebsnotwendige Vermögensgegenstände erfolgen, analog werden Schulden gesondert bewertet, beide Positionen nur, wenn sie im Rahmen des Verkaufs auf den neuen Eigentümer übergehen.

Schwierigkeiten bereitet im Rahmen des Ertragswertverfahrens regelmäßig die Bestimmung der Personalkosten. Dabei sind Personalkosten für nahe Angehörige einer genauen Überprüfung zu unterziehen, besonderes Augenmerk liegt jedoch auf der Bestimmung des kalkulatorischen Unternehmerlohns.

Hierfür existieren keine exakten Vorgaben, jedoch wird häufig empfohlen, den kalkulatorischen Unternehmerlohn an die Vergütung von angestellten Geschäftsführern anzulehnen. Dies kann jedoch nicht hinreichend sein, da das übernommene Risiko (auch für Sozialabgaben der Führungspositionen) dabei nur ungenügend berücksichtigt würde. Englert (vgl. Englert in Peemöller Hrsg. (2005), Praxishandbuch der Unternehmensbewertung, 527-539) schlägt als Aufschlag für übernommenes Risiko und höheren Arbeitseinsatz Zuschläge von 20 % bis 30 % vor. Weitere Zuschläge können nach Ansicht der Bundessteuerberaterkammer (vgl. Bundessteuerberaterkammer in Bundessteuerberaterkammer (2017), Hinweise der Bundessteuerberaterkammer für die Ermittlung des Wertes einer Steuerberaterpraxis) für Spezialkenntnisse, die alleinige Übernahme der Kosten der sozialen Absicherung sowie lokale Gegebenheiten angesetzt werden.

Annex:

Die Soziale Absicherung der Vorstände einer AG und einer Genossenschaft bspw. Führen zu erheblichen Kostenrisiken, da bislang nicht zweifelsfrei geklärt ist, wann Sozialversicherungspflicht in welchen Bereichen eintritt.

Allgemein verbreitet ist, dass der Vorstand einer Stiftung keine Beiträge in die Sozialversicherung zahlen muss. Genauer betrachtet, erschließt sich diese Betrachtung weder aus dem Gesetzeswortlaut noch aus der Historie respektive einer ergänzenden Auslegung des Gesetzes.

Die Versicherungspflicht in der Sozialversicherung, speziell in der gesetzlichen Rentenversicherung, findet sich bereits in der Reichsversicherungsordnung, im Reichsknappschaftsgesetz und findet sich in § 5 SGB V, § 20 SGB XI, § 2 SGB VII, § 25 SGB III und § 1 für die Alterssicherung der Landwirte wieder. Sie knüpft grundsätzlich an die Ausübung einer abhängigen Tätigkeit an und ist kein Wahlrecht. Vielmehr ist für Beschäftigte (Arbeitnehmer) ein gesetzlicher Zwang zur Mitgliedschaft in der gesetzlichen Sozialversicherung vorgesehen. Ein Verstoß gegen das allgemeine Persönlichkeitsrecht gemäß Art. 2 Abs. 1 GG ist nach herrschender Meinung nicht gegeben, gleichwohl dieser Zwang aus diesseitiger Sicht einer höchstrichterlichen Überprüfung bedarf.

Sozialversicherungspflichtig bedeutet, dass ein gewisser Personenkreis sowohl beitragspflichtig ist als auch Rechte aus den allgemeinen Normen des Sozialversicherungsrechts geltend machen kann. Wer nicht in die Sozialversicherungspflicht integriert ist, kann unter Umständen freiwillig (auf Antrag) seine Mitgliedschaft dorthin begründen. Dies führt dazu, dass er dem Kreise der Beschäftigten zugeordnet wird und Beiträge in die Sozialversicherung zahlt, um gegebenenfalls auch Leistungen aus der Sozialversicherung zu empfangen. Dies betrifft insbesondere die Arbeitslosenversicherung. Hintergrund ist, dass Beschäftigte häufig in einem Arbeitsverhältnis stehen und keine weitere Vorsorge für das Alter betreiben. Sie sind demnach schutzbedürftig und zwangsweise verpflichtet, in die gesetzliche Sozialversicherung einzuzahlen. Es werden damit Anwartschaften auf Leistungen aus dem Sozialversicherungsrecht erworben, die allerdings auch durch zum Teil hohe Beiträge gegenfinanziert werden. Grundlegend steht hinter dem System der Sozialversicherung, dass alle Menschen auf einem Niveau oberhalb der Sozialhilfe versorgt werden können. Dies bedeutet allerdings auch, dass Leistungen und Erträge aus der Sozialversicherung nicht unbedingt im ökonomischen Einklang stehen.

Ein Verlassen des gesetzlichen Sozialversicherungsrechts mit all seinen Folgen ist vom Gesetzgeber nicht vorgesehen. Eine Ausnahme bildet die gesetzliche Krankenversicherung, die bei Erreichen der Beitragsbemessungsgrenze gutverdienenden Beitragspflichtigen die Möglichkeit gibt, das gesetzliche System zu verlassen.
Würde das System nicht zwangsweise betrieben werden, so wäre eine gesamte Versorgung der Bevölkerung nicht möglich. Grundsätzlich wird vom System der klassische Arbeitnehmer erfasst, der kraft Gesetzes versicherungspflichtig in allen Zweigen der Sozialversicherung ist (dazu später).

Die Frage die sich in diesem Zusammenhang stellt, ist, ob der Vorstand einer Stiftung als Arbeitnehmer im Rahmen einer gesetzlichen Fiktion betrachtet werden kann, weil er schutzbedürftig ist. Grundsätzlich ist der Vorstand zunächst einmal nicht typischer Arbeitnehmer. Schutzbedürftig ist, wer aus dem Beschäftigungsverhältnis seine soziale Absicherung nicht oder nur schwer betreiben kann. Dies dürfte in aller Linie für klassische Arbeitnehmer gelten, die eine Rente von ca. 1.100,00 Euro monatlich erhalten. Für einen Vorstand dürfte dies nicht der Fall sein. Es ist daher grundsätzlich auf das arbeitsrechtliche Schuldrecht abzustellen. Klassischer Gegenstand der Betrachtung eines Arbeitsverhältnisses ist das Weisungsrecht, welches dem Arbeitnehmer vorschreiben kann, wann er an welchem Ort seine Arbeitsleistung zu erbringen hat. Probleme ergeben sich dabei, dass es zu einer Überschneidung mit dem klassischen Gesellschaftsrecht unter der Haftung der Organe kommt. Für den Vorstand einer Aktiengesellschaft etwa hat der Gesetzgeber eine Ausnahme von der Versicherungspflicht geschaffen. Denn diese sind wirtschaftlich stark und bedürfen nicht des Schutzes der Solidargemeinschaft. Gleiches gilt für Direktoren einer Europäischen Aktiengesellschaft (SE), deren Sitz in Deutschland belegen ist. Auch diese sind versicherungsfrei. Die Frage ist, ob sich diese Regelungen, also die Versicherungsfreiheit, auch auf den Vorstand einer Stiftung übertragen lassen.

- Historie

Der Arbeitnehmer-Begriff findet seinen Ursprung im römischen Recht. Das römische Recht hat in seiner Ausgestaltung noch nicht fein differenziert zwischen den verschiedenen Vertragsarten. Zurückzugreifen ist daher auf den Begriff der locatio (lat. locare – vermieten, gestellen) conductio (lat. Miete). Gewiss wurde noch feiner unterschieden zwischen Werkvertrag (operis), Dienstvertrag (operarum) und Mietvertrag. Allerdings wurde dogmatisch nicht weiter differenziert sondern eine einheitliche Grundlage des Vertragsrechts geschaffen. Begonnen wurde demnach mit der Sklavenarbeit, also mit der Tätigkeit für einen Anderen. Daraus entwickelt hat sich der Grundsatz der Verteilung des betrieblichen Risikos, also die Fortzahlung des Lohnes im Falle von Störungen, die vom Arbeitnehmer nicht zu vertreten waren. Dies bezieht sich insbesondere auf äußerliche Einflüsse wie Wetter oder Schwierigkeiten im Zusammenhang mit dem Handel von betrieblichen Rohstoffen. Die Grundregel des jeweiligen Vertrages ist konsequent weiter entwickelt worden und findet sich im heutigen BGB (§§ 611 ff. BGB) wieder.

Bereits ab 500 n. Chr. findet sich im Treu Dienstvertrag der Grundsatz des Arbeitsrechtes in der heutigen Fassung wieder. So gibt es auf der einen Seite eine Leistungspflicht des Arbeitnehmers, auf der anderen Seite eine Treuepflicht und eine Fürsorgepflicht des Arbeitgebers gegenüber dem Arbeitnehmer. In der Literatur wird häufig argumentiert, dass es in der fränkischen Zeit kein Arbeitsrecht gegeben habe. Diese Ansicht ist vermutlich überholt, da sich viele Tagelöhner in der Stadt verdingten und abhängig vom jeweiligen Herren waren. Dabei kam es vermutlich häufig Zutagelohn-Arbeitsverhältnissen, die sich nach den mir beiliegenden Fachkräftemangel bzw. Überschuss austarierten. Die soziale Sicherung, wie sie in der heutigen Zeit üblich zu sein scheint, gab es vormals in dieser Ausgestaltung nicht.

Dies änderte sich erst, als die verschiedenen Zünfte mit Beginn des Mittelalters ab ca. 1250 Vorschriften über die Ausbildung eines Lehrlingsverhältnisses, über den Status eines Gesellen und eines Meisters sowie über die Betrachtung der Arbeitszeit einführten. Nunmehr drängte sich der individuelle Arbeitsvertrag in den Vordergrund, so dass sich auch aus dem Sozialrecht heraus die Frage stellte, wie ein Schutz der Arbeitnehmer implementiert werden könnte, damit die Arbeitskraft in der kurzen schaffenden Lebensdauer optimal ausgenutzt werden könnte. Die humanen Ressourcen als eingesetztes Kapital drängten in den Vordergrund. Es ist zu beobachten, dass aus der verschiedenen Sicht der Betrachtung des Arbeitsrechtes eine Art Legitimationshistorie entstanden ist. So wird aus vielerlei Sicht das Arbeitsverhältnis im Mittelalter differenziert betrachtet, je nachdem aus Sicht des Arbeitnehmers oder Arbeitgebers, auf sozialen oder ökonomischen Blickwinkeln oder schlicht aus juristischer Perspektive.

Ungeachtet dessen zeigte sich, dass eine immer stärker werdende Implementierung des Arbeitnehmers in den Wirkungskreis des Arbeitgebers erfolgte. Beispielsweise wurde im Mittelalter der Geselle in den Haushalt des Arbeitsherren aufgenommen, was sich zum Teil als Gegenleistung für die Arbeit und zum Teil aus Fürsorgegründen herleitete. Es gab also eine Unterordnung des Gesellen in die Gewalt seines Meisters. Dieses Prinzip gibt es auch im heutigen Arbeitsrecht.

Auch die Spezialisierung in den einzelnen Berufen ergab sich fließend aus der Tätigkeit des Volkes für die eigene Ernährung hin zu besonderen Aufgaben aufgrund spezieller Fähigkeiten. Viele dieser Begrifflichkeit im und Tätigkeiten finden sich im neuerlichen Arbeitsrecht wieder. So gab es den ursprünglichen Fron, der dem Bauern verpflichtete, eine gewisse Zeit im Jahr für seinen Herren zu arbeiten. Diese Art der Tätigkeit gab es bis vor kurzem noch im Militärdienst und gibt es weiterhin in Form der steuerlichen Abgaben.

Auch der Begriff der Gilde (Zusammenschluss von Kaufleuten) als eigenständiges Recht, findet sich in der Hanse wieder, deren Verbund heute noch existiert. Dies gilt auch für den Begriff der Stiftung (lat. Venditio), der sich herausgebildet hatte, weil Menschen entweder in der Erinnerung der Nachwelt erhalten werden wollten, weil man sich mit dem Aufbau einer Stiftung sein persönliches Heil im Jenseits erhoffte zu erwerben oder war man versuchte, im irdischen Leben Unterstützung zu erhalten. Der Begriff der Stiftung hatte im frühen Stadium jedoch noch nichts mit der Einrichtung selbst zu tun sondern leitet sich aus dem Begriff des Bauens und später erst aus der Bedeutung der geistlichen Schöpfung her. Zwar finden sich in der Antike gewisse Zusammenhänge zu einer Stiftung; diese sind jedoch mehr mit religiösen und rechtlichen Vorstellungen behaftet, denn mit der Ausgestaltung einer Tätigkeit. Mit der Implementierung einer Stiftung entwickelte sich auch das Amt des Vorstandes, also die Tätigkeit der Provisoren, die die Stiftung leiteten und verwalteten. Allerdings wurde auch zum damaligen Zeitpunkt die Stiftung als eigenständiges Rechtssubjekt betrachtet, so dass der Vorstand einer Stiftung lediglich für diese tätig war. Er war also in gewisser Weise bereits abhängig beschäftigt. Im Zeitpunkt der säkularisation (lat. Saeculare) hat die Zahl der Stiftungen drastisch abgenommen. In der neueren Zeit wurde unter anderem über Art. 157 WRV der Schutz des Arbeitnehmers weiter aufgegriffen - in den Jahren 1883-1889 wurde die Sozialversicherung implementiert. Durch das Inkrafttreten des BGB mit zahlreichen arbeitsrechtlichen Normierungen fand das materielle Arbeitsrecht im Kern seinen Platz in der Nomenklatur. Allerdings führte das Fehlen diverser arbeitsschutzrechtlicher Bestimmungen zu weiteren Gesetzen, die das Arbeitsrecht stark zersplitterten. In der Zukunft wird das Arbeitsrecht von Arbeitsmarktbilanz und den Entwicklungen der Arbeitslosenzahlen maßgeblich abhängig sein.

- Deutscher Arbeitnehmer-Begriff

Grundsätzlich wird von einem einheitlichen Arbeitnehmer-Begriff innerhalb des materiellen Arbeitsrechts ausgegangen. Zwar unterscheidet sich der Begriff in den einzelnen kodifizierten Rechtsgedanken; allerdings bezweckt das materielle Arbeitsrecht den Schutz des Arbeitnehmers. Daher ist der Begriff nur einheitlich auslegbar - er dient dem Schutz des Arbeitnehmers im Hinblick auf das allgemeine Persönlichkeitsrecht des Art. 2 Abs. 1 GG. Der Begriff des Arbeitnehmers orientiert sich mithin an der allgemeinen Teleologie des jeweiligen Gesetzes. In der Praxis führt dies zu ungeahnten Schwierigkeiten in der Umsetzung des jeweiligen Rechtes, so dass nach herrschender Meinung der Begriff des Arbeitnehmers über alle Normen hinweg als identisch angesehen werden kann.

Nach Ansicht von Staehle „...ist jeder Mitarbeiter ein Vermögensteil, ein Aktivposten, der wie andere Vermögensgüter bewertet werden kann: Ausgaben für Aus- und Weiterbildung stellen demzufolge Investitionen in Humankapital dar (richtig muß es heißen Humanvermögen). Arbeit wird als Aktivum erfaßt, das in der Bilanz erscheint, und deren Wert es durch Maßnahmen des Personalmanagements zu erhalten bzw. zu steigern gilt. Personal wird als Humanressource erkannt, die bei entsprechender Qualität einen strategischen Wettbewerbsvorteil gegenüber Konkurrenten darstellen kann (vgl. Staehle 1988, Storey 1991)". Juristisch korrekt wird der ArbN-Begriff wie folgt definiert:

„Beurteilungsmaßstab für das Vorliegen einer (abhängigen) Beschäftigung ist § 7 Abs. 1 SGB IV. Nach dessen Satz 1 ist Beschäftigung die nichtselbstständige Arbeit, insbesondere in einem Arbeitsverhältnis. Anhaltspunkte für eine Beschäftigung sind nach Satz 2 der Vorschrift eine Tätigkeit nach Weisungen und eine Eingliederung in die Arbeitsorganisation des Weisungsgebers. Nach der ständigen Rechtsprechung des BSG, welcher der Senat folgt, setzt eine Beschäftigung voraus, dass der Arbeitnehmer vom Arbeitgeber persönlich abhängig ist. Bei einer Beschäftigung in einem fremden Betrieb ist dies der Fall, wenn der Beschäftigte in den Betrieb eingegliedert ist und dabei einem Zeit, Dauer, Ort und Art der Ausführung umfassenden Weisungsrecht des Arbeitgebers unterliegt. Diese Weisungsgebundenheit kann eingeschränkt und zur "funktionsgerecht dienenden Teilhabe am Arbeitsprozess" verfeinert sein. Bei untergeordneten und einfacheren Arbeiten ist regelmäßig eine Eingliederung in eine fremde Arbeitsorganisation anzunehmen. Demgegenüber ist eine selbstständige Tätigkeit vornehmlich durch das eigene Unternehmerrisiko, das Vorhandensein einer eigenen Betriebsstätte, die Verfügungsmöglichkeit über die eigene Arbeitskraft und die im Wesentlichen frei gestaltete Tätigkeit und Arbeitszeit gekennzeichnet. Ob jemand abhängig beschäftigt oder selbstständig tätig ist, richtet sich ausgehend von den genannten Umständen nach dem Gesamtbild der Arbeitsleistung und hängt davon ab, welche Merkmale überwiegen (vgl. z.B. BSG, Urteil vom 28. September 2011 - B 12 R 17/09 R - juris Rn. 16 m.w.N.). Ausgangspunkt ist zunächst das Vertragsverhältnis der Beteiligten, so wie es sich aus den von ihnen getroffenen Vereinbarungen ergibt oder sich aus ihrer gelebten Beziehung erschließen lässt. Eine im Widerspruch zu ursprünglich getroffenen Vereinbarungen stehende tatsächliche Beziehung und die hieraus gezogene Schlussfolgerung auf die tatsächlich gewollte Natur der Rechtsbeziehung gehen der nur formellen Vereinbarung vor, soweit eine - formlose - Abbedingung rechtlich möglich ist. Umgekehrt gilt, dass die Nichtausübung eines Rechts unbeachtlich ist, solange diese Rechtsposition nicht wirksam abbedungen ist (vgl. z.B. BSG, Urteil vom 29. August 2012 - B 12 KR 14/10 R - juris Rn. 16 m.w.N.). Aufgrund dieser Rechtsprechung gilt ein Vorstand einer Stiftung als Arbeitnehmer und damit als abhängig beschäftigt.

- Europäischer Arbeitnehmer-Begriff

Arbeitnehmer ist jede Person, die eine tatsächliche und echte Tätigkeit ausübt, wobei Tätigkeiten außer Betracht bleiben, die einen so geringen

Umfang haben, dass sie sich als völlig untergeordnet und unwesentlich darstellen. Das wesentliche Merkmal des Arbeitsverhältnisses besteht nach dieser Rechtsprechung darin, dass jemand während einer bestimmten Zeit für einen anderen nach dessen Weisung Leistungen erbringt, für die er als Gegenleistung eine Vergütung erhält (vgl. insbesondere Urteile vom 3. Juli 1986, Lawrie-Blum, 66/85, Slg. 1986, 2121, Randnrn. 16 und 17, vom 23. März 2004, Collins, C-138/02, Slg. 2004, I-2703, Randnr. 26, und vom 7. September 2004, Trojani, C-456/02, Slg. 2004, I-7573, Randnr. 15). Aufgrund dieser Rechtsprechung gilt ein Vorstand einer Stiftung als Arbeitnehmer und damit als abhängig beschäftigt.

- KSchG

Erstmals im Betriebsrätegesetz von 1920 als Kündigungsschutz normiert, konnte ein Arbeitnehmer formell gegen eine Kündigung vorgehen.

Das Kündigungsschutzgesetz von 1951 betrifft Arbeitnehmer und deren Schutz im Hinblick auf ausgesprochene Kündigungen unter Abwägung einer arbeitsmarktpolitischen Bilanz. „In sachlicher Hinsicht geht es vor allem darum, Arbeitnehmer vor willkürlichen oder auf sachfremden Motiven beruhenden Kündigungen zu schützen (vgl. dazu etwa BAGE 77, 128 <133 f.>). Zutreffend werden in der Literatur als Beispiele dafür Diskriminierungen im Sinne von Art. 3 Abs. 3 GG genannt (Oetker, ArbuR 1997, S. 41 <48>; Preis, NZA 1997, S. 1256 <1266>). Soweit unter mehreren Arbeitnehmern eine Auswahl zu treffen ist, gebietet der verfassungsrechtliche Schutz des Arbeitsplatzes in Verbindung mit dem Sozialstaatsprinzip ein gewisses Maß an sozialer Rücksichtnahme (vgl. BVerfGE 84, 133 <154 ff.> ; BAGE 79, 128 <138>). Schließlich darf auch ein durch langjährige Mitarbeit erdientes Vertrauen in den Fortbestand eines Arbeitsverhältnisses nicht unberücksichtigt bleiben."

Das Kündigungsschutzgesetz soll also die wirtschaftliche Existenz der Arbeitnehmer schützen. Über § 23 findet dieses jedoch keine Anwendung auf Unternehmen mit geringer Belegschaft sowie auf Selbstständige und

Organe eines Unternehmens. Daraus kann jedoch keine Benachteiligung erwachsen, da die Anwendung auch ausgeschlossen ist, wenn es um Arbeitnehmer eines Kleinbetriebes geht. Denn sie werden nicht schutzlos gestellt. „Den Arbeitnehmern in Kleinbetrieben ist das größere rechtliche Risiko eines Arbeitsplatzverlustes angesichts der schwerwiegenden und grundrechtlich geschützten Belange der Arbeitgeber zuzumuten. Dabei fällt ins Gewicht, dass die Arbeitnehmer durch ihre Herausnahme aus dem gesetzlichen Kündigungsschutz nicht völlig schutzlos gestellt sind. Wo die Bestimmungen des Kündigungsschutzgesetzes nicht greifen, sind die Arbeitnehmer durch die zivilrechtlichen Generalklauseln vor einer sitten- oder treuwidrigen Ausübung des Kündigungsrechts des Arbeitgebers geschützt. Im Rahmen dieser Generalklauseln ist auch der objektive Gehalt der Grundrechte zu beachten (vgl. BVerfGE 7, 198 <204 ff.>). Hier ergeben sich die maßgebenden Grundsätze vor allem aus Art. 12 Abs. 1 GG. Der verfassungsrechtlich gebotene Mindestschutz des Arbeitsplatzes vor Verlust durch private Disposition ist damit in jedem Fall gewährleistet. Wie weit dieser Schutz im Einzelnen reicht, ist von den Arbeitsgerichten zu entscheiden.“ daher kommt es nicht maßgeblich auf den Arbeitnehmer-Begriff an. Allerdings dürfte der Vorstand einer Stiftung nach allgemeinen Grundsätzen nicht als Arbeitnehmer im Sinne des Kündigungsschutzgesetzes gelten.

- AGG

Zum Schutze vor Diskriminierung wurden europäische Richtlinien erlassen, die in das nationale Recht transformiert wurden: … Das Verbot der Diskriminierung wegen des Alters stellt ein wesentliches Element zur Erreichung der Ziele der beschäftigungspolitischen Leitlinien und zur Förderung der Vielfalt im Bereich der Beschäftigung dar. Ungleichbehandlungen wegen des Alters können unter bestimmten Umständen jedoch gerechtfertigt sein und erfordern daher besondere Bestimmungen, die je nach der Situation der Mitgliedstaaten unterschiedlich sein können. Es ist daher unbedingt zu unterscheiden zwischen einer Ungleichbehandlung, die insbesondere durch rechtmäßige Ziele im Bereich der Beschäftigungspolitik, des Arbeitsmarktes und der beruflichen Bildung gerechtfertigt ist, und einer Diskriminierung, die zu verbieten ist." Benachteiligung und Ungleichbehandlung von Arbeitnehmern soll aus verschiedenen Gründen verhindert werden. Das im Jahre 2005 vorgelegte Antidiskriminierungsgesetz wurde verabschiedet und als dann als Allgemeines Gleichbehandlungsgesetz (AGG) modifiziert.

Im AGG werden über § 6 I Nr. 1 Beschäftigte und nicht lediglich Arbeitnehmer geschützt. Über § 6 III AGG werden auch Selbständige und Organ-Mitglieder geschützt, so dass es nicht auf den reinen Arbeitnehmer-Begriff ankommt. Ist der Arbeitnehmer-Begriff doch ausschlaggebend im Einzelfall, kann auf die allgemeine Definition des Arbeitnehmers _ Begriffes des Bundessozialgerichts (siehe oben) zurückgegriffen werden.

- EFZG

„Vorstandsvorsitzende, Vorstandsmitglieder sowie GmbH-Geschäftsführer (auch GesellschafterGeschäftsführer) gelten in der Regel arbeitsrechtlich nicht als Arbeitnehmer. Sie sind bei der Feststellung der Zahl der beschäftigten Arbeitnehmer bzw. Arbeitnehmerinnen i. S. d. § 3 EFZG nicht zu berücksichtigen.

Die Rechtsform des jeweiligen Arbeitgebers spielt dabei keine Rolle. Ferner sind die in § 6 Abs. 1 Nr. 2 SGB V genannten Personen in dieser Funktion ausgenommen. Wie (...) ausgeführt, kommt es auch bei diesem Personenkreis auf die arbeitsrechtliche Betrachtungsweise an. So zählen im Arbeitsrecht Organmitglieder juristischer Personen nicht zu den Arbeitnehmern. Bei ihnen fehlt es nicht nur an der persönlichen Abhängigkeit; sie repräsentieren vielmehr die juristische Person unmittelbar als Arbeitgeber. Dies gilt nicht nur für den Vorstand .... Die Arbeitnehmereigenschaft (...) ist im Regelfall zu verneinen (vgl. Urteil des

BAG vom 26.05.1999 – 5 AZR 664/98, AP Nr. 10 zu § 35 GmbHG). Ausnahmsweise kann das Anstellungsverhältnis (…) ein Arbeitsverhältnis sein, wenn über die gesellschaftsrechtlichen Weisungsverhältnisse hinaus die Gesellschaft typische arbeitsrechtliche, d. h. arbeitsbegleitende und die konkrete Leistungserbringung steuernde Weisungen erteilen kann. Indiz gegen ein Arbeitsverhältnis ist, wenn sich der Anspruch auf Entgeltfortzahlung nach § 622 BGB richtet. Ebenso bietet § 5 Abs. 1 Satz 3 Arbeitsgerichtsgesetz eine Hilfestellung bei dieser Beurteilung; danach gelten Personen nicht als Arbeitnehmer, die kraft Gesetzes, Satzung oder Gesellschaftsvertrags allein oder als Mitglieder des Vertretungsorgans zur Vertretung der juristischen Person berufen sind.“

Die Frage, welche Gerichtsbarkeit bei Streitigkeiten zwischen dem GmbH-Geschäftsführer und der GmbH zuständig ist, kann als weiteres Abgrenzungskriterium dienen. Ist die Arbeitsgerichtsbarkeit nicht zuständig, handelt es sich arbeitsrechtlich nicht um einen Arbeitnehmer. Folglich sind diese Personen bei der Feststellung der Teilnahme am U1-Verfahren nicht zu berücksichtigen. Ebenso sind Umlagebeträge zur U1 sowie zur U2 nicht zu entrichten; eine Erstattung ist ebenfalls ausgeschlossen.

Aufgrund dieser Rechtsprechung gilt ein Vorstand einer Stiftung m. E. nicht als Arbeitnehmer und damit als nicht abhängig beschäftigt.

- UStG

Auch im Umsatzsteuerrecht kommt es nach der Rspr. des BFH zu einer unselbständigen Tätigkeit, so dass keine steuerbaren Umsätze anfallen. „...Daß dem Kläger neben den Bezügen als Vorstandsmitglied der Stiftung noch andere Einnahmen erheblichen Umfangs aus selbständiger Tätigkeit zugeflossen sind, kann für sich allein nicht dazu führen, die Tätigkeit als Vorstandsmitglied der Stiftung nur als Ausfluß einer im übrigen selbständigen Tätigkeit zu beurteilen, weil sich aus den besonderen

Umständen des Falles ergibt, daß die Tätigkeit als Vorstandsmitglied der Stiftung -- selbst als Nebentätigkeit -- nur unselbständig ausgeübt werden kann (vgl. Urteil des BFH vom 4. Oktober 1956 V 126/55 U, BFHE 64, 65, BStBl III 1957, 24). Die Vorinstanz ist zutreffend davon ausgegangen, daß der Stiftungsvorstand nach den §§ 86, 26 Abs. 2 BGB die Stellung eines gesetzlichen Vertreters hat und damit Organ der Stiftung ist. Hat der Kläger aber seine Tätigkeit als Mitglied dieses Organs ausgeübt, so begegnet es keinen Bedenken, daß die Vorinstanz diesen Gesichtspunkt bei Beurteilung der Frage der Selbständigkeit in Anknüpfung an die zur Tätigkeit der Vorstandsmitglieder von Kapitalgesellschaften ergangene Rechtsprechung als entscheidungserheblich erachtet hat. Denn die ständige Rechtsprechung des BFH stellt darauf ab, daß sich die weisungsgebundene Eingliederung in den Organismus der Kapitalgesellschaft aus der rechtlichen Stellung der Vorstandsmitglieder als Organ und gesetzlicher Vertreter der juristischen Person ergebe (vgl. BFH-Urteil vom 2. Oktober 1968 VI R 25/68, BFHE 94, 366, BStBl II 1969, 185, mit Hinweisen). Deshalb sind die Vorstandsmitglieder selbst großer Aktiengesellschaften unbeschadet ihrer oftmals sehr weitgehenden Vollmachten und geringen Bindungen in ihrer Entscheidungsfreiheit stets als Arbeitnehmer und damit als unselbständig Tätige beurteilt worden (vgl. das genannte Urteil des BFH VI R 25/68). Ausmaß oder Umfang des den Vorstandsmitgliedern bei der Willensbildung eingeräumten Spielraums wird daher für die Streitfrage von der ständigen Rechtsprechung nicht als maßgeblich erachtet. (...)Wenngleich diese Rechtsprechung vorzugsweise zu der Frage der Abgrenzung von Einkünften aus selbständiger oder nichtselbständiger Arbeit ergangen ist, so können die von ihr entwickelten Grundsätze auch für die Qualifizierung der Tätigkeit bei der Umsatzsteuer -- selbständig oder nicht? -- übernommen werden. Denn die Abgrenzung beurteilt sich, wie der erkennende Senat im Urteil vom 27. Juli 1972 V R 136/71 (BFHE 106, 389 [391], BStBl II 1972, 810) entschieden hat, im Umsatzsteuer- und im Einkommensteuerrecht nach den gleichen Grundsätzen. Bei dieser Sachlage teilt der erkennende Senat die

Auffassung der Vorinstanz, daß für die Vorstandsmitglieder von rechtsfähigen Stiftungen grundsätzlich nichts anderes gelten kann, als für die Vorstandsmitglieder von Kapitalgesellschaften in ihrer Eigenschaft als gesetzlicher Vertreter und Organ der juristischen Person. Die gegenteilige Auffassung des FA, die vorzugsweise auf die Unterschiede in der Willensbildung abstellt, läßt außer acht, daß der Stiftungsvorstand nicht nur Willensentscheidungen zu treffen, sondern im Zusammenhang mit deren Verwirklichung auch Verwaltungstätigkeiten wahrzunehmen hat.", Aufgrund dieser Rechtsprechung gilt ein Vorstand einer Stiftung als Arbeitnehmer und damit als abhängig beschäftigt.

- EStG

Auch im Einkommensteuerrecht stellt sich die Frage, ob die Tätigkeit eines Vorstandes einer Stiftung Einkünfte aus § 19 EStG generiert. „Nach § 19 EStG gehören zu den Einkünften aus nichtselbständiger Arbeit u. a. Gehälter, Löhne, Gratifikationen, Tantiemen sowie andere Bezüge und Vorteile, die für eine Beschäftigung im öffentlichen oder privaten Dienst gewährt werden. Die von der Rechtsprechung herausgearbeiteten Merkmale für das Vorliegen eines Dienst- oder Arbeitsverhältnisses gibt § 1 Abs. 3 LStDV wieder. Danach liegt ein Dienstverhältnis vor, wenn die beschäftigte Person ihre Arbeitskraft schuldet. Seine Arbeitskraft schuldet derjenige, der in der Betätigung seines geschäftlichen Willens unter der Leitung eines Arbeitgebers steht oder der in einen geschäftlichen Organismus als unselbständiges Glied eingeordnet ist, in diesem Organismus bestimmte Aufgaben zu erfüllen hat und dabei nicht im eigenen, sondern im Interesse des Organismus handelt (so auch Oeftering-Görbing, Das gesamte Lohnsteuerrecht, § 1 Bl. 4, 2). Sprechen die Umstände eines Sachverhalts z. T. für eine selbständige und z. T. für eine nichtselbständige Tätigkeit, so ist nach der Rechtsprechung (vgl. z. B. das Urteil des Senats vom 3. Dezember 1965 VI 167/63 U, BFHE 84, 426, BStBl III 1966, 153) auf das Gesamtbild der Verhältnisse abzustellen. Die für und gegen die Unselbständigkeit sprechenden Merkmale müssen in einem solchen Falle gegeneinander abgewogen werden. Die jeweils gewichtigeren Umstände geben den Ausschlag, ob eine Tätigkeit selbständig oder unselbständig ausgeübt wird.

Im Streitfall hat die Vorinstanz die Vorstandsbezüge des Klägers im Hinblick auf dessen Rechtsstellung als Organ der Stiftung zu Recht als Einkünfte aus nichtselbständiger Arbeit angesehen. Zur Begründung seiner Entscheidung hat das FG dabei zutreffend an die steuerliche Behandlung der Bezüge von Vorstandsmitgliedern handelsrechtlicher Kapitalgesellschaften, Genossenschaften und anderer juristischer Personen angeknüpft. Nach der ständigen höchstrichterlichen Rechtsprechung werden die Bezüge von Vorstandsmitgliedern juristischer Personen im Hinblick auf ihre Eigenschaft als deren Organ den Einkünften aus nichtselbständiger Arbeit zugerechnet (vgl. z. B. BFH-Urteil vom 2. Oktober 1968 VI R 25/68, BFHE 94, 366, BStBl II 1969, 185). Dies gilt grundsätzlich auch für das Gehalt des Gesellschafter-Geschäftsführers einer Einmann-GmbH. Die Rechtsprechung hat dabei darauf abgestellt, daß sich aus der rechtlichen Stellung des Vorstandes dessen Eingliederung in den Organismus der juristischen Person ergebe.

Der Senat teilt die Auffassung des FG, daß für ein geschäftsführendes Vorstandsmitglied einer rechtsfähigen Stiftung mit Rücksicht auf dessen rechtliche Stellung regelmäßig jedenfalls dann nichts anderes gelten kann, wenn das Vorstandsmitglied -- wie im Streitfall der Kläger -- ein nicht unerhebliches Stiftungsvermögen entgeltlich zu verwalten hat, der Umfang der Vorstandstätigkeit mithin nicht nur von untergeordneter Bedeutung ist. Es trifft nicht zu, daß beim Vorstand einer Stiftung -- wie das FA meint -- nur die maßgebliche Willensbildung liege. Der geschäftsführende Vorstand hat darüber hinaus auch für die Verwirklichung der Willensentscheidungen durch die erforderlichen Verwaltungsmaßnahmen Sorge zu tragen. Dies ergibt sich aus seiner Rechtsstellung. § 86 BGB verweist zur Regelung der Rechtsstellung des Vorstandes einer Stiftung auf das Vereinsrecht. Danach hat der Stiftungsvorstand die Stellung eines gesetzlichen Vertreters (§ 26

Abs. 2 BGB) und vertritt die Stiftung gerichtlich und außergerichtlich. Dem Stiftungsvorstand obliegt regelmäßig auch die Geschäftsführung. Diese richtet sich nach dem in der Satzung festgelegten Stiftungszweck und -- soweit eine abweichende Regelung nicht besteht -- nach Auftragsrecht (§ 27 Abs. 3 BGB). Der Vorstand hat die Verwaltungstätigkeit -- soweit wie im Streitfall die Satzung nicht ausdrücklich etwas anderes bestimmt -- persönlich auszuüben und darüber Rechenschaft abzulegen (§§ 664, 666 BGB). Die Rechtsnatur des Rechtsverhältnisses, das der Berufung des Stiftungsvorstandes zugrunde liegt, ist bürgerlichrechtlich umstritten (vgl. z. B. Ebersbach, Handbuch des deutschen Stiftungsrechts I -- 7.21). Nach überwiegender Ansicht unterliegt es, wenn wie im Streitfall eine Vergütung für die Vorstandstätigkeit vereinbart ist, den Vorschriften über den Dienstvertrag (§§ 611 ff. BGB). Hieran ändert nichts, daß ein Dienstvertrag regelmäßig nicht abgeschlossen wird, sondern die Anstellung im allgemeinen durch einseitigen Akt erfolgt, der lediglich der Zustimmung des Ernannten bedarf (vgl. Soergel-Siebert, Bürgerliches Gesetzbuch, § 27 Anm. 3; Enneccerus-Nipperdey, Allgemeiner Teil, § 109 VI). Daß Stiftungen anders als etwa die handelsrechtlichen Kapitalgesellschaften außer dem Vorstand keine weiteren Organe haben, mag die Entscheidungsfreiheit des Stiftungsvorstandes besonders weit erscheinen lassen. Dies ändert aber nichts daran, daß der Vorstand kraft seiner Funktion in die Stiftung eingegliedert ist. Im übrigen ist der Vorstand einer Stiftung auch durch den in der Satzung festgelegten Stiftungszweck und durch die allgemeinen Gesetze in seiner Entscheidungsfreiheit eingeschränkt. Nach Auffassung des Senats sind auch Leitungsmaßnahmen oder Weisungen, die allein auf der Satzung einer Stiftung oder auf den allgemeinen Gesetzen beruhen, geeignet, eine Eingliederung in den Organismus der Stiftung zu bewirken. Außerdem ist zu berücksichtigen, daß an Stelle der bei den Vereinen oder handelsrechtlichen Kapitalgesellschaften vorgesehenen Kontrolle des Vorstandes durch die Mitglieder- oder die Hauptversammlung bei der Stiftung eine staatliche Aufsicht mit der Befugnis besteht, den Vorstand zu

ernennen und ihn -- aus wichtigem Grund -- abzuberufen. In Fällen mangelhafter oder mißbräuchlicher Verwaltung hat die Aufsichtsbehörde das Recht, dem Vorstand Weisungen zu erteilen (vgl. für den Streitfall §§ 8 ff. des Hamburgischen Ausführungsgesetzes zum BGB i. d. F. vom 1. Juli 1958, Gesetz- und Verordnungsblatt 1958 S. 195). Mithin ist für die rechtliche Stellung des Vorstandes einer Stiftung kennzeichnend, daß er eine lediglich dienende Funktion im Hinblick auf den Stiftungszweck zu erfüllen hat (vgl. Strickrodt, Stiftungsrecht, I 1 c). Er ist in den Organismus der Stiftung als unselbständiges Glied eingeordnet und somit steuerlich als Arbeitnehmer zu behandeln.
Die rechtliche Stellung des Vorstandes einer Stiftung ist nicht -- wie das FG zutreffend ausgeführt hat -- der Rechtsstellung eines Testamentsvollstreckers oder Vermögensverwalters vergleichbar. Testamentsvollstrecker und Vermögensverwalter sind nicht Organ einer juristischen Person, sondern werden regelmäßig selbständig tätig. Sie tragen das Risiko ihrer Tätigkeit selbst. Der Einwand des FA, auch der Kläger trage das Risiko seiner Tätigkeit als Vorstandsmitglied der Stiftung, greift nicht durch. Aus seiner Funktion als Organ der Stiftung folgt bereits, daß der Kläger nicht auf eigenes Risiko, sondern ausschließlich auf Rechnung und Gefahr der Stiftung tätig wird. Dem steht die Abhängigkeit der Vorstandsvergütung von den Bruttoerträgen der Stiftung nicht entgegen. Gewinn- oder Umsatzbeteiligungen für leitende Angestellte sind auch sonst üblich, ohne daß damit die leitenden Angestellten steuerlich ihre Stellung als Arbeitnehmer verlieren und zu selbständig Tätigen werden.“ Dem folgt auch die Lohnsteuerpflicht nach st. Rspr. des BFH. Aufgrund dieser Rechtsprechung gilt ein Vorstand einer Stiftung als Arbeitnehmer und damit als abhängig beschäftigt.

- ArbGG

Der Arbeitnehmer im Sinne des ArbGG ist bestimmt in § 5 ArbGG. Nach § 5 Abs. 1 Satz 2 ArbGG gelten in Betrieben einer juristischen Person oder

Personengesamtheit Personen nicht als Arbeitnehmer, die kraft Gesetzes, Satzung oder Gesellschaftsvertrag allein oder als Mitglieder des Vertretungsorgans zur Vertretung der juristischen Person oder der Personengesamtheit berufen sind. § 5 Abs. 1 Satz 2 ArbGG betrifft das der Organstellung zugrunde liegende Rechtsverhältnis. Dieses ist von der Organstellung zu unterscheiden. Die Bestellung und die Abberufung als Vertretungsorgan sind ausschließlich körperschaftsrechtliche Rechtsakte. Durch sie werden gesetzliche oder satzungsmäßige Kompetenzen übertragen oder wieder entzogen. Dagegen ist die Anstellung zum Zwecke des Tätigwerdens als Vertretungsorgan ein schuldrechtlicher Vertrag. Bei einer Auseinandersetzung über Rechte und Pflichten aus dem der Organstellung zugrunde liegenden Anstellungsverhältnis ist der Rechtsweg zu den Arbeitsgerichten nicht gegeben, weil Organmitglieder wegen § 5 Abs. 1 Satz 2 ArbGG nicht als Arbeitnehmer gelten. Diese Fiktion betrifft stets das der Organstellung zugrunde liegende Rechtsverhältnis. Da § 5 Abs. 1 Satz 2 ArbGG ausnahmslos gilt, ist es unerheblich, ob die Vertretungsmacht im Innenverhältnis beschränkt ist (vgl. BAG vom 17. Januar 1985 – 2 AZR 96/84 – AP Nr. 2 zu § 5 ArbGG 1979), das Organmitglied geltend macht, es sei wegen seiner eingeschränkten Kompetenz in Wirklichkeit Arbeitnehmer gewesen (BAG vom 20. August 2003 – 5 AZB 79/02 – AP Nr. 58 zu § 5 ArbGG 1979; vom 23. August 2001 – 5 AZB 9/01 – AP ArbGG 1979 § 5 Nr.54 und vom 06. Mai 1999 – 5 AZB 22/98 – AP ArbGG 1979 § 5 Nr. 46) oder sich durch die Vereinbarung der Organstellung an der Arbeitnehmereigenschaft nichts geändert hat. Auch wenn das Anstellungsverhältnis zwischen juristischer Person und Vertretungsorgan wegen starker interner Weisungsabhängigkeit als Arbeitsverhältnisanzusehen ist und deshalb dem materiellen Arbeitsrecht unterliegt, sind nach der oben zitierten Rechtsprechung des BAG zur Entscheidung von Rechtsstreitigkeiten aus dieser Rechtsbeziehung wegen § 5 Abs. 1 Satz 2 ArbGG, § 13 GVG die ordentlichen Gerichte berufen. Im

Fall des § 5 Abs. 1 Satz 2 ArbGG ist die sogenannte Sic-non-Rechtsprechung des BAG nicht anwendbar.

Gegen die Annahme einer Beschäftigung spricht auch nicht, daß gemäß § 5 Abs 1 Satz 2 des Arbeitsgerichtsgesetzes (ArbGG) ua die gesetzlichen oder satzungsrechtlichen Vertreter juristischer Personen nicht als Arbeitnehmer der Gesellschaft gelten. Diese Regelung beschränkt sich auf das ArbGG und hat keine Bedeutung für das Sozialversicherungsrecht (BSG Urteil vom 24. Juni 1982 - 12 RK 45/80, USK 82160, S 728 für GmbH-Geschäftsführer). Entgegen der Ansicht der Revision hat der Kläger auch keinen Anspruch darauf, wie Mitglieder des Vorstands einer AG behandelt zu werden. Diese gehörten nach § 3 Abs 1a des Angestelltenversicherungsgesetzes ((AVG), eingefügt durch das Dritte Rentenversicherungs-Änderungsgesetz vom 28. Juli 1969, BGBl I 956) nicht zu den versicherungspflichtigen Angestellten. Diese Vorschrift bezog sich zwar ausdrücklich nur auf die Angestelltenversicherung, galt aber nach der Praxis der Versicherungsträger und der Rechtsprechung auch für die Kranken- und Arbeitslosenversicherung (BSGE 49, 22, 24 f = SozR 4100 § 168 Nr 10; SozR 4100 § 168 Nr 17 S 40; SozR 3-2940 § 3 Nr 1 S 4). In § 1 Satz 4 SGB VI wurde die Regelung des § 3 Abs 1a AVG der Sache nach übernommen. Danach sind Mitglieder des Vorstands einer AG in der Rentenversicherung nicht versicherungspflichtig. Im Recht der Arbeitsförderung wurde mit Wirkung vom 1. Januar 1993 dem § 168 AFG ein Abs 6 angefügt und für Vorstandsmitglieder einer AG bestimmt, daß sie in Beschäftigungen für die AG nicht beitragspflichtig sind. § 27 Abs 1 Nr 5 Satz 1 SGB III, der am 1. Januar 1998 in Kraft getreten ist, ordnet nunmehr für Vorstandsmitglieder einer AG bei Beschäftigung in der AG Versicherungsfreiheit an.

Obwohl § 3 Abs 1a AVG dem Wortlaut nach nur Vorstandsmitglieder von AGen betraf, hat der Senat sie auch auf stellvertretende Vorstandsmitglieder einer AG (BSGE 36, 164 f = SozR Nr 23 zu § 3 AVG) und Vorstandsmitglieder "großer" Versicherungsvereine auf Gegenseitigkeit (VVaG) entsprechend angewandt (BSG SozR 2400 § 3 Nr 4 S 6). Ausschlaggebend war dabei, daß die Vorstandsvorsitzenden der "großen" VVaG durch eine Reihe von Vorschriften des Versicherungsaufsichtsgesetzes (VAG) den Vorständen der AGen gleichgestellt sind. Dagegen hat der Senat eine analoge Anwendung der Vorschrift auf die Organe anderer juristischer Personen abgelehnt (BSG SozR 3-2940 § 3 Nr 1 S 4: Vorstandsmitglieder einer eingetragenen Genossenschaft). Hieran ist auch für Vorstandsmitglieder eingetragener Vereine festzuhalten.

Das Gesetz geht für die Rentenversicherung und für die Arbeitslosenversicherung davon aus, dass Vorstandsmitglieder grundsätzlich als Beschäftigte versicherungspflichtig sind und macht die ausnahmsweise Versicherungsfreiheit nach § 1 Satz 4 SGB VI und § 27 Abs 1 Nr 5 SGB III nur von der Rechtsform der Gesellschaft abhängig. Deshalb kommt es für die Abgrenzung auf die Rechtsform und nicht auf eine tatsächliche Vergleichbarkeit mit Vorstandsmitgliedern von AGen an. (...) Diese Unterscheidung ist bei einem Vergleich der Vorstandsmitglieder von Vereinen mit Vorstandsmitgliedern von AGen in einer typisierenden Betrachtungsweise auch sachlich gerechtfertigt. Der Gesetzgeber des SGB konnte davon ausgehen, daß sich AGen in Größe und wirtschaftlicher Bedeutung von anderen Unternehmen unterscheiden und sich dieses auch bei den Vorstandsmitgliedern auswirkt. Er brauchte insbesondere nicht zu berücksichtigen, daß sich Vereine wie die Beigeladene zu 3) in großem Umfang wirtschaftlich betätigen. Außerdem macht die Abgrenzung nach der Rechtsform die Rechtsanwendung einfacher, sicherer und gleichmäßiger (vgl BSG SozR 2400 § 3 Nr 4 S 5; SozR 3-2940 § 3 Nr 2 S 7 f). Das Vorbringen des Klägers läuft demgegenüber darauf hinaus, das Abgrenzungsmerkmal der Rechtsform durch andere Merkmale wie dasjenige der Größe oder des

> wirtschaftlichen Gewichts der Gesellschaft bzw des Vereins zu ersetzen. Dem ist nicht zu folgen. Soweit die Revision den rechtspolitischen Sinn der gesetzlichen Ausnahmeregelung auf Vorstandsmitglieder "kleiner" AGen und seine eigene soziale Schutzbedürftigkeit in Zweifel zieht, enthält das Vorbringen keine rechtliche Begründung, die zu einer Änderung der bisherigen Rechtsprechung Anlaß geben könnte. Die Revision vergleicht damit Vorstandsmitglieder von atypischen Vereinen, die sich in großem Umfang wirtschaftlich betätigen, mit atypisch kleinen AGen. Einer Abgrenzung der Versicherungspflicht nach der Größe der juristischen Person oder deren Wirtschaftskraft steht auch der Vorteil einfach festzustellender Tatbestandsmerkmale entgegen. Eine Abgrenzung nach dem monatlichen Gehalt würde auf eine Wiedereinführung einer Jahresarbeitsverdienstgrenze in der Rentenversicherung hinauslaufen, die mit dem Finanzänderungsgesetz 1967 vom 21. Dezember 1967 (BGBl I 1259) aufgehoben wurde (zur Verfassungsmäßigkeit BVerfGE 29, 221 = SozR Nr 7 zu Art 2 GG; BVerfGE 29, 260 = SozR Nr 6 zu Art 2 GG; BSG SozR 3-2940 § 3 Nr 2 S 8). Aufgrund dieser Rechtsprechung gilt ein Vorstand einer Stiftung nicht als Arbeitnehmer und damit als nicht abhängig beschäftigt.

Das Bundessozialgericht hat in seinem Urteil vom 19.06.2001 (Az.: B 12 KR 44/00 R) die Sozialversicherungspflicht von Vorständen bestätigt:"... der Kläger sei in den Betrieb des beigeladenen Vereins eingegliedert und leiste für diesen "fremdbezogene" Arbeit. Dies läßt Rechtsfehler nicht erkennen, denn nach ständiger Rechtsprechung kann das Weisungsrecht des Arbeitgebers vornehmlich bei Diensten höherer Art auch eingeschränkt und "zur dienenden Teilhabe am Arbeitsprozeß" verfeinert sein, wenn der Versicherte nur in den Betrieb eingegliedert ist (BSG SozR 2400 § 2 Nr 19 mwN). Unter diesen Voraussetzungen sind auch Mitglieder von Vorständen juristischer Personen, die von Weisungen im täglichen Geschäft weitgehend frei sind, abhängig Beschäftigte. Höhere Dienste werden im Rahmen abhängiger Beschäftigung geleistet, wenn sie fremdbestimmt bleiben, sie in einer von anderer Seite vorgegebenen Ordnung des Betriebes aufgehen (BSG SozR 3-4100 § 168 Nr 8,

S 15; SozR 3-2940 § 3 Nr 2 S 9; jeweils mwN; zur Beschäftigung des Vorstands eines bürgerlich-rechtlichen Vereins vgl BSG SozR 2200 § 165 Nr 73 S 115). (…) Die Ordnung des Betriebes, die Unternehmenspolitik des beigeladenen Vereins wird maßgeblich durch den Verwaltungsrat bestimmt. Dieser muß nicht nur zu einer Reihe von Geschäften des Vereins seine Zustimmung erteilen. Vielmehr fällt im vorliegenden Zusammenhang ins Gewicht, daß der Verwaltungsrat die Vorstände bestellt, abberuft und auch deren Anstellungsbedingungen regelt. Der Kläger unterliegt somit als Mitglied des Vorstands entsprechend interner Kompetenzzuweisung einer umfassenden Beaufsichtigung durch den Verwaltungsrat des beigeladenen Vereins (vgl zur Beaufsichtigung des Vorstands durch einen Aufsichtsrat einer Genossenschaft: BSG Urteil vom 22. August 1973 - 12 RK 27/72, USK 73123, S 477). Aufgrund dieser Rechtsprechung gilt ein Vorstand einer Stiftung als Arbeitnehmer und damit als abhängig beschäftigt.

Das SG Bremen hat mir Urteil vom 14.07.2009 – S 8 R 200/07 entschieden, dass ein geschäftsführender Direktor einer Stiftung sozialversicherungspflichtig sei: (…) Bei Arbeiten bzw. Diensten "höherer Art" kann diese Weisungsgebundenheit, was die Ausführung der Arbeit betrifft, aufs stärkste eingeschränkt sein. Denn es gibt - wie das BSG in seiner grundlegenden Entscheidung vom 29. März 1962 (Az.: 3 RK 74/57 = BSGE 16, 289, 293 unter Hinweis auf das "Chefarzt-Urteil" des Bundesarbeitsgerichts - BAG - vom 27. Juli 1961 ausführt - Arbeitsverhältnisse, bei denen dem Arbeitgeber die Einflussnahme auf die sachliche Ausübung der Tätigkeit des Arbeitnehmers rechtlich versagt ist. Trotzdem kann die Dienstleistung eines solchen Arbeitnehmers fremdbestimmt sein, wenn sie ihr Gepräge von der Ordnung des Betriebes erhält. Nach Auffassung des BSG kann das für das abhängige Beschäftigungsverhältnis allein charakteristische Merkmal der persönlichen Abhängigkeit in Grenzfällen sowohl durch die Eingliederung in einen Betrieb als auch allein durch Weisungsgebundenheit gekennzeichnet sein. Je weniger allerdings das Direktionsrecht des Arbeitgebers in Gestalt ausdrücklicher Weisungen in Erscheinung tritt, je mehr der Arbeitnehmer bei der Gestaltung seiner Arbeit auf sich selbst gestellt ist, umso größeres Gewicht erhält das Merkmal der Eingliederung in einen übergeordneten Organismus für die Abgrenzung zwischen abhängig geleisteter Arbeit und selbstständiger Tätigkeit. Die Weisungsgebundenheit des Arbeitenden verfeinert sich in einem solchen Fall zur funktionsgerechten, dienenden Teilhabe am Arbeitsprozess (BSG, Urteil vom 29. März 1962, a. a. O.). Eine selbstständige Tätigkeit ist vornehmlich durch das eigene Unternehmerrisiko, das Vorhandensein einer eigenen Betriebsstätte, die Verfügungsmöglichkeiten über die eigene Arbeitskraft und die im wesentlichen frei gestaltete Tätigkeit und Arbeits-zeit gekennzeichnet. Ob jemand abhängig beschäftigt oder selbstständig tätig ist, hängt davon ab, welche Merkmale überwiegen. Dies richtet sich nach den Umständen des Einzelfalles, wobei die vertragliche Ausgestaltung im Vordergrund steht, die allerdings zurücktritt, wenn die tatsächlichen Verhältnisse davon abweichen (BSG, Urteil vom 31. Oktober 1972, Az.: 2 RU 186/69 = BSGE 35, 20; BSG, Urteil vom 17. Mai 2001, Az.: B 12 KR 34/00 R = SGb 2002, 70 m. w. N.). Aufgrund dieser Rechtsprechung gilt ein Vorstand einer Stiftung als Arbeitnehmer und damit als abhängig beschäftigt.

Das Sächsische Landessozialgericht urteilte mit Urteil 15.10.2015 (L 1 KR 92/10), dass ein Vorstandsmitglied einer Stiftung der Versicherungspflicht in der gesetzlichen Renten- und sozialen Pflegeversicherung und nach dem Recht der Arbeitsförderung unterliegt.

Der Kläger war Mitglied des Stiftungsrates und wurde alsdann zum Vorstand derselben berufen.

Das Landessozialgericht beschäftigte sich grundsätzlich mit dem Maßstab für die Beurteilung für das Vorliegen einer Beschäftigung im Sinne des SGB IV: „…Beurteilungsmaßstab für das Vorliegen einer (abhängigen) Beschäftigung ist § 7 Abs. 1 SGB IV. Nach dessen Satz 1 ist Beschäftigung die nichtselbstständige Arbeit, insbesondere in einem Arbeitsverhältnis. Anhaltspunkte für eine Beschäftigung sind nach Satz 2 der Vorschrift eine Tätigkeit nach Weisungen und eine Eingliederung in die Arbeitsorganisation des Weisungsgebers. Nach der ständigen Rechtsprechung des BSG, welcher der Senat folgt, setzt eine Beschäftigung voraus, dass der Arbeitnehmer vom Arbeitgeber persönlich abhängig ist. Bei einer Beschäftigung in einem fremden Betrieb ist dies der Fall, wenn der Beschäftigte in den Betrieb eingegliedert ist und dabei einem Zeit, Dauer, Ort und Art der Ausführung umfassenden Weisungsrecht des Arbeitgebers unterliegt. Diese Weisungsgebundenheit kann eingeschränkt und zur "funktionsgerecht dienenden Teilhabe am Arbeitsprozess" verfeinert sein. Bei untergeordneten und einfacheren Arbeiten ist regelmäßig eine Eingliederung in eine fremde Arbeitsorganisation anzunehmen. Demgegenüber ist eine selbstständige Tätigkeit vornehmlich durch das eigene Unternehmerrisiko, das Vorhandensein einer eigenen Betriebsstätte, die Verfügungsmöglichkeit über die eigene Arbeitskraft und die im Wesentlichen frei gestaltete Tätigkeit und Arbeitszeit gekennzeichnet. Ob jemand abhängig beschäftigt oder selbstständig tätig ist, richtet sich ausgehend von den genannten Umständen nach dem Gesamtbild der Arbeitsleistung und hängt davon ab, welche Merkmale überwiegen (vgl. z.B. BSG, Urteil vom 28. September 2011 - B 12 R 17/09 R - juris Rn. 16 m.w.N.). Ausgangspunkt ist zunächst das Vertragsverhältnis der Beteiligten, so wie es sich aus den von ihnen getroffenen Vereinbarungen ergibt oder sich aus ihrer gelebten Beziehung erschließen lässt. Eine im Widerspruch zu ursprünglich getroffenen Vereinbarungen stehende tatsächliche Beziehung und die hieraus gezogene Schlussfolgerung auf die tatsächlich gewollte Natur der Rechtsbeziehung gehen der nur formellen Vereinbarung vor, soweit eine - formlose - Abbedingung rechtlich möglich ist. Umgekehrt gilt, dass die Nichtausübung eines Rechts unbeachtlich ist, solange diese Rechtsposition nicht wirksam abbedungen ist (vgl. z.B. BSG, Urteil vom 29. August 2012 - B 12 KR 14/10 R - juris Rn. 16 m.w.N.)…"

Alsdann argumentierte es, dass der Kläger als Vorstandsmitglied nicht in einem eigenen Betrieb sondern in einem fremden Betrieb angestellt tätig war. Die kirchliche Stiftung als Arbeitgeberin sei eine juristische Person mit eigener Rechtspersönlichkeit, so dass auf den geschlossenen Vertrag (Arbeitsvertrag) geschaut wurde: „...Der Kläger zu 1 ist seit Beginn seiner Tätigkeit als Vorstandsmitglied der Klägerin zu 2 nicht im eigenen, sondern in einem fremden Betrieb tätig. Die alleinige Betriebs- bzw. Unternehmensinhaberin ist die Klägerin zu 2, die als kirchliche Stiftung bürgerlichen Rechts juristische Person mit eigener Rechtspersönlichkeit ist (§ 1 Satz 2 Kirchengesetz über kirchliche Stiftungen in der Evangelischen Kirche B -B – s O [Kirchliches Stiftungsgesetz – KiStiftG])...“.

Der Kläger hatte eine spezielle Aufgabe im Bereich der Finanzen und des Rechts übernommen. Er wurde nicht als Organmitglied der Stiftung nach außen tätig sondern nur für die laufenden Verwaltungsgeschäfte zuständig. Er war also in den Betrieb der Klägerin (Stiftung) eingegliedert. Denn seine Aufgaben ergäben sich aus dem Gesetz und unabhängig davon auch als Dienst höherer Art im Rahmen einer abhängigen Beschäftigung. Diese war auch fremdbestimmt, da sich der Kläger in die Ordnung des Betriebes einordnen musste. Das Landessozialgericht urteilte auch, dass das typische Unternehmerrisiko Maßstab der Beurteilung sei. Wenn eigenes Kapital oder die eigene Arbeitskraft mit der Gefahr des Verlustes einzusetzen und wenn der Erfolg des Einsatzes ungewiss sei, bedürfe dies der besonderen Würdigung. Der Kläger erhielt von der Stiftung eine gleich bleibende monatliche Vergütung und Bezüge im Krankheitsfall für die Dauer von sechs Monaten. Ferner hatte er einen Anspruch auf Urlaub von 31 Arbeitstagen vereinbart. Gemäß der Satzung der Stiftung war zudem bei allen zustimmungspflichtigen Geschäften die Einwilligung des Stiftungsrates erforderlich. Er konnte somit nicht allein entscheiden. Auch der Hinweis, auch der Vorstand einer Aktiengesellschaft sei sozial versicherungsfrei konnte pauschal nicht greifen. Denn die Anwendung des SGB III ist ausdrücklich nicht auf die Mitglieder des Vorstands einer Stiftung sondern nur auf die Mitglieder des Vorstands einer Aktiengesellschaft anzuwenden. Mitglieder des Vorstands einer Stiftung sollen nach Ansicht des

Bundessozialgerichts mit den Mitgliedern einer Aktiengesellschaft rechtlich nicht gleichgestellt sein: „...Ausgangspunkt der Prüfung, ob die Tätigkeit des Klägers zu 1 für die Klägerin zu 2 im Rahmen einer Beschäftigung oder selbstständig ausgeübt wurde, ist zunächst der zwischen der Klägerin zu 2 und dem Kläger zu 1 für die Zeit ab 1. Juli 2000 geschlossene und als Vorstandsvertrag bezeichnete Vertrag vom 18. März 2005, nach dessen § 1 Nr. 1 der Kläger zu 1 durch Beschluss des Stiftungsrats als Mitglied der Vorstands berufen worden war. In dieser Funktion haben der Kläger zu 1 und der zweite Vorstand der Klägerin zu 2 die Stiftung zu leiten und verwalten (§ 12 Abs. 1 der Satzung), wobei der Kläger zu 1 nach einer intern vorgenommenen Aufgabenteilung für die Bereiche Finanzen und Recht zuständig ist. Er wird somit nicht lediglich als Organmitglied der Klägerin zu 2 nach außen tätig, sondern ist mit dem zweiten Vorstand auch für die laufenden Verwaltungsgeschäfte der Klägerin zu 2 zuständig und insoweit in den Betrieb der Klägerin zu 2 eingegliedert. Er ist des Weiteren bezüglich der ihm obliegenden Pflichten nicht weisungsfrei; vielmehr ergeben sich diese entsprechend § 1 Nr. 2 u.a. aus dem Gesetz, der Stiftungssatzung und der Geschäftsordnung für den Vorstand. Auch dass er hinsichtlich der Ausgestaltung seiner Tätigkeit im Einzelnen und hinsichtlich Arbeitszeit und -ort Beschränkungen im Wesentlichen nicht unterliegt, rechtfertigt die Annahme einer weisungsfreien Tätigkeit nicht. Zum einen entbindet ihn dies nicht von der Erfüllung der in § 2 Abs. 1 des Vertrages genannten Pflichten, weil sich seine Aufgaben aus dem Gesetz ergeben. Zum anderen werden auch Dienste höherer Art im Rahmen einer abhängigen Beschäftigung geleistet, wenn sie, wie es vorliegend der Fall ist, fremdbestimmt bleiben, weil sie in einer von anderer Seite vorgegebenen Ordnung des Betriebes aufgehen. Wie weit die Lockerung des Weisungsrechts in der Vorstellung des Gesetzgebers gehen kann, ohne dass deswegen die Stellung als Beschäftigter entfällt, zeigen beispielhaft die gesetzlichen Sonderregelungen zur Versicherungsfreiheit von Vorstandsmitgliedern einer Aktiengesellschaft in der Renten- und Arbeitslosenversicherung (vgl. § 1 Satz 3 SGB Sechstes Buch Sozialgesetzbuch

[SGB VI] bzw. § 1 Satz 4 SGB VI a.F. sowie § 27 Abs. 1 Nr. 5 Drittes Buch Sozialgesetzbuch [SGB III]), die regelmäßig abhängig beschäftigt sind, auch wenn sie die Gesellschaft in eigener Verantwortung zu leiten haben und gegenüber der Belegschaft Arbeitgeberfunktionen wahrnehmen (vgl. BSG, Urteil vom 29. August 2012 -B 12 KR 25/10 R - juris Rn. 23 m.w.N.). Des Weiteren kann, worauf bereits das SG hingewiesen hat, daraus, dass der Stiftungsrat nach dem Vorbringen der Kläger dem Kläger zu 1 bisher weder Weisungen erteilt noch seine Zustimmung zu einem zustimmungspflichtigen Rechtsgeschäft verweigert hat, nicht geschlossen werden, dass er von seinen rechtlichen Befugnissen gegenüber dem Vorstand auch künftig keinen Gebrauch machen werde (ebenso Küstermann in npoR 2011, S. 38 m.w.N.). Maßgeblich insoweit ist nach der Rechtsprechung des BSG (insbesondere Urteil vom 29. August 2012 – a.a.O.) vielmehr, dass der Stiftungsrat die Aufsicht über den Vorstand und damit auch den Kläger zu 1 führt (§ 2 Abs. 1 der Satzung), diesen sowohl bestellt bzw. abberufen kann und auch zur Entscheidung über Abschluss, Änderung und Kündigung der Anstellungsverträge der Vorstandsmitglieder der Klägerin zu 2 berufen ist (§ 2 Abs. 1 Nr. 1 der Satzung).

Für das Vorliegen einer (abhängigen) Beschäftigung spricht des Weiteren auch das Fehlen des für einen Selbstständigen typischen Unternehmerrisikos. Maßgebliches Kriterium für ein solches Risiko ist, ob eigenes Kapital oder die eigene Arbeitskraft auch mit der Gefahr des Verlustes eingesetzt wird, der Erfolg des Einsatzes der sächlichen oder persönlichen Mittel also ungewiss ist (vgl. BSG, Urteil vom 25. Januar 2001 - B 12 KR 17/00 R - juris Rn. 24). Der Erfolg des Einsatzes der vom Kläger zu 1 eingesetzten Arbeitskraft ist nicht ungewiss, da er von der Klägerin zu 2 eine gleichbleibende monatliche Vergütung erhält und zudem Fortzahlung der Bezüge im Krankheitsfall für die Dauer von sechs Monaten und ein Urlaubsanspruch von 31 Arbeitstagen vereinbart sind. Hinzu kommt, dass der Kläger zu 1 nach § 4 des Vorstandsvertrages bei den nach der Satzung zustimmungspflichtigen

Geschäften einem Einwilligungserfordernis des Stiftungsrates unterliegt und somit wesentliche Entscheidungen nicht allein, aufgrund unternehmerischer Entscheidungsfreiheit treffen kann, sondern hierfür immer der Zustimmung des Stiftungsrats bedarf. Auch kann er nicht verhindern, dass der Stiftungsrat, der zudem nach § 9 Abs. 1 der Satzung zuständig für Grundsatzentscheidungen ist, weitere Maßnahmen seiner Zustimmung unterwirft (vgl. hierzu auch Landessozialgericht Berlin-Brandenburg, Urteil vom 25. Oktober 2013 – L 1 KR 477/12 – juris Rn. 33f.).

Das Vorliegen einer nicht abhängigen Tätigkeit kann auch nicht aufgrund einer entsprechenden Anwendung des § 1 Satz 3 (Satz 4 a.F.) SGB VI bzw. § 27 Abs. 1 Nr. 5 SGB III angenommen bzw. aus diesen Regelungen hergeleitet werden. Nach diesen Vorschriften sind zwar Mitglieder des Vorstands einer Aktiengesellschaft in dem Unternehmen, dessen Vorstand sie angehören, in der gesetzlichen Rentenversicherung bzw. nach dem Recht der Arbeitsförderung nicht versicherungspflichtig beschäftigt und damit versicherungsfrei. Für die Mitglieder des Vorstands einer Stiftung sind die genannten Vorschriften jedoch nicht entsprechend anwendbar. Insoweit hat das BSG in seiner neueren Rechtsprechung in mehreren Entscheidungen dargelegt, dass § 1 Satz 3 (Satz 4 a.F.) SGB VI allein an das formale Merkmal der Zugehörigkeit zum Vorstand einer Aktiengesellschaft anknüpft, und die Ausnahme von der Rentenversicherungspflicht allein von der Rechtsform der Gesellschaft abhängig gemacht, der die Vorstandsmitglieder vorstehen. Eine Möglichkeit zur entsprechenden Anwendung der typisierenden Regelung hat das BSG nur bei Vorstandsmitgliedern großer Versicherungsvereine auf Gegenseitigkeit (VVaG) gesehen und den Ausnahmetatbestand über seinen Wortlaut hinaus auf diese Personengruppe analog angewandt, weil Vorschriften des AktG über eine Verweisung im Versicherungsaufsichtsgesetz für den Vorstand eines VVaG entsprechend gälten, und dessen Mitglieder Vorstandsmitgliedern einer Aktiengesellschaft deshalb rechtlich gleichgestellt seien (Urteile vom 27. Februar 2008 - B 12 KR 23/06 R - juris Rn. 20, vom 6. Oktober 2010 - B 12 KR 20/09

R - juris Rn. 20 und vom 12. Januar 2011 - B 12 KR 17/09 R - juris Rn. 17).

Es kann auch nicht davon ausgegangen werden, dass Vorstandsmitglieder einer Aktiengesellschaft grundsätzlich nicht (abhängig) beschäftigt sind und § 1 Satz 3 SGB VI deshalb Versicherungsfreiheit in der gesetzlichen Rentenversicherung lediglich deklaratorisch bestätigt mit der Folge, dass für Vorstandsmitglieder von Gesellschaften, die Aktiengesellschaften vergleichbar sind, § 1 Satz 3 SGB VI entsprechend anwendbar wäre. Vielmehr sind Vorstandsmitglieder einer Aktiengesellschaft in der Regel (abhängig) beschäftigt (BSG, Urteile vom 29. August 2012 - B 12 KR 25/10 R - juris Rn. 23, vom 29. August 2012 - B 12 R 14/10 R - juris Rn. 24 und vom 2. März 2010 – B 12 AL 1/09 R – juris Rn. 11 m.w.N.; ebenso bereits Sächsisches Landessozialgericht, Urteil vom 28. Mai 2015 – L 1 KR 16/10 - juris Rn. 32 f.).

Die nach alledem abhängige Beschäftigung des Klägers zu 1 bei der Klägerin zu 2 führt zur Versicherungspflicht in der gesetzlichen Renten- und der sozialen Pflegeversicherung und nach dem Recht der Arbeitsförderung, nicht jedoch in der gesetzlichen Krankenversicherung. Versicherungspflichttatbestände sind hinsichtlich der Versicherungspflicht in der gesetzlichen Rentenversicherung § 1 Satz 1 Nr. 1 SGB VI (§ 1 Satz 3 SGB VI ist nicht entsprechend anwendbar, s.o.) und hinsichtlich der Versicherungspflicht nach dem Recht der Arbeitsförderung §§ 24 Abs. 1 und 25 Abs. 1 Satz 1 SGB III (§ 27 Abs. 1 Nr. 5 SGB III ist ebenfalls nicht entsprechend anwendbar, s.o.), weil der Kläger zu 1 seit 1. März 2005 bei der Klägerin zu 2 gegen Arbeitsentgelt abhängig beschäftigt ist. Jedoch ist der Kläger zu 1 nicht in der gesetzlichen Krankenversicherung versicherungspflichtig, da das ihm gewährte jährliche Entgelt seit 1. März 2005 die jeweils maßgebliche Jahresarbeitsentgeltgrenze überschritt (§ 6 Fünftes Buch Sozialgesetzbuch [SGB V]). In der sozialen Pflegeversicherung ist er aufgrund der Regelung des § 20 Abs. 3 Elftes Buch Sozialgesetzbuch (SGB XI) versicherungspflichtig.

Nicht anders ist das Hessische Landessozialgericht mit Urteil vom 01.10.2015 (L 1 KR 335/14) und das Landessozialgericht Essen (Nordrhein-Westfalen) mit den Urteilen vom 27.01.2016 (L 8 R 31/12) sowie (L 8 R 437/11) – beide vom Unterzeichner geführt - von der Versicherungspflicht und damit der abhängigen Beschäftigung einer freien Mitarbeiterin ausgegangen. Auch hier war die Frage, ob Weisungsfreiheit vorliegt. Allerdings hat das Hessische Landessozialgericht angenommen (im Gegensatz zum Landessozialgericht Essen), dass die freie Mitarbeiterin nicht in die betriebliche Organisation der Auftraggeberin eingebunden war. Eine Nutzung der Räumlichkeiten der Auftraggeberin oder deren Arbeitsmittel war nicht gegeben. Die Klägerin verfügt über ein eigenes Büro in ihrem eigenen Haus mit eigenem PC. Sie nutzte Ihr eigenes Fahrzeug und trug die Kosten Ihrer Arbeitsmittel selbst. Die räumliche Einbindung in die Organisation der Auftraggeberin hielt sich zeitlich in sehr engen Grenzen. Ca. zweimal im Jahr war die freie Mitarbeiterin in den Räumlichkeiten der Auftraggeberin tätig. Eine Weisungsfreiheit wurde auch angenommen, da zwar eine Qualitätskontrolle stattgefunden hat, Beanstandungen allerdings niemals vorgetragen wurden. Das Hessische Landessozialgericht urteilte ferner, dass das Risiko, die eingesetzte Arbeitskraft nicht vergütet zu erhalten, bestand. Damit gab es nach Ansicht des Gerichtes ein unternehmerisches Risiko, was vom Landessozialgericht Essen gerade verneint wurde. Denn die regelmäßige Zahlung eines Gehaltes führe gerade nicht zum unternehmerischen Risiko. Gleiches gilt für die Arbeitsmittel, die die freie Mitarbeiterin vorhält, ohne zu wissen, ob und in welchem Umfang diese benötigt werden und ob die Kosten der Arbeitsmittel wieder eingenommen werden können. Auch die fehlende Vergütung für Urlaub oder Krankheit zeigt, dass nach Ansicht des SG ein gewisses Risiko vorhanden war. Unabhängig davon war nach Ansicht des Landessozialgerichts maßgeblich für die Selbständigkeit, dass die freie Mitarbeiterin auch für andere Auftraggeber tätig war. Das Landessozialgericht hat sich mithin in der Abwägung der Indizien für eine selbstständige und eine unabhängige Tätigkeit befunden und kam summarisch zu dem Ergebnis, dass die Selbständigkeit überwiegt:"…Die Klägerin ist in die betriebliche

Organisation des Beigeladenen nicht eingebunden. Sie nutzt weder die Räumlichkeiten des Beigeladenen noch dessen Arbeitsmittel. Vielmehr verfügt sie über ein eigenes Büro in ihrem Haus und hält dort einen PC bereit. Sie nutzt ihr eigenes Fahrzeug. Die Kosten dieser Arbeitsmittel trägt sie selbst. In den Räumlichkeiten des Beigeladenen hält sie sich nur anlässlich der angebotenen Supervision auf. Die Supervision stellt zwar eine gewisse Einbindung der Klägerin dar, doch hält sich diese Einbindung in zeitlich sehr engen Grenzen. Die Supervision findet nur halbjährlich statt. Der Beigeladene stellt dafür nur die Räumlichkeiten und den Supervisor zur Verfügung. Vertreter des Beigeladenen nehmen nicht teil. Auch die Vorgaben zur Abrechnung reichen nicht aus, von einer Einbindung in die Organisation auszugehen.

Hinsichtlich der konkreten Tätigkeit erhält die Klägerin von dem Beigeladenen keine Weisungen. Die Annahme der Beklagten, dass die Klägerin einem Direktionsrecht des Beigeladenen unterliegt, hat sich nicht bestätigt. Ein solches hat es tatsächlich nicht gegeben und ist auch rechtlich durch den Vertrag mit dem Beigeladenen ausgeschlossen. Die Klägerin bestimmt selbst – natürlich in dem durch die Situation der betreuten Personen vorgegebenen Rahmen – wann und wo sie in welchem Umfang tätig wird. Grundsätzlich findet zwar eine Qualitätskontrolle durch die Berichte der Klägerin, eventuelle Mitteilungen des Trägers der Jugendhilfe und durch die detaillierten Abrechnungen statt, zu Beanstandungen ist es aber nicht gekommen. Der Beigeladene gewährleistet die notwendige Qualitätskontrolle vorrangig dadurch, dass ungeeignete Familienhelfer keine neuen Aufträge erhalten. Es fanden keine Besprechungen über den konkreten Inhalt der Tätigkeit der Klägerin mit dem Beigeladenen statt. Die Klägerin hält selbst den Kontakt zum Träger der Jugendhilfe. Die vorbereitenden Berichte zur Erstellung des Hilfeplanes verwendet sie direkt an den Träger. Der Beigeladene erhält lediglich eine Kopie. Hierbei verkennt das Gericht aber nicht, da sich ähnliche Freiheiten auch bei einer Tätigkeit als angestellter Familienhelfer ergeben können.

Trotz der stundenweisen Bezahlung trägt die Klägerin ein Unternehmerrisiko. Ein Unternehmerrisiko wird immer dann angenommen, wenn eigenes Kapital oder die eigene Arbeitskraft auch mit der Gefahr des Verlustes eingesetzt wird, der Erfolg des Einsatzes der sächlichen oder persönlichen Mittel also ungewiss ist. Dies gilt allerdings nur, wenn mit diesem Risiko auch größere Freiheiten in der Gestaltung der Bestimmung des Umfangs beim Einsatz der eigenen Arbeitskraft verbunden sind (BSG vom 28. September 2011 – B 12 R 17/09 R – Juris-Rn. 25). Die Klägerin hat in einem gewissen Umfang das Risiko, die eingesetzte Arbeitskraft nicht vergütet zu erhalten. Dies gilt für alle notwendigen Tätigkeiten, die Zeit in Anspruch nehmen, aber nicht als sogenannte face-to-face-Stunde dem Beigeladenen in Rechnung gestellt werden können. Solche Tätigkeiten ergeben sich im Zusammenhang mit der Vorbereitung und der Erstellung von Berichten für den Hilfeplan. Die aufgewendete Zeit für die Fahrten zum Tätigkeitsort, in der Regel dem Haushalt der betreuten Familie, und die entstehenden Fahrkosten kann die Klägerin ebenfalls nicht abrechnen. Im Übrigen trägt sie regelmäßig das Risiko, dass eine betreute Person nicht die Anzahl der durch den Träger der Jugendhilfe genehmigten Stunden tatsächlich benötigt und sie diese Zeit auch nicht im Rahmen eines anderen Auftrags einsetzen kann. Sie hält die oben genannten Arbeitsmittel vor, ohne zu wissen, in welchem Umfang sie diese benötigt und in welchem Umfang sie deren Kosten über die abgerechneten Stunden tatsächlich wieder einnehmen kann. Wenn sie aufgrund von Krankheit oder Urlaub ihre Tätigkeit nicht nachgehen kann, erhält sie keine Vergütung.

Diesem Risiko entspricht die im Vergleich zu einem angestellten Familienhelfer deutlich höhere Vergütung. Die Beteiligten sind sich nachvollziehbar darüber einig, dass eine Einstufung eines Familienhelfers aufgrund des abgeschlossenen Fachhochschulstudiums in die Stufe 10 TVÖD erfolgt und dort – je nach Erfahrungsstufe – Stundenlöhne von 15 bis 25 EUR erzielt werden können. Die Klägerin erhält eine Vergütung von 36,80 EUR.

Für eine selbstständige Tätigkeit spricht weiterhin, dass die Klägerin im großen Umfang auch für andere Leistungserbringer tätig ist. So war sie für den Verein F. mit mehreren Aufträgen als Familienhelferin tätig. Sie hat sich mit anderen Familienhelfern zusammengeschlossen und erhält über diese Partnerschaft weitere Aufträge durch den Träger der Jugendhilfe. Außerdem ist sie als Dienstleister für die Verwaltung von persönlichen Budgets für Patienten tätig. Ebenfalls auf Selbstständigkeit deutet hin, dass die Klägerin auch Aufträge ablehnt und sich auf bestimmte Familiensituationen spezialisiert hat.

Für eine abhängige Tätigkeit spricht, dass der unternehmerische Gestaltungsspielraum der Klägerin insgesamt eingeschränkt ist und dass das unternehmerische Risiko nicht besonders hoch ist. Beide Indizien sind allerdings nicht so stark zu gewichten, dass nicht von einer selbstständigen Tätigkeit ausgegangen werden kann. Der eingeschränkte Gestaltungsspielraum der Klägerin ergibt sich aus den gesetzlichen Vorgaben und vor allem aus der Abhängigkeit vom konkreten Bedarf der zu betreuenden Person. Damit ist aber keine Einschränkung durch den Beigeladenen verbunden, die auf eine Einbindung in dessen Organisation hindeuten würde. Das geringe Unternehmerrisiko ist als Indiz zu schwach, um eine abhängige Beschäftigung anzunehmen. Es liegt im Wesen einer Dienstleistung mit stundenweiser Vergütung, dass das Risiko, die Arbeitskraft unvergütet einzusetzen, nur in einem bestimmten Ausmaß besteht. Die hier bestehenden Risiken gehen aber jedenfalls deutlich über das Risiko hinaus, welches ein angestellter Familienhelfer zu tragen hätte. Zudem ist zu berücksichtigen, dass die Klägerin jederzeit damit rechnen muss, keine weiteren Aufträge mehr zu erhalten...“.

Das Landessozialgericht Essen (s. o.) kam zu einem - in allen Punkten - gegensätzlichen Ergebnis, also zur Sozialversicherungspflicht, gleichwohl es sich um eine identische Fallgestaltung handelte.

Alles in allem lässt sich der Schluss herausarbeiten, dass dieselben Grundsätze bei Vorständen einer Stiftung gelten wie bei allen anderen Selbstständigen auch.

Es kommt auf die konkrete Vertragsgestaltung und die tatsächliche Durchführung der Tätigkeit an. Nach summarischer Würdigung aller Indizien ist alsdann zu beurteilen, ob die abhängige oder die selbständige Tätigkeit überwiegt. Insofern nimmt die Stellung als Vorstand einer Stiftung keine Sonderstellung ein.

Fazit:

Der Gesetzgeber hat einige Begrifflichkeiten des Arbeitnehmers aufgenommen und zum Teil diverse Tätigkeiten als von der Sozialversicherung befreit angesehen. Damit knüpfen viele Normen an den Begriff des Arbeitnehmers an. Entscheidend für die Einordnung einer Tätigkeit als abhängige Beschäftigung und damit als Arbeitnehmer die Abhängigkeit vom Arbeitgeber sowie die vertraglichen Regelungen des Einzelfalles. Ob ein Stiftungsorgan abhängig beschäftigt ist, hängt maßgeblich von der Funktion des Organes in der Stiftung ab. Die zahlreich oben aufgeführte Rechtsprechung zeigt, dass divergierende Ansichten im Rahmen der unterschiedlichen Gesetze möglich sind. Daher kann man nicht pauschal verallgemeinern, dass der Vorstand einer Stiftung sozialversicherungsrechtlich als Arbeitnehmer zu betrachten ist; allerdings kommt dies der Praxis sehr nahe. Dies zeigen auch die zahlreichen Verfahren des Unterzeichners bis zum Bundessozialgericht, die in der Mehrzahl der Verfahren die Sozialversicherungspflicht zum Ergebnis hatten. Gleichwohl dies offiziell bestritten wird, hat die Einordnung als abhängig Beschäftigter nicht nur rechtliche sondern auch ökonomische Hintergründe. Aus dem argumentum e contrario bleibt daher festzuhalten, dass der Vorstand einer Stiftung nicht grundsätzlich von der Sozialversicherung befreit ist.

Das BSG befasste sich letztlich auch mit Vorstandsmitgliedern einer irischen privaten limited company unter Berücksichtigung des EG-Rechts (BSG, Urteil vom 27. 2. 2008 – B 12 KR 23/06 R (lexetius.com/2008,1725) m.w.N.

Annex-Ende.

Die prognostizierten Überschüsse müssen sodann mithilfe eines Kapitalisierungszinssatzes auf den Bewertungsstichtag abgezinst werden

(Barwert der Ertragsüberschüsse). Sei E_t der Zahlungsüberschuss in Periode t und i der Kapitalisierungszinssatz. Dann bestimmt sich der Unternehmenswert UW aus

$$UW = \sum_{t=1}^{T} \frac{E_t}{(1+i)^t}.$$

Die Bestimmung des Kapitalisierungszinssatzes erfordert wie oben beschrieben besondere Sorgfalt, da schon geringe Abweichungen den Wert des Unternehmens/der Kanzlei entscheidend beeinflussen können.

Das vereinfachte Ertragswertverfahren geht dabei von einem Risikozuschlag von 4,5 % aus, dieser Wert führt im Allgemeinen bei Steuerberatungskanzleien zu überhöhten Werten und wird von der Bundessteuerberaterkammer daher als nicht adäquat abgelehnt.

Die Rechtsprechung ist in diesem Bereich weiter uneinheitlich.

Für die Bewertung des Endvermögens nach § 1376 Abs. 2 BGB ist der objektive (Verkehrs-)Wert der Vermögensgegenstände maßgebend. Ziel der Wertermittlung ist es deshalb, die Praxis der Beklagten mit ihrem "vollen, wirklichen" Wert anzusetzen. Grundsätze darüber, nach welcher Methode das zu geschehen hat, enthält das Gesetz nicht. Die sachverhaltsspezifische Auswahl aus der Vielzahl der zur Verfügung stehenden Methoden (vgl. die Zusammenstellungen von Schröder, Bewertungen im Zugewinnausgleich, 4. Aufl. Rn. 67 ff. und Haußleiter/Schulz, Vermögensauseinandersetzung bei Trennung und Scheidung 5. Aufl. Rn. 116 ff.) und deren Anwendung ist Aufgabe des – sachverständig beratenen – Tatrichters (vgl. etwa BGH vom 06.02.2008, XII ZR-45/06, BGHZ 175, 207). Seine Entscheidung kann vom Revisionsgericht nur daraufhin überprüft werden, ob sie gegen Denkgesetze und Erfahrungssätze verstößt oder sonst auf rechtsfehlerhaften Erwägungen beruht (ständige Rechtsprechung, vgl. etwa BGH vom 09.02.2011, XII ZR 40/09, FamRZ 2011, 622 Rn. 16 und BGH vom 08.09.2004, XII ZR 194/01, FamRZ 2005, 99, 100). Das ist nicht der Fall.

Wie die Revision zutreffend ausführt, handelt es sich bei dem Umsatzwertverfahren um eine Bruttomethode, die an sich den Abzug von

Kosten nicht vorsieht. Allerdings sind Wertkorrekturen, wie sie der Sachverständige C auch im vorliegenden Fall für angemessen gehalten hat, nicht ausgeschlossen. Sie können etwa in einer Ausgliederung von Umsatzteilen bestehen, die rein personengebunden und deshalb nicht auf einen Nachfolger übertragbar oder aus anderen Gründen in Zukunft nicht mehr zu erwarten sind. Mit Rücksicht hierauf hat der Sachverständige wegen personengebundener Mandate von dem ermittelten durchschnittlichen Umsatzwert einen Betrag von 25.000 € in Abzug gebracht. Darüber hinaus wird regelmäßig die Ermittlung regionaler, unternehmensspezifischer und marktmäßiger Besonderheiten für erforderlich gehalten (vgl. Barthel, DB 1996, 149, 161). Die Annahme des Berufungsgerichts, das Umsatzwertverfahren erlaube es methodisch nicht, einen Unternehmerlohn abzusetzen, ist damit nicht zu vereinbaren (vgl. auch die von der Bundesärztekammer herausgegebenen Hinweise zur Bewertung von Arztpraxen, abgedruckt bei Schröder, Bewertungen im Zugewinnausgleich Rn. 175 unter D).

Gleichwohl ist die Auswahl der Bewertungsmethode revisionsrechtlich nicht zu beanstanden. Der Senat hat es für die Bewertung der Praxis eines Freiberuflers für sachgerecht erachtet, wenn eine Bewertungsmethode herangezogen worden ist, die von einer zuständigen Standesorganisation empfohlen und verbreitet angewendet wird (vgl. BGH vom 06.02.2008, XII ZR 45/06, BGHZ 175, 207). Diese Voraussetzungen liegen in Bezug auf das Ertragswertverfahren vor.

In den aktuellen Hinweisen der Bundessteuerberaterkammer für die Ermittlung des Wertes einer Steuerberaterpraxis (Stand: 30.06.2010) wird deutlicher als in den am 25.01.2007 beschlossenen Hinweisen auf die unterschiedlichen Bewertungsanlässe eingegangen und ausgeführt, dass die zu ermittelnden Werte in Abhängigkeit von dem mit der Bewertung verfolgten Zweck zu sehen seien. In erster Linie würden Entscheidungswerte ermittelt, etwa Preisobergrenzen für einen potenziellen Erwerber oder Untergrenzen für einen Veräußerer. Insofern finde das Umsatzwertverfahren als Praktikerverfahren insbesondere bei der Praxisübertragung unter Lebenden Anwendung. Ziel sei dabei nicht die Ermittlung eines konkreten, richtigen Wertes, sondern einer Verhandlungsbasis für den zwischen den Vertragspartnern auszuhandelnden Kaufpreis. Das Ergebnis beruhe immer auf den im Verlauf der Bewertung getroffenen Annahmen, die im Fall einer Veräußerung von dem Praxisinhaber beeinflusst werden könnten. Im Fall der Wertermittlung für Zwecke des Zugewinnausgleichs gehe es dagegen nicht um eine Verhandlungslösung, sondern um die Ermittlung eines objektivierten/ausgleichenden Praxiswerts. Diese Zielsetzung erfordere in der Regel eine Objektivierbarkeit des Unternehmenswertes. Das Institut der Wirtschaftsprüfer (IDW) habe einen Standard für die Durchführung von Unternehmensbewertungen erarbeitet (IDW S1), dem das Ertragswertverfahren zugrunde liege und der für Wirtschaftsprüfer verbindlich sei, wenn ein objektiver Wert ermittelt werden solle (Nr. 1a) und b) der Hinweise).

Damit verweisen die Hinweise der Bundessteuerberaterkammer inzwischen für Fälle, in denen nicht die Schaffung einer Verhandlungsbasis angestrebt wird, auf den IDW Standard S1, nach dem der Unternehmenswert grundsätzlich als Zukunftserfolgswert ermittelt wird und als gängige Wertermittlungsmethode das Ertragswertverfahren genannt wird (IDW S1 Rn. 7). Auch sonst wird verbreitet die Auffassung vertreten, eine Wertermittlung nach einem Umsatzwertverfahren sei zu ungenau und könne nur Anhaltspunkte für Plausibilitätsüberlegungen bieten (vgl. IDW S1 i.d.F 2008 Rn. 143; zur Kritik an der Wertermittlung nach dem Umsatzwertverfahren: Michalski/Zeidler, FamRZ 1997, 397, 400; Kuckenburg, FPR 2009, 290, 292; Dauner-Lieb, FuR 2009, 209, 215; Olbrich/Olbrich, DB 2008, 1483, 1485; Piltz, Die Unternehmensbewertung in der Rechtsprechung, 3. Aufl., 249 f.). Der Sachverständige C hat bei der Erläuterung seines Gutachtens in der mündlichen Verhandlung vor dem Berufungsgericht das modifizierte Ertragswertverfahren ebenfalls als die bessere, weil genauere Wertermittlungsmethode bezeichnet. Mit Rücksicht darauf ist es nicht rechtsfehlerhaft, dass das Berufungsgericht der Wertermittlung diese Methode zugrunde gelegt hat. Vielmehr ist das modifizierte Ertragswertverfahren für die Bewertung freiberuflicher Praxen im Zugewinnausgleich generell vorzugswürdig.

Der ideelle Wert einer solchen Praxis gründet sich auf immaterielle Faktoren wie Mitarbeiterstamm, günstiger Standort, Art und Zusammensetzung der Mandanten, Konkurrenzsituation und ähnliche Faktoren, die regelmäßig auf einen Nachfolger übertragbar sind, aber auch auf Faktoren wie Ruf und Ansehen des Praxisinhabers, die mit dessen Person verknüpft und deshalb grundsätzlich nicht übertragbar sind. Für die Vermögensbewertung im Rahmen des Zugewinnausgleichs wird der übertragbare Teil des ideellen Werts (Goodwill) nur dann zutreffend ermittelt, wenn von dem zunächst festgestellten durchschnittlichen Jahresüberschuss nicht ein pauschaler Unternehmerlohn, sondern der den individuellen Verhältnissen entsprechende Unternehmerlohn in Abzug gebracht wird. Nur auf diese Weise wird der auf den derzeitigen Praxisinhaber bezogene Wert eliminiert, der auf dessen Arbeit, persönlichen Fähigkeiten und Leistungen beruht und auf einen Übernehmer nicht übertragbar ist (BGH vom 09.02.2011, XII ZR 40/09, FamRZ 2011, 622 Rn. 25, 28 und BGH vom 06.02.2008, XII ZR 45/06, BGHZ 175, 207; vgl. auch BFH vom 25.11.1998, XII ZR 84/97, FamRZ 1999, 361, 364).

Die Notwendigkeit, einen um den konkret angemessenen Unternehmerlohn bereinigten Wert des Goodwill im Endvermögen des Praxisinhabers zu berücksichtigen, hängt nicht von einer Konkurrenz von Zugewinnausgleichs- und Unterhaltsanspruch im Einzelfall ab, sondern besteht generell. Bei der Ermittlung des Goodwill eines Unternehmens oder einer freiberuflichen Praxis ist jeweils darauf zu achten, dass nur die übertragbaren Bestandteile bewertet werden. Dazu gehört der auf die persönliche Leistung des Inhabers entfallende Teil des Ertragswerts nicht (vgl. BGH vom 06.02.2008, XII ZR 45/06, BGHZ 175, 207).

Im Rahmen der Ermittlung des danach einzubeziehenden individuellen Unternehmerlohns hat das Berufungsgericht die Auffassung vertreten, dieser könne nicht in Höhe des unterhaltsrechtlich zugrunde gelegten Nettoeinkommens der Beklagten angenommen werden, weil andernfalls der Goodwill praktisch bereits abgeschöpft werde. Auch die erfolgten Privatentnahmen seien nicht aussagekräftig, da sie keine Rückschlüsse auf die

Bewertung der Leistung des Inhabers erlaubten. Nachdem die Parteien keine anderweitigen Ansätze vermittelt hätten, sei es angezeigt, in einem ersten Schritt auf den Bruttolohn für einen angestellten Steuerberater mit zehnjähriger Berufserfahrung abzustellen. Dieser Bruttolohn sei sodann um die Arbeitgeberbeiträge zur Sozialversicherung und eine "Chefzulage" von 15 % aufzustocken, um der leitenden Funktion der Beklagten und ihren Leistungen Rechnung zu tragen. Unter Beachtung der Bruttobemessungsgrenzen für die Sozialversicherung bei der Aufstockung auf die vollen Beiträge ergebe sich anstelle der vom Sachverständigen berücksichtigten Beträge von 61.000 € (für 1999 und 2001) und von 58.200 € (für 2002) ein individueller Unternehmerlohn von 81.537,67 € (für 1999), 81.506,36 € (für 2001) und von 78.418,50 € (für 2002). Nach dessen Abzug von den jeweiligen Jahresüberschüssen verbleibe ein durchschnittlicher jährlicher Überschuss von 57.612,49 €.

Mit welchem Betrag der individuelle kalkulatorische Unternehmerlohn zu bemessen ist, obliegt der – sachverständig beratenen – tatrichterlichen Beurteilung des Einzelfalls. Das gewonnene Ergebnis ist revisionsrechtlich jedoch darauf zu überprüfen, ob es den anzuwendenden Rechtsgrundsätzen Rechnung trägt und angemessen ist. Das ist hier im Wesentlichen der Fall.

Rechtlich unbedenklich ist die Erwägung des Berufungsgerichts, der individuelle Unternehmerlohn könne nicht mit dem unterhaltsrechtlich berücksichtigten Gewinn der Beklagten aus der Steuerberaterpraxis oder den Privatentnahmen bemessen werden. Zwar drückt sich die Tätigkeitsvergütung auch im Gewinn aus, der zugleich das unternehmerische Risiko und die Verzinsung des eingesetzten Eigenkapitals abgilt (so auch Kuckenburg, FuR 2008, 270, 271). Dass der Gewinn grundsätzlich nicht maßgebend sein kann, folgt aber bereits daraus, dass er nicht allein auf die Leistungen der Beklagten selbst zurückgeht, sondern auch von ihren Mitarbeitern erwirtschaftet wird. Nach den vom Berufungsgericht in Bezug genommenen Feststellungen des Sachverständigen C entfällt auf den Tätigkeitsbereich "Buchhaltungsarbeiten sowie Lohn- und Gehaltsbuchführung", in dem jedenfalls auch Mitarbeiter eingesetzt werden, ein Anteil von 43 %, während für Jahresabschlüsse und Steuererklärungen 37 %

bzw. 15 % (sowie 5 % für weitere Leistungen) aufgeführt werden. Bezüglich der aus der Tätigkeit von Angestellten resultierenden Teile des Gewinns handelt es sich aber um Erträge aus der Praxis, die deren Wert beeinflussen und deshalb güterrechtlich auszugleichen sind.

Getätigte Privatentnahmen vermögen aus demselben Grund wie Gewinne keinen Aufschluss über den Betrag zu geben, der als individueller Unternehmerlohn gerechtfertigt ist. Abgesehen davon kann insofern auch nicht ausgeschlossen werden, dass Überentnahmen erfolgt sind, die sich zulasten des Praxiswerts auswirken würden. Aus dem Vorstehenden folgt zugleich, dass der Unternehmerlohn ebenso wenig aus dem als unterhaltsrechtlich relevant angesehenen Einkommen des Praxisinhabers hergeleitet werden kann (vgl. hierzu auch Kuckenburg, FuR 2008, 270, 271; a.A. Weinreich, FuR 2008, 321, 323).

Keine rechtlichen Bedenken bestehen auch gegen den Ausgangspunkt des Berufungsgerichts, zunächst auf den von dem Sachverständigen C. ermittelten Bruttolohn für einen angestellten Steuerberater mit zehnjähriger Berufserfahrung abzustellen und diesen Betrag sodann zu individualisieren.

§ 202 Abs. 1 Nr. 2d BewG sieht vor, die Höhe des Unternehmerlohns nach der Vergütung zu bestimmen, die eine nicht beteiligte Geschäftsführung erhalten würde. Eine entsprechende Aussage findet sich in den Grundsätzen zur Durchführung von Unternehmensbewertungen IDW S1 i.d.F. 2008 (Rn. 40). Nach den Hinweisen der Bundessteuerberaterkammer kann der Unternehmerlohn eines selbständigen Steuerberaters nicht lediglich in Höhe des Gehalts eines angestellten Steuerberaters angesetzt werden, weil dies der höheren unternehmerischen Verantwortung des selbständig Tätigen nicht gerecht werden würde. Ein bloßer Rückgriff auf existierende Gehaltsumfragen greife deshalb für Zwecke der Bewertung zu kurz. Im Vergleich zu den Löhnen angestellter Steuerberater müssten für Praxisinhaber vielmehr Zuschläge für die längere Arbeitszeit und das unternehmerische Risiko kalkuliert werden. Zu bedenken sei weiterhin, dass der selbständig Tätige die Kosten für seine soziale Absicherung vollständig selbst tragen müsse. Außerdem seien ggf. Zuschläge für vorhandene Spezialkenntnisse zu berücksichtigen. Neben diesen individuellen Aspekten seien auch die regionalen Gegebenheiten und die Umsatzgröße der Praxis zu beachten (Nr. 4b der Hinweise, Stand: 30.06.2010).

Die genannten Kriterien erscheinen sachgerecht, um den individuellen kalkulatorischen Unternehmerlohn zu ermitteln. Sie bauen zutreffend auf dem Ausgangswert des Gehalts eines erfahrenen Steuerberaters auf, berücksichtigen die Notwendigkeit der aus dem Einkommen zu bestreitenden Kosten der sozialen Absicherung und sehen weiter vor, dass das konkrete Anforderungsprofil in die Beurteilung einfließt. In diesem Zusammenhang ist neben der Einbeziehung des unternehmerischen Risikos etwa Raum, der vorhandenen Leistungsbereitschaft, dem zeitlichen Arbeitseinsatz und etwaigen Spezialkenntnissen Rechnung zu tragen (vgl. auch Kuckenburg, FuR 2008, 270, 272; Knief, DStR 2008, 1895, 1896 f.).

Danach ist es rechtlich nicht zu beanstanden, dass das Berufungsgericht der Ermittlung des Unternehmerlohns zunächst Jahresbeträge von 61.000 € (für 1999 und 2001) sowie von 58.200 € (für 2002) zugrunde gelegt hat. Die Beträge beruhen auf den Angaben des Sachverständigen C, der die Gehaltsumfrage des Steuerberaterverbands D für einen Steuerberater mit mehr als zehn Jahren Berufserfahrung einbezogen hat, sodass auch die regionalen Gegebenheiten berücksichtigt worden sind. Die genannten Bruttobezüge hat das Berufungsgericht unter Beachtung der Bruttobemessungsgrenzen auf die vollen Sozialversicherungsbeiträge aufgestockt. In einem abschließenden Schritt hat es eine "Chefzulage" von 15 % dieses Betrages addiert.

Bei dieser Vorgehensweise sind Aufwendungen für die soziale Absicherung indes nur im Rahmen der Beitragsbemessungsgrenze berücksichtigt, die in den in die Bewertung einbezogenen Jahren nach den Angaben des Sachverständigen unter den zugrunde gelegten Bruttojahresgehältern liegt. Das setzt sich bei der "Chefzulage" von 15 % fort, die auf das Bruttojahresgehalt einschließlich der vollen Sozialversicherungsbeiträge bezogen ist. Einem Selbständigen ist nach der Rechtsprechung des Senats aber zuzubilligen, etwa 20 % seines Bruttoeinkommens für seine primäre Altersversorgung einzusetzen (vgl. BGH vom 19.02.2003, XII ZR 67/00, FamRZ 2003, 860, 863 und BGH vom 23.11.2005, XII ZR 51/03, FamRZ 2006, 387, 389). Darüber hinaus kann ein Betrag von bis zu 4 % des Bruttoeinkommens für eine zusätzliche Altersversorgung aufgewandt werden (BGH vom 11.05.2005, XII ZR 211/02, FamRZ 2005, 1817, 1821; BGH vom 22.11.2006, XII ZR 24/04, FamRZ 2007, 193 f. und BGH vom 28.02.2007, XII ZR 37/05, FamRZ 2007, 793 Rn. 27). Weitere Kosten einer angemessenen sozialen Absicherung hätten allerdings einen höheren individuellen kalkulatorischen Unternehmerlohn und damit einen geringeren Ertragswert der Praxis zur Folge. Das Berufungsurteil beschwert den Kläger deshalb in diesem Punkt nicht.

Das Berufungsgericht hat die latente Ertragsteuer zu Recht und in zutreffender Höhe von dem festgestellten Wert der Praxis in Abzug gebracht.

In der Rechtsprechung des Senats ist anerkannt, dass bei der stichtagsbezogenen Bewertung im Zugewinnausgleich eine latente Steuerlast wertmindernd ins Gewicht fällt. Dies gilt nicht nur in Fällen, in denen eine Veräußerung tatsächlich beabsichtigt ist, vielmehr handelt es sich um eine Konsequenz der Bewertungsmethode. Soweit der Wert danach ermittelt wird, was bei einer Veräußerung zu erzielen wäre, darf nicht außer Betracht bleiben, dass wegen der damit verbundenen Auflösung der stillen Reserven dem Verkäufer wirtschaftlich nur der um die fraglichen Steuern verminderte Erlös verbleibt. Insoweit geht es um unvermeidbare Veräußerungskosten (BGH vom 09.02.2011, XII ZR 40/09, FamRZ 2011, 622, Rn. 29 ff., BGH vom 24.10.1990, XII ZR 101/89, FamRZ 1991, 43, 48 und BGH vom 08.09.2004, XII ZR 194/01, FamRZ 2005, 99, 101).

Diese Rechtsprechung hat vereinzelt Kritik erfahren. Dabei ist insbesondere darauf hingewiesen worden, dass eine noch nicht entstandene Steuerschuld wertmindernd in Abzug gebracht werde, obwohl eine solche nicht berücksichtigt werden könne (Hoppenz, FamRZ 2006, 449, 450; Gernhuber, NJW 46 1991, 2238, 2242; Tiedtke, FamRZ 1990, 1188, 1193 f.; Schröder, Bewertungen im Zugewinnausgleich 4. Aufl. Rn. 74; vgl. auch Piltz, a.a.O., 156 f.). Darüber hinaus ist beanstandet worden, dass bei der Bewertung anderer

Vermögensgegenstände, etwa Grundstücken, die innerhalb der Spekulationsfrist veräußert werden, oder bei Lebensversicherungen eine latente Steuerpflicht nicht berücksichtigt werde, was aus Gründen der Gleichbehandlung nicht gerechtfertigt sei (Kogel, NJW 2007, 556, 558 ff.; Haußleiter, NJW-Spezial 2008, 164, 165; Hoppenz, FamRZ 2006, 449, 450 f.).

Der Senat hält daran fest, dass eine latente Steuerlast ungeachtet einer bestehenden Veräußerungsabsicht als Konsequenz der Bewertungsmethode wertmindernd in Ansatz zu bringen ist. Die Bewertung einer freiberuflichen Praxis im Zugewinnausgleich erfolgt stichtagsbezogen und demgemäß losgelöst von einer beabsichtigten Veräußerung. Maßgebend ist, dass der am Stichtag vorhandene Wert und die damit verbundene Nutzungsmöglichkeit dem Inhaber zur Verfügung stehen. Die Nutzungsmöglichkeit bestimmt aber auch den Vermögenswert, vorausgesetzt, Praxen der entsprechenden Art werden in nennenswertem Umfang veräußert (BGH vom 06.02.2008, XII ZR 45/06, BGHZ 175, 207; BGH vom 13.10.1976, IV ZR 104/74, FamRZ 1977, 38, 40). Ziel der Bewertung ist es deshalb, einen Wert der freiberuflichen Praxis zu ermitteln, der im Fall einer Veräußerung auf dem Markt erzielt werden könnte. Insofern folgt die Berücksichtigung latenter Ertragsteuern aus der Prämisse der Verwertbarkeit. Abgesehen davon darf nicht außer Betracht bleiben, dass wegen der mit einer Veräußerung verbundenen Auflösung der stillen Reserven dem Verkäufer wirtschaftlich nur der um die Steuern geschmälerte Erlös verbleibt. Deshalb ist der in der Senatsrechtsprechung angeführte Gesichtspunkt der unvermeidbaren Veräußerungskosten gerechtfertigt. Aus Gründen der Gleichbehandlung dürfte es allerdings geboten sein, eine latente Steuerlast auch bei der Bewertung anderer Vermögensgegenstände (etwa bei Grundstücken, Wertpapieren oder Lebensversicherungen) dann zu berücksichtigen, wenn deren Veräußerung – bezogen auf die Verhältnisse am Stichtag und ungeachtet einer bestehenden Veräußerungsabsicht – eine Steuerpflicht auslösen würde. Denn eine Bewertung, die auf den am Markt erzielbaren Preis abstellt, hat die mit einer Veräußerung zwangsläufig verbundene steuerliche Belastung wertmindernd einzubeziehen.

Auch hinsichtlich der Höhe der in Abzug gebrachten latenten Ertragsteuern ist die angefochtene Entscheidung nicht zu beanstanden. Das Berufungsgericht hat hier zu Recht den vollen und nicht einen ermäßigten Steuersatz in seine Berechnung eingestellt. Ausgehend von dem im Zugewinnausgleich geltenden Stichtagsprinzip muss auch die bei einer Veräußerung anfallende Steuer nach den tatsächlichen und rechtlichen Verhältnissen bemessen werden, die am Stichtag vorlagen. Eine Wertbestimmung, die sich nicht hieran ausrichten würde, könnte nicht für sich in Anspruch nehmen, den zugewinnausgleichsrechtlich maßgebenden Wert widerzuspiegeln. Der Senat hat es allerdings aus Gründen der Zweckmäßigkeit und Praktikabilität nicht für rechtsfehlerhaft gehalten, dass Ertragsteuern lediglich in Höhe des halben Steuersatzes angesetzt worden sind. Dabei ist er davon ausgegangen, dass zum Stichtag in der Regel nicht bekannt ist, wann und zu welchem Preis der betreffende Vermögensgegenstand tatsächlich veräußert werden wird (BGH vom 25.11.1998, XII ZR 84/97, FamRZ 1999, 361, 364 f.). An dieser Sichtweise hält der Senat nicht fest. Für eine stichtagsbezogene Wertermittlung kommt es nicht darauf an, welche Ertragsteuern bei einem künftigen Veräußerungsfall tatsächlich anfallen würden. Vielmehr ist – als Konsequenz der Bewertungsmethode – die bei unterstellter Veräußerung zum Stichtag entstehende Steuerlast maßgebend. Das erfordert eine Berücksichtigung der steuerrechtlich relevanten tatsächlichen und rechtlichen Verhältnisse bezogen auf diesen Zeitpunkt (vgl. auch BGH vom 09.02.2011, XII ZR 40/09, FamRZ 2011, 622 Rn. 30).

[Exkurs Ende]

Abschließend erfolgt die auszugsweise Replikation der Rechtsprechung zur Barabfindung im Rahmen eines Squeezeouts.

Das OLG Düsseldorf hat mit Beschluss vom 11.05.2015 (I-26 W 2/13) zur strittigen Höhe der Barabfindung bei einem Gewinnabführungsvertrag entschieden: „…Wie der Senat inzwischen bereits mehrfach entschieden hat, berechnet sich die Höhe der Barabfindung auch in den Fällen, in denen ein Squeezeout einem Beherrschungs- und Gewinnabführungsvertrag nachfolgt, regelmäßig nicht auf der Basis des Barwerts des Ausgleichs aus dem Beherrschungs- und Gewinnabführungsvertrag. Das gilt grundsätzlich selbst dann, wenn die kapitalisierte Ausgleichszahlung zu einem höheren Wert führen würde. Vielmehr ist der Unternehmenswert zum Zeitpunkt des Squeezeout-Beschlusses Grundlage der Barabfindung (vgl. Senat, Beschlüsse vom 04.07.2012, I-26 W 11/11 (AktE) Rn. 38 ff.; 29.07.2009, I-26 W 1/08 (AktE) Rn. 49 ff.; ebenso: OLG München, Beschluss vom 26.10.2006, 31 Wx 12/06 Rn. 13; OLG Stuttgart, Beschluss vom 24.07.2013, 20 W 2/12 Rn. 100 ff., 107, a.A. OLG Frankfurt, Vorlagebeschluss vom 15.10.2014, 21 W 64/13, ZIP 2014, 2439-2443 Rn. 21 ff.; jeweils zitiert aus JURIS; Emmerich/Habersack, Aktien- und GmbH-Konzernrecht, Kommentar, 7. Aufl., § 327b Rn. 9 m. w. N.).“

Das OLG Frankfurt hat mit Beschluss vom 15.10.2014 (Az. 21 W 64/13 – entspricht der wohl h.M.) gegenläufig argumentiert: „….Nach § 327a Abs. 1 Satz 1 AktG kann die Hauptversammlung einer Gesellschaft die Übertragung der Aktien der Minderheitsaktionäre auf den Hauptaktionär gegen Gewährung einer angemessenen Barabfindung beschließen. Dabei muss die vom Hauptaktionär festgelegte Abfindung die Verhältnisse der Gesellschaft im Zeitpunkt der Beschlussfassung berücksichtigen (§ 327b Abs. 1 Satz 1 AktG).

Als angemessen in dem vorgenannten Sinne ist eine Abfindung anzusehen, die dem ausscheidenden Aktionär eine volle Entschädigung dafür verschafft, was seine Beteiligung an dem arbeitenden Unternehmen wert ist. Sie muss also dem vollen Wert seiner Beteiligung entsprechen (vgl. BVerfGE 14, 263, 284; 100, 289, 304 f.; BayObLG AG 1996, 127; Hüffer, AktG, 11. Aufl., § 327b Rdn. 5). Hierfür ist der Grenzpreis zu ermitteln, zu dem der außenstehende Aktionär ohne Nachteil aus der Gesellschaft ausscheiden kann (vgl. BGHZ 138, 136, 140). Dabei stellt der Börsenkurs der Gesellschaft regelmäßig eine Untergrenze für die zu gewährende Abfindung dar (vgl. BVerfGE 100, 289).“

Gem. § 327 b II HS. 1 AktG ist die Barabfindung mit 2 % jährlich über dem Basiszinssatz zu verzinsen, wobei die Verzinsung mit der Eintragung des Übertragungsbeschlusses in das Handelsregister beginnt. Abgegolten werden soll damit der Nachteil, den der Minderheitsaktionär dadurch erleidet, dass mit der Handelsregistereintragung automatisch die Aktien übergehen auf den Mehrheitsaktionär, die Barabfindung jedoch erst später gezahlt wird.
Die Angemessenheit der Barabfindung wird durch eine externe Prüfung festgestellt (vgl. § 327 c II S. 2 AktG). Das bedeutet, dass lediglich die Methode zur Ermittlung der Barabfindung, nicht jedoch die Rechtmäßigkeit des Squeeze-out-Beschlusses überprüft wird. Hauptaugenmerk der Wirtschaftsprüfer dürfte insbesondere auf dem Ergebnis der Anwendung der Methoden zur Begründung der Barabfindung liegen.
Annex Ende

ee) Beschlussfassung der Hauptversammlung

Der Übertragungsbeschluss soll nach dem Willen des Gesetzgebers in der Hauptversammlung gem. § 327 a I S. 1 AktG gefasst werden. Dazu ist Voraussetzung, dass die Hauptversammlung ordnungsgemäß zustande gekommen ist und kein Nichtigkeitsgrund (§§ 241 ff., 250 ff. AktG) vorliegt.

aaa) Begriffsdefinition der Hauptversammlung

Die Hauptversammlung erfährt im AktG keine eigenständige Definition. Sie wird vielmehr sukzessive im Kontext erwähnt. Nach h.M. ist von einem Dualismus der Hauptversammlung auszugehen.[38]

aaaa) Organ der AG

Zum Einen wird die Hauptversammlung als Organ der AG verstanden, d. h. sie hat die Aufgabe interner Willensbildung in dem gesetzlich angeordneten Zuständigkeitsbereich.

---

[38] Vgl. Butzke, a. a. O., S. 2 f.

bbbb) Organisationsrechtliches Element

Zum Anderen wird der Hauptversammlung ein organisationsrechtliches Element zugeschrieben, d. h. mittels Hauptversammlung üben die Aktionäre durch Zusammenkunft an einem bestimmten Ort zu einer bestimmten Zeit Ihre Mitbestimmungsrechte aus. Die h. M. versteht die Hauptversammlung im letztgenannten Sinne, d. h. als Zusammentreffen der Aktionäre.

cccc) Ordentliche Hauptversammlung

Die Hauptversammlung wird als ordentliche HV abgehalten, wenn das Zusammentreffen der Aktionäre im Rahmen des Jahresabschlusses erfolgt und Regularbeschlüsse[39] gefasst werden.

dddd) Außerordentliche Hauptversammlung

Außerordentlich ist eine Hauptversammlung, wenn diese nicht die Anforderungen an eine ordentliche Hauptversammlung erfüllt (argumentum e contrario).

eeee) Vollversammlung

Als Vollversammlung[40] wird diejenige Hauptversammlung bezeichnet, bei der alle Aktionäre (höchstpersönlich oder vertreten[41]) erschienen sind.

ff) Kein Börsennotierungszwang der Gesellschaft

Die das Squeeze-out-Verfahren durchführende Gesellschaft muss nach herrschendem Recht nicht börsennotiert sein. Abzustellen ist lediglich auf die Beteiligung an der Gesellschaft in Form von Aktien.

In Betracht käme jedoch eine Einschränkung in Bezug auf familiäre Gesellschaften. So ist es nicht erstaunlich, dass bei jüngsten Gesellschaftszerschlagungen immer wieder Familienunternehmen in die Presse gelangten. In Familienunternehmen herrschen andere Grundregeln als in

---

[39] Regularbeschlüsse sind alle Beschlüsse, die die Organentlastung, Aufgabenverteilung, Gewinnverwendung, Abschlussprüferwahl etc. betreffen.

[40] Auch Universalversammlung genannt.

[41] I. d.R. durch die das Depot führende Bank.

Gesellschaften, die sich aus den unterschiedlichsten Gesellschaftern fremder Herkunft zusammensetzen. So ist in Familienunternehmen die Treuepflicht weitaus prägender, sodass aus altruistischen Grundsätzen ein Squeeze-out-Verfahren grob treuwidrig sein kann, während auf dem „freien Markt" dem Beschluss die Loyalitätspflicht nicht entgegensteht. Insbesondere steht in Familienunternehmen häufig eine Zerschlagung der Gesellschaft zu befürchten; anderenorts kommt allenfalls eine gerichtliche Klärung der Rechtmäßigkeit des Beschlusses in Betracht.[42]

b) Rechtsfolge des Squeeze-out

Rechtsfolge des Squeeze-out ist, dass die aus der Gesellschaft gedrängten Minderheitsaktionäre ihre ***Aktienrechte*** mit der konstitutiv wirkenden Eintragung in das Handelsregister verlieren und auf die Barabfindung verwiesen werden.

Hinsichtlich ***Aktienoptionen (stock options)***[43] gelten die Grundsätze des § 320 b I S. 1 AktG analog, d. h. die Inhaber erhalten einen äquivalenten Abfindungsanspruch gegen die Gesellschaft. Hintergrund dieser Regelung ist es, diesen ehemals zukünftigen Aktionären keinen umfangreicheren Bestandschutz zuzuschreiben als ihn Aktionäre erfahren, die bereits an der Gesellschaft partizipieren. Im Übrigen würde der Zweck des Squeeze-out verfehlt, würde den Optionsinhabern die Möglichkeit gegeben, ihre Optionsrechte auszuüben um mithin wieder in der Gesellschaft eine Minderheitenstruktur aufzubauen. Denn Sinn und Zweck des Squeeze-out ist es, die Minderheitsaktionäre auf

---

[42] Anders Hamann a. a. O., der gegen besondere Treuepflichten in einer Familiengesellschaft plädiert. So solle nicht auf die familiäre Bindung sondern eher auf das persönliche Verhältnis untereinander abgestellt werden. Insbesondere stehe die Kapitalanlage im Vordergrund der Gesellschafter. Dem ist jedoch entgegenzuhalten, dass es, wie richtig dargestellt, zwar auf den Einzelfall ankommt. Jedoch ist der familiengeprägte Gesellschafter nicht zwingend an der Kapitalanlage interessiert, sondern sieht sich im Zwang der Fortsetzung der familiären Tradition. Diese altruistischen Grundsätze machen es daher erforderlich, eine besondre Treuepflicht zu statuieren. Insbesondere kann nicht auf die Barabfindung abgestellt werden. Denn auch hier wird nur der momentane Wert des Unternehmens betrachtet und nicht die ideellen Vorstellungen der Gesellschafter. Insbesondere ist daran zu denken, im Zweifel über die Angemessenheit der Barabfindung über einen Treuepflichtverstoß den Squeeze-out-Beschluss für nichtig zu erklären. Der Gemeinplatz „Blut ist dicker als Wasser" gilt auch im Gesellschaftsrecht.

[43] Vgl. dazu die ausführliche Einführung von Achleitner / Wollmert; Stock Options, S. 11 ff.

Dauer aus der Gesellschaft zu verdrängen. Anderenfalls würde nach Inanspruchnahme der Optionsrechte ein erneuter Squeeze-out-Beschluss die neu eingetretene Minderheitsfraktion auflösen können.

c) Rechtsmittel der Minderheitsaktionäre, § 327 f AktG

Gem. § 327 f AktG haben die Minderheitsaktionäre das Rechtsmittel der Anfechtung des Übertragungsbeschlusses lt. § 242 II AktG oder hinsichtlich der Unangemessenheit der Barabfindung das Spruchstellenverfahren gem. § 306 AktG.

aa) Anfechtungsklage, §§ 327 f, 243 I AktG

Gem. §§ 327 f, 243 I AktG haben die Minderheitsaktionäre ihre Rechte im Wege der Anfechtungsklage geltend zu machen.[44] Anfechtungsberechtigt ist auch derjenige, der abfindungswertbezogene Informationsdefizite durch den Hauptaktionär aufweist. Ein Anfechtungsgrund besteht ferner dann, wenn ein Abfindungsangebot in Bezug auf die Höhe der Abfindung unvollständig ist, das Barabfindungsangebot komplett fehlt oder ein Verstoß gegen die Auslegungspflicht (vgl. § 327c III Nr. 4 AktG) vorliegt. Auch die Treuwidrigkeit bestimmt einen Anfechtungsgrund zu Gunsten des Minderheitsaktionärs und findet seine Stütze in § 243 I AktG. Anfechtungsklage kann ferner dann erhoben werden, wenn ersichtlich ist, dass Missbrauchstatbestände vorliegen, die nur das Ziel haben, ein Squeeze-out durchzuführen, auch wenn die dafür notwendigen Voraussetzungen nicht vorliegen und konstruiert werden.[45]
Die Anfechtungsklage muss innerhalb eines Monats nach Beschlussfassung erhoben werden (§ 246 I AktG); die Aktiv- und Passivlegitimation richten sich nach § 245 f AktG. Durch die Erhebung der Anfechtungsklage wird gem. §§ 327 e, 319 V S. 2 AktG eine Registersperre vollzogen.[46]

---

[44] Vgl. Bolte, DB 2001, 2587, 2588 ff.
[45] So auch Grunewald, ZIP 2002, 18, 20.
[46] Vgl. Rebmann, a. a. O., S. 16 ff.

bb) Spruchstellenverfahren, § 327 f Abs. 1 S. 3 AktG

In allen übrigen Fällen kommt für den Minderheitsaktionär das Spruchstellenverfahren gem. § 327 f Abs. 1 S. 3 AktG in Betracht.[47] Die Antragsberechtigung hat jeder ausgeschiedene Minderheitsaktionär inne. Das bedeutet, der Übertragungsbeschluss muss bereits im Handelsregister eingetragen sein und seine konstitutive Wirkung bereits entfalten. Passivlegitimiert ist nicht die Gesellschaft sondern der Mehrheitsaktionär. Formell ist beim Spruchstellenverfahren – auch hinsichtlich einer Begründung – keine Einschränkung zu beachten. Der Antrag auf das Spruchstellenverfahren muss spätestens zwei Monate nach Bekanntgabe der Eintragung des Übertragungsbeschlusses in das Register bei dem zuständigen Gericht eingegangen sein. Eine Wiedereinsetzung in de vorigen Stand ist nach h. M. nicht möglich.[48]

d) Verfassungsgemäßheit des „Squeeze-out"

Das Squeeze-out-Verfahren wirft hinsichtlich seiner §§ 327 a ff. AktG verfassungsrechtliche Zweifel auf. Zu analysieren ist, ob die §§ 327 a ff. AktG speziell § 327 a S. 1 AktG gegen **aa)** Art. 19 I GG, **bb)** Art. 14I, III GG, **cc)** Art. 12 I GG, **dd)** Art. 3 I GG, **ee)** Art. 2 I GG, **ff)** Art. 1 I S. 1 GG verstoßen.

aa) Art. 19 I GG

Art 19 I S. 1 GG normiert die das Grundgesetz durchziehende Einzelfallverbotsproblematik.[49] Sinn und Zweck dieser Norm ist es, den Gleichheitsgrundsatz des Art. 3 I GG zu konkretisieren. Verboten werden soll so dem Gesetzgeber, „aus einer Reihe gleichartiger Sachverhalte willkürlich einen Fall herauszugreifen".[50] Eine Ausnahme bestehe nur dann, wenn der Sachverhalt so beschaffen ist, dass es nur einen Fall dieser Art gibt und die Regelung dieser singulären Sachverhalte von sachlichen Gründen getragen

[47] Vgl. Zschocke/Schuster, Handbuch zum Übernahmerecht, S 254.

[48] **A. A.** Verfasser, der die Wiedereinsetzungsproblematik auch auf das Spruchstellenverfahren anwendet. Für eine Differenzierung bleibt kein Raum, da es sich nicht um eine materiell-rechtliche Ausschlussfrist sondern um eine prozessrechtliche Frist handelt.

[49] Vgl. Ipsen, Staatsrecht II, Rn. 185 ff.

[50] BVerfGE 25, 371, 371 ff.

wird".[51] Für den § 327 a I S. 1 AktG bedeutet dies, das die Norm nicht nur lediglich einen Einzelfall betreffen darf, sondern eine vergleichbare Anzahl von Personen. Der Ausschluss von Minderheitsaktionären muss zunächst durch ein ***formelles Gesetz*** geregelt sein. Hinsichtlich des Gesetzgebungsverfahrens ergeben sich keine Bedenken. Die Normen des AktG erfüllen diese Voraussetzung uneingeschränkt.

Das Squeeze-out-Verfahren muss allgemein und nicht für den Einzelfall gelten. Abzustellen ist dabei auf ein Individualgesetz als Einzelfallgesetz. Die §§ 327 a ff AktG gelten nur für Minderheitsaktionäre. Minderheitsaktionär kann jeder sein, der an einer Gesellschaft mit Aktien beteiligt ist. Betroffen vom Squeeze-out sind mithin alle Aktionäre, die nicht die 95 %-Grenze erreichen. Bereits begrifflich sind diese Vorschriften nicht für einen Einzelfall konkretisiert worden, sondern erfassen eine Mehrheit von Personen. Eine Verbindung kann dabei zum Begriff des Verwaltungsaktes gezogen, der eine Einzelfallregelung ausdrücklich normiert. Der Squeeze-out-Beschluss ist daher kein Einzelfallgesetz sondern für eine Vielzahl von Aktionären von Bedeutung. Insofern ist Art. 19 I GG nicht verletzt.

bb) Art. 14 I GG

Zu denken ist ferner an eine Verletzung des Art. 14 I GG durch den Entzug der Aktienrechte mittels Squeeze-out.

aaa) Schutzbereich des Art. 14 I GG

Art. 14 I GG schützt nach ganz h. A. das Eigentum, stellt also eine Institutsgarantie dar. Der Begriff Eigentum ist in diesem Zusammenhang weiter zu verstehen als in der Terminologie des BGB.[52] Eigentum sind demnach alle schutzfähigen Positionen in ihrem konkreten, gesetzlich ausgestalteten Bestand, wobei Innehabung, Nutzung und Verfügung geschützt werden. Umfasst werden sollen demzufolge alle vermögenswerten Positionen.[53][54] Im Bereich des

---

[51] BVerfGE 85, 360, 374.
[52] Vgl. Peroth/Schlink, a. a. O., Rn. 899 ff.
[53] Jarass, GG-Kommentar, Art. 14 Rn. 6.

Squeeze-out sind unter das Eigentum mithin das in der Aktie verkörperte Anteilseigentum zu subsumieren.[55] Dieses definiert sich aus der Zusammensetzung von vermögensrechtlichen und mitgliedschaftsrechtlichen[56] Bestandteilen. Konkretisiert wird die Eigentumsposition durch die Ausgestaltung von Privatnützigkeit und Verfügungsbefugnis.[57] Denn nach h. M. fallen im Bereich des Privatrechts alle schutzfähigen Rechtspositionen wie vermögenswerte Rechte unter den Schutzbereich des Art. 14 GG. Sie müssen dem Einzelnen so zugeordnet sein, dass er alle mit den Rechten verbundenen Befugnisse (Ausübung der Stimmrechte, Durchsetzung des Anspruchs auf Dividendenzahlung etc.) eigenverantwortlich zu seinem Nutzen ausüben darf. Erfasst werden dabei auch Ansprüche und Forderungen des privaten Rechts. Geschützt werden soll insbesondere der Bestand und die Nutzung der Position aber auch die Verfügung und die Veräußerung des Rechts. Aktionäre können ihre Aktienanteile veräußern oder abtreten. Sie können eigenverantwortliche Dispositionen treffen oder frei über ihren Aktienbestand verfügen. Der Schutzbereich des Art. 14 GG ist somit eröffnet.

bbb) Grundrechtsträger

Grundrechtsträger des Art. 14 I GG ist jede natürliche Person aber auch jede juristische Person. Minderheitsaktionäre sind i. d. R. alleinige Inhaber der Aktienrechte. Selbst wenn in einer Gemeinschaft solche Bezugsrechte erworben werden, bleibt die Grundrechtsträgereigenschaft vollends erhalten.

ccc) Eingriff

Eingriff in der Systematik des Art. 14 GG bedeutet die faktische oder mittelbare Auswirkung von Regelungen auf den Eigentumsbegriff. Das bedeutet, dass durch eine Regelung die Verfügung, Verwertung oder Nutzung erheblich beeinträchtigt oder gar unterbunden wird. Durch den Squeeze-out-Beschluss

---

[54] Vgl. den ökonomischen Ansatz von Kobler, a. a. O., S. 22 ff.
[55] Vgl. Stenzel, Außerbörslicher Aktienhandel, S. 30.
[56] Kümpel, a. a. O., Rn. 9.266.
[57] Vgl. BVerfGE 14, 263, 267 / BVerfGE 100, 289, 301.

gem. §§ 327 a ff. AktG werden die Minderheitsaktionäre aus ihrer Rolle als Anteilsinhaber an der Gesellschaft verdrängt. Konnten sie vorher noch über die Veräußerung, über ihre Rechte bei Hauptversammlungen oder über ihren Bilanzgewinnanspruch frei verfügen, ist mit der Eintragung eine konstitutive Wirkung verbunden. Ab diesem Zeitpunkt nämlich geht der Anspruch vom Minderheitsaktionär auf den Mehrheitsaktionär über. Zeitgleich erlischt in dieser juristischen Sekunde der Eintragung das Recht, über den Aktienanteil oder über die Ausübung der stock options nach Belieben zu verfügen. Hierbei müssen zwangsweise die Interessen der Minderheitsaktionäre etwa an der Erhaltung der Vermögenssubstanz hinter den Interessen des Unternehmers, also der Mehrheitsaktionärs zurücktreten. Ein Eingriff in die Vermögensrechte der jeweiligen Minderheitsaktionäre ist also gegeben.

ddd) Schrankenbestimmung des Art. 14 GG

Die Rechtfertigung von Eigentumsbeeinträchtigungen im Rahmen des Art. 14 GG ist dual zu beurteilen. Zum einen kann es sich um eine **aaaa)** Inhalts- oder Schrankenbestimmung handeln; zum Anderen kommt eine **bbbb)** sonstige Beeinträchtigung ohne Enteignungscharakter in Betracht. Die dritte Variante ist **cccc)** die Enteignung per se.

aaaa) Inhalts- oder Schrankenbestimmung

Nach Rspr. des BVerfG[58] bestimmt sich die Schrankenbestimmung in der generellen Festlegung von Rechten und Pflichten eines jeden Eigentümers. Sie sei dabei auf die Normierung objektiv-rechtlicher Vorschriften gerichtet, die den Inhalt des Eigentums vom Inkrafttreten des Gesetzes an für die Zukunft in allgemeiner Form bestimmen. Eine Schrankenbestimmung ist durch jede Rechtsnorm realisierbar, die jedoch wiederum einer formell-gesetzlichen Ermächtigung bedarf. Die §§ 327 a ff. AktG stellen eine Rechtsnorm i. S. d. Art. 14 GG dar. Diese Normen bedürfen jedoch auch des Verhältnismäßigkeitsgrundsatzes, d. h. die Squeeze-out-Regelungen müssen

---

[58] BVerfGE 72, 66, 76 / BVerfGE 58, 137, 144 f.

geeignet sein, ein entsprechendes Ziel zu erreichen. Mit der Verdrängung der Minderheitsaktionäre sollte das Ziel erreicht werden, den Mehrheitsaktionären eine Aufspaltung der Gesellschaft in viele kleine Anteilseigner zu verhindern und kostengünstig und schnell eine dauerhafte Zersplitterung der Gesellschaftsanteile zu vermeiden. Dadurch sollte versucht werden, den internationalen Geschäftsverkehr auf dem deutschen Markt zu intensivieren und den Hauptgesellschaftern die Möglichkeit zu geben, ihre unternehmerische Initiative frei zu entfalten. Dieses Ziel wird mit der Squeeze-out-Regelung erreicht. Durch den Übertragungsbeschluss in der Hauptversammlung wird den Minderheitsaktionären ihre Aktienanteile oder stock options genommen. Damit können sie die Gesellschaften nicht mehr zersplittern, verlieren also alle ihre Rechte an der Gesellschaft. Die Squeeze-out-Regelungen sind also geeignet i. S. d. allg. Verhältnismäßigkeitsgrundsatzes.

Gefordert wird auch, dass die Normen ***erforderlich***[59] waren. Das sind sie dann, wenn es keine mildere, schnellere oder bessere Alternative gibt, den Zweck zu erreichen. Durch die dauernde Blockierung von Gesellschafterbeschlüssen war es notwendig geworden, der Gesellschaft effizientere Mittel zur Vermeidung von Splitteranteilen an die Hand zu geben. Denn die finanziellen Belastungen und die daraus folgende Trägheit im Marktgeschehen der Unternehmen stand in keinem Verhältnis mehr zu den Rechten der Minderheitsaktionäre, die mit ihren Voten ganze Gesellschaften an der Durchführung oder Beschlussfassung von Entscheidungen hindern konnten. Zu Anderen musste in Deutschland ein dem internationalen Wettbewerb entsprechendes Instrument eingeführt werden, um ausländische Unternehmen nicht mit Minderheitsaktionärsrechten die Investition auf dem deutschen Markt zu erschweren. Verbessert werden musste die internationale Wettbewerbsfähigkeit deutscher Unternehmen, was durch Anpassung an internationale und europäische Gepflogenheiten mittels Squeeze-out erreicht werden konnte. Die Einführung einer Squeeze-out-Regelung war daher erforderlich.

---

[59] Vgl. Eschenbach, a. a. O., S. 363 f.

An der ***Zumutbarkeit*** (Verhältnismäßigkeit i. e. S.) bestehen jedoch erhebliche Zweifel. Denn mit der Barabfindung können die Squeeze-out-Vorschriften die Belange der Hauptgesellschafter und die der Minderheitsaktionäre nicht in Einklang bringen. Besonderes Augenmerk liegt hierbei auf der Intensität, der Schwere und der Tragweite der Squeeze-out-Regelungen. Die Herausdrängung der Aktionäre kommt in gewissem Umfang einem Veräußerungsverbot gleich. Denn ab dem Übertragungsbeschluss kann der Minderheitsaktionär nicht mehr über seine Rechte verfügen, die seinen Aktien oder Bezugsrechten inne lag. Somit kann er nicht mehr frei über die Veräußerung der Anteile verfügen. Daher ist dogmatisch ein Veräußerungsverbot anzunehmen.[60] Dieses hat das BVerfG als besonders schweren Eingriff in seiner dauernden Rspr. gewertet. Zwar ist einzugestehen, dass dem Eigentümer nicht jede möglich Nutzung zuerkannt werden muss. Jedoch ist mit dem Entzug der Anteile ein besonders schwerwiegender Eingriff in die Rechte der Auszuschließenden zu sehen. Denn hier wird regelmäßig in die Substanz der Anteilseigner eingegriffen. Nun lässt sich argumentieren, dass Art. 14 GG vor Eingriffen des Staates schützen soll. Die Verdrängung aus der Gesellschaft ist jedoch ein gesellschaftsrechtliches internes Problem. Dem muss jedoch entgegengehalten werden, dass die Möglichkeit zum Squeeze-out erst vom Gesetzgeber ermöglicht und gebilligt wurde. Zwar wird der Staat nicht selbst tätig, jedoch hat er erst die Voraussetzungen für einen Eigentumseingriff gesetzt. Daher geht jenes Argument fehl. Denn mit der beabsichtigten Eindämmung der Missbrauchsmöglichkeiten von Minderheitsaktionären durch Blockierung der Gesellschaft hat der Gesetzgeber ein neues Instrument geschaffen, mit dem die Mehrheitsaktionäre nunmehr eine Missbrauchsmöglichkeit erhalten. Durch ein Squeeze-out kann eben der Hauptaktionär die Barabfindung frei bestimmen. Zwar wurden zeitgleich Kontrollinstrumente (Bericht der Wirtschaftsprüfer) geschaffen, um einem Missbrauch vorzubeugen. Jedoch werden die Prüfer in der Hauptversammlung gewählt. Die Manipulationsmöglichkeiten wurden so nicht minimiert sondern lediglich modifiziert oder verlagert. Auch das

---

[60] Vgl. dazu BVerfGE 31, 229, 243.

Argument, die Aktien der Minderheitsaktionäre würden lediglich als Kapitalanlage gehalten kann nicht durchdringen. Mit der Dauer des Aktienbesitzes wächst auch die Verbundenheit zum Unternehmen. Nicht selten werden Aktien oder stock options als Tätigkeitsanreiz gewährt.[61] Im eigenen Unternehmen ausgegeben bedeutet dies eine Zugehörigkeitsgefühl, welches mit Kapitalanlage nichts gemein hat. Denn dies ist ein altbekanntes Mittel um Mitarbeiter noch enger an das Unternehmen zu binden und sich mit der Gesellschaft zu identifizieren.[62] Die Motive sind gar zu vielfältig, um ein einheitliches Kapitalbildungsinteresse zu bejahen. Im Ergebnis ist die Squeeze-out-Regelung unverhältnismäßig i. e. S. und daher auch unverhältnismäßig i. w. S.

Die nunmehr dargestellte unverhältnismäßige Belastung der Minderheitsaktionäre kann jedoch ausgeglichen werden, indem ein finanzieller Ausgleich gewährt würde. Abzustellen ist dabei auf die Barabfindung durch den Mehrheitsaktionär. Die Barabfindung soll den Minderheitsaktionären ein Korrelat zu ihren Aktien oder stock options bieten. Jedoch birgt sich hier das Problem der Verhältnismäßigkeit und der Manipulation. Der Minderheitsaktionär ist im Falle eines Squeeze-out vom Mehrheitsaktionär dergestalt abhängig, dass dieser die Höhe der Barabfindung festlegt. Ein Interesse an einer möglichst hohen Ausgleichsregelung wird i. d. R. nicht vorhanden sein. Denn schließlich hat der übernehmende Aktionär die Kosten selbst zu tragen. Zwar hat der Gesetzgeber die Kostenregelung bedacht; jedoch wurde zu wenig Augenmerk auf die Missbrauchsvarianten gelegt. Die Barabfindung als voller wirtschaftlicher Ausgleich, der nicht einmal ansatzweise die ideellen Verbindungen des Minderheitsaktionärs mit dem Unternehmen berücksichtigt, ist daher verfehlt. Die Belastung der Minderheitsaktionäre erfährt somit keine Modifikation durch einen finanziellen Ausgleich.

---

[61] Vgl. Noack, Entwicklungen im Aktienrecht 1999/2000, S. 13.

[62] Vgl. Schanz, Börseneinführung, § 18 Rn. 1 ff.

Eine rechtmäßige Inhalts- oder Schrankenbestimmung ist somit zu verneinen. Der Charakter schlägt sich in eine Enteignung um, d. h. die Voraussetzungen der Enteignung sind im Folgenden zu prüfen.[63]

bbbb) Sonstige Beeinträchtigung ohne Enteignungscharakter

Die Squeeze-out-Regelungen könnten jedoch als sonstige Beeinträchtigungen ohne Enteignungscharakter gewertet werden. Zu definieren sind solche Beeinträchtigungen dadurch, dass sie nicht durch Rechtsvorschriften erfolgen und keine Inhalts- oder Schrankenbestimmung darstellen. Sie bewegen sich indes im Raum zwischen den Schrankenbestimmungen und der Enteignung des Art. 14 GG, erfüllen aber weder die eine noch die andere Voraussetzung. Im Übrigen ist ein starker Einzelfallbezug festzustellen. In der Squeeze-out-Regelung ist weder Platz für eine Einzelfallregelung. Noch erfolgt das Herausdrängen der Minderheitsaktionäre ohne Rechtsgrund. Denn Anspruchsgrundlage sind ja gerade die §§ 327 a ff. AktG. Mithin ist für eine sonstige Beeinträchtigung ohne Enteignungscharakter kein Raum.

cccc) Enteignung, Art. 14 III GG

Letztmöglich kommt die Legalenteignung gem. Art. 14 III GG in Betracht. Die Legalenteignung ist eine besonders schwerwiegende Eigentumsbeschränkung durch ein förmliches Gesetz. Die Voraussetzungen des Art. 14 III GG sind aufgrund der besonderen Tragweite dieser Norm unbedingte Voraussetzung. Enteignung ist nach h. M. auf die vollständige oder teilweise Entziehung konkreter subjektiver Eigentumspositionen zur Erfüllung bestimmter öffentlicher Aufgaben gerichtet.[64]

---

[63] Anders die h. M., die eine unzulässige weil verfassungswidrige Inhalts- und Schrankenbestimmung nicht per se in eine Enteignung umdeutet (vgl. Jarass, Art. 14 Rn. 36 m. w. N.).

[64] BVerfGE 70, 191, 199 f.

1) Hoheitlicher Rechtsakt

Zunächst muss ein hoheitlicher Rechtsakt vorliegen. Dieser kennzeichnet sich als Gesetz oder Verwaltungsakt. Die Squeeze-out-Regelung wurde normiert durch die §§ 327 a ff. AktG. Damit ist ein hoheitlicher Rechtsakt gegeben.

2) Betroffenheit einer geschützten Position i. S. d. Art. 14 GG

Ferner muss eine im Art. 14 GG geschützte Position betroffen sein. Durch die Squeeze-out-Regelung wird den Minderheitsaktionären jegliches Recht auf Verfügungsbefugnis genommen. Die vormalige Quasi-Eigentümerstellung ist mit dem Übertragungsbeschluss vom Minderheits- auf den Mehrheitsaktionär übergegangen. Das den Aktien oder stock options inne wohnende Aktieneigentum wird durch die Squeeze-out-Regelung unmittelbar betroffen, indem dieses entzogen wird. Eine geschützte Position i. S. d. Art. 14 GG ist mithin betroffen.

3) Erfüllung öffentlicher Aufgaben

Nunmehr muss die Entziehung des Aktieneigentums zur Erfüllung öffentlicher Aufgaben stattgefunden haben. Dem Gesetzgeber obliegt die Schaffung rechtsstaatlicher Grundsätze sowie die Lenkung des Staates nach Maßgabe der Regierung. Das Recht der Wirtschaft ist eine Primäraufgabe, die der konkurrierenden Gesetzgebung unterliegt (vgl. Art. 74 I Nr. 11 GG).[65] Durch die Einfügung der §§ 327 a ff. AktG hat der Bund von dieser Regelung Gebrauch gemacht. Dadurch werden die Richtlinien der Wirtschaftpolitik und die Leitung des Staates in eine die Allgemeinheit fördernde wegweisende Richtung transformiert. Das Gemeinwohl ist in diesem Zusammenhang als zuvörderste Aufgabe zu sehen, die im hoheitsrechtlichen Rahmen durchgeführt werden muss.[66] Dem Gesetzgeber ist es dabei überlassen, den komplexen Charakter der vermögensrechtlichen oder mitgliedschaftlichen Seite einer Aktie zum wesentlichen Kriterium seiner Entscheidung zu machen. Daher muss die Funktionsfähigkeit der Gesellschaft als unentbehrliche Aufgabe des Staates als hoheitliche Aufgabe definiert werden. Die Einführung des Squeeze-out

---

[65] Vgl. Ipsen, Staatshaftungsrecht I, Rn. 553 ff.

[66] Vgl. Feldmühle-Urteil, BVerfGE 14, 263, 263 ff.

unterfällt daher dem Hauptaufgabengebiet der Lenkung der Gesellschaft. Diese Aufgabe ist hoheitlich i. S. d. Art. 14 GG.

4) Rechtmäßigkeit der Enteignung

Umstritten ist, ob für eine Enteignung im klassischen Sinne Voraussetzung ist, dass die Enteignung rechtmäßig ist.[67] Das BVerfG hat in seiner Entscheidung BVerfGE 56, 249, 261 klargestellt, dass es nicht darauf ankomme, ob eine Enteignung rechtmäßig oder rechtswidrig sei. Jedoch sei vielfach von einer rechtmäßigen Enteignung auszugehen. Vorliegend spricht gegen eine Rechtmäßigkeit, dass es nicht unumgänglich war, den Mehrheitsaktionären eine Möglichkeit der Ausgliederung der Minderheitsaktionäre zuzubilligen. Denn mit der Verschmelzung, Eingliederung, Auflösung standen den Aktionären ausreichend andere Mittel zur Verfügung. Es lagen mithin keine schwerwiegenden und dringlichen öffentlichen Interessen vor, die eine Einführung des Squeeze-out rechtfertigen würden. Es kann jedoch vorliegend dahinstehen, ob ein Squeeze-out rechtmäßig ist oder nicht. Denn der h. Rspr. folgend kommt es darauf nicht an, da jedenfalls mit der Einführung der §§ 327 a ff. AktG eine Enteignung vorliegt. Dem kann nicht entgegengehalten werden, dass der Squeeze-out keine staatliche Maßnahme sei, sondern auf gesellschaftsrechtlicher Ebene sich vollziehe. Mag auch der Vollzug rechtmäßig sein und auf gesellschaftsrechtlicher Ebene sich vollziehen, so hat doch die Einführung der §§ 327 a ff. AktG dazu geführt, dass in die Eigentumsrechte der Minderheitsaktionäre eingegriffen wird. Dem ultima ratio Grundsatz wurde nicht Rechnung getragen. Denn durch Ausräumung der Mitspracherechte würde der Aktionär seine Kapitalanlage behalten und damit auch sein Eigentum. Diese leichte Beschränkung könnte sich dann auf schwerwiegende Beschlüsse beziehen, die wiederum von einem unabhängigen Wirtschaftsprüfer oder im Rahmen eines Urteils herbeigeführt werden müssten. Damit wäre das gefährliche Vetorecht der Minderheitsaktionäre eingedämmt ohne gleich das Institut der Enteignung zu bemühen.

---

[67] Zum Streitstand vgl. Jarass, Art. 14 Rn. 71 m. w. N.

5) Junktimklausel, Art. 14 III S. 2 GG

Gem. Art. 14 III S. 2 GG hat der Gesetzgeber eine entsprechende Entschädigung (Junktimklausel) festzulegen, die dem Enteigneten zu Gute kommen soll. Grundlage für die Angemessenheit der Entschädigung bilden dabei die Interessen der Allgemeinheit und der Betroffenen. In der Junktimklausel soll stehen die Höhe der berechneten Entschädigung sowie die Maßstäbe nach der sich die Entschädigung richtet.[68] Insbesondere soll aus der Rechnung hervorgehen, wie der Verkehrswert gebildet wird und welcher Zeitpunkt dafür maßgeblich ist. Situationsbedingte Besonderheiten und saisonale Abweichungen sind in die Berechnung mit einzubeziehen. In der Squeeze-out-Regelung wurde die Barabfindung miteinbezogen. Übersehen wurde jedoch, die Höhe der Abfindung exakt festzulegen. So bleibt unschlüssig und in der Hand des Mehrheitsaktionärs, wie die Berechnung zu welchem Zeitpunkt gebildet werden soll. Vorgaben des Gesetzgebers fehlen vollständig. Anstelle dessen wird auf Wirtschaftsprüfer verwiesen, die zudem noch von der Gesellschaft bestellt werden. Nach Ansicht des BVerfG ist ein Gesetz, dass gegen die erforderliche Junktimklausel verstößt, nichtig.[69] Begründet wird dies mit der Überlegung, dass der Gesetzgeber sich Klarheit verschaffen solle, was das verabschiedete Gesetz für weitreichende Folgen haben wird und wie die öffentlichen Haushalte belastet werden. Im Übrigen wird argumentiert, dass somit die Haushaltshoheit des Gesetzgebers gewahrt bleibe. Daher müssen pauschale Entschädigungsklauseln als unzulässig und mithin verfassungswidrig angesehen werden. So auch im Fall des Squeeze-out-Verfahrens. Der – im Übrigen zu folgenden - Rechtsansicht des BVerfG steht nicht entgegen, dass eine Barabfindung vorgeschrieben sei. Denn diese Abfindung erfüllt nicht die Voraussetzungen einer Junktimklausel.

Der Entschädigungsverpflichtete ist der durch die Enteignung Begünstigte. Die Entschädigung ist in Geld vorzunehmen. Hinsichtlich der Höhe sei auf die vorangehenden Erläuterungen verwiesen.

---

[68] Vg. Stein/Frank, Staatsrecht, S. 344.

[69] BVerfGE 58, 300, 319.

[Exkurs:]

dddd) Enteignender Eingriff

Als weitere Variante käme der enteignende Eingriff in Betracht. Jedoch setzt dieser voraus, dass eine an sich rechtmäßige hoheitliche Maßnahme, bei einzelnen Betroffenen atypische und unvorhergesehene Nebenfolgen und Nachteile unmittelbar hervorruft. Dabei wird i. d. R. die Grenze zum enteignungsrechtlichen Zumutbaren überschritten.

Die Anspruchsgrundlage ist strittig. Früher angelehnt an Art. 14 III GG hat der BGH dieses Haftungsinstitut als allgemeinen Aufopferungsgrundsatz gedeutet, der seinen Ursprung im Gewohnheitsrecht des Allgemeinen Preußischen Landrechts[70] (§§ 74 f – Einleitung ALR von 1794) findet.

Hier handelt es sich zunächst nicht um Einzelfälle, da eine große Anzahl von Minderheitsaktionären betroffen ist. Ferner ist die Eigentumsübertragung keine atypische und unvorhersehbare Nebenfolge sondern ein gewolltes und bewusst herbeigeführtes Ergebnis des Squeeze-out. Daher scheidet der enteignende Eingriff von vornherein aus.

eeee) Enteignungsgleicher Eingriff

Ein weiteres Haftungsinstitut ist der enteignungsgleiche Eingriff. Dieser liegt lediglich dann vor, wenn eine gesetzliche Grundlage für eine Eigentumsbeschränkung fehlt oder diese wegen Verfassungswidrigkeit nichtig ist. Auch dieses Rechtsinstitut findet seine Herkunft in §§ 74, 75 Einl. AlR.[71] Das BVerfG gewährt lediglich Entschädigungen, wenn es dafür eine rechtliche Grundlage gibt. Insofern anerkennt es diese vom BGH konstruierten Haftungsinstitute in diesem Zusammenhang nicht. Insoweit käme lediglich eine Anfechtung der jeweiligen Maßnahme in Betracht, jedoch keine Entschädigung. Der Streit, ob die vom BGH fortgeführten Haftungsinstitute einer gesetzlichen Grundlage bedürfen, kann hier dahingestellt bleiben. Denn jedenfalls erhalten die Minderheitsaktionäre zunächst eine Barabfindung, die überprüfbar bleibt.

---

[70] Vgl. Stern, a. a. O., S. 112 m. w. N.

[71] Vgl. Siekmann/Duttge, Staatsrecht I: Grundrechte, Rn. 634 ff m. w. N.

Ferner ist die Verfassungswidrigkeit vor dem BVerfG feststellbar. Insoweit mangelt es nicht an einem weitreichenden Rechtsschutz. Im Übrigen ist weitere Voraussetzung, dass eine rechtswidrige hoheitliche Maßnahme vorliegt, die unmittelbar in eine Eigentumsposition eingreift und dem Betroffenen ein nicht zumutbares Opfer auferlegt, was auch nicht durch zumutbare Rechtsmittel abwendbar ist. Diese Maßnahme muss ein Realakt oder eine Regelung sein, darf jedoch nicht aus einem förmlichen Gesetz bestehen. Dies begründet sich aus der Budgethoheit des Parlaments.

Vorliegend mangelt es bereits an einem nicht förmlichen Gesetz. Denn die Regelungen der §§ 327 a ff. AktG stellen ein solches dar. Sie sind somit nicht subsumtionsfähig unter den Begriff des enteignungsgleichen Eingriffs.

[Exkurs Ende]

eee) Ergebnis

Die Regelungen des Squeeze-out sind de lege lata verfassungswidrig.[72] Sie beeinträchtigen die Minderheitsaktionäre in ihrem elementaren Recht auf Eigentumsschutz. Art. 14 I GG gewährleistet das Eigentum. Darunter fällt auch das in einer Aktie verkörperte Anteilseigentum. Der durch Art. 14 I GG statuierte Schutz erstreckt sich jedoch auch auf die mitgliedschaftliche Stellung der Anteilseigner, also der Minderheitsaktionäre. Daraus folgt ein vermögensrechtlicher Anspruch auf Bilanzgewinn bei Verteilung, Recht zum Bezug junger Aktien bei Kapitalaufstockung, Teilnahme am Liquidationserlös sowie Recht auf Dividendenzahlung bei Ausschüttung. Durch die §§ 327 a ff. AktG werden die Rechte der Minderheitsaktionäre beeinträchtigt, soweit ihnen die Aktien oder stock options im Wege der Anteilsüberragung (Squeeze-out) genommen werden. Das Interesse der Minderheitsaktionäre kann zwar hinter den Interessen der Gesellschafter an einer freien Entfaltung der unternehmerischen Initiative zurücktreten. Jedoch sind auch weniger härtere Mittel geeignet, Minderheitsaktionären ein die Gesellschaft blockierendes Stimmrecht zu versagen. Insbesondere mangelt es bei der Squeeze-out-

[72] Anders z. B. Krieger, BB 2002, 53, 54.

Regelung – die als Enteignung i. S. d. Art. 14 I, 14 III GG anzusehen ist – an einer angemessenen Entschädigungsklausel , die in Höhe und Berechnung eine formelle Berechnungsgrundlage vorgibt. Daher ist das Squeeze-out als Verstoß gegen Art. 14 I, III GG zu werten und mithin verfassungswidrig.

cc) Art. 12 GG

Durch die Einführung der Squeeze-out-Regelungen ist ferner an eine Verletzung des Art. 12 I S. 1 GG zu denken. Die Freiheit der Berufsausübung ist in Art. 12 I GG als einheitliches Grundrecht der Berufsfreiheit geregelt.[73]

aaa) Schutzbereich

Die Berufsausübung definiert sich als einheitliche Ausübung der gesamten beruflichen Tätigkeit. Geschützt werden soll insbesondere Form, Mittel, Umfang und Inhalt der Betätigung.[74] Insbesondere die Führung von Unternehmen zählt in den normierten Schutzbereich. Im Wesentlichen sind die Bedingungen Anknüpfungspunkt für den Schutzbereich des Art. 12 GG, unter denen sich die berufliche Tätigkeit vollzieht. Im Squeeze-out-Verfahren wird mittels der Regelungen der §§ 327 a ff. AktG in die Ausübung der beruflichen Tätigkeit der Mehrheitsaktionäre aber in gewisser Hinsicht auch in die Rechte der Minderheitsaktionäre eingegriffen. Denn mit der Vorgabe, wie ein Unternehmen mit Minderheitsaktionären im Falle eines gewollten Ausschlusses zu verfahren hat, wird umfassend in den neu eingefügten Normen dargestellt. Umgehungsverbote und Missbrauchstatbestände engen dabei den Umgang mit unliebsamen Aktionären eng ein, sodass der Schutzbereich des Art. 12 I S. 2 GG betroffen ist.

bbb) Grundrechtsträger

Träger des Grundrechts der freien Berufsausübung sind alle Deutschen i. S. d. Art. 116 GG sowie EG-Ausländer aber auch inländische juristische Personen

---

[73] Vgl. Berg, Staatsrecht, Rn. 597.

[74] Vgl. Richter/Schuppert, Casebook Verfassungsrecht, S. 304 ff.

und Personenvereinigungen des Privatrechts. Kommanditisten einer KG sind vom Grundrechtsschutz des Art. 12 GG ausgeschlossen.

ccc) Eingriff

Ein Eingriff in das Recht der Berufsausübung liegt immer dann vor, wenn Regelungen vorhanden sind, die sich auf das wie der beruflichen Tätigkeit beziehen und dafür verbindliche Vorgaben bestimmen. Andere Regelungen ohne unmittelbaren Berufsausübungsbezug stellen einen Eingriff in die Berufsfreiheit dar, wenn sie eine berufsregelnde Tendenz aufweisen. Dabei müssen Tätigkeiten betroffen sein, die üblicherweise beruflich ausgeübt werden. Augenmerk im Bezug auf die Berufsausübung muss gelegt werden auf Wettbewerbsbeeinträchtigungen. Art. 12 I GG fördert den Wettbewerb von Unternehmen und somit auch den Wettbewerb i. w. S.[75] Wird dann jedoch ein Verhalten einer bestimmten Gesellschaftsart geregelt, kann dies wettbewerbshindernde Wirkung entfalten. Ausreichend ist dafür, dass der Staat durch Maßnahmen den Wettbewerb verzerrt, indem die Ausübung einer beruflichen Tätigkeit durch die Maßnahme behindert wird. Jedoch muss die Maßnahme berufsregelnde Tendenzen aufweisen. Die Behinderung kann durch oder auf Grund eines Gesetzes erfolgen.

Die Normen der §§ 327 a ff. AktG stellen ein förmliches Gesetz im Rahmen des WpÜG dar. Sie regeln insbesondere das Verhalten der Gesellschaft, soweit diese den Ausschluss von Minderheitsaktionären begehrt. Durch die Vorgabe des Ablaufs der Aktienübertragung wird direkt Bezug genommen auf die Tätigkeit einer AG oder KGaA. Denn nur diese juristischen Personen sind in den Geltungsbereich des Gesetzes einzubeziehen, weil nur sie Rechte am Unternehmen durch Aktienausgabe verbriefen. Die §§ 327 a ff. AktG haben auch berufsregelnde Tendenzen. Denn mit der Vorgabe der Übernahmevorschriften, regeln sie das Verhalten und den Fortbestand von Unternehmen, die eine Aktionärsminderheit in der Unternehmerstruktur enthalten. Ohne die Vorgaben der Squeeze-out-Regelung und mit der

[75] Vgl. Maunz/Dürig, GG, Art. 12 Rn. 80.

Freistellung von sämtlichen diesen Geschäftsvorgang betreffenden regelnden Normen käme der AG oder KGaA ein weiterer Betätigungsfreiraum zu gute. Die §§ 327 a ff. AktG unterbinden mithin teilweise die berufliche Betätigung. Dies stellt einen Eingriff i. S. d. Art. 12 I GG dar.

ddd) Schranken oder Rechtfertigung der Beeinträchtigungen

Art. 12 I S. 1 GG wird vom Gesetzesvorbehalt des Abs. 1 S. 2 begrenzt, wonach Eingriffe in die Berufsfreiheit dann als verfassungsgemäß anzusehen sind, wenn diese durch hinreichende Gründe des Allgemeinwohls gerechtfertigt sind. Hierbei handelt es sich um einen Gesetzesvorbehalt, wonach jeder Eingriff einer gesetzlichen Grundlage bedarf. Die §§ 327 a ff. AktG stellen ein förmliches Gesetz dar und rechtfertigen insoweit einen Eingriff in die berufliche Tätigkeit von Unternehmen. Hinsichtlich der ausreichenden Bestimmtheit bestehen im Übrigen keine Bedenken. Jedoch der Eingriff in die Berufsfreiheit auch unter dem Gesichtspunkt der Verhältnismäßigkeit. Denn das Grundrecht soll einerseits die Freiheit eines jeden Individuums schützen und andererseits dem Schutz der Gemeinschaftsinteressen gerecht werden. Dabei ist zu beachten, dass der Gemeinschaftsschutz dringlicher wird, je größer die Nachteile und Gefahren sind, die der Gemeinschaft erwachsen können, wollte man die Berufsausübung sich gänzlich selbst überlassen. Daher dürfen Eingriffe nicht weiter gehen, als es die sie legitimierenden Gemeinwohlinteressen erordern; jedoch ist die der Gesetzgeber in der Beschränkung der Berufsausübungsfreiheit freier, je mehr er lediglich auf reine Ausübungsregelungen abzielt (Stufentheorie[76]). Insoweit ist also eine summarische Interessenabwägung unumgänglich. Die Regelung über einen ordnungsgemäßen Ablauf eines Squeeze-out-Verfahrens bezweckt vornehmlich den Schutz der Minderheitsaktionäre. Aber auch die wirtschaftlichen Belange hinsichtlich des Marktstandortes Deutschland spielen eine gewichtige Rolle. Der

[76] **Stufe (1)**: Die Beeinträchtigung der Berufsfreiheit ist relativ gering, wenn sie allein die Berufsausübung betrifft. **Stufe (2)**: Die Beeinträchtigung der Berufsfreiheit bewegt sich im mittleren Niveau, wenn es sich um subjektive Zulassungsregelungen handelt. **Stufe (3)**: Die Beeinträchtigung der Berufsfreiheit bewegt sich auf hohem Niveau, wenn es sich dabei um objektive Zulassungsregelungen handelt.

Staat hat zu gewährleisten, dass die Marktwirtschaft auf dem deutschen Markt gewährleistet wird. Das Gemeinwohl ist diesbezüglich als sehr hoch einzustufen. Denn ohne ein funktionierendes Kapitalflusssystem kann ein Staat nicht funktionieren. Dadurch sind auch unmittelbar die Gemeinwohlinteressen an sozialer Sicherheit tangiert. Ferner muss den Minderheitsaktionären ein Schutz zugute kommen. Es kann dahingestellt bleiben, ob dieser ausreichend ist.[77] Denn mit der Einführung der §§ 327 a ff. AktG soll gewährleistet werden, dass ein Missbrauchsinstrument verhindert wird. Dann würde das Interesse der Mehrheitsaktionäre stark übergewichtet und die Squeeze-out-Regelungen hätten ihren Zweck verfehlt, nämlich die Markttransparenz und Marktfähigkeit im Rahmen einer wirtschaftlichen Gerechtigkeit zu gewährleisten. Den besonderen Regelungen des Squeeze-out können auch nicht von vornherein die Eignung und Erforderlichkeit des vom Gesetzgeber bezweckten Ziels abgesprochen werden. Denn ein probateres Mittel zur Erreichung der gesetzgeberischen Interessen ist nicht ersichtlich. Die Belange der Minderheitsaktionäre werden durch die Barabfindung gewährt und den Mehrheitsaktionären wird im Gegenzug gestattet, ein ansonsten gegen deutsche Grundsätze verstoßendes Instrumentarium, nämlich des Ausschlusses von Gesellschafter, anzuwenden, um ihre Interessen durchzusetzen. Die Abwägung der Schwere des Eingriffs in das Berufsausübungsrechts der Mehrheitsaktionäre wird vollumfänglich durch die gewichtigen Interessen der Minderheitsaktionäre definiert. Denn das Squeeze-out-Verfahren ist so ausgestaltet, dass jeder die Anteile übernehmende Gesellschafter die Folgen vorweg berechnen kann. Insbesondere wird kein direkter Zwang ausgeübt, denn es gibt noch einige andere Möglichkeiten des Minderheitsaktionärsausschlusses. Insoweit gewährt das Squeeze-out-Verfahren dem Mehrheitsaktionär weiterführende Rechte, um nicht die schwierigen Hilfsinstrumentarien (Verschmelzung etc.) in Anspruch nehmen zu messen. Dem steht auch nicht der personelle oder finanzielle Aufwand entgegen. Zwar ist die den Mehrheitsaktionär treffende Belastung nicht gering. Jedoch trifft sie den Aktionär weniger hart als die weitergehenden Belastung bei der

[77] Wird vom Verfasser stark angezweifelt.

Inanspruchnahme anderer Rechtsinstitute. Es sind keine Minderheitsbelange ersichtlich, die den Gesetzgeber dazu hätten bewegen müssen, das Squeeze-out-Verfahren differenzierter ausgestalten zu müssen. Daher bewegt sich das Squeeze-out-Verfahren in den Grenzen des Art. 12 I S. 2 GG. Der Eingriff in die Berufsausübungsfreiheit ist also gerechtfertigt.

dd) Art. 3 GG

Dem Squeeze-out-Verfahren steht auch nicht der allgemeine Gleichheitsgrundsatz des Art. 3 I GG entgegen. Dieser normiert eine Grundnorm für die gesamte Rechtsordnung und beinhaltet, dass Prinzip der Gleichbehandlung.[78] Es soll also vermieden werden, dass Personen ungerechtfertigt verschieden behandelt werden und lediglich dann einen differenzierte rechtliche Behandlung erfolgt, wenn dies aus tatsächlichen Verschiedenheiten zugelassen ist und die Gerechtigkeit und Zweckmäßigkeit dies erforderlich machen.

aaa) Grundrechtsträger

Grundrechtsträger des Art. 3 I GG sind alle natürlichen und juristischen Personen des Privatrechts aber auch nichtrechtsfähige Personengesellschaften.[79] Insoweit ist Art. § I GG auf die Unternehmen und auf die Minderheits-/Mehrheitsaktionäre anwendbar.

bbb) Eingriff

Ein Eingriff in den Gleichbehandlungsgrundsatz liegt immer dann vor, wenn Gleiches verschieden oder Verschiedenes gleich behandelt wird, ohne auf die Begleitumstände einzugehen.[80]

---

[78] Vgl. Schwabe, a. a. O., S. 101 ff.
[79] Vgl. von Münch, GG, Art. 3 Rn. 5 f.
[80] Vgl. Schmidt-Bleibtreu/Klein, GG, Art. 3 Rn. 13 ff.

aaaa) Minderheitsaktionäre

Eine Ungleichbehandlung oder Bevorzugung der Minderheitsaktionäre ergibt sich nicht aus dem Gesichtspunkt der Beteiligung an einer AG oder einer KGaA ggü. anderen Beteiligungsformen. Denn die Übertragung von Aktien oder stock options ist nur zulässig im Aktienrecht. Andere Rechtsformen sind nicht betroffen. Innerhalb dieser Beteiligungsform sind alle Minderheitsaktionäre betroffen. Eine Differenzierung zwischen den Aktionären ist nicht vorgesehen und kann auch nicht als ungewollter Begleitumstand planwidrig auftreten. Denn entweder sind alle Minderheitsaktionäre von der Übertragung der Aktien betroffen – ansonsten machte das Squeeze-out keinen Sinn – oder niemand partizipiert von den Aktien der Minderheiten. Insofern ergibt sich keine Ungleichbehandlung, die einen Eingriff in Ar. § I GG statuieren könnte.

bbbb) Gesellschaftsform

Eine Ungleichbehandlung ergibt sich auch nicht hinsichtlich der Gesellschaftsform AG oder KGaA.[81] Auch hier muss auf das Aktienbezugsrecht abgestellt werden. Zwar trifft die Regelung lediglich die vorgenannten Gesellschaftsformen. Jedoch ist de natura keine andere Gesellschaftsform zu beteiligen. Denn nur in den Aktienbezogenen Unternehmen kann ein Übertragungsbeschluss stattfinden. Auch innerhalb der AG und der KGaA sind keine Ungleichbehandlungen zu statuieren. Denn das Squeeze-out-Verfahren gilt für beide juristischen Personen. Eine Ausnahme bildet dabei die Unanwendbarkeit des § 285 II AktG. Danach ist eine Zustimmung der Komplementäre zum Squeeze-out nicht notwendig, da es sich nicht um eine Maßnahme handelt, die die Gesellschaft als solche betrifft. Insoweit kommt § 327 a I S. 2 AktG nur klarstellende (deklaratorische) Wirkung zu.

---

[81] Vgl. zur Differenzierung zwischen Gesellschafts- und Aktionärsbetroffenheit ausführlich Bleckmann, a. a. O., S. 57 a. E. ff.

ee) Art. 2 GG

Art. 2 I GG statuiert das allgemeine Recht auf Handlungsfreiheit. Geschützt werden soll jedes menschliche Handeln vor staatlichen Eingriffen. Zu beachten ist, dass Art. 2 I GG lediglich subsidiäre Wirkung[82] zukommt gegenüber anderen Freiheitsrechten. Insofern erübrigt sich wegen der Anwendbarkeit des Art. !4 GG eine nähere Gesamtschau dieser Freiheitsnorm. Kursorisch soll jedoch eine Darstellung erfolgen.

aaa) Schutzbereich

Art. 2 I GG schützt das Recht auf Handlungsfreiheit in umfassender Weise, d. h. geschützt wird jegliche menschliche Tun oder Unterlassen, sollte es nicht von einem anderen Grundrechtsschutzbereich bereits erfasst sein. Insbesondere schützt das Recht auf allgemeine Handlungsfreiheit im wirtschaftlichen Bereich. Insbesondere verwiesen werden kann dabei auf die unternehmerische Handlungsfreiheit. Im Squeeze-out-Verfahren kommt der berufsregelnden Tendenz des Art. 12 GG bereits Bedeutung zu. Deshalb wird nach h. M. ein Vorrang der Berufsfreiheit ggü. Art. 2 I GG angenommen. Hilfsweise kann eine Verletzung der allgemeinen Handlungsfreiheit jedoch in Betracht kommen.

bbb) Grundrechtsträger

Grundrechtsträger der allgemeinen Handlungsfreiheit ist jede natürliche Person, juristische Person, Vereinigungen sowie Wirtschaftsgesellschaften. Auf Aktiengesellschaften, KGaA, Minderheits- oder Mehrheitsaktionären ist Art. 2 I GG somit anwendbar.[83]

ccc) Eingriff

Geschützt wird mit der allgemeinen Handlungsfreiheit das Recht auf freies Tun oder Unterlassen ggü. der öffentlichen Gewalt. Keine Rolle spielt dabei, ob es sich um positive oder negative Pflichten in der Sache selbst handelt. Der Schutz gegen mittelbare Beeinträchtigungen ist noch umstritten. Im wirtschaftlichen

---

[82] Vgl. Schade, GG, S. 22.

[83] Vgl. Seifert/Hömig, Art. 2 Rn. 4.

Wettbewerb soll dem Art. 2 I GG nach h. M. jedoch gegen faktische Beeinträchtigungen ein Schutzauftrag inne wohnen. Daher wird sämtliches Tun oder Unterlassen aller Beteiligter am Übertragungsbeschluss der Schutz des Art. 2 I GG zukommen müssen.

ddd) Schranken

Die allgemeine Handlungsfreiheit wird eingeschränkt durch die verfassungsmäßige Ordnung, das Sittengesetz sowie die Rechte Anderer (Schrankentrias).[84] Einschränkung kann dabei jede Rechtsvorschrift und sogar die richterliche Rechtsfortbildung statuieren. Die allgemeine Handlungsfreiheit unterliegt dem Grundsatz der Verhältnismäßigkeit, d. h. die Einschränkung muss geeignet, erforderlich und zumutbar sein. Im Übrigen darf die einschränkende Rechtsnorm nicht gegen eine verfassungsrechtliche Norm – etwas das Rechtstaatsprinzip - verstoßen. Gleiches ist zu beachten bei der Verletzung von EG-Recht. Ob die Einfügung der §§ 327 a ff. AktG gegen das Recht auf allgemeine Handlungsfreiheit verstoßen, bleibt hier, wegen der vorrangigen Anwendbarkeit der Art. 12, Art. 14 GG, offen.

e) Spannungsfeld – Squeeze-out

Eine Squeeze-out-Regelung ist in der Praxis naturgemäß nicht spannungsfrei, weil zwei divergierende Rechtsansichten und praktische Handlungsabsichten aufeinandertreffen.[85] Daher ist der allgemein gültige Loyalitätsgrundsatz auch im Squeeze-out-Verfahren anwendbar, der jedoch wiederum Probleme aufwirft. So ist der Zeitpunkt eines Squeeze-out-Verfahrens so zu wählen, dass den auszuschließenden Anteilseignern keine Geschäfte entgehen, die unmittelbar und offensichtlich bevorstehen. Etwa kann eine bevorstehende Dividendenzahlung oder ein Rekordgewinn dem Ausschluss der Minderheitsaktionäre entgegenstehen, wenn offensichtlich ist, dass damit die Gewinnhöhe oder die Auszahlung der Dividenden beeinflusst werden soll.

---

[84] Vgl. Sachs, GG, Art. 2 Rn. 89 ff.

[85] Vgl. dazu Peters, BB 1999, 801 ff sowie die MotoMeter Entscheidungen (jeweils OLG Stuttgart, Urt. v. 21.12.1993 – 10 U 48/93; Urt. v. 04.12.1996 – 8 W 43/93.

Anzuknüpfen wäre in diesem Zusammenhang an Loyalitätspflichten, wie sie u. a. in einem Dienstverhältnis vorkommen. Ist die Unzeit und die Verletzung der Treuepflicht offensichtlich, kommt ein Schadensersatzanspruch in Höhe des „entgangenen Gewinns" der auszugliedernden Anteilseigner in Betracht.[86] Die Beweislast liegt hierbei bei den Minderheitsaktionären, wobei wegen der Nähe zur Gesellschaft und der fehlenden Darlegungsmöglichkeit der Aktionäre eine Beweislastumkehr analog den Grundsätzen der Produzentenhaftung und Finanzdienstleisterhaftung[87] zu befürworten wäre. Zur Betrachtung führt auch die Umwandlung von Unternehmen in eine Aktiengesellschaft oder eine KGaA um den Squeeze-out durchzuführen. Der Gesellschafter etwa einer GmbH unterliegt dabei besonderen Vertrauenstatbeständen. Daher kann es unter Umständen günstig sein, die GmbH in eine AG umzuwandeln und so den Gesellschafter mittels Squeeze-out-Beschluss aus dem Unternehmen zu drängen. Fraglich ist allerdings, ob diese gewaltige Anstrengung nicht nur in besonderen Extremfällen zu Anwendung gelangt, oder ob – was wahrscheinlicher ist – der Gesellschafter per Gestaltungsurteil aus der GmbH entfernt wird. Jedoch ist auch im Falle der Umwandlung in eine AG/KGaA die Treuepflichtverletzung einschlägig. Dies gilt dann, wenn nach dem Squeeze-out die AG wieder in eine GmbH umgewandelt wird. Denn hier ist eine Gesamtschau aller Umstände im Rahmen einer summarischen Interessenabwägung vorzunehmen. Natürlich steht es den Gesellschaftern frei, nach dem UmwG die für sie günstigste Rechtsform zu wählen. Jedoch ist es allgemeiner Grundsatz, dass Rechtsgeschäfte dem Institut der unzulässigen Rechtsausübung unterliegen. Dem kann nicht die Ansicht entgegenstehen, dass dann etwa §§ 190 ff. UmwG leer laufen würden. Denn immer noch haben die

---

[86] Anders i. E. Hamann, Minderheitenschutz beim Squeeze-out-Beschluss, S. 180, der einen Treuepflichtverstoß zur Unzeit ausschließt. Begründet wird dies mit dem Umstand, dass die wirtschaftlichen Verhältnisse der Gesellschaft zum Hauptversammlungsbeschlusszeitpunkt mit der Festsetzung der Höhe der Barabfindung bereits berücksichtigt werden. Dem ist jedoch entgegenzuhalten, dass bei offensichtlicher „Unzeit" nicht berücksichtigt wird, dass die Minderheitsaktionäre an der wirtschaftlichen Entwicklung nicht unerheblich beteiligt sein dürften. Die Aktionäre bilden das Rückgrat der Gesellschaft. Dann ist es jedoch obsolet, diesen Aktionären eine Partizipation am nahen Gewinn abzusprechen. Insoweit ist hier der Verbraucherschutz einschlägiger als der Schutz der Gesellschaft.

[87] Vgl. Plück/Schmutzler/Kühn, Kapitalmarktrecht, S. 123.

Gesellschafter die Umwandlung in der Hand. Jedoch dann, wenn ein offensichtlicher Rechtsmissbrauch ersichtlich ist, kann die Umwandlung in eine andere Rechtsform für rechtswidrig erklärt werden. Denn im Vordergrund steht nicht die Umwandlung unter der Prämisse der günstigsten Formwahl sondern der Missbrauch eines Rechtsinstituts, um unliebsame Gesellschafter auszuschließen. Daher muss wie bei Umgehungsgeschäften auch hier die unzulässige Rechtsausübung durch Treuepflichtverletzung der Gesellschafter der Umwandlung entgegenstehen. Denn der von der Gesetzgebung verfolgte Minderheitenschutz würde im gröblichsten Maße verletzt. Dies entspricht jedoch nicht dem Willen des Gesetzgebers der dem Verbraucher im gesteigerten Maße Rechte gg. die Unternehmen zubilligt. Das Argument, der ausgeschlossene Gesellschafter gehöre nach dem Ausschluss aus der Gesellschaft nicht mehr zum Unternehmen – daher komme eine Rechtsverletzung kausal nicht in Betracht, kann nicht durchdringen. Denn das Interesse und die Integrität des Gesellschafters müssen in einer solchen Missbrauchsvariante weit ausgelegt werden. Insbesondere wegen einer eventuellen Wiedereingliederung in das Unternehmen auf Grund gerichtlichen Urteils oder eines zuzusprechenden Schadensersatzes ist dem ausgeschlossenen Gesellschafter ein Fortsetzungsfeststellungsinteresse einzuräumen. Anderenfalls würde dem Rechtsmissbrauch Tür und Tor geöffnet werden.

f) Eigene Wertung und Gestaltungsvorschläge

Das Squeeze-out-Verfahren ist ein wesentlicher Bestandteil des Wirtschaftverkehrs. Zuzustimmen ist den Meinungen, die darlegen, dass ein solches Verfahren den Mehrheitsaktionären die unternehmerische Freiheit erhalten und stärken soll. Jedoch kann nicht überzeugen, dass im allgemeinen Rechtssystem und Rechtsverständnis das voluntative Element eine elementare Voraussetzung für Rechtsgeschäfte und Rechtsgestaltungen ist, im Squeeze-out-Verfahren jedoch hinsichtlich der Minderheitsaktionäre keine Bedeutung oder allenfalls sehr geringe Beachtung erlangt. Hinsichtlich des Verfahrens und der Notwendigkeit per se steht dem kein tragfähiger Einwand entgegen. Jedoch wurde vom Gesetzgeber zu wenig Augenmerk auf die negativen Folgen hinsichtlich der Ausgeschlossenen und der rechtsmissbräuchlichen Gestaltungswirkung des Squeeze-out-Verfahrens gelegt. Der von der Rspr. und dem Gesetzgeber apathisch verfolgte Minderheitenschutz und Verbraucherschutz erfährt hier kaum Beachtung. Die Missbrauchsgefahr ist zu hoch, um reale und faire Bedingungen hinsichtlich eines Ausschlusses zu konstruieren. Mögen auch wirtschaftliche Bedürfnisse[88] der Einführung des Verdrängungsverfahrens zur Rechtsgültigkeit verholfen haben, so kann nicht unbeachtet bleiben, dass die Probleme nur verlagert werden. Denn es kann dahinstehen, ob Beschlüsse innerhalb eines Squeeze-out oder in sonstiger Weise angefochten werden. Denn allenfalls bei der Barabfindung stehen die nächsten Probleme vor der Tür, die eine leichtere Rechtsanwendung nicht überzeugend gewährleisten. Der Minderheitenschutz wird offensichtlich in die Offensive gedrängt. Hinsichtlich des zu versteuernden Einkommens (wird ausgeführt) wurde zu wenig Augenmerk auf den Durchschnittsaktionär gelegt. Zum Einen wird der der Minderheit angehörende Anteilsinhaber aus dem Unternehmen gedrängt – wider seinem Willen – zum Anderen muss der Squeeze-out-Geschädigte den Gewinn besteuern ohne jedoch sein voluntatives Rechtsgeschäftselement berücksichtigt zu wissen. Im Rahmen des Anlegerschutzes[89] wird zumindest der BGH nicht umhin kommen, die misslungene Gesetzgebung zu korrigieren und dem Verbraucher einen größeren Schutz zukommen zu lassen. Alsdann ist das Squeeze-out-Verfahren würdig, das Element „Minderheitenschutz“ in sich aufnehmen zu dürfen.

B) Veräußerungsgewinn als Folge des „Squeeze-out“, § 23 I S. 1 Nr. 2 EStG

Das Squeeze-out-Verfahren birgt für die Minderheitsaktionäre nicht nur die Gefahr der Aktienübernahme, also den Verlust sämtlicher Rechte an der Gesellschaft sowie die unangemessene Barabfindung, deren Höhe allenfalls durch Urteil festgestellt wird. Die Folge eines solchen Übertragungsbeschlusses finden sich auch im Einkommensteuerrecht wieder. Eingegangen werden soll

---

[88] Vgl. Forum Europaeum Konzernrecht, ZGR 1998, 673, 732 ff.

[89] Vgl. Schneider, Kapitalmarktrechtlicher Anlegerschutz und Internationales Privatrecht, S. 190 ff.

nachfolgend auf die einkommensteuerliche Folge für die ausscheidenden Minderheitsaktionäre im Rahmen des § 23 I Satz 1 Nr. 2 EStG.

I) Rechtslage vor dem 01.01.1999

Vor dem Inkrafttreten des WpÜG am 01.01.2002 und damit der Einführung des Rechtsinstituts „Squeeze-out" kam dem § 23 I S. 1 Nr. 2 EStG nicht minder geringe Bedeutung zu. Jedoch hat sich die Norm einer Veränderung unterziehen müssen, da die Tatbestandsvoraussetzungen u. a. auch nunmehr mit dem Squeeze-out nicht länger vereinbaren ließen. Mit dem Steuerentlastungsgesetz 1999/2000/2002 vom 24.03.1999[90], welches am 01.01.1999 in Kraft rückwirkend trat, wurde der Wortlaut des § 23 I EStG neu gefasst:

Alt (§ 23 I S. 1 Nr. 1 lit. b EStG):

Spekulationsgeschäfte (§ 22 Nr. 2) sind ... Veräußerungsgeschäfte, bei denen der Zeitraum zwischen Anschaffung und Veräußerung beträgt ... bei anderen Wirtschaftsgütern, insbesondere bei Wertpapieren, nicht mehr als sechs Monate...

Neu (§ 23 I S. 1 Nr. 2 EStG):

Private Veräußerungsgeschäfte (§ 22 Nr. 2) sind ... Veräußerungsgeschäfte bei anderen Wirtschaftsgütern, insbesondere bei Wertpapieren, bei denen der Zeitraum zwischen Anschaffung und Veräußerung nicht mehr als ein Jahr beträgt...

Anhand des Wortlautes lässt sich bereits erkennen, dass dem Gesetzgeber daran gelegen war, den Zusammenhang zu Spekulationsgeschäften zu erweitern und nunmehr auf alle Veräußerungsgeschäfte zu übertragen.

Historisch betrachtet geht die Norm des § 23 EStG auf das Einkommensteuerrecht von 1925[91] zurück. Zum damaligen Zeitpunkt waren Spekulationsgeschäfte eine Unterart der sonstigen Leistungsgewinne, wobei die Spekulationsabsicht regelmäßig unterstellt wurde. Diese Vermutung wurde nur

---

[90] BGBl. I 1999 S. 402.

[91] RGBl. I S. 189.

dann wiederlegt, wenn der Stpfl. Darlegen und beweisen konnte, dass die Veräußerung von Gegenständen nicht in der Absicht der Gewinnerzielung getätigt wurde. Mit der Neufassung des § 23 EStG im Jahre 1999 wurde der nach allgemein gültiger Meinung bestehende Grundsatz, dass dem § 23 EStG keine Spekulationsabsicht unterlag, verdeutlicht, indem das Wort „Spekulationsgeschäft" durch „privates Veräußerungsgeschäft" ersetzt wurde. Der BFH urteilte in seiner Rspr. in diesem Sinne bereits seit 1969.

Im Jahre 1954 wurde die Spekulationsfrist für u. a. Wertpapiere von einem Jahr auf drei Monate herabgesetzt. Dies hatte den Zweck, den freien Kapitalmarkt zu stärken.[92]

Bereits im Jahre 1960 wurde die Frist für Wertpapiere wieder auf sechs Monate heraufgestuft.[93]

Ab dem Jahr 1977 konnte ein Verlustrücktrag respektive ein Verlustvortrag auf alle Einkommensarten ausgedehnt werden.[94]

II) Änderung des § 23 I Satz 1 Nr. 2 EStG

Mit der Änderung des EStG wurde im März 1999 der § 23 I S. 1 Nr. 2 EStG modifiziert. Nunmehr wurde der Begriff „Spekulation" aus dem Wortlaut gestrichen und durch „privates Veräußerungsgeschäft" ersetzt. Davon zu differenzieren ist die Einkommenserzielungsabsicht. Beide Begriffe unterscheiden sich dadurch, dass Spekulation dann vorliegt, wenn ein Gegenstand zur gewinnbringenden Wiederveräußerung erworben wurde, während Einkunftserzielungsabsicht über einen längeren Zeitraum betrachtet wird und insgesamt positive Einkünfte erzielt werden sollen. Dabei fehlt nach h. M. das spekulative Element.[95] Diese Betrachtungsweise ist jedoch nicht unumstritten. So wird teilweise vertreten[96], dass Überschusserzielungsabsicht und Spekulationsabsicht inhaltlich gleichzusetzen sind. Begründet wird dies mit

---

[92] BStBl. I 1954, 575.
[93] BStBl. I 1958, 412.
[94] BGBl. I 1976, 1054.
[95] So z. B. Tiedtke/Wälzholz, DStZ 2002, 9, 11.
[96] Walter, Überschusserzielungsabsicht bei privaten Veräußerungsgeschäften: Spekulation mit Jahreswagen?, DB 2001, S. 2271 ff.

der historischen Entwicklung. Während bereits seit 1934 die Spekulationsabsicht nicht mehr erforderliches Tatbestandsmerkmal gewesen sei, wurde mit dem StEntlG von 1999 der Begriff „Spekulation“ aus dem Wortschatz verbannt. Daraus könne geschlossen werden, dass subjektive Elemente dieser Norm nicht weiter anhafteten sondern lediglich auf die objektive Betrachtungsweise abzustellen sei. Das Wort „Spekulation“ sei vielmehr als technische Bezeichnung des § 23 I EStG zu verstehen, dem jedoch keine eigener Wirkungskreis zu Gute käme. Unverständlich ist dann natürlich, warum das Wort nicht gestrichen wurde, sondern durch ein ähnliches ersetzt wurde. Denn auch Veräußerung ist ein privatrechtlicher Terminus und knüpft an das voluntative Merkmal Veräußerungsabsicht an.[97] Ferner wird behauptet, Spekulationsabsicht sei nach h. Rspr. keine Voraussetzung für die Erfüllung des Tatbestandes vorgenannter Norm. Denn die Rspr. würde bei Verwirklichung des objektiven Tatbestandes die Vermutung einer entsprechenden Spekulationsabsicht anwenden. Das bedeutet jedoch, dass diese Vermutung lediglich indiziert ist. Bei offensichtlichem Widerspruch zu den Intentionen des Veräußernden ist jedoch eine Widerlegung möglich. Im Ergebnis wird die These aufgestellt, dass Spekulation und Überschusserzielung gleich zu setzen sei, indem beide Begriffe auf die Vermögensmehrung abzielten um künftige Wertsteigerungen zu realisieren. Dem kann nicht gefolgt werden. Schon begrifflich differenzieren sich beide Begriffe voneinander.

Spekulation (lat. speculari) bedeutet mutmaßen, zu erlangen hoffen.[98]

Überschuss heißt über etwas hinausragen und stellt die Einnahmen abzgl. der negativen Einkünfte dar.[99]

Während bei der Spekulationsabsicht bereits vom Erwerb des Wirtschaftsgutes (hier Aktien / Optionsrechte) auf die Erzielung nur von Einkünften abgestellt wird, ist bei der Überschusserzielungsabsicht die Hoffnung vorliegend, nach Verrechnung von Einkünften und Werbungskosten in der Gewinnzone zu

---

97 So auch OFD Münster, Information v. 09.01.02 – S2256 – 43 – St 22 – 31; OFD Hannover, Verf. v. 12.03.01 – S2256 – 57 – StO 223 / S2256 – 79 – StH 215.

98 Köbler, Etymologisches Rechtswörterbuch, S. 377.

99 Ebenda, S. 413; Creifelds, Rechtswörterbuch, S. 367.

liegen. Allein hier wird deutlich, dass es verfehlt ist, beide Institute begrifflich gleich zu setzen. Dann kann für die Rechtsanwendung nichts anderes gelten. Ferner wird argumentiert, dass auch Veräußerungen unter Zwang unter die Besteuerung fallen. Logische Schlussfolgerung sei dann auch, dass bei Unerheblichkeit des Besteuerungsgrundes auch die den jeweiligen Rechtsgeschäften zugrunde liegenden voluntativen Merkmale unberücksichtigt bleiben müssten. Dem kann nicht gefolgt werden. Wie im folgenden zu analysieren sein wird, wird diese Arbeit den Schluss zulassen, dass § 23 I S. 1 Nr. 2 EStG für das Squeeze-out-Verfahren nicht anwendbar ist. Denn hierbei handelt es sich nicht um ein Veräußerungsgeschäft im klassischen Rechtssinne sondern um einen Zwangsakt, der dann konsequent in diesem Rechtssystem nicht geduldet werden darf und mithin nicht zur Besteuerung führen kann. Dabei ist auf die Spekulationsabsicht abzustellen. Anzuknüpfen ist also an das subjektive Element der Einkunfts- oder Überschusserzielungsabsicht i. w. S., das den restlichen Überschusseinkünften zugrunde liegt. Ein anderes kann im § 23 I EStG nicht gelten. Insoweit ist die Spekulationsabsicht subjektives Tatbestandsmerkmal des § 23 I S. 1 Nr. 2 EStG.[100]

III) Exkurs in das geltende deutsche Steuerrecht

Das deutsche Steuerrecht kennt die **Einkommensteuer** als Personensteuer, wobei die persönlichen Verhältnisse der natürlichen Person im Vordergrund stehen. Berücksichtigt werden soll bei der Steuerfestsetzung die wirtschaftliche Leistungsfähigkeit der einzelnen Steuersubjekte. Daraus folgt, dass das Ziel der Steuergerechtigkeit[101] nicht erreicht werden kann. Die besonderen Umstände im Leben einer natürlichen Person sind zu verschieden, als dass mit einer Steuervorschrift alle Lebenslagen und wirtschaftlichen Gesichtspunkte Berücksichtigung finden könnten.

---

[100] Anders Walter/Stümper, DB 2001, 2271, 2273.

[101] Vgl. Badura, Peter, Staatsrecht, S. 732 Rn. 16.

Die Einkommensteuer ist nicht abzugsfähig und wird direkt beim Stpfl. Angesetzt, der sowohl gesetzlicher Steuerschuldner als auch wirtschaftlicher Steuerträger ist.
Die konjunkturabhängige Einkommensteuer ist eine wichtige Ertragsquelle des Bundes; daher kommt ihr ein hoher Stellenwert nach der **MwSt** zu.
Rechtsgrundlagen für die Besteuerung ergeben sich aus dem EStG und den EStDV. Spezialvorschriften enthalten die AO und andere Steuergesetze wie DBA etc.
EStR sind die Verwaltung bindende Anweisungen zur Anwendung des EStG. Darin werden Zweifelsfragen und Auslegungsfragen von allgemeiner Bedeutung hinsichtlich immer wiederkehrender Sachverhalte behandelt. Sichergestellt werden soll damit die Einheitlichkeit der Anwendung des Steuerrechts sowie die Verfahrensökonomie der Finanzbehörden. Ergänzende Verfügungen, Erlasse und Richtlinien vervollständigen die Anwendung der Steuerrechtsvorschriften.
Unterschieden wird im deutschen Steuerrecht ferner zwischen persönlicher und sachlicher Steuerpflicht.[102]

Persönliche Steuerpflicht definiert denjenigen, der in den Steuergesetzen als Stpfl. bezeichnet wird.

Sachliche Steuerpflicht definiert die Verwirklichung eines Tatbestandes, der eine Steuerschuld entstehen lässt.

Die Steuerpflicht beginnt mit der Vollendung der Geburt und endet mit dem Tode. Andere Kriterien spielen für die Steuerpflicht keine wesentliche Rolle.

Das deutsche Einkommensteuerrecht weist gem. § 2 I EStG sieben folgende Einkunftsarten auf, die mit der Einkommensteuer belastet werden.

1.
Einkünfte aus Land- und Forstwirtschaft,
2.

[102] Heinicke / Schmidt, EStG, § 1 Rn. 1 ff.

Einkünfte aus Gewerbebetrieb,
3.
Einkünfte aus selbstständiger Arbeit,
4.
Einkünfte aus nicht selbstständiger Arbeit,
5.
Einkünfte aus Kapitalvermögen,
6.
Einkünfte aus Vermietung und Verpachtung,
7.
sonstige Einkünfte im Sinne des § 22 EStG,

die der Steuerpflichtige während seiner unbeschränkten Einkommensteuerpflicht oder als inländische Einkünfte während seiner beschränkten Einkommensteuerpflicht erzielt.

Die §§ 13 ff. EStG definieren die Einkünfte (Reinertrag aus allen wirtschaftlichen Betätigungen, die zu derselben Einkunftsart zählen, d. h. Gewinn / Verlust hinsichtlich Nr. (1) bis Nr. (3), §§ 4-7g, 9b EStG und Überschuss der Einnahmen über die Werbungskosten hinsichtlich Nr. (4) bis (7), §§ 8, 9, 9a EStG)) allgemeinverbindlich und weisen die jeweiligen Einkünfte den dazugehörigen Einkunftsarten zu.

Gem. § 22 Nr. 2 EStG gehören Einkünfte aus privaten Veräußerungsgeschäften i. S. d. § 23 I S. 1 Nr. 2 EStG zu den sonstigen Einkünften. Ob das Institut des Squeeze-out darunter zu subsumieren ist, wird nachfolgend zu analysieren sein.

Die Squeeze-out-Problematik zieht die Besteuerung der Barabfindung gem. §§ 22 Nr. 2, 23 I S. 1 Nr. 2 EStG mit sich, d. h. jeder Minderheitsaktionär muss die ihm zugeflossene Abfindung für seine Zwangsentfernung aus dem Unternehmen der Besteuerung unterwerfen. Diese Vorschriften sowie § 17 EStG bilden die Ausnahme zu dem Grundsatz, dass private Veräußerungsgeschäfte von Gegenständen des Privatvermögens (stille Reserven) grundsätzlich steuerrechtlich nicht erfasst werden. Davon soll dann eine Ausnahme gemacht werden, wenn die Grenzen von den steuerbaren zu den nicht steuerbaren privaten Veräußerungsgeschäften überschritten werden, indem die Ausnutzung substanzieller Vermögenswerte im Sinne der Fruchtziehung entscheidend in den Vordergrund tritt, m. a. W. wenn die

Einkünfte gewerblichen Einschlag erhalten und nicht mehr der privaten Lebensführung dienen sollen.

Der Durchsetzung stehen jedoch in erheblichem Maße das Steuergeheimnis und das Bankgeheimnis entgegen; diese Rechtsinstitute erschweren die Informationsbeschaffung und praktische Subsumtion des Steuertatbestandes des § 23 I S. 1 Nr. 2 EStG.

1) Steuergeheimnis, § 30 AO

Das Steuergeheimnis im deutschen Steuerrecht gem. § 30 AO ist eine Regelungsnorm zur Durchsetzung des Datenschutzes im geltenden Recht. Geschützt werden soll damit die informationelle Selbstbestimmung eines jeden Stpfl. unter Maßgabe der Art. 1 I GG i. V. m. Art. 2 I GG. Der Einzelne soll selbst bestimmen können, inwieweit seine persönlichen Daten verwendet und preisgegeben werden dürfen. Bedeutung erlangt das Steuergeheimnis insbesondere im Steuerecht de lege lata. Denn darin werden den staatlichen Stellen weitreichende Einblickein die private Lebensführung eines jeden Einzelnen gewährt, indem die Mitwirkungspflicht des Stpfl. eine Offenlegung des jeweiligen Lebensbereiches verlangt.[103] Das Steuergeheimnis regelt somit die Berücksichtigung des allgemeinen Persönlichkeitsrechts. Es ist zeitlich nicht begrenzt.

Das Steuergeheimnis bestimmt, dass Amtsträger (Abs. 1) das Geheimnis zu wahren haben, also dem entsprechend sämtliche Beamte der Gerichte, Behörden, Verwaltungen. Zum Zwecke des weitreichenden Schutzes werden aber auch die Angestellten und Beschäftigten des öffentlichen Dienstes sowie sonstige nichtbeamtete Personen verpflichtet. Denn auch diese gelangen in den Geltungsbereich der Norm durch die Verwendung persönlichkeitsintensiver Daten. Um eine Ausuferung des Anwendungsbereiches zu vermeiden, werden die Arbeitgeber aus dem Verpflichtungskontext herausgenommen.

---

[103] Vgl. BVerfGE 65, 1, 46.

Geschützt werden soll mit § 30 AO insbesondere Verhältnisse Anderer sowie fremde Betriebs- oder Geschäftsgeheimnisse (Abs. 2). Dabei ist es nicht zur Voraussetzung zu machen, ob der Stpfl. etwa ein berechtigtes Interesse an der Geheimhaltung geltend machen kann. Denn das Rechtsinstitut findet automatische Anwendung, auch wenn die zu beachtenden Verhältnisse steuerlich nicht relevant werden.
Andere sind in diesem Zusammenhang nicht nur der Steuerpflichtige sondern auch z. B. der Steuerberater Rechtsanwalt, Auskunftspersonen u. a.
Nach dem Zweck der Vorschrift sind sämtliche Begriffsbestimmungen im Rahmen des § 30 AO weit auszulegen, um einen umfassenden Schutz der Persönlichkeitssphäre zu gewährleisten.

Einen Ausschluss von der Gewährleistung des Steuergeheimnisses ist dann zu statuieren, wenn die preiszugebenden Daten Voraussetzung für den Strafanspruch des Staates sind. So muss etwa im Steuerstrafverfahren eine Verdichtung zur Pflicht der Preisgabe erfolgen (Abs. 2 Nr. 1 lit. a). Denn nur so kann das Recht der Allgemeinheit Vorrang gegenüber dem Recht des Einzelnen Durchsetzbarkeit erlangen.

Offenbarung i. S. d. § 30 AO ist jedes Verhalten, was dazu geeignet ist, einem Dritten die unter das Steuergeheimnis fallenden Verhältnisse oder Tatsachen bekannt zu geben. Dies gilt jedoch nicht, wenn der Dritte bereits in Kenntnis dieser Informationen war, bevor diese ihm preisgegeben wurden. Damit scheidet begrifflich bereits die Weitergabe der relevanten Daten innerhalb des Verwaltungsweges an andere Dienststellen aus dem Sinngehalt der Norm aus. Denn zur ordnungsgemäßen Verfahrenserledigung wird die Datenweitergabe mindestens bedingte Voraussetzung. Im Übrigen bleiben die Informationen im Verwaltungsbereich und gelangen nicht an Dritte nach Außen. Davon unabhängig ist die Befugnis zur Weitergabe zu betrachten, die das Offenbaren oder das Abrufen von Daten zulässig macht.

Die Verwertung der Daten besteht in der wirtschaftlichen Nutzung eben dieser Informationen für eigene oder fremde Zwecke. Auf die Verwertungsart kommt es dabei nicht an. So ist eine Verwertung auch dann gegeben, wenn die geheimzuhaltenden Informationen nicht nach Außen dringen.

Eine Verletzung ist ferner dann gegeben, wenn geschützte Daten im automatisierten Verfahren unbefugt abgerufen werden (§ 30 II Nr. 3 AO). Die dabei verwendete Technik ist dabei nicht relevant.

Das Steuergeheimnis ist nur dann als verletzt anzusehen, wenn die Offenbarung, die Verwertung oder Abruf von Daten unbefugt vorgenommen wird. Dies ist dann gegeben, wenn die vorgenannten Vorgänge zur ordnungsgemäßen Durchführung eines Besteuerungsverfahrens entbehrlich sind und ein weiterer Rechtfertigungsgrund nicht ersichtlich ist. Denn das Steuergeheimnis ist nicht ausschließlich für den Schutz des betroffenen Stpfl. bestimmt, sondern dient gleichzeitig der richtigen und vollständigen Erfassung der Besteuerungsgrundlagen. Der Grundsatz der Verhältnismäßigkeit ist gleichwohl anzuwenden.

Eine befugte Verwendung von Informationen liegt ferner dann nicht vor, wenn der Betroffene einwilligt oder zustimmt oder die Verwertung durch Gesetz explizit zugelassen wird. So wird befürwortet, eine Befugnis zur Informationsverarbeitung zu bejahen, wenn damit illegale Beschäftigungen oder sozialer Leistungsmissbrauch bekämpft werden sollen. Aber auch zur Vermeidung unrichtiger Handelsregistereintragungen kann die Finanzverwaltung Daten weitergeben, was nach h. M. nicht als unbefugt angesehen wird.

Hat das Finanzamt im Rahmen eines Besteuerungsverfahrens Kenntnis von Tatsachen erlangt, die eine strafrechtliche Sanktion nach sich ziehen könnten, verwehrt das Steuergeheimnis die Weitergabe dieser Informationen. Dies erfährt dann eine Ausnahme, wenn die Erlangung dieser Tatsachen als unbeabsichtigte Nebenfolge des Besteuerungsverfahrens aufgetreten ist (sog.

Zufallsfund). Dann überwiegt das Persönlichkeitsrecht des Betroffenen. Denn das Steuergeheimnis ist bekanntermaßen das Korrelat zur Mitwirkungs- und Offenbarungspflicht. Im Strafrecht gilt jedoch der Grundsatz, dass niemand an seiner Verurteilung mitwirken muss (nemo tenetur se ipsum accusare). Bei der Preisgabe solcher Informationen würde dieser Grundsatz mittelbar in sein Gegenteil gekehrt. Ausnahmen bestehen nur dann, wenn Verbrechen oder schwere Vergehen (etwa Mord, Hochverrat u. a.) zu befürchten sind. Denn dann genießt die öffentliche Ordnung Vorrang vor dem Recht des Einzelnen.

Die Verletzung des Steuergeheimnisses ist als Antragstat (Abs. 3 S. 1) strafrechtlich gem. § 355 StGB mit Freiheitsstrafe bis zu zwei Jahren oder Geldstrafe sanktioniert. Die Erlangung von Daten ist in § 202 a StGB mit Freiheitsstrafe bis drei Jahren oder Geldstrafe pönalisiert. Weil § 355 StGB eine Straftat im Amt darstellt, erfolgt außerdem eine kumulative Disziplinarmaßnahme, die bis zur Entlassung aus dem Beamtenverhältnis reichen kann. Auch die Schadensersatzansprüche gegen die öffentliche Hand gem. § 839 BGB i. V. m. Art. 34 GG machen deutlich, dass das Steuergeheimnis und dessen Verletzung kein „Kavaliersdelikt" darstellt, sondern streng verfolgt wird. Denn es ist Ausfluss der verfassungsrechtlich garantierten Schutzes des Persönlichkeitsrechts.

Bei einem Squeeze-out käme die Verletzung des Steuergeheimnisses nur dann in Betracht, wenn der Ausschluss eines Minderheitsaktionärs durch die Steuerbehörde an die Öffentlichkeit gerät. Bei der Besteuerung gewonnen Tatsachen, etwa die Erzielung von Einkünften in nicht unerheblichen Umfang oder die Aufdeckung von insider-Handel oder Kapitalanlagebetrug können eine Weitergabe an die jeweils zuständigen Behörden jedoch sanktionslos ermöglichen. Dabei verbietet sich jedoch eine pauschale Betrachtungsweise; insoweit sei auf den Einzelfall verwiesen.

Für betroffene Steuerpflichtige kommt ein pauschaler Finanzrechtsweg nicht in Betracht; auch hier entscheidet wieder der Einzelfall, also wogegen sich der Antrag des Betroffenen richtet.[104]

2) Bankgeheimnis, § 30 a AO

Das Bankgeheimnis[105] (eine Legaldefinition existiert nicht) statuiert den Schutz der Beziehungen zwischen Bank und Kunde und entspricht dem früheren Bankenerlass[106]. Abgeleitet wird dieses Rechtsinstitut aus dem schuldrechtlichen Bankenvertrag zwischen Bank und Kunde. Jedoch wird auch vertreten, dass das Bankgeheimnis dem Gewohnheitsrecht entspringt oder dem allgemeinen Persönlichkeitsrecht der Art. 1 I i. V. m. 2 I GG entspricht. Letztgenannte Ansichten[107] vermögen nicht zu überzeugen. Denn zuvörderst im Blickwinkel stehen die vertraglichen Beziehungen zwischen Bank und Bankkunde mit ihren zahlreichen Facetten. So stellt die Bank dem Kunden eine Fülle von Informationen zur Verfügung; jedoch ist die Informationsübermittlung des Kunden an die Bank um einiges gewichtiger. Denn hierbei werden eine Unmenge von persönlichen Daten weitergeleitet, die der Kunde in sicheren Händen wissen will. Um so natürlicher ist es, dass viele Institutionen um die Herausgabe dieser Information wetteifern. So auch der Staat, der sich nunmehr der Sperre des Bankgeheimnisses ausgesetzt sieht.

Daher ist eine quasigesetzliche Regelung im Bankvertrag i. V. m. Nebenpflichtverletzungen (etwa § 280 I S. 1 BGB – alt. PVV) zu sehen.

Inhaltlich definiert sich das Bankgeheimnis als Schutz des Vertrauensverhältnisses (§ 30 a I AO) unter Berücksichtigung der Überwachung von Konten, Depots und der Abwicklung des Zahlungsverkehrs. Besondere Aufmerksamkeit verdienen in diesem Zusammenhang die Begriffe

---

[104] Vgl. Zusammenfassung der Rechtswege in: Klein, AO, § 30 Rn. 221 ff.

[105] Eigentlich nur Schutz von Bankkunden ggü. der Finanzbehörde vor einem Eindringen in die bankvertraglichen Beziehungen; insofern ist der Begriff „Bankgeheimnis“ nicht korrekt und zu weitreichend.

[106] Vgl. BMF, BStBl. I S. 590.

[107] Vgl. Huhmann, a. a. O., S. 27 ff m. w. N.

„Erforderlichkeit“ und „Verhältnismäßigkeit i. e. S.“. Denn ein Bankgeheimnis in Form eines Auskunftsverweigerungsrechts besteht nach ganz h. M. nicht; vielmehr handelt es sich um Ermessensrichtlinien („soll ... unterbleiben“ – „soll ... nicht verlangt werden“), die bei der Ermittlung im Besteuerungsverfahren von Amts wegen berücksichtigt werden sollen. Gleichwohl wird wegen nicht einheitlicher Rechtsdefinition ein Auskunftsverweigerungsrecht allerorten statuiert, wogegen die Steuerbehörden oftmals hilflos sind.

So deklariert § 30 a II AO ein Mitteilungsverlangenverbot der Finanzbehörden ins Blaue hinein. Dazu bedurfte es des Absatzes zwei jedoch nicht, denn ein solches Verlangen ist bereits de lege lata nicht erlaubt (vgl. § 93 AO).

In § 30 a III AO wird das Verbot statuiert, eine Außenprüfung bei einer Bank als Gelegenheit zu nehmen, Guthabenkonten oder Depots festzustellen oder abzuschreiben oder Kontrollmitteilungen auszuschreiben. Wie das Wort „soll“ zeigt handelt es sich nicht um eine Verbotsnorm sondern lediglich um eine Ermessensvorgabe. In praxi ist diese Wortspielerei jedoch nur theoretischer Natur, der die tatsächliche Verfahrensweise der jeweiligen Bank entgegensteht.

§ 30 a IV AO regelt, dass ein Stpfl. im Rahmen seiner Steuererklärung keine Angaben zu seinen Konten oder Depots machen muss, soweit er nicht steuermindernde Ausgaben oder Vergünstigungen geltend macht oder die unbare Zahlungsabwicklung mit dem Finanzamt dies bedingt. Dieser Absatz ist unerheblich. Zum einen muss ein Stpfl. keine Beweise der Steuererklärung beifügen. Insoweit kommt eine Kontenangabe sowieso nicht in Betracht. Zum anderen hat die Zinseinkunftsbesteuerung oder die Erklärung des privaten Kapitals keinen materiellen Zusammenhang mit den Konten eines Stpfl. Also ist auch dabei die Nummernangabe der Konten oder Depots überflüssig. Im Übrigen modifiziert § 30 V AO unter Maßgabe des § 93 AO den Absatz gegen Null. Denn insoweit kann die Sollvorschrift de lege lata ausgehebelt werden.

§ 30 V AO regelt den Verweis auf § 93 AO und somit dessen Anwendung. Darin werden die Sollvorschriften des Bankgeheimnisses derart eingeschränkt, dass daran zu denken wäre, den § 30 a AO als überflüssig zu deklarieren. Denn die Banken machen häufig Gebrauch vom § 30 a V AO i. V. m. § 93 AO. Darin ist zwar die Auskunftspflicht der Beteiligten und anderer Personen geregelt. Gefordert wird jedoch zunächst die Sachverhaltsaufklärung durch die Beteiligten selbst. Davon entbunden ist lediglich die Steuerfahndung. Jedoch ist auch diese an eine umfassende Vorfeldermittlung gebunden, was den § 93 AO stark einschränkt und somit zu Spannungsfeldern zwischen den Auskunftsparteien führt.

Bedeutung findet das Bankgeheimnis im Rahmen des § 23 I 1 Nr. 2 EStG. Fallen bei einem Stpfl. Einnahmen wegen des Zwangsverkaufes der Aktien an, so unterliegen diese im Rahmen des § 23 EStG der Spekulationsbesteuerung. Die Beteuerung kann jedoch nur erfolgen, wenn der Stpfl. diese Einnahmen der Finanzverwaltung anzeigt. Durch die Einschränkungen des § 30 a AO geschieht dies nur bei jedem Zweiten. Würde diese Norm, wie derzeit wirtschaftspolitisch diskutiert, gestrichen, könnte ein schnellerer Zugriff auf die Konten der Bankkunden also auch der Minderheitsaktionäre stattfinden. Alsdann wäre eine schnellere und gleichmäßigere Besteuerung möglich (Art. 3 I GG). Gleichwohl könnte ein Verstoß gegen Art. 1 I, 2 1 GG gegeben sein. Denn die Befürchtung hinsichtlich der gläsernen Bankkunden und der hohen Fluktuation der Bankkunden in die Schweiz oder nach Luxemburg lässt allein schon die Wirtschaft für Widerstand sorgen. Denn für diese kommt ein Auskunftsersuchen lediglich als ultima ratio in Betracht. Der Norm des § 93 AO kann lediglich subsidiärer Charakter zugesprochen werden. Denn für ein Kreditinstitut ist es ein milderer Eingriff, zunächst im Rahmen der Außenprüfung oder der Mitwirkungspflicht bei einem natürlichen Stpfl. zu ermitteln. Dazu kommt, dass ein solches Auskunftsersuchen nicht unerhebliche Zeit- Personal- und Finanzressourcen in Anspruch nimmt also für die Bank ökonomisch nicht sinnvoll ist.

IV) Exkurs in das geltende slowakische Steuerrecht[108]

In der Slowakei erfährt das Steuerrecht z. Zt. eine grundsätzliche Wandlung[109], um zum Zeitpunkt des Beitritts in die EU am 01.05.2004 den wettbewerblichen Marktanforderungen gerecht zu werden, Mängel im geltenden Recht zu beheben und das Haushaltsdefizit an die europäischen Vorgaben anzugleichen. Grundsätzlich bildet das **Einkommensteuerrecht[110]** (dan z prijmu) die wichtigste Rechtsquelle für die Ertragsbesteuerung. Darin geregelt ist nicht nur die Besteuerung der natürlichen sondern auch die der juristischen Personen (Pravnickych osob). Die unbeschränkte Steuerpflicht ist wie in Deutschland Voraussetzung für die Anwendung des Einkommensteuerrechtes. Alle natürlichen Personen (Fyzickych osob) sind einkommensteuerpflichtig, die ihren Wohnsitz oder ihren gewöhnlichen Aufenthalt in der Slowakei haben. Andere Personen sind beschränkt steuerpflichtig.

Der gewöhnliche Aufenthalt wird bei einer Aufenthaltsdauer im Inland von mindestens 183 Tagen eines Kalenderjahres vermutet.

Grundlage für die progressive Besteuerung ist das Einkommen, was sich aus der Summe aller Einkünfte der einzelnen Einkunftsarten[111] ergibt. Abzuziehen ist ein Pauschalbetrag (Steuerfreibetrag) i. H. v. SKK 38.760,00 oder die tatsächlich angefallenen und nachgewiesenen notwendigen Ausgaben zum Erwerb, zur Sicherung und Erhaltung der Einkünfte. Die Steuersätze bewegen sich in einem Rahmen zwischen 10 % und 38 % des z. v. E.

Der Verlustvortrag ist in der Slowakei nur eingeschränkt durchführbar. Ist ein Verlust in den drei vorangegangenen Steuerzeiträumen entstanden, darf dieser in den folgenden fünf Steuerzeiträumen gleichmäßig (je 1/5) mit dem z. v. E. verrechnet werden. Voraussetzung für den Verlustvortrag ist jedoch, dass dieser wieder reinvestiert wird. Ferner muss die Bemessungsgrundlage vom dritten

---

108 Übersichtlich auch Coface Intercredit Holding, Slowakei – Leitfaden für Investoren und Exporteure, S. 9 ff.

109 Kettler, Steuerreform Slowakei 2004 bis 2006, S. 1 ff.

110 Vgl. Knaus/Wakouning, Steuer- und Gesellschaftsrecht der EU-Beitrittskandidaten, S. 221 ff.

111 Folgende Einkunftsarten werden unterschieden: (1) Einkünfte aus abhängiger Tätigkeit, (2) Einkünfte aus unternehmerischer oder anderer selbständig ausgeübter Tätigkeit, (3) Einkünfte aus Kapitalvermögen, (4) Einkünfte aus Vermietung, (5) Sonstige Einkünfte.

Jahr an des folgenden Steuerzeitraumes mehr als 150.000,00 SKK für das jeweilige Jahr betragen.

Ein Verlustausgleich zwischen den verschiedenen Einkunftsarten (vertikaler Verlustausgleich) ist für natürliche Personen nicht vorgesehen.

Für die Zukunft[112] ist vorgesehen, einen einheitlichen Steuertarif (rovna´ dan) für natürliche Personen einzuführen, dieser soll dann 19 % des z. v. E. betragen. Dies rührt daher, dass die Bevölkerung das Steuersystem als ungerecht einstuft und immer mehr versucht, mittels Missbrauchsgestaltungen die Besteuerung zu umgehen. Das Leistungsfähigkeitsprinzip soll damit abgeschafft werden. Ferner ist vorgesehen, dass eine Doppelbesteuerung von Einkünften abgeschafft wird, um wirtschaftliche Entscheidungen oder Rechtsformwahlen nicht abhängig vom Steuersystem zu gestalten. Erreicht werden soll dies durch die einmalige Besteuerung bei der Entstehung der Einkünfte. Im Hinblick auf die europäische Harmonisierung soll auch versucht werden, einfache und eindeutige Steuervorschriften zu schaffen um so die hohen Kosten und die komplizierten Steuerverfahren zu vermeiden. Im Übrigen wird damit auch versucht, die Steuerumgehung einzudämmen.

Ein eigenes Körperschaftssteuerrecht existiert in der Slowakei nicht.

Die **Körperschaftssteuer** bezieht sich auf das gesamte Einkommen, d. h. eine Unterscheidung in unterschiedliche Einkunftsarten erfolgt nicht. In die Berechnung fließen auch die Einkommen aus dem Ausland[113] zusammen. In der Slowakei herrschen fixe Steuersätze vor und betragen bei juristischen Personen 25 % und bei Einkünften aus landwirtschaftlicher Produktion 15 % des Einkommens. Für die Rechtsform der AG (a.s.) und GmbH (Spolocnost s rucenim obmedzenym (s.r.o.)) erfolgt eine Vorauszahlung[114] für das folgende

---

[112] Interessant ist auch der Wegfall der Kfz-Steuer für Pkw sowie der Wegfall der Erbschafts- und Schenkungssteuer.

[113] Vgl. die DBA der Slowakei mit z. Zt. folgenden Staaten: Deutschland, Belgien, Niederlande, Frankreich, Großbritannien, Spanien, Italien, Griechenland, Dänemark, Norwegen, Schweden, Finnland, Polen, Ungarn, Luxemburg, Portugal, Bulgarien, Rumänien, Österreich, Tschechien, USA, Japan, Indien, Nigeria, China, Kanada, Brasilien.

[114] Ähnlich der Mindestkörperschaftssteuer in Österreich – vgl. dazu Takacs., a. a. O., S. 429 m. w. N.

Steuerjahr in Höhe von 24.000,00 SKK, die jedoch mit der tatsächlich fälligen zukünftigen Körperschaftssteuer des Veranlagungszeitraumes verrechnet wird. Ist ein Abzug mangels Bemessungsgrundlage nicht möglich, ist die Vorauszahlung als fällige Steuer zu behandeln. Eine Ausnahme bildet die OHG (Verejna´ obchodna´ spolocnost (v.o.s.)) im slowakischen Steuerrecht. Die OHG wird nicht nach dem Einkommensteuerrecht besteuert. Statt dessen wird der Gewinn der Gesellschaft auf alle Gesellschafter verteilt. Die Verteilung richtet sich dabei nach dem Gesellschaftsvertrag. Danach ist das verteilte Einkommen den Gesellschafter direkt zuzuordnen, sodass diese den Gewinn nach ihren Einkommensteuersätzen zu versteuern haben.

In der Kommanditgesellschaft herrschen ähnliche Verhältnisse. Die Komplementäre (voll haftende Gesellschafter) werden wie Gesellschafter eine OHG (v.o.s.) behandelt. Diese müssen also den aufgeteilten Gewinn mit ihren persönlichen Steuersätzen versteuern. Die Kommanditisten (beschränkt haftende Gesellschafter) erhalten ihren Gewinn nach Abzug der Gewinnmargen der Komplementäre. Den verbleibenden Teil wird als Dividende an die Kommanditisten ausgeschüttet und unterliegt einer Quellbesteuerung und Endbesteuerung i. H. v. 15 %.

Die **Umsatzsteuer** (dan z pridanej hodnoty) besteuert alle entgeltlichen und unentgeltlichen Leistungen im Inland. Darunter fallen auch Personenbeförderungen und Warenimporte. Besteuert werden die Leistungen mit einem ermäßigten oder einem Normalsteuersatz. Der ermäßigte Steuersatz i. H. v. 10 % gilt für den Handel mit Pharmaziegütern, Bauten, Grundnahrungsmittelumsätzen, Vermietung von Immobilien sowie die Übertragung und Ausnutzung von Rechten. Der Normalsteuersatz i. H. v. 23 % findet Anwendung alle anderen Warenumsätze und Dienstleistungen.

V) Voraussetzung des § 23 I Satz 1 Nr. 2 EStG

Gem. § 23 I Satz 1 Nr. 2 EStG werden private Veräußerungsgeschäfte bei anderen Wirtschaftsgütern, insbesondere bei Wertpapieren der Besteuerung unterworfen, wenn der Zeitraum zwischen Anschaffung und Veräußerung weiniger als ein Jahr beträgt.

Beispiel:

(1)

Aktiengesellschaft		Minderheitsaktionär		Finanzamt	
Gewinn:	1000 €	Ertrag	750 €	ZVE	375 €
./. KSt	250 €	HEV	375 €	./. pSS	20%
Ausschüttung	750 €	ZVE	375 €	SB	75 €

Ergebnis: Wegen des Freibetrags von 512 € erfolgt - bei einem fiktiven persönlichen Steuersatz von 20 % - keine Steuerbelastung.

(2)

Aktiengesellschaft		Minderheitsaktionär		Finanzamt	
Gewinn:	10000 €	Ertrag	7500 €	ZVE	3750 €
./. KSt	2500 €	HEV	3750 €	./. pSS	20 %
Ausschüttung	7500 €	ZVE	3750 €	SB	750 €

Ergebnis: Wegen der Überschreitung des Freibetrags von 512 € erfolgt bei einem fiktiven persönlichen Steuersatz von 20 % eine Steuerbelastung i. H. v. 750 €. Werbungskosten wurden nicht berücksichtigt.

(3)

Mehrheitsaktionär		Minderheitsaktionär		Finanzamt	
Barabfindung	10000 €	Ertrag	10000 €	ZVE	5000 €
		HEV	5000 €	./. pSS	20 %
		ZVE	5000 €	SB	1000 €

Ergebnis: Wegen der Überschreitung des Freibetrags von 512 € erfolgt bei einem fiktiven persönlichen Steuersatz von 20 % eine Steuerbelastung i. H. v. 750 €. Werbungskosten wurden nicht berücksichtigt.

1) Persönliche Steuerpflicht

Für die einem Squeeze-out folgende Besteuerung der Barabfindung ist Voraussetzung, dass der Minderheitsaktionär unbeschränkt steuerpflichtig[115] ist. Eine Privatperson ist dann unbeschränkt steuerpflichtig, wenn gem. § 1 Abs. 1 EStG die natürliche Person – unabhängig von ihrer Staatsangehörigkeit – im Inland einen Wohnsitz oder ihren gewöhnlichen Aufenthalt hat. Inland ist dabei der Geltungsbereich des EStG, also auch der Deutschland zustehende Festlandsockel, im Schiffsregister eingetragene Kauffahrteischiffe und Seeschiffe deutscher Flagge auf hoher See. Einschränkungen hinsichtlich der unbeschränkten Einkommensteuerpflicht bestehen lediglich dann, wenn Doppelbesteuerungsabkommen mit anderen Staaten vorliegen.[116] Im Einzelfall wäre also zunächst zu prüfen, wo sich der Wohnsitz des jeweiligen Minderheitsaktionärs befindet oder dieser seinen gewöhnlichen Aufenthalt hat. Zwischen dem Erwerber und dem Veräußerer von Wertpapieren muss grundsätzlich Personenidentität bestehen.

2) Wertpapiere i. S. d. § 23 I S. 1 Nr. 2 EStG (§ 2 I Nr. 1 f. WpHG analog)

Eine weitere Voraussetzung für die Besteuerung von privaten Veräußerungsgeschäften ist das Vorliegen von Wertpapieren. Wertpapiere sind Urkunden, deren Innehabung Voraussetzung für die Geltendmachung des in ihr verbrieften Rechts ist.[117] Dazu gehören gem. § 2 I Nr. 1 f. WpHG analog Aktien, Gratisaktien, Bezugsrechte, Floaterpapiere, Wandelanleihen Optionsrechte (stock options) und andere Wertpapiere, die mit Aktien oder Schuldverschreibungen vergleichbar sind, wenn sie auf einem Markt gehandelt werden können. Wertpapiere sind auch Anteilsscheine, die von einer

---

[115] Vgl. Plückebaum u. a., Einkommensteuer, S 36 ff.

[116] Vgl. Vogel, DBA, Einl. Rn. 137 ff.

[117] Köbler, Etymologisches Rechtswörterbuch, S. 465.

Kapitalanlagegesellschaft ... ausgegeben werden. Bei einem Übertragungsbeschluss im Rahmen eines Squeeze-out handelt es sich i. d. R. um Aktien, die dem Finanzamt wertmäßig zur Besteuerung vorgelegt werden.

3) Anschaffung

Ferner muss das Tatbestandsmerkmal der „Anschaffung" des Wertpapiers gegeben sein. Anschaffung ist der entgeltliche Erwerb eines Wirtschaftsgutes, also eines Wertpapiers, von einem Dritten, d. h. das Wertpapier muss zwingend das Vermögen des Dritten verlassen und dem Vermögen des Begünstigten zufließen. Gemäß der st. Rspr. muss die Anschaffungshandlung wesentlich vom Willen des Stpfl. abhängen, d. h. ein Erwerb kraft Gesetzes oder aufgrund eines Hoheitsaktes, der unentgeltliche Erwerbs (Schenkung, Erbfall etc.) oder der Wertpapierumtausch stellen keine Anschaffung i. S. d. § 23 I S. 1 Nr. 2 EStG dar.[118] Der Anschaffungsbegriff ist daher grundsätzlich wirtschaftlich auszulegen. Im Steuerrecht ist die Anschaffung dadurch gekennzeichnet, dass rechtliches oder wirtschaftliches Eigentum übertragen wird. Die Anschaffung muss also nicht zwingend auf einem schuldrechtlichen Verpflichtungsgeschäft berufen, sondern kann sich aus der der Wirkung des obligatorischen Rechtsgeschäfts gleichstehenden Rechtshandlung herleiten. Es kommt also nicht auf die Depoteinbuchung an. Die Anschaffung per se stellt i. d. R. kein Problem dar. Minderheitsaktionäre werden ihre Aktien meist direkt an der Börse oder über ihre depotführende Bank erworben haben. Hinsichtlich einzelner schwieriger Auslegungsfragen ist die st. Rspr. zu beachten, die hier keine vollumfängliche Darstellung in Anspruch nehmen kann.

Gesellschaftsrechtliche Vorgänge werden vom Begriff der Anschaffung nicht ausgenommen.

[118] Anders so beim gewinnrealisierenden Tauschgeschäft, z. B. Fehlschlag einer Realteilung.

4) Veräußerung

Problematisch ist der Begriff der Veräußerung i. S. d. § 23 I 1 Nr. 2 EStG. Nach h. M. ist Veräußerung der Übergang eines Wirtschaftsgutes (hier eines Wertpapiers) aufgrund einer Veräußerungshandlung gegen Entgeltzahlung, das dem Vermögen des Stpfl. entstammt, in das Vermögen eines Dritten. Nach h. M. ist der zivilrechtliche Begriff der Veräußerung vorliegend nicht anwendbar.[119]

[Exkurs:]

Veräußerung ist die Verfügung durch Übertragung eines Rechts.[120]

Zivilrechtlich ist der Begriff der Verfügung scharf vom verpflichtenden Vertrag abzutrennen (Abstraktionsprinzip). Verfügung ist demnach ein dingliches Rechtsgeschäft, das unmittelbar darauf gerichtet ist, auf ein bestehendes Recht einzuwirken, es zu verändern, zu übertragen oder aufzuheben. Im Sinne der Rechtssicherheit gilt dabei ein numerus clausus.

Anders als beim verpflichtenden Schuldverhältnis wird bei der Verfügung der Bestand eines Rechts unmittelbar beeinflusst. Die Verfügung erfolgt durch Willenserklärung; es gelten demnach die allgemeinen Vorschriften des BGB. Verfügungsbefugnis und Geschäftsfähigkeit sind elementare Voraussetzung für eine Verfügung.

Die Eigentumsaufgabe, die Abtretung einer Forderung o. ä. stellen eine Verfügung im zivilrechtlichen Sinne dar. Sie führt den mit dem Schuldverhältnis bezweckten Erfolg erst herbei. Bei Wertpapieren definiert sich die Übereignung durch die Übertragung des Eigentums am Papier und dem Übergang des darin verkörperten Rechts (Eigentumsrecht und Mitgliedschaftsrechte beim Aktienhandel).[121]

[Exkurs Ende]

---

[119] Waclawik, DStR 2003, 447, 449.

[120] Dazu ausführlich Lenenbach, Kapitalmarkt- und Börsenrecht, S. 230 ff.

[121] Vgl. Claussen, a. a. O., S. 336 ff.

Die Veräußerung ist also spiegelbildlich zur Anschaffung des Wertpapiers zu sehen. Dazu reicht es nach h. M. aus, dass eine Situation geschaffen wird, die wirtschaftlich einer Veräußerung gleichsteht. Hier ist auch der Tausch einzubeziehen, der nicht als Erwerb anzusehen war.

Bei der Veräußerung im steuerrechtlichen Sinne ist grundsätzlich die schuldrechtliche Vereinbarung maßgeblich und nicht das dingliche Rechtsgeschäft. Betrachtet werden muss also immer der Kaufvertragsabschluss oder die Verpflichtung zur Forderungsabtretung. Die Formvorschriften sind zu beachten. Kommt ein Geschäft nicht zustande weil es nicht beurkundet wurde, liegt auch keine Veräußerung vor.

5) Identität zwischen angeschafftem und veräußertem Wertpapier

Notwendigerweise ist auch Voraussetzung, dass das angeschaffte Wertpapier und das veräußerte Wertpapier identisch sind. Erforderlich ist dabei die wirtschaftliche Identität (Nämlichkeit), die jedoch keine absolute Identität voraussetzt. Ausreichend soll es sein, wenn die Wertpapiere nach der Verkehrsauffassung gleichwertig, gleichartig und funktionsgleich sind. Dies wurde bereits bejaht für den Fall des Umtausches von Wertpapieren mit variablem Zins[122] in festverzinsliche Schuldverschreibungen[123].[124] Im Sammeldepot besteht wirtschaftliche Identität, soweit die Art und die Stückzahl der angeschafften und veräußerten Wertpapiere identisch sind. Daraus kann eine bedingte Vermutung abgeleitet werden, dass, werden Wertpapiere veräußert, es sich um Papiere außerhalb der einjährigen „Spekulationsfrist"[125] handelt. Dieses Vermutung kann nur widerlegt werden aufgrund tatsächlicher gegenteiliger Anhaltspunkte oder wenn die verkauften Wertpapiere die Anzahl der Wertpapiere übersteigt, die außerhalb der „Spekulationsfrist" erworben wurden.

---

[122] Sog. Floating-Rate-Notes.

[123] Sog. Bonds.

[124] Vgl. BFH BStBl. II 1989, S. 652.

[125] Gebräuchliche technische Ausdrucksform für die Haltefrist von Wertpapieren im Rahmen des § 23 I Satz 1 Nr. 2 EStG.

6) Abgrenzung zu § 17 EStG

Die Norm des § 23 I S. 1 Nr. 2 EStG ist von der des § 17 Abs. I S. 1 EStG hinsichtlich Voraussetzungen und Rechtsfolgen abzugrenzen.

Der Unterschied des § 17 I 1 EStG zu § 23 i 1 Nr. 2 EStG besteht in der Hauptsache in den Voraussetzungen der Norm. Denn § 17 betrifft die Zuordnung des Ertrages von Kapitalgesellschaftsbeteiligungen zu den gewerblichen Einkünften, während § 23 von privaten Veräußerungsgeschäften spricht. Für § 17 ist Voraussetzung, dass, wie bei § 23, eine Veräußerung von Anteilen vorliegt. Veräußerung wird hier als die Übertragung von wirtschaftlichem Eigentum an den Anteilen einer Kapitalgesellschaft von einer Person auf einen Dritten angesehen. Insoweit deckt sich der Begriff der Veräußerung nicht mit dem des § 23 EStG.

Ferner ist Voraussetzung, dass die Veräußerung Anteile an einer Kapitalgesellschaft betrifft, die sich im Privatvermögen eines Gesellschafters befindet. § 23 EStG stellt auf keine Gesellschaftertätigkeit in diesem Maße ab.

Die Norm des § 17 EStG fordert zudem, dass eine Beteiligung von mindestens einem Prozent an der Gesellschaft dem Gesellschafter zukommen muss. Anders normiert § 23 EStG die Beteiligung, indem nicht auf die Höhe sondern vielmehr auf die Veräußerung der Anteile per se abgestellt wird.

Auch die Rechtsfolge der beiden Normen kann unterschiedlicher nicht sein. Während § 17 als Rechtsfolge eine Steuerpflicht als Einkünfte aus Gewerbebetrieb statuiert, regelt § 23 eine Steuerpflicht im Rahmen der sonstigen Einkünfte einer natürlichen Person. Beiden Normen ist jedoch gemein, dass sie den Grundsatz der Unversteuerung des Privatvermögens durchbrechen. Während § 17 zum Privatvermögen gehörige Anteile an einer Kapitalgesellschaft zur Besteuerung gelangen lässt, normiert § 23 die Besteuerung von Spekulationsgeschäften mit Wirtschaftsgütern (Wertpapieren) des Privatvermögens.

Liegen die Voraussetzungen des § 23 I S. 1 Nr. 2 EStG vor, ist dies Norm spezieller. Insoweit muss § 17 EStG gem. § 23 II S. 2 EStG zurücktreten

Die Absicht, positive Einkünfte zu erzielen, ist ein weiteres Kriterium für den § 17. Der Veräußerer muss nämlich seine Anteile an der Kapitalgesellschaft zu ausschließlich diesem Zweck angeschafft haben. In der Besteuerungspraxis wird generell davon ausgegangen. Es obliegt also dem Stpfl., eine andere Betrachtungsweise darzulegen und zu beweisen.

Der Begriff „Anteil" ist in § 17 abschließend geregelt und umfasst außer Aktien, GmbH-Anteilen, Genussscheinen auch denen ähnliche Beteiligungen und Anwartschaften auf entsprechende Beteiligungen.

Die Beteiligung an der Kapitalgesellschaft muss mit einem Prozent innerhalb der letzten fünf Jahre bestanden haben. Abzustellen ist dabei auf den Veräußerungszeitpunkt. Offen gelassen und deshalb umstritten ist der Veräußerungszeitpunkt. Während § 23 den Abschluss des schuldrechtlichen Geschäfts (Kaufvertrag o. ä.) definiert, bestimmt sich der Zeitpunkt des § 17 nach einer Ansicht auf den Abschluss des schuldrechtlichen Verpflichtungsgeschäfts. Insoweit besteht hier eine Parallele zu § 23. Einer anderen Ansicht nach bestimmt sich der Zeitpunkt nach dem Zeitpunkt der Eigentumsübertragung. Nach dem Wortlaut des § 17 I S. 4 EStG muss jedoch auf den Abschluss des schuldrechtlichen Verpflichtungsgeschäfts abzustellen sein. Insoweit ist der § 17 eindeutig und eine Differenzierung zu § 23 nicht ersichtlich.

Die Steuerbemessungsgrundlage ergibt sich auch hier aus der Differenz zwischen Anschaffungskosten und Veräußerungskosten und Veräußerungspreis. Das Halbeinkünfteverfahren findet wie in § 23 Anwendung.[126]

Ob § 17 oder § 23 Anwendung findet richtet sich elementar nach den Tatbestandsvoraussetzungen. Hinsichtlich von Grenzfällen und der Spezialität des § 23 EStG wird auf die Einzelfallbetrachtung verwiesen.

---

[126] Dazu Ernst, Die Besteuerung der Veräußerungsgewinne von Anteilen an Kapitalgesellschaften im Privatvermögen und ihre Rechtfertigung, S. 12 ff.

7) Zwangserwerb

Nach h. M. sollen die Beweggründe für die Anschaffung oder die Veräußerung von Wertpapieren irrelevant sein.[127] Jedoch zeigt vereinzelte Rspr., dass beim Erwerb die Willensbetätigung des Erwerbers nicht vollkommen unbedeutend ist. Abgestellt wird in diesem Zusammenhang auf Enteignungen oder ähnliche Zwangsmaßnahmen die hoheitlich begründet sind. Darin muss anstelle des Wertpapiers ein Ersatz erworben werden. Zu beachten ist in diesem Zusammenhang auch, dass immer wieder gefordert wird, ein zeitlicher und sachlicher Zusammenhang müsse zwischen dem Ersatz und dem Wertpapier vorliegen. Dem kann nicht gefolgt werden. Denn der objektive Zusammenhang wirkt sich nicht auf das Willenselement des Erwerbenden aus. Gefordert wird auch, dass zwischen beiden Wirtschaftsgütern Art-, Wert- und Funktionsähnlichkeit besteht. Auch hier muss entgegengehalten werden, dass die Rspr. die Voraussetzungen für den Zwangserwerb zu eng setzt. Denn durch den Zwang Dritter wird der Erwerber in eine wirtschaftlich schwächere Position gedrängt, die zudem auch noch die Nachteile der Besteuerung nach sich zieht. Es liegt zudem nicht in der Disposition des Erwerbers, die Voraussetzungen des Zwangserwerbs zu setzen. Diesem kommt daher eine ungerechtfertigte Benachteiligung zu, die den Grundsatz des wirtschaftlichen „fair trial" untergräbt.

Die Rspr. bezeichnet einen Erwerbs auch dann als Zwangserwerb, wenn der Erwerber das Wertpapier unter Androhung der Enteignung veräußert. Einige in der Literatur[128] sich dagegen aussprechende Stimmen müssen hier unbeachtet bleiben. Es ist nicht ersichtlich, warum eine Differenzierung erfolgen soll zwischen einer Enteignung oder einem Rechtsgeschäft unter der Androhung einer Enteignung. Ausgegangen werden muss dabei vom Ergebnis, gleichgültig ob die Voraussetzungen bereits vollzogen wurden oder noch unmittelbar bevorstehen.

---

[127] Anders Christoffel in: Lippross, § 23 Rn. 101.

[128] Vgl. Littmann u. a., § 23 EStG Rn. 92 m. w. N.

Vorstehend wurde dargestellt, dass es sich beim Squeeze-out um eine Enteignung i. S. d. Art. 14 I, III GG handelt. Dann muss folgerichtig die durch den Übertragungsbeschluss erfolgte Barabfindung auch ein Surrogat der Wertpapiere darstellen. Diese dürften i. d. R. wertgleich sein. Der zeitliche und sachliche Zusammenhang zwischen Übertragung der Aktien / stock options und der Barabfindung ist i. d. R. gegeben. Das Surrogat ist auch art- und funktionsähnlich. Zwar ist Geld grundsätzlich ein anderes Wirtschaftsgut als ein Wertpapier und hat keine Rechte als verbrieften Inhalt inne. Jedoch ist Geld ein Finanzmarktinstrument, mit dem die Kapitalanlegerinteresse gewahrt bleiben und Rechte erworben werden können. Daher ist der Surrogatscharakter zu bejahen und ein Zwangserwerb gegeben.

8) Optionsrechte

Bei stock options bestimmt sich die Anwendung des § 23 EStG differenzierter. Stock options definieren sich dadurch, dass der Inhaber jederzeit berechtigt ist, Wertpapiere innerhalb einer Frist zu einem festgelegten Preis in bestimmter Menge zu erwerben.[129] Der § 23 I S. 1 Nr. 2 EStG findet dann einen Anwendungsbereich, wenn die Optionsrechte realisiert werden und die damit erworbenen Wertpapiere innerhalb der „Spekulationsfrist" veräußert werden. Der Lauf der Spekulationsfrist kann erst mit der Ausübung der Option zu laufen beginnen, denn das Optionsrecht und das damit erworbene Wertpapier sind unterschiedliche Wirtschaftsgüter.

9) Zwangsveräußerung

Die Zwangsveräußerung unterliegt der gleichen Problematik wie der Zwangserwerb. Problematisch ist auch hier wieder die Einbeziehung der Spekulationsabsicht. Dessen ungeachtet wird von der Rspr. eine Zwangsveräußerung als nicht tatbestandsgemäß erachtet, wenn die Anschaffung

---

[129] Vgl. Aatz, BB 1974, 879; Groß, Kapitalmarktrecht, Vor §§ 50-70 BörsG Rn 11 f.

des Ersatzes (Surrogat) nicht zu einer Gewinnrealisierung führt.[130] Dieser Ansicht ist beschränkt beizupflichten. Denn unklar ist, warum die Zwangsveräußerung ohne Gewinn der Zwangsveräußerung mit Gewinn nicht gleichgestellt wird. Es muss daher unterschieden werden, ob offensichtlich eine Veräußerung spekulativer Art vorliegt oder ob sich die Zwangssituation fortdauernd auf den Wert des Surrogats auswirkt und Gewinnmitnahmen nur zufällig sind. Nicht durchdringen kann die Meinung, beim Squeeze-out handle es sich um eine normale besteuerungsfähige Veräußerung. Denn dabei ist die Zwangssituation offensichtlich. Dann ist es auch inkonsequent, den § 23 I S. 1 Nr. 2 EStG nicht zu differenzieren und die Rechtsanwendung dieser Norm beim Squeeze-out generell auszuschließen. Offensichtlich wird eine ungleiche Rechtsanwendung statuiert, die ergebnisorientiert funktioniert. Es kommt bei einer Zwangsveräußerung nämlich nicht auf die objektive Betrachtungsweise sondern auf die subjektive Willensrichtung des Veräußernden an.[131] [132]

10) „Spekulationsfrist“

Obwohl mittlerweile der Begriff aus dem § 23 I S. 1 Nr. 2 EStG ausgeschieden ist, wird im Folgenden noch die Haltefrist als „Spekulationsfrist“ genannt.

Für Wertpapiere gilt eine Frist von einem Jahr, um nicht in den Besteuerungstatbestand zu geraten. Der Zeitraum berechnet sich aus der Differenz zwischen Anschaffung und Veräußerung plus mindestens einem Tag. Die Anschaffung stellt hierbei den Fristbeginn dar. Abzustellen ist auf den Ablauf des Tages, an dem der schuldrechtliche Vertrag geschlossen wurde. Beim Squeeze-out ist abzustellen auf den Tag des Erwerbs der Aktien am Markt, also der jeweils individuelle Zeitpunkt eines jeden Minderheitsaktionärs. Denn jeder Aktionär hat einen eigenen Zeitpunkt der Wertpapierbeschaffung gewählt, sodass auch der Fristbeginn ein individueller sein muss. Hier verbietet sich de natura bereits eine einheitliche Feststellung.

---

[130] Anders grundsätzlich Jacobs-Soyka in: Littmann u. a., Das Einkommensteuerrecht, § 23 Rn. 105.

[131] Anders die h. M.

[132] So auch Schumacher, DB 2002, 1626, 1628.

Die Veräußerung stellt das Fristende der Spekulationsfrist dar. Auch hier ist wieder der Tag des Vertragsschlusses maßgeblich, also der Tag, an dem das Wertpapier weiterveräußert wird. Beim Squeeze-out wäre demzufolge Fristbeginn die Fassung und Bekanntgabe des Übertragungsbeschlusses nicht jedoch die konstitutive Registereintragung. Denn maßgeblich ist die Willenserklärung der Hauptversammlung und nicht die vom Gesetz vorgeschriebene Eintragung. Im Übrigen muss der wirtschaftliche Gehalt des Veräußerungsbegriffes berücksichtigt werden, d. h. der Zeitpunkt der Veräußerung muss bereits dann vorliegen, wenn Verhältnisse geschaffen wurden, die dem Rechtsgeschäft gleichstehen oder das Geschäft vorwegnehmen.

Bei unentgeltlicher Beschaffung kommt es für die Spekulationsfrist darauf an, wann der Rechtsvorgänger das Wertpapier angeschafft hat. Im Übrigen finden die Fristberechnungen der §§ 187 ff. BGB Anwendung.

Bei Sammelverwahrungen erschließt sich das Problem, welche Aktien desselben Unternehmens veräußert wurden. Denn wenn innerhalb der Spekulationsfrist wiederholt Aktien gleicher Unternehmen veräußert und angeschafft werden, kann keine Differenzierung hinsichtlich der Fristenberechnung mehr erfolgen. Daher dürfen nur solche Vorgänge steuerlich erfasst werden, bei denen sich eindeutig ergibt, ob nach Art und Stückzahl ausgeschlossen werden kann, dass ein Erwerb der veräußerten Wertpapiere außerhalb der Spekulationsfrist stattgefunden hat.

Die zweite Variante böte die Möglichkeit, dem Stpfl. die Möglichkeit zu geben, selbst festzulegen, welche Wertpapiere er als veräußert betrachten möchte (sog. echtes Wahlrecht). Dann aber besteht die Befürchtung aus Sicht der Finanzverwaltung, dass bei exakter Berechnung und Spekulation immer die ältesten Aktien / Wertpapiere als veräußert angesehen werden, um den Tatbestand des § 23 I S. 1 Nr. 2 EStG nicht zu erfüllen.

Eine nächste Methode wäre die last-in-first-out-Methode, die besagt, dass das veräußerte Wertpapier immer mit dem zuletzt angeschafften Wertpapier identisch ist. Nach dieser Staffelrechnung kann diese Methode für eine Vielzahl von Wertpapieren gelten. Auch dieses Verfahren ist i. E. abzulehnen. Denn dabei erfolgt die Berechnung stets zu Lasten des Stpfl. Dieser muss sich – entgegen aller Wahrscheinlichkeitsregeln – so behandeln lassen, als ob er das letzt angeschaffte Wertpapier als erstes wieder veräußert hat. Bei Börsengeschäften dürfte dies außer jeglicher Realität liegen.

Die dritte Möglichkeit wäre die Berechnung nach der first-in-first-out-Methode. Dabei würde unterstellt, dass das ersterworbene Wertpapier auch zuerst wieder veräußert wird. Auch hier steht die eigentümliche Funktionsweise des Kapitalmarktes der funktionsgerechten Handhabung dieses Instituts entgegen, denn eine starre Reihenfolge hinsichtlich Anschaffung und Veräußerung verbietet sich von selbst. Daher ist der erstgenannten Möglichkeit der Vorrang zu geben. Die Anschaffungskosten sind dabei nach Durchschnittswerten zu ermitteln.

Bei Verschmelzung oder Aufspaltung einer AG oder KGaA liegt nach h. Rspr. zwar ein Veräußerungsgeschäft vor; jedoch kommt ein stpfl. Veräußerungsgewinn nicht zustande, da die Aktien mit ihren Anschaffungskosten als veräußert gelten. Ein anderes muss beim Squeeze-out gelten. Zum einen kann nicht auf das schuldrechtliche Geschäft abgestellt werden. Denn beim Squeeze-out handelt es sich um eine versteckte Enteignung. Diese statuiert gerade keinen Veräußerungswillen, im Übrigen ist daher das Squeeze-out-Verfahren rechtswidrig. Somit liegt kein Veräußerungsgeschäft vor.

11) Rechtsfolge

In der Rechtsfolge werden die vorstehend ermittelten Gewinne mit einem persönlichen Steuersatz versteuert. Der Gewinn besteht dabei in der Differenz zwischen Kaufpreis und Veräußerungserlös. Davon abzuziehen sind die Werbungskosten (§ 9 I S. 1 EStG), die bei der Erzielung, Sicherung oder Erhaltung der Einnahmen entstanden sind, in tatsächlicher Höhe. Die Werbungskosten dürfen jedoch nicht zu den Anschaffungskosten zählen. Nachweispflichtig und darlegungsbelastet hinsichtlich der Werbungskosten ist der Steuerpflichtige. Der Höhe nach sind als Werbungskosten nur zu beachten diejenigen Kosten, die vom Veräußerer getragen wurden und die durch die Veräußerung veranlasst wurden.[133] Aber auch die Schuldzinsen werden als Werbungskosten betrachtet, wenn diese bei fremdfinanzierten Anschaffungen von Wertpapieren zur Entstehung gelangt sind. Die Werbungskosten müssen generell abzugsfähig sein, d. h. sie dürfen u. a. nicht bei anderen Einkunftsarten abzuziehen sein. Folgerichtig muss hier davon auszugehen sein, dass auch die Kosten abzugsfähig sind, die im Hinblick auf die Wertpapiere in Spekulationsabsicht getätigt wurden. Wurde nämlich die Spekulationsabsicht bereits im Anschaffungstatbestand vorausgesetzt, müssen die Aufwendungen für diesen Posten auch als Werbungskosten abzugsfähig sein. Kosten die der privaten Lebensführung zuzuordnen sind, sind von den Werbungskosten abzuspalten. Hinsichtlich der Werbungskosten muss ein zeitlicher und wirtschaftlicher Zusammenhang mit den Gewinnen bestehen. Der Werbungskostenabzug ist nach dem Abflussprinzip bezüglich des Zeitpunktes der Geltendmachung zu bestimmen. Denn der Gewinn des § 23 I S. 1 Nr. 2 EStG bestimmt sich nach dem Zuflussgrundsatz des § 11 EStG, d. h. die Ermittlung des geltenden Kalenderjahres bestimmt sich nach dem Zufluss des Gewinns. Dann müssen die Werbungskosten zum Zeitpunkt des Abfluss e contrario Berücksichtigung finden.

Der versteuerbare Betrag ergibt sich unter Anwendung des Halbeinkünfteverfahrens. Danach wird vom Gewinn lediglich die Hälfte (50 %) des Betrages berücksichtigt. Dies spiegelt sich jedoch auch in den Werbungskosten wider. Denn diese können folgerichtig auch lediglich zu 50 % geltend gemacht werden. Ferner ist die Freigrenze des § 23 III S. 6 EStG zu beachten. Danach bleibt der Gewinn unter 512 € steuerbefreit. Übersteigt der Gewinn diese Freigrenze, wird jeder Euro der Steuer unterworfen.[134] Bei Zusammenveranlagung der Ehegatten steht jedem diese Freigrenze zu. Somit

---

[133] So z. B. Reisekosten, Makler-Courtage, Provisionen u.a.

[134] Hier handelt es sich um einen unter Laien häufig vorkommenden Irrtum, der § 23 III S. 6 EStG sei als Freibetrag zu verstehen und alle über diesen Betrag liegenden Beträge seien dann mit dem persönlichen Steuersatz zu versteuern.

verdoppelt sich der Betrag quasi und vervierfacht sich unter Berücksichtigung des Halbeinkünfteverfahrens.

Der beschränkte Verlustausgleich findet seine Anwendung in § 23 III S. 8 EStG. Danach dürfen Verluste aus Spekulationsgeschäften[135] nur mit Gewinnen aus Spekulationsgeschäften verrechnet werden. Spekulationsverluste des einen Ehegatten dürfen mit Spekulationsgewinnen des anderen Ehegatten nicht ausgeglichen werden, da die Einkünfte der jeweiligen Ehegatten getrennt zu beurteilen sind.

Gem. § 23 III S. 9 EStG findet der Verlustvortrag und der Verlustrücktrag auch im Spekulationsgeschäft seine Anwendung. Danach dürfen Verluste aus Spekulationsgeschäften mit Gewinnen aus Spekulationsgeschäften des letzten vorangehenden Besteuerungszeitraums sowie unbeschränkt mit in der Zukunft anfallenden Gewinnen verrechnet werden. Die Verrechnung muss gesetzeslogisch bei der Ermittlung der Einkünfte im Sinne des § 23 EStG erfolgen.[136] Ferner muss nach h. M. die Freigrenze des § 23 III S. 6 EStG bereits im VZ des Verlustvortragsjahres beachtet werden, wenn durch den Verlustvortrag erst und gerade dadurch die Freigrenze unterschritten wird. Gleiches gilt im Falle des Verlustrücktrages.[137]

VI) Empirische Erwägungen

Die Anzahl der Steuerhinterziehungsverfahren, der Geldtransfers in die Schweiz oder nach Luxemburg[138] zeigt die Brisanz des Themas. Mit der Einführung der Straffreiheit soll nunmehr versucht werden, unbekannte Spekulationsgewinne unbekannten Ausmaßes gegen Abgeltung einer Pauschalsteuer wieder nach Deutschland zu holen. Den im Ausland investierenden Anlegern kann dazu nicht geraten werden.[139] Denn mit der Abgeltung durch eine Pauschalsteuer setzt sich die Finanzverwaltung bzw. der Gesetzgeber dem Vorwurf der

---

[135] Eigentlich Terminologie der private Veräußerungsgeschäfte!

[136] A.A. Abzug der Verluste beim Gesamtbetrag der Einkünfte (u. a. Herzig, DStR 1999, S. 521).

[137] A.A. Schultze, FR 2002, S. 568.

[138] Puls, a. a. O., S. 9 ff.

[139] Vgl. auch Thomsen, Das Amnestiegesetz aus steuerstrafrechtlicher Sicht, S. 119 f.

Ungleichbehandlung aus (Art. 3 I GG). Ehrliche Steuerzahler mussten teilweise die Gewinne aus Spekulationsgeschäften höher versteuern als diejenigen, die nun lediglich die Abgeltungssteuer zahlen. Bevorzugt werden die, die mit der Unehrlichkeit Geld verdienen. Gleiches wird verschieden behandelt. Denn steuerpflichtig sind zunächst einmal alle diejenigen, die Spekulationsgeschäfte getätigt haben und Gewinne daraus zogen. Damit ist diese Regelung verfassungswidrig. Unklar ist bis heute noch, was im Falle der Feststellung der Rechtswidrigkeit dieser Regelung mit den Rückkehrern passiert. Die Daten derjenigen, die sich nun freiwillig gemeldet haben, sind einmal bei den Finanzbehörden. Ob eine weitergehende Verwertung dieser Daten erfolgt oder ob der Grundsatz „ einmal im Visier der Steufa – immer im Visier der Steufa" gilt, ist unklar. Jedoch ist zunächst anzuraten, den Rechtsprechungsverlauf abzuwarten, solange diese Unsicherheit besteht. Dies zeigt auch die geringe Zahl der Rückkehrer, gleichwohl mit jedem Jahr Wartezeit sich die Abgeltungssteuer erhöht. Diese ist kein taugliches Steuerinstrument sondern lediglich ein hilfloser Versuch, die verfehlte Finanzpolitik zu restaurieren.

VII) Verfassungsgemäßheit des § 23 I S. 1 Nr. 2 EStG

Grundsätzlich steht es im Ermessen des Gesetzgebers, sich neue Steuerquellen zu erschließen. Dennoch begegnet § 23 I S. 1 Nr. 2 EStG schweren verfassungsrechtlichen Bedenken, die nunmehr für die Veranlagungszeiträume 1997 und 1998 vom BVerfG zwischenzeitlich festgestellt wurden.[140] Insoweit decken sich die Ansichten des Verfassers und die des BVerfG.

1) Art. 3 I GG

Bedenken bestehen im Hinblick auf die Ungleichbehandlung von Steuerpflichtigen. Es ist daher ein Verstoß gegen den Gleichbehandlungsgrundsatz des Art. 3 I GG zu betrachten.

Die Norm des § 23 I S. 1 Nr. 2 EStG – Nachfolgenorm des im BVerfG behandelten § 23 I S. 1 Nr. 1 lit. b EStG a. F. – stellt klar, dass alle im Rahmen

---

[140] BVerfG, Urt. v. 09.03.2004 – 2 BvL 17/02.

eines Spekulationsgeschäfts erzielten Gewinne der Besteuerung unterliegen. Dazu ist Voraussetzung, dass die Gewinne im Rahmen der Spekulationsfrist (früher sechs Monate – heute 12 Monate) realisiert wurden. Dem materiellen Sinngehalt dieser Norm ist verfassungsrechtlich nichts entgegen zu halten. Jedoch hat die Finanzverwaltung bei der Durchführung der Besteuerung für die tatsächlich gleiche Steuerbelastung zu sorgen. Das Steuergesetz des § 23 I S. 1 Nr. 2 EStG benötigt ein normatives Umfeld, um den Steueranspruch auch tatsächlich bei allen Stpfl. durchzusetzen. Es kommt also im Falle eines solchen Massenverfahrens auf den Regelfall des Besteuerungsverfahrens an. Wegen des Schutzes des Bankgeheimnisses[141] und des Steuergeheimnisses (§§ 30 f. AO)[142] erklärten in der Vergangenheit viele Anleger ihre Gewinne nicht der Finanzverwaltung. Ohne die Mitwirkung, also die Deklaration der Stpfl., konnte eine Besteuerung jedoch nicht erfolgen. Es wurden also nur diejenigen Stpfl. erfasst, die ihre Gewinne aus Spekulationsgeschäften ehrlich angaben. Durch die Nichterfassung des restlichen Teils der Stpfl. kommt es zu einer Ungleichbehandlung gleicher Steuersubjekte. Diese Ungleichbehandlung ist mit § 23 I S. 1 Nr. 2 EStG nicht vereinbar.

Bei Überprüfungen von Stpfl. im gesamten Bundesgebiet wurden die Feststellungen getroffen, dass das Erklärungsverhalten der Anleger im höchsten Maße unbefriedigend gewesen ist. Den Angaben der Steuerpflichtigen folgend, haben daher die Finanzämter die Angaben der Stpfl. ohne Nachprüfung übernommen, ohne überhaupt feststellen zu können, ob diese Angaben wahrheitsgemäß erfolgten.

Wegen der unzureichenden Möglichkeiten, spekulatives und ertragsförderndes Verhalten der Anleger nachweisen zu können und die damit erzielten Gewinne steuerlich zu verwerten, fanden seitens der Finanzämter auch keine Kontrollen statt. Dies beruht im Folgenden nicht zwingend auf nachlässigem Verhalten der Finanzbehörden sondern vielmehr auf rechtlichen und tatsächlichen Hemmnissen. Den Finanzbehörden stehen keine ausreichenden Mittel zur Verfügung, um die steuerliche Umsetzung der Veräußerungsgewinne zu

[141] Vgl. Huhmann, a. a. O., S. 192 ff.
[142] Vgl. Klein, AO, § 30 Rn. 1 ff.

erfassen. Den Ausführungen des Bundesrechnungshofes, dem sei nicht zu folgen, da die Angaben der Stpfl. entbehrlich seien, indem sorgfältiger ermittelt werde und eine Abzugssteuer[143] eingeführt werden könne, steht die fehlende Gesetzgebungsbefugnis der Finanzbehörden[144], das Bankgeheimnis und das Steuergeheimnis (§§ 30 f. AO) sowie die Deklarationspflicht der Anleger entgegen. Hinsichtlich einer neuen Abzugssteuer kommt lediglich dem Gesetzgeber für etwa eine Quellensteuer die Gesetzgebungsbefugnis zu. Die Deklarationspflicht der Anleger kann nicht durch eine bessere Ermittlung der Finanzämter begegnet werden. Denn diese haben weder die zeitlichen, noch die personellen oder gar die tatsächlichen Möglichkeiten, genauer oder überhaupt zu ermitteln. Ohne Einsicht in Bankakten kommt eine intensivere Ermittlungsart nicht in Betracht. Im Übrigen muss auf die Kostenintensität verwiesen werden, die mit solchen Kontrollmechanismen einhergeht. Ferner ist zu beachten, dass niemand in das Kontrollfeld der Finanzbehörden rückt, der noch nie Angaben zu Spekulationsgewinnen gemacht hat (Anlage KSO der ESt-Erklärung). Auch Kontrollmeldungen durch die Kreditinstitute können – entgegen der Ansicht des BFH – nicht zur Durchsetzung der Steuernorm beitragen. Denn derartige Durchsetzungsinstrumentarien hinsichtlich einer Außenprüfung erfolgen nur dann, wenn ein hinreichender Verdacht besteht. Dafür ist aber erforderlich, dass Anhaltspunkte für Spekulationsgeschäfte gegeben sind. Somit ist wieder auf die Deklaration derartiger Einkünfte abzustellen, die von dem jeweiligen Stpfl. abhängig ist. Im Übrigen scheitert diese Methode bereits an der allerorts bekannten Weigerung der Kreditinstitute, Daten über die Kunden herauszugeben (vgl. dazu die Kommentierung des § 194 III AO). Dadurch nämlich wird das Bankgeheimnis ausgehöhlt und die Konkurrenzfähigkeit mit Kreditinstituten anderer Länder, etwa der der Schweiz oder Luxemburg, schwer beschädigt. Was sollen auch Anleger bei Deutschen Banken, wenn hier deren Gewinne steuerlich erfasst werden, während dies bei anderen ausländischen Kreditinstituten nicht der Fall ist?

---

143 Vgl. Daumke, a. a. O., S. 57 f.
144 Vgl. Maurer, Staatsrecht, § 21 Rn. 3 ff.

Das Instrument der Rasterfahndung kommt auch nicht als legitimes Mittel in Betracht. Denn ungeachtet der Unzulässigkeit dieser Ermittlungsmethode ohne Anhaltspunkte wird dadurch lediglich ein Teil der Spekulationsgewinne erfasst. Der Rest der Anleger fällt durch die Grobmaschigkeit dieses Instrumentariums durch. In das Blickfeld der Behörden geraten also nur solche Anleger, die entweder durch große Gewinne auffallen oder bereits den Finanzbehörden bekannt sind oder anonym angezeigt werden. Für die Finanzbehörden stellt sich zudem noch die Schwierigkeit, nicht unterscheiden zu können, ab welchem Zeitpunkt ein hinreichender Anlass für die Kontrollmitteilungspraxis vorliegt und ab wann eine unzulässige Rasterfahndung gegeben ist. Die Befugnisse können nicht immer (eher meist selten) rechtlich abgeschätzt werden, sodass eine Unsicherheit durch die Aufhebung der Gerichte besteht. Denn nach Ansicht des BFH wird der § 194 AO durch § 30 a AO stark eingeschränkt.

Für den Einsatz der Steuerfahndung als Kontrollinstrument von Gewinneinkünften steht entgegen, dass diese `Behörde` einen Anfangsverdacht im strafrechtlichen Sinne benötigt, um ermitteln zu dürfen. Dieser kann jedoch nicht einfach aufgrund von Indizien begründet werden. Um die Ermittlungen ins Blaue hinein zu verhindern, müssen bereits gefestigte Vorgaben vorliegen. Diese begründen sich jedoch wieder auf externen Angaben der Stpfl. oder Dritter. Daher kommt die Steuerfahndung als Durchsetzungsmaschinerie nicht in Betracht.

Den besseren Ermittlungsergebnissen stehen somit strukturelle Vollzugshindernisse entgegen. Das geht bereits aus einer Aussage des Bundesrechnungshofes hervor, wonach die Steuerausfälle nicht einmal konkret benannt werden können. Auch Schätzungen ins Blaue hinein seien nicht möglich. Denn es fehlten bis heute jegliche Anhaltspunkte für die unterlassene Deklaration von Einkünften. Ob der Börsenboom in den Jahren 2000 ff. einen ausreichenden Anhaltspunkt für die Höhe der verschwiegenen Einkünfte bilden kann, darf mit Berechtigung entgegengetreten werden. Obwohl erhebliche Gewinnmitnahmen zum damaligen Zeitpunkt vorlagen, hat es im Gegenzug auch erhebliche Vermögensverluste gegeben. Und Verluste aus

Veräußerungsgeschäften können im Wege des Verlustausgleiches im deutschen Steuerrecht wertmindernd geltend gemacht werden. Selbst wenn sämtliche Anleger also ihre Wertpapiere im Spekulationsfristrahmen veräußert haben (sei es durch squeeze out – sei es aus freien Stücken) so kann daraus jedoch nicht auf Einkünfte positiver Art geschlossen werden. Daraus auf Spekulationseinnahmen schließen zu wollen, die einen Eingriff vorbenannter Arten rechtfertigen können, begegnet rechtstaatlichen Bedenken. Denn hierzu fehlt die rechtliche Eingriffsnorm in die Rechte Dritter.

Das grundrechtliche normierte Gleichheitsgebot des Art. 3 I GG erfordert, dass geltende Steuergesetze so normativ eingebettet werden, dass die daraus resultierende Belastung im tatsächlichen Ergebnis alle Stpfl. gleichermaßen intensiv trifft. Dem kann nicht entgegen gehalten werden, die Verfassungsgemäßheit sei im Zuge der Auslegung festzustellen. Denn die Grenze der Auslegung erfolgt durch den Wortlaut des § 23 I S. 1 Nr. 2 EStG. Eine geltungserhaltende Reduktion kommt dieser Norm im verfassungsrechtlichen Sinne nicht zu.

Die ESt-Erklärung eines jeden Stpfl. ist maßgeblicher Anknüpfungspunkt für die Erfassung von Spekulationsgewinnen. Bei einem Squeeze-out muss vom Stpfl. also der Anschaffungsbetrag, der Veräußerungsbetrag sowie die entstandenen Werbungskosten erklärt werden. Wird der Bogen KSO in ordnungsgemäß ausgefüllter Form abgegeben, ohne äußerlich an erheblichen strukturellen Defiziten zu leiden, wird von der Finanzverwaltung ohne Bedenken die rechtmäßige Deklaration aller Spekulationsgewinne unterstellt. Das Entdeckungsrisiko ist marginal gering. Bei vermuteten Defiziten in der Erklärung ist die Finanzbehörde gehalten, von Amts wegen zu ermitteln. Jedoch müssen die Grundsätze des fairen, effektiven und zumutbaren Verfahrens eingehalten werden. Dazu kommt außerdem, dass sämtliche Behörden an die Effizienz eines Massenverfahrens gebunden sind. Aus diesem Grunde sind auch sämtliche Veranlagungsstellen gehalten, Steuerfälle nur in besonderen Fällen intensiv zu bearbeiten. Grundsätzlich jedoch ist bei einer in sich schlüssigen Steuererklärung nicht nach Fehlerhaftigkeit zu prüfen, sondern stets zu unterstellen, dass mangels greifbarer Umstände keine unvollständige Deklaration aller Einkünfte vorliegt. Vorliegen für das Einschreiten der Behörde muss also ein greifbarer Umstand, der die Fehlerhaftigkeit implementiert. Im Untersuchungsverfahren ist nämlich auch auf die Mitwirkung des Stpfl. abzustellen. Dieser ist jedoch nicht verpflichtet, Belege aufzubewahren, aus denen sich ein anders zu besteuernder Sachverhalt ergeben könnte. Heftig umstritten ist zudem, sollten tatsächlich Unterlagen hinsichtlich von Spekulationsgeschäften, vorliegen, ob der Stpfl. diese der Finanzbehörde vorlegen muss oder ob der Stpfl. ein Verweigerungsrecht hat. Dann steht immer noch der Grundsatz entgegen, dass Urkunden nur dann angefordert werden sollen, wenn Zweifel an der Richtigkeit der Aussage des Stpfl. bestehen, wenn dieser eine Auskunft nicht erteilt hat oder wenn die Auskunft unzureichend war. In der Regel genügen also schlüssige Erklärungen des Stpfl. um weitere Ermittlungen von Amts wegen auszuschließen. Dann ist für die informatorische Befragung etwa von Kreditinstituten oder sonstigen Dritten folgerichtig kein Raum mehr. Voraussetzung dafür ist nämlich de lege lata, dass Subsidiarität vorliegt, also andere Ermittlungsarten keinen Erfolg aufwiesen. Die Informationsschwelle von Dritten ist also zu hoch angesetzt, als dass diese als taugliches Instrument der Finanzverwaltung in Betracht käme. Im Übrigen ist niemand verpflichtet, bei seiner Bestrafung mitzuwirken (nemo tenetur se ipsum accusare). Dies erschwert die Feststellung von etwaigen Deklarationsdefiziten erheblich. Bei Squeeze-out-Verfahren kommt erschwerend hinzu, dass wegen der kurzen Laufzeit des Rechtsinstituts, Vergleichszahlen fehlen, anhand derer eine verwertbare Überprüfungsmöglichkeit gegeben sein könnte. Auch leiden die Veranlagungsstellen an erheblichen Wissensdefiziten, die eine Entdeckung der nicht angezeigten Squeeze-out-Einnahmen relativ unmöglich macht. Dazu kommt, dass i. d. R. besondere Merkmale beim Stpfl. nicht vorhanden sind, die einen Schluss auf den versuchten Steuerverkürzungstatbestand zulassen. Im

Bearbeitungsprofil der Finanzbehörden ist zudem eine außendienstliche, nachträgliche Überprüfung von privaten Stpfl. nicht vorgesehen. Außerhalb von Steuererklärungen ist niemand verpflichtet, als natürliche Person Spekulationsgeschäfte zu deklarieren. Aber auch innerhalb der Steuererklärungspflicht besteht keine Pflicht, die Angaben durch geeignete Belege, etwa Konto- und Feststellungserklärungsauszüge der Kreditinstitute zur Steuerbarkeit von Spekulationsgewinnen, nachzuweisen und glaubhaft zu machen. Auch Aufzeichnungspflichten hinsichtlich aller Spekulationsgeschäfte sind in der AO für private Stpfl nicht vorgesehen. Insoweit gilt die Glaubwürdigkeit des Stpfl. Ungeachtet dessen ist die Behörde natürlich ermächtigt, von Amts wegen Stichproben durchzuführen oder bei Zweifeln Belege anzufordern.

Auch hinsichtlich von Kreditinstitutsmitteilungen bezüglich Sparerfreibeträge und Pauschbeträge für Werbungskosten kann keine andere Betrachtung erfolgen. Diese Mitteilungen können nämlich allenfalls Anhaltspunkte liefern, die die Finanzbehörden dazu bewegen könnte, externe Nachforschungen zu betreiben. Dies wird mit der vorherrschenden Liquiditätsenge und der Überlastung der Finanzbehörden mit an Sicherheit grenzender Wahrscheinlichkeit auch in der Zukunft nicht durchführbar sein.

Alle vorgenannten Erhebungsschwierigkeiten bringen das Problem mit sich, dass hinsichtlich unehrlicher Stpfl. keine entsprechenden Profile (wie etwa in der Gaststättenkalkulation) erstellt werden können. Es gibt keine Indizien dafür, dass eine fehlerhafte oder unterlassene Deklaration von Spekulationseinkünften auch die Steuerverkürzung nach sich zieht. Außenprüfungen ziehen zudem immer die Voraussetzung der Gewinneinkünfte nach sich.[145] Dies scheidet bei der Großzahl aller „Spekulanten“ aus. Im Übrigen bedürfte eine solche Außenprüfung bei Privatpersonen immer einer Begründung, warum die Tatsachenfeststellung nicht auf dem normalen Amtsermittlungswege stattfinden kann. Dem steht die finanzielle und personelle Enge der Finanzbehörden entgegen.

---

[145] Arndt, Steuerrecht, S. 53 ff.

Zudem kommt hinzu, dass die Finanzverwaltung „selbst schuld“ am Problem der Undurchführbarkeit von Spekulationsgewinnerfassungen ist. Denn das Verhalten der Veranlagungsstellen lädt geradezu ein, Rechtsmissbrauch oder Rechtsumgehung zu praktizieren. Es herrscht kein Kontrollmechanismus vor, der beim Spekulationsgeschäft (etwa Squeeze-out) eine Deklaration zwingend mit sich bringt. Beim Notar kommt eine Beurkundung des Grundstückskaufs nicht ohne steuerliche Escheinigung hinsichtlich der Grunderwerbssteuerentrichtung zustande. Beim Squeeze-out erhalten die Minderheitsaktionäre die Barabfindung und tauchen im Nichts unter. Erklären sie dann im Wege der jährlichen Steuererklärung diese Einkünfte nicht, werden sie wohl kaum entdeckt. Dies gilt besonders bei Personen, die nicht der Veranlagung unterliegen, etwa weil sie kein steuerpflichtiges Einkommen haben (sog. Studentenproblematik). Die Minderheitsaktionäre führen also ein steuerrechtliches Schattendasein, während andere Stpfl. nach geltendem Recht gezwungen werden, ihre Einkünfte anzuzeigen.

Anders ist die Verwaltungspraxis auch im § 17 EStG, also der Veräußerung von Anteilen an Kapitalgesellschaften. Gewinne aus vorbenannten Veräußerungsgeschäften werden zwangsläufig immer vom Notar, der auch die Auflösung oder Umwandlung der Gesellschaft oder die Verfügung Anteile solcher Gesellschaften beurkundet und beglaubigt, an die Finanzverwaltung weitergegeben. Damit ist die Besteuerungsgerechtigkeit gewahrt. Denn alle Verfügenden unterliegen der gleichen Besteuerung. Im Übrigen währe hier auch eine Außenprüfung möglich, da es sich um gewerbliche Einkünfte handelt.

Bei anderen Einkünften wurde zwecks gleichmäßiger Erhebung der Steuer[146] eine sog. Quellensteuer eingerichtet, die es erlaubt, die Steuer am Ursprung zu erheben (Lohnsteuer, Kapitalertragsteuer u. a.).[147]

Den Vollzugshindernissen kann auch nicht entgegenstehen, dass Verifikationsmaßnahmen wie Steuerfahndung, Außenprüfungen, Amtsermittlungsmaßnahmen[148] etc.) die gleichmäßige Besteuerung sicherstellen

[146] Vgl. Walz / Fischer, JuS 2003, 341, 341.
[147] Vgl. Dammer, a. a. O., Rn. 8882 f.
[148] Vgl. Bayer, a. a. O., Rn. 279 ff. m. w. N.

sollen. Denn ungeachtet dessen, dass dies kein temporäres Instrumentarium sondern einen Dauerzustand darstellt, also dem Sinn eigentlich zuwider läuft, Nachbesserungen durchzuführen, kommt diesen Möglichkeiten auch keine echte Bedeutung zu. Erfolge sind, soweit ersichtlich, nicht in der Lage, die gleichmäßige Besteuerung zu sichern. Im Gegenteil erzielen sie nur marginal geringe Erfolge, die kaum zu Buche schlage und überdies nicht in der breiten Masse durchgängig anwendbar sind. Selbst bei positiver Betrachtung dieser Instrumentarien bleibt es nicht unzweifelhaft, ob die Auswertung der auf diesen Wegen erlangten Daten erfolgreich ist. Denn inwieweit z. B. Kontrollmitteilungen der Banken und Finanzdienstleister durch die Finanzbeamten auswertbar bleiben, ist hinsichtlich des Wissens der Beamten sowie der Qualität und Quantität der Mitteilungen ungewiss. Überdies kann aus solchen Mitteilungen kein Regelfall statuiert werden.

Das Durchsetzungshindernis ist dem Gesetzgeber zuzurechnen. Dieser hat die Gesetzgebungsbefugnis und muss eine ausreichend gleichmäßig durchführbare Besteuerung von Anlegern sicherstellen. Kommt diese nicht zum Tragen, sind die entstandenen Defizite dem Gesetzgeber anheim zustellen.

Trotz auftretender Besteuerungsdefizite hat es der Gesetzgeber vorgezogen, die Durchführungspraxis nicht zu ändern. Die Kontrollmechanismen, die alle unzureichend sind, sind dem Gesetzgeber voll bewusst, was sich aus den Statistiken der Länderfinanzverwaltungen ergibt. Denn der Zusammenhang zwischen dem Börsenboom am Neuen Markt und den seit 2002 andauernden Squeeze-out-Durchgängen und der nicht durchgeführten Deklaration von Spekulationsgewinnen lässt sich hinreichend erkennen. Erkennbare Rechtsunsicherheiten wurden vom Gesetzgeber nicht beseitigt (Sammelauskunftsersuchen nur für den Einzelfall / Kontrollmitteilungen anlässlich von Bankenprüfungen u. a.).

Die Norm des § 23 I S. 1 Nr. 2 EStG ist daher eine Ungleichbehandlung der Stpfl., insbesondere der Anleger hinsichtlich Wertpapiere. Denn sie kann den Vollzug der Norm nicht sicherstellen. Als Folge dessen werden die ansonsten steuerlich betrachtet gleichen Anleger ungleich behandelt. Die steuerehrlichen

werden steuerlich erfasst – die unehrlichen werden nicht erfasst. Sie verstößt daher verfahrensrechtlich – nicht materiellrechtlich - gegen Art. 3 I GG.
Damit ist der § 23 I S. 1 Nr. 2 EStG verfassungswidrig. Dies führt zur Nichtigkeit der Norm in vollem Umfang. Folglich sind die Einkünfte (sonstige Einkünfte) aus einem Squeeze-out-Verfahren innerhalb der einjährigen Spekulationsfrist nicht mehr als Spekulationsgeschäft zu deklarieren und unterliegt demzufolge auch nicht der Einkommensteuer. Die unterlassene Deklaration führt somit strafrechtlich weder zur Steuerverkürzung noch zur Steuerhinterziehung. Folgerichtig muss die Nichtigkeit für Squeeze-out-Minderheitsaktionäre ab der Einführung des Squeeze-out festgestellt werden, also ab 01.01.2002.

VIII) Eigene Wertung und Gestaltungsvorschläge

Die Feststellung der Verfassungswidrigkeit des § 23 I S. 1 Nr. 2 EStG verwundert nicht. Trotz offensichtlicher Strukturmängel in der Durchsetzbarkeit der Norm, hat es der Gesetzgeber vorgezogen, die Norm nicht nachzubessern. Er hat also selbst den Anreiz geschaffen, Spekulationsgewinne nicht zu deklarieren und dadurch die Durchsetzbarkeit des § 23 EStG zu unterhöhlen. Dann muss sich der Gesetzgeber die Folgen auch zurechnen lassen.

Anlegern wird daher empfohlen, zunächst gegen den Steuerbescheid Einspruch einzulegen mit dem kombinierten Antrag auf Aussetzung der Vollziehung[149], um nach der Feststellung der Verfassungswidrigkeit des § 23 I 1 Nr. 2 EStG das damit ruhende Verfahren wieder aufleben zu lassen.[150]

Selbst ohne Verfassungswidrigkeit der Norm aus Durchsetzungsgründen stehen dem § 23 EStG gewichtige Zweifel an der Rechtmäßigkeit entgegen, diese jedoch nur im Hinblick auf den Squeeze-out. Denn durch die Neufassung der

[149] So auch Bundessteuerberaterkammer, KR-DStR 2001, 2.
[150] So i. E. auch Bundessteuerberaterkammer, KR-DStR 2002, 35.

§§ 327 a ff. AktG werden die Minderheitsaktionäre quasi-enteignet. Zu alledem kommt noch, dass die Enteignung steuerrechtlich sanktioniert wird. Es folgt also eine Doppelbelastung der Minderheitsaktionäre, was dazu führen wird, dass in Zukunft verstärkt auf die Mehrheitsverhältnisse innerhalb der Kapitalgesellschaft geachtet wird. Benachteiligt werden dann diejenigen Gesellschaften, die auf dem Wege des Erfolges eine Neustrukturierung einführen wollen und die Minderheitsaktionäre durch angemessene Barabfindungen aus der Gesellschaft drängen.

Das Defizit der Erhebung der Steuer macht es dringlichst notwendig, eine neue Verfahrensweise zu erstellen, die der Erhebung der Tatsachen und der Steuer selbst genügend Rechnung trägt.

So könnte überlegt werden, ob eine **Quellsteuer** die richtige Verfahrensart hinsichtlich des Squeeze-out und dessen Folgen wäre.

Die Quellsteuer versteuert das Einkommen – hier die Differenz zwischen Anschaffungskosten und Veräußerungspreis (abzgl. Werbungskosten) – am Entstehungsort.[151] Im Beispiel des Squeeze-out könnte darüber nachgedacht werden, den Wirtschaftsprüfern die Barabfindungshöhe an das zuständige Finanzamt zu übermitteln. Gleichzeitig damit könnte n die Namen der ausscheidenden Minderheitsaktionäre an die Finanzbehörde übermittelt werden. Daneben müssten die ausscheidenden Minderheitsaktionäre über die Datenübermittlung informiert werden. Dieses System hat den Vorteil, dass dem Finanzamt sämtliche Daten übermittelt werden, die zur Besteuerung notwendig wären. Dies würde ungemeine Kosten wegen Verringerung des Amtsaufwands hinsichtlich etwaiger Nachforschungen sparen. Der Nachteil wäre der fehlende Verbraucherschutz wegen der übermittelten Daten. Hier ist an die totale Überwachung durch den Staat zu denken. Ferner könnte dem Missbrauch durch die Wirtschaftsprüfungsgesellschaft Aufschwung gegeben werden, indem versucht würde, das eigentliche Übernahmegeschäft durch Scheingeschäfte zu umgehen, um so in den Genuss der Steuerfreiheit zu gelangen. Auftreten

[151] Vgl. Tipke/Lang, a. a. O, S. 391, 432 f.

könnte ein solcher Umgehungstatbestand etwa durch eine eigene Wirtschaftsprüfungsgesellschaft der Kapitalgesellschaft.

Ein zweites taugliches System wäre die **Abgeltungssteuer**.
Mit der Abgeltungssteuer wird mit dem auszuschüttenden Betrag der Barabfindung zugleich eine Steuer abgezogen, die einen festen Steuersatz inne hätte. Der Verfasser neigt dabei zu einer Höhe von 15 % der zu ermittelnden Gewinnbetrages. Mit der Ausschüttung des bereits besteuerten Betrages wären sämtliche Steueransprüche des Bundes abgegolten. Vorteil dieser Steuer ist, dass auch hier Verfahrensökonomie im Vordergrund steht. Die Finanzbehörden müssten nicht mehr ermitteln und könnten den vor der Eintragung in das Handelsregister fällig werdenden Betrag sofort einziehen. Dies wäre eine Zeitersparnis – eine Festsetzung in der späteren Steuererklärung entfiele – und eine Geldersparnis – die ansonsten notwendigen Ermittlungen und Aufwendungen, um den rechnerisch richtigen Betrag zu ermitteln entfielen. Der Minderheitsaktionär hätte zudem ein erhebliches, den Nachweis zu führen, dass die Besteuerung ordnungsgemäß erfolgt ist. Denn ohne Deklaration bei der zuständigen Finanzbehörde dürfte kein Registereintrag – analog den Notarsvorschriften beim Grundstückskauf – erfolgen. Und daran ist der Mehrheitsaktionär stark interessiert. Der Nachteil ist, dass das Finanzamt den Squeeze-out-Vorgang genau verfolgen muss und auch Einblicke in die Bilanzen der Gesellschaft u. U. notwendig werden könnten. Denn auch hier muss sich die Finanzbehörde entweder auf die Vorgaben des Mehrheitsaktionärs verlassen oder selbst ermitteln.

Die zweite Variante ist die ökonomisch wertvollere. Zum Einen werden alle Minderheitsaktionäre gleich besteuert – der Gleichheitsgrundsatz des Art. 3 I GG bliebe gewahrt. Zum Anderen wäre diese Alternative auch verfahrenstechnisch durchsetzbar. Sämtliche Ermittlungen könnten eingestellt werden. Denn der rechnerische Betrag ermittelt sich aus den Anteilen und der Höhe eines Anteils. Die Werbungskosten nachzuweisen obläge dem jeweiligen

Minderheitsaktionär. Der dritte Aspekt ist, dass der Steuersatz auf niedrigstem Niveau wäre. Dadurch würde zum einen die Steuerehrlichkeit gefördert. Ferner wäre ein Effekt, dass Schwarzgelder wieder vermehrt in Deutschland investiert würden. Denn nur mit einem solchen Steuersatz bleibt Deutschland kapitalmarktwettbewerbsfähig. Der Aufwand der Finanzverwaltung würde verringert. Umfangreiche Nachforschungen wären überflüssig. Dadurch könnten Arbeitsplätze abgebaut werden, was sich positiv auf den Staatshaushalt auswirken würde.

C) KSt als Folge des Kaufs eigener Anteile durch die Gesellschaft

Im Falle eines Squeeze-out durch einen Mehrheitsaktionär kann es in einer besonderen Konstellation zu einer körperschaftssteuerlichen Anrechnung der Barabfindung kommen. Voraussetzung dafür ist, dass die Gesellschaft selbst die Anteilsrechte an der Gesellschaft übernimmt, der Minderheitsaktionär jedoch trotzdem Gesellschafter bleibt. Diese Konstellation ist denkbar im Falle partiarischer Darlehen, stiller Gesellschafter oder Organschaft oder auch dann, wenn eine Gesellschaft an einer anderen beteiligt ist, jedoch nur die Minderheit der Anteile besitzt und vom Mehrheitsaktionär „aufgekauft" wird. Dann muss das Unternehmen das Einkommen versteuern, was nach dem KStG geschieht.

I) Einführung in die Körperschaftssteuer

Die Körperschaftsteuer ist die geltende Ertragsteuer für Körperschaften, Personengesellschaften und Vermögensmassen. Sie besteuert das Einkommen der Unternehmen und bildet das Korrelat der Einkommensteuer für natürliche Personen. Daher ist es nicht verwunderlich, dass das KStG in weiten Teilen an das EStG anknüpft.

Die Körperschaftsteuer trägt der Verselbständigung juristischer Personen konsequenterweise Rechnung, denn anderenfalls würden die nicht ausgeschütteten Gewinne der juristischen Personen steuerfrei bleiben. Die Andersartigkeit zeigt sich in den hohen und festen Steuersätzen im Gegensatz zu den progressiv-linearen Steuersätzen des EStG.[152] Daraus folgt, dass Unternehmen stärker besteuert werden als natürliche Personen, denn dem deutschen Steuerrecht liegt der Grundsatz der Besteuerung der wirtschaftlichen Stärke zu Grunde.

Die Körperschaftsteuerpflicht kann nicht durch privatrechtliche Vereinbarungen o. ä. umgangen werden. Im Körperschaftsteuergesetz ist das Analogieverbot vorherrschend, d. h. die Aufzählungen für die Körperschaftsteuerpflicht sind abschließend und gewähren keine Erweiterung auf andere Rechtssubjekte.

Die Besteuerung der Körperschaften nach dem KStG setzt voraus, dass eine Steuerpflicht (objektive, subjektive, (un)beschränkte) besteht und ein besteuerbares Einkommen vorliegt. Besonderheiten ergeben sich in diesem Zusammenhang in Bezug auf die Organschaft sowie auf verdeckte Gewinnausschüttungen.

Freibetragsregelungen runden die körperschaftssteuerliche Materie ab.

---

[152] Vgl. BVerfG, Urt. v. 24.01.1962 – 1 BvR 845/58

Das KSt-Aufkommen steht je zur Hälfte dem Bund und den Ländern zu (vgl. Art. 106 III 2 GG), wobei der Bund die Gesetzgebungskompetenz innehat (konkurrierende Gesetzgebung gem. Art. 105 II GG).

Im Gegensatz zu den Personengesellschaften (deren Gewinn wird den Unternehmern unmittelbar und anteilig zugerechnet) erfolgt im Körperschaftsteuerrecht die Besteuerung unabhängig von den Anteilseignern. Das bedeutet, dass der Gewinn / die Einkünfte nur im Rahmen der Unternehmensbesteuerung steuerliche Beachtung findet/finden, wenn eine Thesaurierung der Gewinne erfolgt. Eine Ausnahme bildet daher die Ausschüttung der Gewinne an die Anteilseigner. Dann muss im Rahmen der einkommenssteuerlichen Anrechnung auch eine Besteuerung hinsichtlich der ESt der Anteilseigner erfolgen.
Die dadurch auftretende Doppelbelastung durch Versteuerung bei der Gesellschaft und beim Anteilseigner selbst wird mit dem System des Halbeinkünfteverfahrens beseitigt.

Die Versteuerung erfolgt im Wege der Vorauszahlung, des Steuerabzugs oder durch Veranlagung.

Der Körperschaftsteuersatz beträgt derzeit 15 % und wird im Rahmen einer Definitiv-Besteuerung angerechnet, d. h. eine weitere Anrechnung der Steuer ist nicht mehr möglich. Im unternehmensrechtlichen Vergleich kann der Schluss gezogen werden, dass die Besteuerung von Unternehmen nicht rechtsformneutral geschieht. Daraus erklärt sich auch die Intensität, mit der immer neue Unternehmensformen gegründet werden.[153] Hier soll versucht werden, die kostengünstigste, weil steueroptimierte, Gesellschaft für den jeweiligen Zweck zu finden.

[153] Es herrscht kein numerus clausus im Gesellschaftsrecht; im Wege der Europäisierung sind vielfältige Kombinationsmöglichkeiten denkbar (etwa Ltd. & Co. KG).

II) Steuerpflicht

Voraussetzung für eine körperschaftssteuerliche Betrachtung ist, dass das jeweilige Unternehmen steuerpflichtig ist. In §§ 1 ff. KStG ist die Steuerpflicht normiert, die sich gliedert in (1) unbeschränkte Steuerpflicht, § 1 KStG und (2) beschränkte Steuerpflicht, § 2 KStG.

Die KSt-Pflicht beginnt mit dem Abschluss des Gesellschaftsvertrages des Unternehmens (etwa Abschluss der Satzung, des Statutes, des Vertrages o. ä.) und endet mit der beendeten Liquidation der Gesellschaft. Aufgrund der engen Verzahnung mit dem EStG und dem Zivilrecht, wird die Vorgesellschaft wie eine \`ordentliche\` Gesellschaft besteuert. Gleiches Vorgehen zeigt sich bei einer fehlerhaften Gesellschaft, die wie eine ordnungsgemäß zustande gekommene Gesellschaft behandelt wird.

1) Unbeschränkte Steuerpflicht, § 1 KStG

Unbeschränkt steuerpflichtig sind daher alle Steuersubjekte, die gem. dem Katalog des § 1 KStG eine bestimmte Rechtsform darstellen und deren Sitz oder Geschäftsleitung sich im Inland befindet.

Die Rechtsformen des Körperschaftsteuer-Rechts sind in § 1 KStG abschließend geregelt. Insoweit ergeben sich für eine Aktiengesellschaft keine Besonderheiten.

Der Sitz und die Geschäftsleitung eines Unternehmens definieren sich nach §§ 10 f. AO. Geschäftsleitung nach § 10 AO ist der Mittelpunkt der geschäftlichen Oberleitung, d. h. die Geschäftsleitung befindet sich an dem Ort, an dem der für die laufende Geschäftsführung maßgebliche Wille gebildet wird.[154] Dazu gehören die rechtsgeschäftlichen, aber auch die tatsächlichen Handlungen des gewöhnlichen Betriebs eines Unternehmens. Ferner sind dazu die organisatorischen Maßnahmen gewöhnlicher Verwaltung zu zählen. Die Maßnahmen müssen jedoch von einiger Wichtigkeit sein. Umgangen werden

---

[154] Vgl. BStBl. II 1995, 175.

soll damit ein Missbrauch der Körperschaftsteuerpflicht.[155] Abzustellen ist daher immer auf die Gesamtschau aller tatsächlichen Begebenheiten und nicht auf formale Umgehungsversuche. Bei mehreren Geschäftsleitungen ist je nach Wichtigkeit eine Quotelung vorzunehmen und die Gewichtung festzulegen.

Der Sitz einer Gesellschaft bestimmt sich nach § 11 AO. Dabei ist eine Ähnlichkeit mit der Wohnsitzregelung natürlicher Personen festzustellen. Der Norm des § 11 AO kommt nur ergänzende (subsidiäre) Funktion zu, sie findet also nur Anwendung, wenn § 10 AO keine hinreichende Bestimmtheit der Geschäftsleitung bilden kann.

Der Sitz befindet sich demnach an dem durch Gesetz, Satzung o. ä. bestimmten Ort. Nach der in Deutschland vorherrschenden Sitztheorie bestimmt sich der Gesellschaftssitz nach dem Ort der Anerkennung der Rechtspersönlichkeit der Gesellschaft. Verlegt z. B. ein Unternehmen seinen Sitz von Deutschland ins Ausland, verliert es dabei die deutsche Anerkennung der Rechtspersönlichkeit. Daher ist auch der Sitz nicht mehr als in Deutschland zu betrachten.[156] Dies verhält sich für den Zuzug nach Deutschland nach dem Überseering–Urteil des EuGH gegensätzlich. Nach europäischem Recht muss eine Gesellschaft anerkannt werden, die aus dem Ausland ihren Sitz nach Deutschland verlegt. Denn eine Aberkennung der Rechtsfähigkeit verletzt die Niederlassungsfreiheit des jeweiligen Unternehmens nach Art. 43, 48 EG, da die Pflicht zur Neugründung eines Unternehmens im Zuzugstaat einer Rechtsaberkennung gleich käme.[157] Vermieden werden soll mit diesem Urteil eine Zersplitterung des europäischen Gesellschaftsrechts auf dem ansonsten einheitlichen Rechtsgeschehen im Rahmen der europäischen Angleichung.[158]

---

[155] So z. B. bei Holdinggesellschaften oder Briefkastenfirmen, die oftmals Beteiligungen an anderen Unternehmen verwalten und gewöhnlich im Ausland sitzen.

[156] Ob dieser Grundsatz weiterhin in diesem Umfang anwendbar bleiben kann, ist zweifelhaft. Denn spätestens mit dem Überseering- Urteil des EuGH v. 05.11.02 Rs. C-208/00 ist eine vorsichtige Rspr.-Änderung im Zuge der Europäisierung erkennbar.

[157] Vgl. Lutter, BB 2003, S. 7 ff.

[158] Vgl. Ebke, BB 2003, I; Zimmer, BB 2003, S. 1 ff m. w. N.

Fallen Sitz und Geschäftsleitung auseinander, ist für die Besteuerung die Geschäftsleitung maßgeblich.

Beispiel:

Die A-AG wird am 01.01.2003 in Düsseldorf zum Zweck der Schiffsbeteiligung i. w. S. gegründet.

Sie hat ihren Sitz lt. Satzung vom 01.01.2003 in Düsseldorf; ihre Geschäfte tätigt sie jedoch permanent in Rostock. Am 31.12.2003 splittet die Gesellschaft ihre Filiale in Rostock in zwei Unterabteilungen auf:

(1) Unterabteilung *I* übernimmt die Herstellung und Vermarktung von Schiffsbeteiligungen in Warnemünde (Maßgeblichkeitsfaktor: 90 %)

(2) Unterabteiung *II* übernimmt die dafür organisatorischen Verwaltungsaufgaben in Hamburg (Maßgeblichkeitsfaktor: 10 %)

Am 01.04.2004 erlischt die AG mangels Liquidität.

Folge:

Die A-AG wurde am 01.01.03 körperschaftssteuerpflichtig. Denn die Körperschaftsteuer-Pflicht begann mit der Gründung der AG am 01.01.03. Die A-AG war zudem eine Kapitalgesellschaft des Katalogs des § 1 KStG. Sie hatte ihre Geschäftsleitung in Rostock, § 10 AO. Auf den Sitz kommt es nur subsidiär an, wenn die Geschäftsleitung nicht erkennbar ist. Hier ist jedoch Rostock maßgeblich. Die Geschäftsleitung kann zwar begrifflich nicht auseinanderfallen. Jedoch ist die Aufteilung auf verschiedene Orte möglich, etwa aus Kostengründen. Dann ist die Wichtigkeit (Maßgeblichkeitsfaktor) der jeweiligen Geschäftsleitungsstelle zu beurteilen. Hier hatte die Rostocker Geschäftsleitung 90 % aller Geschäftsvorgänge zu bearbeiten.

2) Beschränkte Steuerpflicht, § 2 KStG

Die beschränkte Steuerpflicht richtet sich nach § 2 KStG. Danach ist beschränkt steuerpflichtig, wer im Gegensatz zur unbeschränkten Steuerpflicht seinen Sitz oder die Geschäftsleitung im Ausland hat, jedoch inländische Einkünfte erzielt. Diese beurteilen sich nach § 49 EStG, d. h. es handelt sich immer dann um inländische Einkünfte, wenn diese ihre Wurzeln im Inland haben (Territorialitätsprinzip).

Zweck dieser Norm ist es, die inländischen Einkunftsquellen ausländischer Körperschaften und inländische Einkunftsquellen inländischer, nicht steuerpflichtiger Körperschaften zu erfassen.

Die Körperschaftsteuer-Pflicht beginnt immer dann, wenn die jeweilige Körperschaft als Rechtssubjekt entstanden ist. Dies kann durch Satzung, Vertrag o. ä. geschehen. Sie endet, wenn das Steuersubjekt in seiner Eigenschaft als Körperschaft wegfällt, sei es durch Liquidation, Umwandlung oder Wegzug in das Ausland oder wenn die Gesellschaft unbeschränkt steuerpflichtig wird.

<u>Beispiel:</u>

Die A-AG wird am 01.01.2003 in Düsseldorf zum Zweck der Schiffsbeteiligung i. w. S. gegründet.

Sie hat ihren Sitz lt. Satzung vom 01.01.2003 in Düsseldorf; ihre Geschäfte tätigt sie jedoch permanent in Rostock. Am 31.12.2003 wird durch Satzung beschlossen, den Sitz am 01.01.04 nach London (UK) zu verlegen und die Geschäftsleitung in Rostock aus Einsparungsmaßnahmen zu liquidieren.

Die Schiffsbeteiligungen finden dennoch in Rostock statt; sämtliche Einnahmen fließen auf die Londoner Konten.

Am 01.04.2004 erlischt die AG mangels Liquidität.

<u>Folge:</u>

Die A-AG wurde am 01.01.03 mit ihrer Gründung unbeschränkt körperschaftsteuerpflichtig. Am 01.01.04 ging die A-AG aufgrund der Sitzverlegung und der Schließung der Geschäftsleitung in die beschränkte Steuerpflicht über. Denn die Einnahmen, die die A-AG erzielte, haben ihren

Ursprung in Deutschland. Die Überweisung auf die Londoner Konten ist irrelevant. Abzustellen ist auf den Ursprung allein (Territorialitätsprinzip).
Die beschränkte Steuerpflicht endete am 01.04.04 mit dem Erlöschen der AG.

III) Einkommen, § 8 KStG

Das zu versteuernde Einkommen als Bemessungsgrundlage bestimmt sich nach §§ 7 I, 8 KStG. Wie bereits eingangs erwähnt, bestehen zwischen dem EStG und dem KStG enge Verknüpfungen. Darum wird im Rahmen der Einkommensermittlung auf die Berechnung des Einkommens nach dem EStG verwiesen.

Da die Körperschaftsteuer eine Jahressteuer ist, wird zunächst der Gewinn i. w. S. betrachtet. Bei der hier zu betrachtenden AG oder KGaA ist gem. § 8 II KStG der Gewinn in der Summe aller Einkünfte zu sehen, denn beide Rechtsformen sind nach dem HGB zur Buchführung verpflichtet (§§ 238 I S. 6, 6 I HGB i. V. m. 278 III AktG). Auszugehen ist dabei zunächst vom Jahresüberschuss nach Handelsrecht gem. § 275 HGB).
In den Jahresüberschuss sind nicht mit einzubeziehen Dividenden, die eine Körperschaft von einer Kapitalgesellschaft erzielt. Denn jede Kapitalgesellschaft muss eine Körperschaftsteuer auf die ausgeschütteten Gewinne entrichten. Da es sich bei der Körperschaftsteuer um eine Definitivbesteuerung handelt, ist die bereits entrichtete Steuer nicht anrechnungsfähig. Somit würden die Gewinne doppelt besteuert. Daher werden die auszuschüttenden Gewinne nur bei derjenigen Körperschaft berücksichtigt, bei der die Gewinne operativ erzielt wurden, sowie bei den einkommensteuerpflichtigen Anteilseignern, an die die Gewinne ausgezahlt werden. Hierbei ist wiederum das Halbeinkünfteverfahren (a.F.) zu beachten. Jede zwischengeschaltete Körperschaft bedarf daher der Körperschaftsteuerbefreiung, um eine Mehrfachbelastung der Gewinne zu vermeiden. Dann können jedoch folgerichtig auch die angefallenen

Aufwendungen nicht als Betriebsausgaben geltend gemacht werden (vgl. § 3c I EStG). Im Ergebnis ist diese Argumentation jedoch nur eine scheinbare, denn eine Doppelbelastung lässt sich im Grundsatz eben doch nicht vermeiden. Die bereits mit 15 % besteuerten Dividenden werden nämlich beim Empfänger (stpfl. nat. Person) mit seinem persönlichen Einkommensteuersatz versteuert. Letztendlich ergibt sich dann eine reale Besteuerung von mehr als 15 %.
Bei einer AG, die durch eine andere AG mittels Squeeze-out verdrängt wird, handelt es sich daher um stpfl. Einnahmen. Diese sind nach § 8 KStG zu versteuern.

IV) Organschaft[159]

Eine Organschaft ist gem. §§ 14-19 KStG gegeben, wenn zwei Unternehmen derart miteinander verknüpft sind, dass ein Unternehmen sich mittels Gewinnabführungsvertrag verpflichtet hat, sämtliche Gewinne an das andere abzuführen. Dabei ist das abführende Unternehmen (Organgesellschaft) finanziell in das andere Unternehmen (Organträger) eingegliedert. Der Organträger muss dabei nicht zwingend eigene gewerbliche Tätigkeiten ausführen; reine Holdinggesellschaften sind als Organträger möglich.

Für eine Organschaft ist zwingende Voraussetzung, dass die Organgesellschaft eine Kapitalgesellschaft ist (vgl. §§ 14, 17 KStG).

Organträger kann dagegen jeder Rechtsträger sein; dieser muss dazu jedoch mit einem inländischen gewerblichen Unternehmen im Zusammenhang auftreten. Dies gilt auch für ausländische Unternehmen (vgl. § 19 KStG), die jedoch an eine inländische Zweigniederlassung den Gewinn abführen. Die inländische Zweigniederlassung muss ferner im deutschen Handelsregister eingetragen und grundsätzlich steuerpflichtig sein.

---

159 De Organschaftbesteuerung ist europarechtlich heftig umstritten. Nachdem bereits Österreich die Organschaft durch eine neue Gruppenbesteuerung ersetzen will, ist es nur eine Frage der Zeit, bis auch in Deutschland die Europarechtswidrigkeit erfolgsorientiert diskutiert wird. So soll in Österreich zunächst der Gewinnabführungsvertrag aufgehoben werden Vgl. dazu auch die Zusammenfassung von Gassner, a. a. O., S. 41, 841 ff.

Für eine Organschaft ist auch Voraussetzung, dass das wirtschaftliche Eigentum an den jeweiligen Anteilen gewährleistet wird, d. h. der Organträger muss in der Lage sein, Stimmrechte ausüben zu können.

Gem. § 14 KStG ist zusätzlich notwendig, dass die finanzielle Eingliederung ununterbrochen, also von Beginn bis Ende des Wirtschaftsjahres, besteht und der Organträger über die Mehrheit an den Stimmrechten aus den Anteilen der Organgesellschaft verfügt.

Mittelbare Beteiligungen, also Beteiligungen über Dritte, finden nur dann Berücksichtigung, wenn bei der vermittelnden Gesellschaft die Stimmrechtsmehrheit gewährleistet ist.[160] Nach a. A. kann eine Differenzierung zwischen mittelbarer und unmittelbarer Beteiligung kaum möglich sein und wird vom Gesetz zudem auch nicht gefordert.[161]

Sinn der Organschaft war es früher, bei Organgesellschaft und Organträger die Doppelbesteuerung zu vermeiden. Durch das Anrechnungsverfahren ist dieser Vorteil jedoch verloren gegangen, sodass in heutiger Zeit insbesondere nach Wegfall des Anrechnungsverfahrens der Verlustausgleich zwischen Organgesellschaft und Organträger sowie die Weiterleitung der steuerfreien Erträge der Organgesellschaft an den Organträger eine herausragende Rolle spielen.[162]

Organträger und Organgesellschaft werden also körperschaftssteuerlich als ein Unternehmen behandelt, bleiben zivilrechtlich jedoch unterschiedliche Rechtsgebilde. Es handelt sich bei der Organschaft also um keine steuerliche Vergünstigung oder um gesellschaftsrechtlich bedingte Privilegien, sondern die Organschaft ist lediglich Sinnbild der engen Verflechtung zweier Unternehmen. Sie ist daher auch mit den Worten „... steuerrechtliche Lehre von der

---

[160] Vgl. Haas, Helmut; KSt, Rn. 92.
[161] Vgl. Streck, KStG, § 14 Rn. 23.
[162] Vgl. Pietsch/Posdziech; a. a. O., S. 279.

Einkommenseinheit rechtlich selbständiger Wirtschaftssubjekte als Folge ihrer wirtschaftlichen Einheit...“[163] zutreffend zu umschreiben. Die Organschaft führt jedoch auch in wirtschaftlicher Weise zu Veränderungen. So erfolgt mit der Organschaft eine Haftungsbegrenzungsdurchbrechung der Organgesellschaft. Denn der Organträger muss hinsichtlich der Verlusteinnahmen für die Verluste der Organgesellschaft einstehen. [164] Da nur allzu oft gerade risikobehaftete Aufträge über Filialunternehmen abgewickelt werden. Aber auch Anlaufverluste sind nicht selten der Grund für Abführungsverträge. Wird die Tochtergesellschaft wegen hoher Verluste in Insolvenz gestellt, stellt sich für die Gläubiger folgerichtig die Frage des Haftungsdurchgriffs auf den Organträger. Andererseits steht das Steuerrecht dem Zivilrecht nicht entgegen. Es handelt sich nämlich um zwei Rechtsmaterien, die kumulativ zu betrachten sind. Es könnte daher argumentiert werden, dass beide Unternehmen zwar steuerrechtlich einheitlich, zivilrechtlich jedoch selbständig blieben. Dann müsste aber auch die Haftung jedem Unternehmen eigens anhaften. Eine Gesamtschuldnerschaft ergäbe sich daraus nicht automatisch.[165] Diese Ansicht ist jedoch überholt. Zwar stehen Steuerrecht und Zivilrecht nebeneinander und weisen allenfalls Knotenpunkte auf. Jedoch ist Grundlage für die Organschaft der Gewinnabführungsvertrag. Dieser fußt auf zivilrechtlicher Basis. Organträger und Organgesellschaft nutzen Gestaltungsmöglichkeiten, um steuerlich vorteilhaft agieren zu können. Dann können etwaige Risiken nicht auf die Gläubiger abgewälzt werden. Diese bedürfen, angesichts einer hohen Missbrauchsgefahr von Umgehungstatbeständen, eines besonderen Schutzes. Folglich muss es den Gläubigern gestattet werden, einen Haftungsdurchgriff zu statuieren.

Ferner ermöglicht die Organschaft unter Umgehung einer Fusion oder Umwandlung die einheitliche steuerliche Betrachtung zweier an sich

---

[163] Vgl. Herrmann/Heuer/Raupach, KStG, Vor § 14 Rn. 1 m. w. N.
[164] Vgl. Peltzer, AG 1975, 309, 311.
[165] Vgl. Schöneberger, BB 1978, S. 1646, 1648.

eigenständiger Unternehmen mit den Vorteilen des unmittelbaren Verlustausgleiches.

Die Organschaft bewirkt also, dass das Einkommen vom Organträger und nicht von der Organgesellschaft versteuert wird. Das Einkommen des Organträgers wird also durch das Einkommen der Organgesellschaft erhöht. Folgerichtig mindern dann aber auch die Verluste der Organgesellschaft das Einkommen des Organträgers. Verluste werden also im Jahr der Entstehung bereits positiv oder negativ berücksichtigt. Anderenfalls käme das Institut des Verlustvortrages bzw. des Verlustrücktrages in Betracht. Das würde jedoch bedeuten, dass die Verluste zeitlich erst viel später geltend gemacht werden könnten oder sich auf die Besteuerung kaum auswirken würden. Insofern ist die Organschaft vorteilhaft. Eine weitere Folge ist, dass die Organgesellschaft als Betriebsstätte des Organträgers anzusehen ist, was Auswirkungen auf die Gewerbesteuer haben kann.[166]

Verfahrensrechtlich ergeben sich hinsichtlich der Feststellung zur Anerkennung von Organschaften und deren Organschaftseinkommen keine Besonderheiten. Die Veranlagung erfolgt im Einkommenszurechnungsverfahren bezüglich des Organträgers. Daher ist auch nur dieser ausschließlich rechtsbehelfsfähig.

V) Verdeckte Gewinnausschüttung (vGa), § 8 III S. 2 HS 1 KStG

§ 8 III S. 2 HS 1 KStG hat folgenden Inhalt:

„Auch verdeckte Gewinnausschüttungen ... mindern das Einkommen nicht.“ Verdeckte Gewinnausschüttungen sind im KStG nicht legal definiert. Die Auslegung dieses Begriffes muss daher der Rspr. überlassen werden, die jedoch auch nur nach den geltenden Auslegungsregeln vorgehen kann. Nach der st. Rspr. des BGH liegt eine verdeckte Gewinnausschüttung dann vor, wenn eine Vermögensminderung oder eine verhinderte Vermögensmehrung gegeben ist, die durch das Gesellschaftsverhältnis veranlasst ist. Die Minderung oder

[166] Vgl. Zenthöfer/Leben, a. a. O., S. 196.

Mehrung muss ferner Auswirkungen auf den Einkommensbegriff haben und keinen kausalen Zusammenhang zu einer offenen Ausschüttung aufweisen.[167] Es werden von einer Kapitalgesellschaft an einen Gesellschafter Vermögensvorteile transferiert, die nicht als offene Ausschüttung erscheinen, sondern eine andere Bezeichnung führen, um nicht der Körperschaftsteuer zu unterliegen.[168]
Abzustellen ist demnach immer auf eine Vermögensminderung oder verhinderte Vermögensmehrung.

Erstere liegt vor, wenn Aufwendungen geleistet wurden, die als Verteilung von Einkommen an einen Gesellschafter zu bewerten sind. Mittels Steuerbilanz ist dann zu ermitteln, ob eine Minderung des Vermögens der Gesellschaft eingetreten ist. In der Bilanzierung kann es erforderlich sein, die Aufwendungen der Gesellschaft mit Leistungen des Gesellschafters an das Unternehmen zu verrechnen (etwa Leistung und Gegenleistung eines synallagmatischen Vertrages oder wirtschaftlich einheitliche Geschäfte).

Verhinderte Vermögensmehrung liegt vor, wenn der erbrachten Leistung der Gesellschaft keine Gegenleistung oder zumindest keine angemessene Gegenleistung als Korrelat gegenübersteht. Dies ist i. d. R. der Fall, wenn versucht wird, Betriebsausgaben vorzutäuschen. Dies kann durch Verträge geschehen, in denen ein Gesellschafter einen unangemessenen Vorteil erhält. Ein weiteres Beispiel ist die Veräußerung eines Grundstücks des Gesellschafters an die Gesellschaft zu einem weit über dem objektiven Wert liegenden Marktwert.

Beide Tatbestandsvoraussetzungen müssen der Gesellschaft kausal zuzurechnen sein, etwa durch die Handlungen, das Dulden oder Unterlassen der Organe, Gesellschafter oder diesen nahe stehenden, anderen Personen. Ferner muss die

[167] Vgl. Birk, Steuerrecht, S. 333 f.
[168] Vgl. a. A. Stolze, a. a. O., S. 1 ff.

vGA durch das Gesellschafts- oder Mitgliedschaftsverhältnis hervorgerufen worden sein.

Die vGA beginnt in dem Augenblick, in dem sie sich auf das Einkommen der Gesellschaft auswirkt, nicht in dem Zeitraum, in dem die Handlung vorgenommen wird. Denn es kommt auf die steuerliche Betrachtungsweise hinsichtlich der Beeinflussung des Einkommens an.

Mit den Ausnahmen der Unkenntnis[169], Bilanzkorrektur bei Bilanzaufstellung oder ungewöhnlich hohen Steuerfolgen ist eine vGA weder rückgängig zu machen noch zu korrigieren. Ob die eingangs erwähnten Ausnahmen weitere Anwendung finden, bleibt abzuwarten, ist jedoch höchst zweifelhaft.[170]

<u>Beispiel:</u>

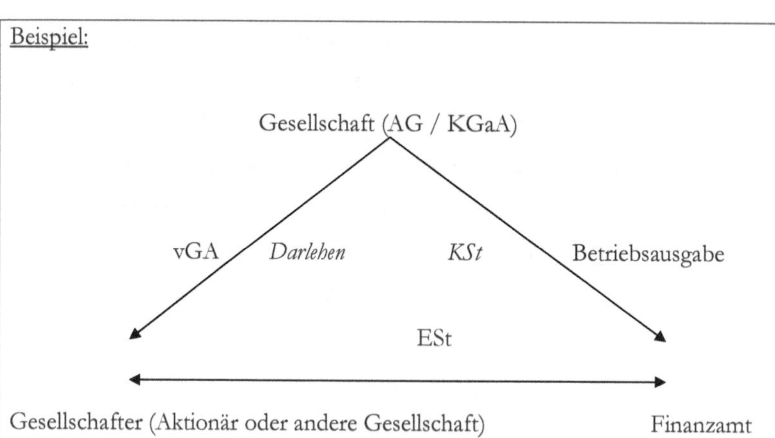

Der Gesellschafter hat mit der Gesellschaft einen Darlehensvertrag geschlossen und erhält im Gegenzug so hohe Zinsen, die einem Fremdvergleich am Wirtschaftsmarkt nicht standhalten. Die Gesellschaft deklariert diese Ausgaben als Betriebsausgaben ggü. dem FA während es sich in realiter um eine vGA handelt. Diese wäre normalerweise mit 25 % zu versteuern.

[169] A. A. Streck, a. a. O., § 8 Rn. 82.
[170] Vgl. Streck, a. a. O., § 8 Rn. 80, 110 m. w. N.

Zu prüfen ist immer, ob ein gewissenhafter Geschäftsführer unter gleichen Umständen ein solches Darlehen oder andere Sachverhalte so hingenommen hätte. Wird dies nach allgemeinen Grundsätzen bejaht, ist von einer betrieblichen Veranlassung auszugehen. Anderenfalls muss eine vGA anzunehmen sein.[171]
Der Vorteil muss jedoch nicht direkt beim Gesellschafter auftreten, sondern kann auch bei einer diesem nahestehenden Person auftreten.[172]

Die offen gebliebene Unklarheit, ob eine vGA vorliegt oder nicht, geht stets zu Lasten der Finanzverwaltung. Jedoch spricht der prima-facie-Beweis für die Annahme einer vGA. Insoweit ist die Körperschaft wieder beweisbelastet.
Eine Beweislaständerung nach der Methode: Einkommensminderung – Beweislast Körperschaft / Einkommenserhöhung – Beweislast Finanzbehörde käme an das herrschende Beweislastverhältnis heran, führte im Zweifel jedoch zu unbilligen weil zufälligen Ergebnissen. Denn die Annahme eine Einkommensmehrung oder- minderung ist nicht generell eintretend sondern eher zufällig. Dies überträgt sich konsequent auf die Beweislastregel. Die Beweislastregelung ist nicht von geringer Wichtigkeit. Denn allzu häufig fehlt der Finanzbehörde eine ausreichende Vergleichsmöglichkeit hinsichtlich der Angemessenheit von Leistung und Gegenleistung. Verträge sind zu vielfältig, um generelle Aussagen treffen zu können. Dann ist es aber auch ein Leichtes, Vergleichsbehauptungen der Finanzbehörde abzulehnen mit dem Argument, vorliegend sei der Fall anders geartet. Dies zu wiederlegen ist dann Aufgabe des Finanzamtes, was nur schwerlich gelingen dürfte. Denn Vergleiche mit Statistiken oder Betriebsprüfungsergebnissen sind subjektiv. Nicht umsonst gilt der Grundsatz: Traue keiner Statistik, die Du nicht selbst gefälscht hast.

[171] I. d. R. werden zu hohe Vergütungen, Tantiemen oder Pensionszusagen dem Gesellschafter gewährt, die eine vGA begründen.
[172] So auch bei einer konzernangehörigen Gesellschaft.

Eine vGA bewirkt die Einkommenskorrektur des jeweiligen Unternehmens. Daraus folgt, dass die vGA mittelbar auch die Körperschaftsteuer beeinflusst, indem diese gemindert oder erhöht wird. Durch die Erkennung der vGA wird die Einkommensveränderung durch die Finanzbehörde rückgängig gemacht. Jedoch ist zu beachten, dass die Korrektur nicht in der Bilanz auftritt, sondern lediglich Eingang in den unternehmerischen Betrieb mittels KSt-Bescheid findet. Die vertraglichen Vereinbarungen werden durch die Korrektur der vGA nicht berührt. Mit der Annahme von erhöhten Ausgaben müssen dann aber auch folgelogisch erhöhte Betriebsausgaben, Werbungskosten oder Sonderausgaben geltend gemacht werden können.
Steuerliche Beachtung findet die Körperschaftsteuer also immer bei den Gewinneinkünften respektive bei den Einkünften aus Kapitalvermögen.

Eine Rückwirkung wird von der Rspr. hinsichtlich beherrschender Anteilseigner bei der vGA-Prüfung nicht anerkannt.[173]

VI) Verdeckte Einlagen

Verdeckte Einlagen bilden das Korrelat zu dem Institut der verdeckten Gewinnausschüttung. Diese liegt dann vor, wenn ein Gesellschafter der Gesellschaft auf Grund des Gesellschaftsverhältnisses einen Vermögensvorteil zuwendet. Eine entsprechende Norm der des § 8 III 2 KStG fehlt in der Systematik des Körperschaftsteuerrechts. Daher sind die allgemeinen Regelungen der §§ 4, 5 EStG über Einlagen anzuwenden.

Auch bei verdeckten Einlagen ist zu prüfen, ob diese einem Fremdvergleich standhalten, ob also ein fremder Gesellschafter der Gesellschaft ebenso einen Vorteil in demselben Ausmaß gewährt hätte. Zu betrachten ist dabei der Einzelfall mitsamt seinen Umständen und Indizien.

---

[173] Zum Rückwirkungsverbot vgl. Zusammenfassung in Streck, a. a. O., § 8 Rn. 131 ff. m. w. N.

Die verdeckte Einlage weist einen zu hohen Gewinn aus. Dieser ist im Rahmen der Bilanz zu korrigieren. Dazu wird die verdeckte Einlage außerhalb der Bilanz wieder vom Gewinn abgezogen. Dadurch muss auch beim Anteilseigner die Vermögensminderung steuerlich korrigiert werden, indem dessen Beteiligung z. B. nicht als Werbungskosten bei den Einnahmen aus Kapitalvermögen geltend gemacht werden kann.

VII) Steuersatz, § 23 KStG

Der Steuersatz der Körperschaftsteuer beträgt gem. § 23 KStG 15 vom Hundert. Mit der Festlegung eines einheitlichen Steuersatzes entfällt die bisherige Trennung von Thesaurierung und Ausschüttung von Gewinnen.

VIII) Exkurs Eigenkapital

Kapital ist die wichtigste Voraussetzung für eine wirtschaftliche Betätigung auf dem Finanzmarkt. Unterschieden werden muss dabei in die Termini Eigenkapital und Fremdkapital. Aufgrund der umfangreichen Ausführungen zu Fremdkapital in der Bilanzierung soll hier nicht näher darauf eingegangen werden. Verwiesen wird insoweit auf die einschlägige Fachliteratur.

1) Zusammensetzung und Definition

Eigenkapital wird vermindert durch Verluste und wird definiert als Finanzmittel des Unternehmens.[174] Es stellt also die Differenz zwischen der Summe aller Schulden (abzüglich der passiven Rechnungsabgrenzungsposten) und der Summe der Aktiva dar.

Das Eigenkapital untergliedert sich in folgende drei Voraussetzungen:

(1) Nennkapital

(2) Offene Rücklagen

(3) Gewinn & Gewinnvortrag

---

[174] Kötter/Hirt/Röttinger, a. a. O., S. 300 ff.

Es wird grundsätzlich auf der Passivseite der Handelsbilanz und Steuerbilanz ausgewiesen und hinreichend aufgegliedert.

Bei Aktiengesellschaften wird das Nennkapital durch die Gesamtheit der Nennbeträge aller ausgegebenen Aktien gebildet. Es bildet sich zum einen aus äußeren Umständen und zum anderen aus der Thesaurierung von Gewinnen. Unterschieden wird ferner zwischen festem und variablem Eigenkapitalkonto.

Das **feste EK-Konto** definiert sich durch das gezeichnete Kapital, also die Höhe der Gesellschafteranteile an der Kapitalgesellschaft. Dies dient der Gläubigerinformation und bleibt solange unverändert, bis die Änderung der Satzung eine Erhöhung oder Herabsetzung zulässt.

Das **variable EK-Konto** definiert sich durch die jährlich schwankende Höhe. Denn das variable EK-Konto umfasst die Rücklagen und das Unternehmensergebnis. Die zu bewertenden Rücklagen unterteilen sich in Kapital- und Gewinnrücklagen.

Kapitalrücklage ist z. B. die Differenz zwischen dem Nennbetrag und den Ausgabeanteilen von Gesellschaftsanteilen.

Gewinnrücklagen sind dadurch gekennzeichnet, dass sie durch Gewinnthesaurierung entstehen und werden definiert als Beträge, die im Geschäftsjahr oder in einem früheren Geschäftsjahr aus dem Ergebnis gebildet wurden, § 272 III S. 1 HBG.
Rücklagen werden grundsätzlich aus dem versteuerten Gewinn gebildet, so dass von einer Gewinnverwendung ohne Einfluss auf das Ergebnis gesprochen werden kann.

Das Eigenkapital ist ein wichtiger Bestandteil der Bilanz. Es stellt die Geschäftsführung, den Verlustausgleich, die Gewinnbeteiligung, die Haftung sowie die Arbeitskontinuität dar.

Die **Geschäftsführung** bezeichnet die Berechnung des Umfangs aller Rechte eines Gesellschafters auf Geschäftsführung. Bei der AG wird dies bestimmt durch die Aktionärsrechte in der Hauptversammlung und berechnet sich generell am Verhältnis der jeweiligen Gesellschaftsanteile am gezeichneten Kapital.

Der **Verlustausgleich** stellt das Eigenkapital als Reserve für etwaige Verluste des Unternehmens dar. Verluste sind dabei als Überschuss der Aufwendungen über die Erträge zu verstehen. Diese können insoweit aufgefangen werden, indem das Eigenkapital herabgesetzt wird oder Rücklagen verringert bzw. aufgelöst werden. Daher ist auch der hohe Stellenwert des Eigenkapitals zu erklären. Denn je höher der Betrag, desto mehr Verluste können aufgefangen werden. Das bedeutet auch, dass bei Marktveränderungen ein gewisser zeitlicher Spielraum verbleibt, um sich den neuen Marktanforderungen zu stellen.

Die **Gewinnbeteiligung** definiert den Anspruch auf entstandene Gewinne des Unternehmens. Die Gewinnbeteiligung modifiziert daher auch die Folgen eines Verlustausgleiches, indem den Gesellschaftern etwa eine höhere Gewinnbeteiligung in Aussicht gestellt wird, wenn im Gegenzug mittels Eigenkapitalsenkung Verluste abgefangen werden sollen.

Die **Haftung** des Eigenkapitals versinnbildlicht das Einstehenmüssen der Gesellschaft für etwaige Schulden. Daher kommt ihr ein hoher Stellenwert zu, denn für außenstehende Dritte muss erkennbar sein, inwieweit die Gesellschaft fähig ist, für ihre Verbindlichkeiten haften zu können.
Alle vorausgegangenen Funktionen des Eigenkapitals gehen mithin aus der Bilanz hervor und sind für Dritte erkennbar.

2) Einführung in die Bilanzierung

Die Bilanz eines Unternehmens basiert grundsätzlich auf dem Inventar der Gesellschaft. Das Inventar beinhaltet eine ausführliche Gegenüberstellung aller einzeln abgrenzbaren Posten, während die Bilanz Vermögensvorteile und Verbindlichkeiten komprimiert darstellt. Verzichtet wird in der Bilanz demzufolge auf Einzelangaben, wobei die Wirtschaftsgüter in Gruppen gefasst und als Ganzes deklariert werden. Die Bilanz soll nämlich die Funktion der Übersichtlichkeit erfüllen und keinen Aufschluss über einzelne Werte liefern. Dennoch muss sie vollständig und gegliedert sein. Denn einer Bilanz kommt auch eine statistikähnliche Bedeutung zu, indem mehrere Bilanzen zeitlich und mehrere Bilanzen verschiedener Unternehmen inhaltlich verglichen werden.
Das dem italienischen il bilancia entspringende Wort „Waage" stellt klar, dass einer Bilanz immer eine ausgleichende Funktion zukommt.

Die Bilanz gliedert sich, wie bereits erwähnt, in Aktiva und Passiva in Form eines T-Kontos.

Auf der **linken Seite** diese Kontos steht das Vermögen als Ganzes (**Aktiva**), über das der Unternehmer verfügt, sei es in Form von Eigentumsrechten oder in Form anderer Sachgüter.

Auf der **rechten Seite** der Bilanz erscheint das Kapital (Eigen- oder Fremdkapital) als **Passiva**.

Die Bilanz ist in der Regel nach einem Geschäftsjahr und zwar innerhalb von 6 Monaten für die Handelsbilanz und innerhalb von 6-8 Monaten für die Steuerbilanz auszuweisen.

Stark vereinfachtes Beispiel:[175]

Aktiva	Passiva
Forderungen	Rücklagen
Vermögensgegenstände	Gezeichnetes Kapital
Wertpapiere	Gewinnvortrag
	Jahresüberschuss

Die Bedeutung der Bilanz erschließt sich im Kontext mit den Einkommensarten (vgl. oben B III). Die ersten drei Einkommensarten (Einkünfte aus Land- und Forstwirtschaft, Einkünfte aus Gewerbebetrieb sowie Einkünfte aus selbständiger Arbeit) beruhen immer auf der Feststellung des Gewinns. Die steuerliche Bilanz hat also immer die Aufgabe, die ertragsteuerliche Gewinnfeststellung zu ermöglichen. Der Gewinn ist nach zwei Methoden zu ermitteln:

(1) Gewinn- und Verlustrechnung (GuV)

Nach der Gewinn- und Verlustrechnung wird Aufwand eines Geschäftsjahres vom Ertrag abgezogen (Gewinn = Ertrag ./. Aufwand). Daraus kann sich ein Gewinn oder Verlust ergeben, der dann saldiert wird.

(2) Bilanzformel, § 4 I S. 1 EStG

Die zweite und im Übrigen in § 4 I S. 1 EStG vorgeschriebene Möglichkeit ist die Bilanzierung mittels Bilanzvermögensvergleich. Danach wird das Betriebsvermögen vom Schluss des vorangegangenen Wirtschaftsjahres (BV-1) vom Betriebsvermögen des abgelaufenen Wirtschaftsjahres (BV-2) abgezogen und um den Wert der Entnahmen (EN) und Einlagen (EI) modifiziert (Gewinn = BV-2 ./. BV-1 + EN – EI). Auch hier kann sich ein Verlust oder Gewinn ergeben, der dann ggf. im Wege des Verlustvortrages oder Verlustrücktrages

175 Vgl. ausführliches Beispiel für Kapitalgesellschaften in Falterbaum u. a., a. a. O., S. 79 f.

steuerlich geltend gemacht wird. Die Gewinnermittlung kommt für diejenigen Bilanzpflichtigen in Betracht, die auch nach dem Handels- oder Steuerrecht verpflichtet sind, Bücher zu führen und Abschlüsse zu erstellen (z. B. Land- und Forstwirte, sonst. Gewerbetreibende u. a.).

(3) Überschussrechnung, § 4 III EStG

Wenn keine Pflicht zur Führung von Büchern besteht, ist es möglich, den Gewinn mittels Überschussrechnung (§ 4 III EStG) festzustellen. Dabei werden die Betriebseinlagen und die Betriebsausgaben gegenübergestellt; es erfolgt also eine reine Zufluss- / Abflussrechnung.

(4) Sonderregelungen

Für Forst- und Landwirte sind u. U. auch Sonderregelungen vorgesehen, wobei der Gewinn nach Durchschnittssätzen ermittelt wird. Aber auch mit der ertragsunabhängigen Tonnagesteuer bei Kauffahrteischiffen kann der Gewinn ermittelt werden.

(5) Schätzung

Nicht zuletzt ist die Gewinnermittlung mittels Schätzung zu betrachten. Diese wird dann vorgenommen, wenn ein Geschäftsvorgang zum Bilanzzeitpunkt noch nicht abgeschlossen ist oder wenn der Stpfl. sein Wahlrecht hinsichtlich der Gewinnermittlung nicht ausgeübt hat.

Bei Vorlage der gesetzlichen Voraussetzungen steht jedem Stpfl. u. U. ein Wahlrecht hinsichtlich der Bilanzierung zu. Ein Wechsel der Art der Gewinnermittlung ist jedoch nicht zu jedem Zeitpunkt, sondern lediglich zum Beginn der jeweiligen Wirtschaftsjahres möglich. Dabei ist jeder Stpfl. an die Wahl seiner Bilanzierungsart für drei Jahre gebunden. Je nach Art der Gewinnermittlung ergeben sich unterschiedliche Ergebnisse hinsichtlich des Endgewinns. Bereits hier wird deutlich, dass die nunmehr begonnene einheitliche Bilanzierung nach internationalen Standards einen immer höheren

Stellenwert einnimmt. Denn nur so ist ein objektiver Bilanzvergleich und eine unabhängige Gewinnermittlung möglich.

Für die Gewinnermittlung ist elementare Voraussetzung, dass alle Vorgänge der betrieblichen Veranlassung unterliegen, also nicht dem Privatkonsum dienen. Zu analysieren ist im Einzelfall immer, inwieweit außerbetriebliche Gründe für den jeweiligen Erfolg ausschlaggebend waren.

3) Erhöhung des Eigenkapitals und deren Folgen

Fraglich ist, wie sich eine Kapitalerhöhung auf die Bilanz und somit steuerlich auswirkt. Eine Kapitalerhöhung ist immer dann gegeben, wenn die Satzung einer AG oder KGaA mittels Hauptversammlung geändert wird. Die Kapitalerhöhung erfolgt also generell immer in zwei Stufen. Zunächst wird der Beschluss zur Erhöhung gefasst, um die Positionen aller Parteien zu beachten (§§ 182 ff. AktG). Danach wird die Kapitalerhöhung durchgeführt (§§ 185 ff. AktG). Die Hauptversammlung kann mit Feststellung des Jahresabschlusses gleichzeitig den Kapitalerhöhungsbeschluss herbeiführen, wobei der Jahresabschluss der Kapitalerhöhung zeitlich vorausgehen muss.
Für den Kapitalerhöhungsbeschluss kann als Grundlage die letzte Bilanz dienen, § 209 AktG.

Im Aktienrecht ergeben sich folgende Arten der Kapitalerhöhung:

- gegen Einlagen gem. §§ 182 ff. AktG
- mittels bedingter Kapitalerhöhung, §§ 192 ff. AktG
- mittels genehmigten Kapital, §§ 202 ff. AktG
- aus Gesellschaftsmitteln, §§ 207 ff. AktG

Lediglich die Kapitalerhöhung aus Gesellschaftsmitteln stellt eine solche aus dem Kreise des Unternehmens dar, während die restlichen Erhöhungsarten der Inbegriff für die Zuführung neuen Kapitals darstellen.

Die Kapitalerhöhung gegen Einlagen bestimmt sich nach §§ 182 ff. AktG. Dabei erfolgt eine Erhöhung des Nennwertes des Grundkapitals durch Ausgabe neuer Aktien gegen Bar- oder Sacheinlagen. Um die Gläubiger zu schützen, wurde mit § 9 I AktG das Verbot statuiert, Aktien unter pari auszugeben. Eine Ausgabe über dem Nennbetrag ist dagegen durchaus möglich, da hierdurch die Gläubiger und Aktionäre nicht in die Gefahr einer Schädigung geraten. Die Bilanzierung erfolgt mit dem Zeitpunkt der Eintragung der Kapitalerhöhung in das Handelsregister. Liegt der Abschlussstichtag vor dem Zeitpunkt der Eintragung und wurden vor der Eintragung bereits Bareinlagen geleistet und Aktien gezeichnet, so sind diese Einlagen unter dem Eigenkapital als Kapitalerhöhungseinlagen bilanziell auszuweisen.

Die erbrachten Einlagen bei Erwerb der jungen Aktien stellen keinen Gewinn der Kapitalgesellschaft dar, § 8 I KStG i. V. m. § 4 I 1 EStG. Dies gilt auch für ein eventuelles Agio (Aufpreis (100 % + X)). Insofern ist von einer Besteuerung im Sinne des KStG abzusehen. Auszugehen ist nämlich hierbei, dass die Kapitalerhöhung innerhalb der Gesellschaft stattgefunden hat und sich somit auf lediglich gesellschaftsrechtlicher Ebene abspielt. Im Übrigen beruht die Erhöhung des Kapitals nicht auf der Tätigkeit der Kapitalgesellschaft, sondern lediglich auf einer Basis von Strukturänderung und Kapitalbeschaffungsmaßnahme. Die bei der Erhöhung entstehenden Kosten wie Notarkosten, Registereintragungskosten u. a. sind im Wege der Bilanz vom Gewinn als Betriebsausgaben abzuziehen. Im Falle des hier zu betrachtenden Squeeze-out kommt eine Besteuerung nicht in Betracht, denn vorliegend ist eine Erhöhung des Eigenkapitals gar nicht zur Entstehung gelangt. Der Aufkauf der Aktien von Minderheitsaktionären bewirkt keine Kapitalerhöhung, da die Aktien bereits emittiert wurden. Die Barabfindung dürfte keine steuerlichen Auswirkungen hervorrufen, da sie in der Bilanz steuerneutral auftreten sollte. Denn die Ausgaben der Barabfindung stehen den Einnahmen der Aktienanteile wertungsneutral entgegen. Dies gilt jedoch nur, wenn Barabfindung und Nennbetrag sich entsprechen. Ansonsten ist wertungsmäßig zu bilanzieren.

Die bedingte Kapitalerhöhung gem. §§ 192 ff. AktG enthält die Kapitalerhöhung in der Form, dass das Grundkapital lediglich in dem Maße erhöht wird, wie die Aktionäre vom Bezug neuer Aktien oder etwaiger Schuldverschreibungen Gebrauch machen. Maßgeblich ist hier also die Ausübung der Rechte der Aktionäre aus der ex post Betrachtung. Daher ist die bedingte Kapitalerhöhung ein sehr zeitaufwendiger Vorgang, der lediglich von der Entschlussfreudigkeit der Aktionäre gesteuert wird. Auch der Umfang der Kapitalerhöhung ist auf Grund des Zeitfaktors unbestimmt; hierin gründet sich ein bedeutender Unterschied zur ordentlichen Kapitalerhöhung. Steht bei dieser fest, dass der festgelegte Betrag nicht erreicht wird, ist der Kapitalerhöhungsbeschluss hinfällig. Bei der bedingten Erhöhung ist der Umfang nicht maßgeblich; mit dem Beschluss der Hauptversammlung wird die Kapitalerhöhung für die Gesellschaft endgültig. Die bedingte Erhöhung ist besonders für den Zusammenschluss von Unternehmen geeignet, § 192 II Nr. 2 AktG. Ist also eine Kapitalgesellschaft Mehrheitsaktionär und beabsichtigt, die Aktien einer anderen Kapitalgesellschaft zu übernehmen, so kann sie zwecks Erhöhung des eigenen Kapitals die bedingte Kapitalerhöhung als ein geeignetes Instrumentarium nutzen. Aber auch zur Ausgabe von stock options (oben A II 5 lit. b / B V 8) kann die bedingte Kapitalerhöhung genutzt werden. Es ist jedoch darauf zu achten, dass der Nennbetrag des bedingten Kapitals die Hälfte des Grundkapitals nicht übersteigt. Damit soll der Schutz der Anleger vor übertriebenem Einsatz dieses Finanzinstrumentariums sowie das öffentliche Interesse an einer durchschaubaren Kapitalpolitik des Unternehmens gewährleistet werden.

Das Grundkapital ist im Zeitpunkt der Aktienausgabe erhöht, d. h. die Kapitalerhöhung wird – im Gegensatz zu den restlichen Kapitalerhöhungen - mit der Ausgabe der Aktien wirksam. Daraus folgt auch, dass mit jeder ausgegebenen Aktie die Grundkapitalziffer zu berichtigen ist. In der Bilanzierung sind die ausgegebenen Aktien hinsichtlich Zahl und Nennbetrag gesondert auszuweisen. Diese Art der Kapitalerhöhung ist nicht geeignet, eine schnelle finanzielle Verbesserung des Unternehmens herbeizuführen, denn auf Grund der zeitaufwendigen Kapitalerhöhung kann auf Marktänderungen nicht rechtzeitig reagiert werden. Gleiches gilt bei temporären Schwierigkeiten des Unternehmens.

Bei einer **Kapitalerhöhung** im Wege des **genehmigten Kapitals** gem. §§ 202 ff. AktG wird – hinsichtlich des Zeitfaktors - genau das Gegenteil der bedingten Kapitalerhöhung erreicht. Hierbei ist der Vorstand der jeweiligen Kapitalgesellschaft ermächtigt, das Grundkapital bis zu einem bestimmten Nennbetrag zu erhöhen. Dies geschieht wiederum mittels Ausgabe neuer Aktien. Gem. § 202 II AktG kann die Ermächtigung maximal für fünf Jahre Geltung beanspruchen.

Dieser Weg der Kapitalerhöhung knüpft an das angloamerikanische Recht an. Dort ist ein Grundkapital wie im deutschen Recht nicht erforderlich. Vielmehr ist es den Gründern gestattet, je eine Aktie zu übernehmen, der Rest kann vom Vorstand ausgegeben werden. Voraussetzung dafür ist jedoch, dass mindestens sieben Gründer zusammenkommen, die das memorandum of association (Satzung) feststellen.

Im genehmigten Kapital ist auch wieder zu beachten, dass dieses die Hälfte des Grundkapitals nicht überschreiten darf. In der Bilanzierung erfolgt die Ausweisung des genehmigten Kapitals lediglich im Anhang der Bilanz, während bei Ausübung dieses Rechts vom Vorstand das erhöhte Grundkapital bilanziell auszuweisen ist. Vorteil dieser Methode ist, den Vorstand schnell reagieren zu lassen und im Falle dringlicher Situationen schnell und einfach, unter Vermeidung der Hauptversammlung, Kapital beschaffen zu lassen. Hier liegt das Hauptaugenmerk auf der flexiblen Reaktionsmöglichkeit des Unternehmens und der Stärkung des Vorstands.

Die Kapitalerhöhung wird wirksam mit der Eintragung der Durchführung der Grundkapitalerhöhung in das Register. Im Gegensatz zur bedingten Kapitalerhöhung wirkt die Registereintragung nicht deklaratorisch, sondern vielmehr konstitutiv. Da das Grundkapital auch die Satzung ändert, wird diese zeitgleich mit der Kapitalerhöhung in das Register eingetragen.

Last but not least kommt eine **Kapitalerhöhung aus Gesellschaftsmitteln** gem. §§ 207 ff. AktG in Betracht. Dabei ist zu beachten, dass keine neuen Kapitalzuflüsse entstehen, sondern lediglich ein Instrument zur bilanziellen Umbuchung geschaffen wurde. Hier erfolgt ein Passivtausch, d. h. bereits vorhandenes Eigenkapital in Form von Rücklagen der Kapitalgesellschaft wird in Grundkapital umgewandelt. Dadurch ändert sich weder die Zahl der Aktionäre noch deren Beteiligungsquote. Dabei gelangen jedoch neue Mitgliedschaftsrechte zum Entstehen, so dass hier von einer echten Kapitalerhöhung gesprochen werden kann.

Sinn und Zweck einer solchen Kapitalerhöhung wird es regelmäßig sein, nach außen zu zeigen, dass das Unternehmen nunmehr mit einem höheren Eigenkapitalstock arbeiten kann. Ferner wird die Unternehmensleitung streng bemüht sein, Rücklagen dauerhaft an das Unternehmen zu binden. Dass dabei die Anleger oftmals Nachteile erleiden, bedarf keiner großen Überlegung. Denn das Kapital, dass ihnen eigentlich ohnehin zustünde, wird nunmehr neu verteilt und kann bei einer Ausschüttung nicht mehr berücksichtigt werden. Dafür reagiert die Börse auf derartige Kapitaländerungen mit einer wahren Kursrallye, so dass die Anleger kurzzeitig auch unmittelbar an der Kapitalerhöhung partizipieren können. Ein weiterer Gesichtspunkt ist das Bemühen, die Kurse auf Dauer relativ gering zu halten. Denn ansonsten müssten sich die Dividenden den Kurssteigerungen anpassen. Außerdem kommt hinzu, dass Aktien mit hohem Kursfaktor schwerer marktgängig sind als entsprechende Aktienanteile mit einem niedrigeren Kurswert. Zudem ist beachtenswert, dass wegen der Abschmelzung der Rücklagen wieder neue Rücklagen gebildet werden, ohne dass es einer exorbitanten Begründung bedarf.

Durch die sich anschließende Aktienkurserhöhung wird keine Einkommensteuerpflicht der Aktionäre ausgelöst. Denn die Aktionäre erhalten durch die Erhöhung des Kapitals keinen neuen Wert, sondern Finanzmittel, die ihnen ohnehin zustehen. Steuerlich zu beachten ist ferner, dass die Kapitalerhöhung aus Gesellschaftsmitteln Gewinnrücklagen in Grundkapital umwandelt. Die Gewinnrücklagen wurden u. U. jedoch bereits mit dem Körperschaftsteuerregelsatz besteuert, so dass eine Ausschüttung günstiger ausfallen könnte. Dies muss jedoch der Einzelfallbetrachtung vorbehalten bleiben.

Auch hier wird mit der Eintragung des Kapitalerhöhungsbeschlusses in das Handelsregister die Kapitalerhöhung wirksam. Daher sind gleichzeitig die verminderten Rücklagen und das erhöhte Grundkapital bilanziell auszuweisen.

Das Wesen der Kapitalerhöhung ist nicht unumstritten. Eine Ansicht betrachtet die ordentliche Erhöhung des Kapitals als Kapitalbeschaffungsinstrument.[176] Denn mit der Erhöhung des Kapitals werden neue Aktien ausgegeben, die dann auch das Kapital der Gesellschaft erhöhen. Dagegen hält die andere Ansicht mit der Intention, die Kapitalerhöhung sei eine Strukturänderung der Aktiengesellschaft.[177] Denn mit der Ausgabe neuer Aktien würden auch neue Anteilsinhaber in das Unternehmen gelassen. Damit verändere sich die Struktur der Aktionäre. Beiden Ansichten uneingeschränkt zuzustimmen wird vorliegend verneint. Denn eine Kapitalerhöhung ist eine Kombination aus beiden Meinungen. Mit der Erhöhung des Kapitals wird die Liquidität verbessert und zugleich neue Aktionäre in das jeweilige Unternehmen transferiert. Insofern ist es fehlerhaft, dem deutschen Gesetzgeber zu folgen, der in der Kapitalerhöhung eine Strukturänderung sieht.

4) Herabsetzung des Eigenkapitals und deren Folgen

Im Gegenzug zur Kapitalerhöhung ist nunmehr zu analysieren, wie sich die Kapitalherabsetzung steuerlich auswirkt. Mit der Erhöhung des Kapitals hat sie gemein, dass wiederum eine Änderung der Satzung notwendig ist. Gründe für eine Kapitalherabsetzung werden zumeist im Zusammenhang mit einem Verlustausgleich oder der Einstellung von Rücklagenbeträgen, aber auch mit der

[176] Vgl. Heidel, a. a. O., S. 877 ff.
[177] Ebenda m. w. N.

Rückzahlung von Grundkapital an die Anteilseigner sowie der Entbindung von noch ausstehenden Auslagen genannt. Aber auch diejenigen Gesellschaften, die zuviel liquide Mittel besitzen, können sich mit diesem Finanzinstrument des Überschusses entledigen. Ferner ist zu beachten, dass Gesellschaften, deren Kapital unter das Grundkapital gesunken ist, mittels Kapitalherabsetzung einen Ausgleich schaffen, ohne auf etwaige Gewinneinnahmen warten zu müssen. So kann unter Umständen eine drohende Insolvenz kurzzeitig abgewendet werden. In Betracht kommt auch die Aufspaltung eines Unternehmens in verschiedene Subunternehmen. Dann kann das Grundkapital herabgesetzt werden. Das damit erlöste Kapital kann in Form von Neuaktien der entstandenen Unternehmen an die alten Anteilseigner ausgegeben werden. Im Übrigen wird mittels dieses Verfahrens die Ausschüttung einer angemessenen Dividende erreicht sowie die Möglichkeit, den durch die Herabsetzung des Kapitals gewonnenen Betrag als Gewinnrücklage zu realisieren. Kommt es in Zukunft zu Verlusten, kann ein Ausgleich erfolgen, ohne das Eigenkapital anzugreifen.
Die Ziele der Kapitalherabsetzung sind also vielseitig, aber immer wirtschaftlich gelagert. Im Folgenden ist daher die steuerrechtliche Seite ausschlaggebend.

Im Aktienrecht ergeben sich folgende Arten der Kapitalherabsetzung:

- die ordentliche Kapitalherabsetzung, §§ 222 ff. AktG
- die vereinfachte Kapitalherabsetzung, §§ 229 ff. AktG
- die Einziehung von Aktien, §§ 237 ff. AktG

Die Kapitalherabsetzung bedeutet immer die Verringerung des Grundkapitals einer Kapitalgesellschaft. Mit der daraus folgenden Überschreitung des alten Grundvermögens der Gesellschaft gelangt der Betrag zur Ausschüttung, der daher sogleich zur Verteilung gelangen kann.

Die **ordentliche Kapitalherabsetzung** gem. §§ 222 ff. AktG erreicht die Verminderung des Grundkapitals durch Herabsetzung des Nennbetrags der Aktien oder durch Zusammenlegung von Nennwert- und Stückaktien. Dem geht ein Hauptversammlungsbeschluss voraus, in dem zunächst die allgemeinen Anforderungen an eine solche Hauptversammlung zu beachten sind. Denn die Kapitalherabsetzung ist wie die Kapitalerhöhung eine Satzungsänderung und unterliegt daher den Formalien des AktG. Somit sind auch bestehende Mehrheits- Zustimmungs- und Inhaltserfordernisse hinsichtlich der Hauptversammlung zu beachten. In der Hauptversammlung ist alsdann der Herabsetzungsbetrag zu beziffern, wobei eine Gegenüberstellung des alten und des neuen Grundkapitals hilfreich sein kann. Ferner ist der Zweck der Herabsetzung bekanntzugeben, damit die Gläubiger zum Einen informiert werden, also einen besseren Überblick über die Finanzverhältnisse in der Gesellschaft erhalten und zum Anderen, damit die Anleger besser geschützt werden. Denn mit der bestimmten Bezeichnung und Zweckangabe sind Missbrauchshandlungen kaum realisierbar.

Die Kapitalherabsetzung wird wirksam mit der Eintragung des Herabsetzungsbeschlusses in das Handelsregister. Dieser Eintrag hat keine deklaratorische, sondern eine konstitutive Wirkung, d. h. mit Registereintragung wird das Grundkapital auf einen neuen Wert herabgesetzt. Die Eintragung der Durchführung in das Handelsregister ist dabei irrelevant.

Die **vereinfachte Kapitalherabsetzung** gem. §§ 229 ff. AktG dient dem Ausgleich von Verlusten (sog. Buchsanierung). Erreicht werden soll und einziger Sinngehalt ist es, die Kapitalgesellschaft zu sanieren. Voraussetzung für diese Art der Kapitalherabsetzung ist es, die Sanierung zuvor mittels Auflösung von Rücklagen oder durch Verwendung eines Gewinnvortrages versucht zu haben. Ferner wird mittels Verweis auf die ordentliche Kapitalherabsetzung deutlich gemacht, dass diese zunächst Vorrang haben sollte. Für die Bilanz ist es wichtig, dass die Kapitalherabsetzung auf den Jahresabschluss des vorangegangenen Geschäftsjahres zurückbezogen werden darf. Dazu ist jedoch Voraussetzung, dass der letzte Jahresabschluss durch die Hauptversammlung festgestellt wird. Dieser Beschluss wird i. d. R. mit dem Kapitalherabsetzungsbeschluss kombiniert.

Die Kapitalherabsetzung ist zum Handelsregister anzumelden. Mit der Eintragung des Beschlusses in das Register wird die Herabsetzung wirksam. Auch hier ist wieder eine konstitutive Regelung vorhanden. Hinsichtlich eines ökonomisch sinnvollen Ablaufs der gesamten Vorgänge ist es möglich, den Herabsetzungsbeschluss mit der Anmeldung zur Durchführung der Kapitalherabsetzung zu verbinden und beide gleichzeitig beim Handelsregister anzumelden. Dazu ist jedoch Voraussetzung, dass die Einziehungshandlungen zum Zeitpunkt der Anmeldung bereits stattgefunden haben. Der Aufsichtsratsbeschluss sowie eine notarielle Vollständigkeitsbescheinigung sind der Anmeldung beizufügen.

Der Erwerb eigener Anteile durch die Gesellschaft – etwa im Squeeze-out – oder die Einziehung der Anteile führt nicht zu steuerpflichtigen Erträgen. Gleiches gilt für den Minderheitsaktionär, der nunmehr seiner Anteile entledigt wurde. Etwas anderes gilt lediglich dann, wenn die Einziehung innerhalb der Spekulationsfrist erfolgt. Dann ist ein Veräußerungsgeschäft nach h. M. zu bejahen, das konsequent auch zu steuerpflichtigen Einnahmen führen muss. Dem kann nicht gefolgt werden. Die Einziehung von Aktien gliedert sich inhaltlich stark an den Squeeze-out an. Dann muss aber auch folgelogisch eine Zwangseinziehung zu bejahen sein. Eine Zwangseinziehung berücksichtigt nicht die voluntativen Elemente eines jeden Rechtsgeschäfts. Insoweit kann nicht von einem Veräußerungsgeschäft gesprochen werden, sondern eher von einer Zwangsliquidation. Diese kann nach Verständnis des Verfassers jedoch aufgrund der zwangsweisen „Enteignungskomponente“ keine Steuerpflicht auslösen, denn hier wird gegen die Rechtsordnung argumentiert, um einen Zweck, nämlich den der Besteuerung, zu erreichen. Diese Vorgehensweise ist sowohl rechtspolitisch als auch finanzrechtlich stark verfehlt. Insofern wird hier angenommen, dass kein Veräußerungsgewinn zu deklarieren ist.

Bei der **Kapitalherabsetzung durch Einziehung von Aktien**[178] gem. §§ 237 ff. AktG soll vorrangig der Schutz der Gläubiger gewährleistet werden. Dem

[178] Vgl. dazu auch Klose/Ruppert, a. a. O., S. 250 ff.

Schutz der Aktionäre – soweit überhaupt von Schutz zu sprechen ist – wird dadurch Rechnung getragen, dass die Zwangseinziehung nur aufgrund einer Änderung der Satzung möglich ist. Diese muss bereits in der ursprünglichen Satzung enthalten sein.

Die Einziehung der Aktien bedeutet die Vernichtung der Mitgliedschaftsrechte. Insoweit ist hier eine starke Parallele zum Squeeze-out zu beobachten. Dennoch haben die Aktionäre die Einziehung mittelbar selbst in der Hand. Denn der Satzungsbeschluss mit der darin enthaltenen Klausel bedarf wiederum der Zustimmung der Aktionäre. Jedoch wird auch überlegt, einen solchen Beschluss für nichtig zu erklären, da die Zustimmung zur Einziehung der Mitgliedschaftsrechte den totalen Verlust für die Aktionäre bedeutet. Zwar erhalten diese eine Abfindung; jedoch soll ein Verzicht auf die Rechte nicht möglich sein. Denn dies würde dem Wesen eines Aktionärs zuwiderlaufen; dieser würde sich dann vollends in die Willkür der Gesellschaft begeben. Dem kann jedoch nicht gefolgt werden, da jedermann freiwillig den Verzicht seiner Rechte erklären kann. Insoweit unterliegt dieser der Disposition des Erklärenden. Ferner ist der Beschluss der Hauptversammlung anfechtbar. Somit hat jeder Aktionär die Möglichkeit, sich gegen die Übernahme zu wehren. Im Übrigen sind die Grundsätze der Verhältnismäßigkeit auch hier anzuwenden. Daher ist ein solcher Beschluss wirksam.

Voraussetzung für diese Art der Kapitalherabsetzung ist auch wieder der HV-Beschluss sowie die Eintragung in das Handelsregister.

Der daraus gewonnene Ertrag ist im Rahmen der GuV-Bilanzierung als Ertrag der Kapitalherabsetzung gesondert zu deklarieren. Die Anschaffungskosten sind dabei als Aufwand aus der Kapitalherabsetzung auszuweisen, wobei die Herabsetzung des gezeichneten Kapitals mittels Betragsverringerung darzustellen ist. Steuerlich betrachtet stellt die Kapitalherabsetzung einen neutralen Vorgang im Rahmen des Vermögensbereiches dar. Hinsichtlich der \`enteigneten\` Aktionäre soll nach h. M. innerhalb der einjährigen Spekulationsfrist ein Spekulationsgewinn zu versteuern sein. Dem wird vorliegend nicht gefolgt, denn auch hier ist ein Rechtsgeschäft als

Voraussetzung für einen Veräußerungsvorgang abzulehnen mit der Folge, dass die Erträge dem Privatbereich zuzuordnen sind und steuerlich nicht in Betracht zu ziehen sind.

IX) Steuerveranlagungsverfahren, §§ 30 f. KStG

Die Körperschaftsteuer entsteht gem. §§ 30 f. KStG im Rahmen

- von Vorauszahlungen,
- als Abzugssteuer oder
- im Rahmen der Veranlagung.

Dabei ist auf die Vorgehensweise des EStG zurückzugreifen.

Die Körperschaftsteuer als **Abzugssteuer** bestimmt sich nach § 44 I S. 1 EStG analog. Darin wird auf den Zufluss jeder Zahlung abgestellt, d. h. hinsichtlich der Körperschaftsteuer ist auf den Zufluss von Vermögensvorteilen zu achten. Daraus folgt, dass der einem Empfänger zufließende Betrag bereits um den entsprechenden Steueranteil gekürzt wurde. Somit wird bei jedem Zahlungsvorgang Körperschaftsteuer ausgelöst. Bemessungsgrundlage ist stets der Bruttobetrag ohne Betriebskostenabzug o. ä.

Am Ende eines jeden Geschäftsjahres wird die dann bereits erhobene Körperschaftsteuer auf die im Wege der Veranlagung festzustellende Gesamtsteuer angerechnet, d. h. die Voraussetzungen für eine Veranlagung müssen dafür vorliegen. Ansonsten ist die Abzugssteuer als Abgeltungssteuer zu betrachten, wobei eine Erstattung nicht mehr in Betracht kommt.

Bei Steuererhebung im Wege der **Vorauszahlung** ist § 37 I S. 1 EStG zu beachten. Die Vorauszahlung ist ein Instrument zur Sicherung des Steueranspruchs. Sie ist auflösend bedingt, d. h. mit Ablauf des Veranlagungszeitraumes erlischt die Steuerschuld automatisch, wenn und soweit keine weitere Steuerschuld entstanden ist. Vorauszahlungen werden i. d. R. am zehnten eines jeden Quartals eingezogen, wovon jedoch Ausnahmen gemacht werden können. Bemessungsgrundlage für Vorauszahlungen ist die voraussichtlich anfallende Steuerschuld. Sind keine weiteren Anhaltspunkte für die Vorauszahlungsleistung vorhanden, wird die letzte Steuerschuld bestimmend herangezogen. Da die Vorauszahlung immer quartalsweise erfolgt, ist die Steuerschuld in vier gleiche Beträge aufzuspalten. Voraussetzung ist weiter, dass die Vorauszahlungen mindestens 50 € pro Quartal und mindestens 200 € pro Jahr erreichen.

Ist zu erkennen, dass die Steuerschuld niedriger ausfallen wird als in den Vorauszahlungen stets zu Grunde gelegt, so ist der Betrag entsprechend zu kürzen. Bereits fällige Zahlungen sind ohne Zustimmung des Stpfl. nicht zu kürzen, wenn diese bereits fällig waren. Dagegen ist eine nachträgliche Herabsetzung stets möglich.

Die Anpassung der Vorauszahlungen ist nach h. M. eine Ermessensregel, d. h. im Wege der Überprüfung eines ablehnenden Bescheids ist lediglich nachzuvollziehen, ob ein Ermessensfehlgebrauch, ein Ermessensnichtgebrauch oder eine sonstige Ermessensüberschreitung vorliegt.

Gegen den die Vorauszahlung anfordernden Bescheid ist der Rechtsbehelf der Anfechtung mittels Einspruch möglich. Dabei soll beantragt werden, die Aussetzung der Vollziehung zu gewähren, falls vorläufiger Rechtschutz gewollt wird. Mit Erlass des Jahressteuerbescheids ist der Vorauszahlungsbescheid, wie bereits dargelegt, erledigt. Damit ist im Hauptsacheverfahren zu beachten, dass der Rechtstreit in der Hauptsache erledigt ist. Insoweit muss eine Klageänderung erstrebt werden.

Das **Veranlagungsverfahren** ist immer dann heranzuziehen, wenn nach § 36 I EStG analog eine Steuerschuld am Ende eines Veranlagungszeitraumes rechtsverbindlich festgesetzt werden soll, sei es auf Grund von sonst zu erfolgender Doppelbelastung, sei es weil bereits überzahlte Steuerbeträge eine Erstattung bzw. Nachzahlung erlauben.

Voraussetzung dafür ist, dass der Finanzbehörde das zu versteuernde Einkommen, also der Gewinn, bekannt ist. Aus diesem Grunde wurde die

Pflicht eingeführt, nach Ablauf der Veranlagungszeitraumes eine Erklärung hinsichtlich des Gewinns abzugeben.
Nach Maßgabe der angegebenen Daten wird vom Finanzamt eine Steuerschuld festgelegt; dies ergeht durch schriftlichen, anfechtbaren Bescheid.

D) Kapitalertragssteuer (§ 43 I 1 Nr. 1 EStG) als Folge von Gewinnanteilen an und Auflösung von einer Kapitalgesellschaft (§ 20 I S. 1 Nr. 1 , 2 EStG)

Gewinnanteile oder Auflösungen von Kapitalgesellschaften bringen nicht nur Erträge mit sich, sondern haben auch eine steuerliche Betrachtung zur Folge. Unterschieden werden muss dabei zwischen der Gesellschaft und dem jeweiligen Anteilseigner. Im Folgenden soll – nach Einführung in das System der Kapitalertragsteuer – dargestellt werden, mit welch komplexen Umständen zu rechnen ist und wie sich die Folgen auf Steuer und Bilanz auswirken.

I) Einführung in die Kapitalertragssteuer, § 43 EStG

Die Kapitalertragsteuer ist die vorab erhobene Steuer für bestimmte Kapitalerträge und abzugrenzen vom Zinsabschlag in Höhe von dreißig Prozent der vereinnahmten Zinsen und Kapitalerträge. Das Einkommensteuerrecht kennt die KapESt als Steuer eigener Art nicht. Sie richtet sich daher nach den §§ 43 ff. EStG und ist als Quellensteuer eine Unterart der Einkommensteuer, also eine vorab gezahlte Art der Einkommensteuer (§ 43 EStG) bzw. der Körperschaftsteuer (§§ 30 ff. KStG). Die Quellenbesteuerung soll dabei helfen, die Steuerbeträge vollständig, umfassend und gleichmäßig zu erfassen. Da die Steuererhebung lediglich den Schuldner oder die auszahlende Stelle, jedoch nicht die Finanzverwaltung i. e. S. betrifft, ist die KapESt eine schnelle und günstige Art, Steuerbeträge zu realisieren.

Im Rahmen der Kapitalertragsteuer wird zwischen dem Steuerschuldner und dem Abzugsverpflichteten unterschieden. Die Kapitalertragsteuer wird im Wege des Quellabzugsverfahrens gezahlt, d. h. die Steuer wird direkt am Ursprungsort der Kapitalerträge, also beim Schuldner erhoben. Damit verhält sie sich gegensätzlich zum Zinsabschlag, der grundsätzlich von der auszahlenden Stelle (i. d. R. die Bank oder der Finanzdienstleister) geleistet wird und einem meist höheren Satz unterliegt.

Der Freibetrag ist ein Instrument, um zu vermeiden, dass bei bestimmten Stpfl. KapESt einbehalten wird, die dann im Erstattungsverfahren zurückgezahlt werden müsste, weil der Stpfl. keiner Steuerpflicht unterliegt. Es soll also erreicht werden, dass die Veranlagung aller Kapitalerträge, die unterhalb des Sparerfreibetrages nicht der Besteuerung unterliegen, unbürokratischer und möglichst einfach durchgeführt werden kann. Grundsätzlich soll der Freistellungsauftrag deshalb bereits im Abzugsverfahren berücksichtigt werden, um eine Doppelbesteuerung und umfangreichen Formalaufwand zu vermeiden.

Der Freistellungsauftrag muss nach amtlich vorgeschriebenem Vordruck eine Erklärung über die persönlichen Daten (Name, Wohnort, Geburtsdatum etc.), aber auch über alle weiteren Kapitaleinkünfte enthalten. Dieser wird dann an die jeweiligen Institutionen (Banken, Sparkassen, Finanzdienstleister etc.) verteilt, wobei eine Aufspaltung des Gesamtbetrages in verschiedene Kleinbeträge erfolgen kann, denn kaum jemand erzielt alle Einkünfte aus Kapital bei einer Institution. Der Freistellungsauftrag kann befristet werden, gilt jedoch im Allgemeinen unbefristet.

Ehegatten steht die doppelte Höhe des Sparerfreibetrages zur Verfügung. Bei gemeinsamer Veranlagung kann der Auftrag nur gemeinsam erteilt werden.

Die Institutionen dürfen dem Freibetragsantrag vertrauen, es sei denn, ihnen stehen Informationen zur Verfügung, die einen offensichtlichen Missbrauch deklarieren.

Mit der Kapitalertragsteuer soll sichergestellt werden, dass sämtliche Kapitalerträge festgestellt werden sowie der Grundsatz der Verfahrensökonomie eingehalten wird.

Die Kapitalertragsteuer wird von der Einkommensteuer unabhängig berechnet, d. h. die bereits geleistete KapESt wird ggf. mit der Einkommensteuer verrechnet, wenn diese zur Veranlagung gelangt.

II) Steuerpflicht

Zur Kapitalertragsteuer werden alle Gläubiger herangezogen, die zum Zeitpunkt des Zuflusses der Einnahmen unbeschränkt steuerpflichtig sind, m. a. W. wenn der Gläubiger unbeschränkt steuerpflichtig ist, jedoch für diesen eine Einkommensteuerveranlagung nicht in Betracht kommt, ist auch von einer KapESt abzusehen. Dies ist anzunehmen, wenn der Eingangsbereich der jeweils geltenden Steuertabellen nicht erreicht wird oder wenn eine Antragsveranlagung nach § 46 II Nr. 8 EStG nicht in Betracht kommt. Dann ist dem Stpfl. auf Antrag eine Nichtveranlagungsbescheinigung auszustellen. Ausreichend ist jedoch nicht, dass bei Feststellung des Verlustvor- oder rücktrages nach § 10 d EStG eine Steuerveranlagung nicht in Betracht kommt, bei einer ESt-Veranlagung die festzusetzende Steuer auf Null festgelegt wird. Bei Dividenden kann mit der NV-Bescheinigung auch erreicht werden, dass bei bereits erfolgter Zahlung von KapESt diese zurückerstattet wird. Diese durch das Finanzamt ausgestellte Bescheinigung ist der auszahlenden Stelle (i. d. R. die Bank) vorzulegen. Die Bescheinigung gilt maximal für eine Dauer von drei Jahren bzw. sie erlischt bei Wegfall der Voraussetzungen. In der Höhe ist die NV-Bescheinigung, anders als beim Freistellungsauftrag, nicht begrenzt.

Ehegatten wird keine NV-Bescheinigung pro Person ausgestellt, sondern hier erfolgt eine gemeinsame Bescheinigung.

III) Gewinnanteile aus Aktien, § 20 I S. 1 Nr. 1 EStG

Zu den Einnahmen werden grundsätzlich sämtliche geldwerten Güter gezählt, die sich als Ertrag aus Finanzkapital darstellen lassen. Gewinnanteile aus Aktien oder ähnliche Kapitalerträge i. S. d. § 20 I S. 1 Nr. 1 EStG gehören also zu den Einkünften aus Kapitalvermögen.

Exakt definiert ist die ausschüttende Körperschaft; die AG und die KGaA werden in § 20 EStG ausdrücklich erwähnt.

Von § 20 I S. 1 Nr. 1 EStG werden nur ausgeschüttete Gewinnanteile, jedoch nicht thesaurierte Gewinnanteile erfasst. Auch Verlustanteile einer Gesellschaft fallen nicht unter die Besteuerungsnorm.

E) Steuerstrafrecht

Oft wird bewusst oder auch unbewusst ein steuererheblicher Sachverhalt nicht angegeben. Im Rahmen des hier vorliegenden Kompendiums soll, nicht zuletzt im Hinblick auf die wachsende Bedeutung dieses Gebietes, auf das Strafrecht eingegangen werden.

Strafrechtlich können im Fall des Squeeze-out sowohl die Mehrheits- als auch die Minderheitsaktionäre in Erscheinung treten. Für die Mehrheitsaktionäre bedeutet dies im Speziellen die Realisierung des Betrugtatbestandes, der Insolvenzverschleppung sowie der Untreue, wobei es bei den Minderheitsaktionären vorrangig und hauptsächlich auf die Erfüllung von steuerrechtlichen bzw. steuerstrafrechtlichen Tatbestandsmerkmalen ankommen wird.

Das vorliegende Kapitel soll daher sowohl das Strafrecht (Allgemeiner Teil sowie Besonderer Teil) als auch den strafrechtlichen Teil des Steuerrechts (Abgabenordnung) behandeln. Zum besseren Verständnis wird zunächst auf das Strafrecht mit seinen allgemeinen Bestimmungen eingegangen. Alsdann werden spezielle Tatbestände (Betrug, Untreue etc.) herausgefiltert und umfangreich dargestellt. Im Anschluss daran wird es darum gehen, die Abgabenordnung mit seiner strafrechtlichen Problematik darzustellen und zu erläutern.

Auf Grund der wachsenden Bedeutung des Steuerstrafrechts sei noch einmal darauf hingewiesen, dass dieses Kompendium keine abschließende Regelung bedeutet, sondern eine Einführung in die strafrechtliche Materie vornimmt.

Dennoch erschien es dem Verfasser wichtig, soweit wie möglich umfangreich in die Materie einzudringen und den Leser auf die Problematik hinzuweisen.

Die andauernde Zahl der Straftaten und der Ermittlungsverfahren der Staatsanwaltschaften bzw. der Finanzbehörden weist darauf hin, dass mittlerweile nicht nur die gehobene Gesellschaft sondern auch der Mittelstand und andere Schichten der Bevölkerung strafrechtlich in Erscheinung treten, ohne dies zu wissen bzw. vorsätzlich zu handeln.

Gerade im Fall des Squeeze-out versuchen die Minderheitsaktionäre die Barabfindung am Finanzamt vorbeizuschleusen bzw. mit teils unlauteren Mitteln eine höhere Abfindung zu erhalten. Dies kann aus unterschiedlichen Beweggründen geschehen und mit unterschiedlichen Mitteln verfolgt werden. Dabei wird häufig die Grenze zum Strafrecht übertreten, ohne gleich Vorsatz bei den Handelnden unterstellen zu können. Der Leser soll sich also bewusst werden, dass die Grenze von der Legalität zur Illegalität eine fließende ist und nicht immer zweifelsfrei festgestellt werden kann.[179] Aus diesem Grunde ist es wichtig, die Gefahrgeneigtheit der steuerlichen Materie darzustellen.

Es wird darauf hingewiesen, dass dieses Kompendium weder einen Kommentar noch eine Studienliteratur darstellt, sondern für Praktiker, Steuerinteressierte bzw. Minderheitsaktionäre und Mehrheitsaktionäre gedacht ist. Das Kompendium dient also der schnellen Einarbeitung in die Materie und soll zur vertiefenden Erarbeitung des jeweiligen Problemkreises anregen. Daher wurde bewusst auf einschlägige und umfangreiche Rechtsprechungsnachweise verzichtet. Dies bleibt einer isolierten Nachforschung vorbehalten, da es sich zumeist um Einzelprobleme handeln wird und die Lösung nicht in der ständigen Kommentierung, sondern in der Einzelfallrechtssprechung liegen dürfte, die einem steten Wandel unterliegt.

---

[179] Vgl. jüngst den Prozess um den Vorstand der Deutschen Bank hinsichtlich Abfindungshöhe und Auszahlung per se.

1) Allgemeiner Teil des StGB

Das Strafgesetzbuch in der geltenden Fassung untergliedert sich in einen Allgemeinen Teil und einen Besonderen Teil. Der Allgemeine Teil behandelt das Strafgesetz an sich, die Tat, die Rechtsfolgen der Tat, den Strafantrag sowie die Verjährung, wogegen sich der Besondere Teil auf verschiedene Straftaten im Einzelnen bezieht. Das Strafgesetzbuch umfasst 358 Paragraphen, wovon im Besonderen Teil die Straftaten im Amt vorliegend unberücksichtigt bleiben sollen.

Der Allgemeine Teil des Strafgesetzbuches beginnt mit § 1 (Keine Strafe ohne Gesetz:"Eine Tat kann nur bestraft werden, wenn die Strafbarkeit gesetzlich bestimmt war, bevor die Tat begangen wurde." Damit sollen die Grundsätze „nullum crimen sine lege, nulla poena sine lege" normiert werden, die sich in Übereinstimmung mit Art. 103 II GG an die Tatsache anlehnen, dass unsere Gesellschaft eine Strafe ohne gesetzliche Bestimmung nicht vornehmen kann und damit auch eine Tat ohne gesetzliche Normierung nicht zur strafrechtlichen Sanktion führen kann. Dies gilt also sowohl für den Straftatbestand als auch für die Strafdrohung. Diese Norm bestimmt auch, dass der Strafe ein gewisser Bestimmtheitsgrundsatz zu Grunde liegen muss. Dies bedeutet, dass das Verhalten und die angedrohte Strafe jeweils so konkret umschrieben werden muss, dass Strafbarkeiten im Anwendungsbereich der Tatbestände erkennbar sind und sich durch Auslegung ermitteln lassen.

Aus § 1 StGB folgt ferner, dass die Strafbarkeit lediglich auf geschriebene Gesetze gestützt werden kann. Damit wird ausgeschlossen, dass strafbegründendes und strafschärfendes Gewohnheitsrecht anwendbar ist. Aber auch das Rückwirkungsverbot der Strafbarkeit der Tat zum Nachteil des Täters soll in der Normierung des § 1 StGB zum Ausdruck kommen. Ferner geht aus dieser Norm hervor, dass ein Analogieverbot zu Lasten des Täters statuiert wird, wobei zu Gunsten des Täters jede Analogie erlaubt ist. Dies begründet sich daraus, dass Analogie Ausfüllung einer Gesetzeslücke darstellt und diese Gesetzeslücke durch einen Tatbestand gefüllt wird, der ähnlich ist und den gesetzlich nicht geregelten Fall ähnlich umfasst. Konsequenterweise ist auch die Überschreitung der tatbestandlichen Reduktion zum Nachteil des Täters unzulässig.

Grundlage für die Strafe ist immer eine Tat. Tat bedeutet in diesem Zusammenhang, positives Tun oder pflichtwidriges Unterlassen (§ 13 StGB). Um eine Tat zu begehen, muss nachgewiesen werden, dass der Täter vorsätzlich oder fahrlässig handelte. Die fahrlässige Begehungsweise ist jedoch nur dann strafbar, wenn diese ausdrücklich normiert ist. Vorsatz oder Fahrlässigkeit ergibt sich in diesem Zusammenhang aus § 15 StGB. Strafbar ist danach nur vorsätzliches Handeln, wenn nicht das Gesetz fahrlässiges Handeln ausdrücklich mit Strafe bedroht.

Vorsatz ist die Urform allen Handelns. Dieser wird beschrieben als Wissen und Wollen der Tatbestandsverwirklichung, d. h. der Vorsatz bezieht sich auf alle Tatbestandsmerkmale des jeweiligen Typus einer Strafnorm. Vorsatz ist also aufspaltbar in ein intellektuelles Element und ein voluntatives Element. Beide müssen zum Zeitpunkt der Handlung vorliegen. Dies gilt jedoch nicht bis zum Eintritt der Vollendung.

Da in § 15 StGB nicht ausdrücklich normiert wurde, was zum vorsätzlichen Handeln gehört, wurde durch Rechtsprechung und Lehre diese unpräzise Kurzformel entwickelt. Um dieses Wortgeflecht mit Inhalt auszufüllen, wurden drei Formen des Vorsatzes gewohnheitsrechtlich entwickelt.

Die erste Form umfasst die Absicht, **dolus directus 1. Grades**. Danach ist diese Vorsatzform dadurch gekennzeichnet, dass es gerade darauf ankommt, den Erfolg der Tat herbeizuführen, es also das Ziel des Täters ist, den jeweiligen Tatbestand zu verwirklichen.

Beispiel: A verschweigt ggü. dem Finanzamt in seiner Steuererklärung absichtlich Spekulationsgewinne, um der drohenden Besteuerung durch das Finanzamt mit seinem persönlichen Steuersatz zu entgehen. Ziel ist es dabei, die de lega lata anfallenden Steuern nicht zu zahlen, indem es unterlassen wird, die Gewinne anzuzeigen.

Die zweite Form des Vorsatzes ist der direkte Vorsatz, **dolus directus 2. Grades**. Danach weiß der Täter oder sieht als sicher voraus, dass der gesetzliche Tatbestand einer bestimmten Strafnorm verwirklicht wird. In abgrenzender Anwendung wird der Begriff „wissentlich" oder „wider besseren Wissens" benutzt, wenn dolus directus 2. Grades notwendig als Voraussetzung vorliegen muss. Diese Vorsatzform liegt insbesondere auch dann vor, wenn der bestimmte Erfolg als Folge des Verhaltens des Täters einbezogen wird, obwohl der Erfolg auch unerwünscht sein mag.

Beispiel: A spricht den B an, für ihn Geschäfte zu tätigen, um der Besteuerung durch das Finanzamt zu entgehen. Dies ist sein auserkorenes Ziel. Dass er dabei den B anstiftet, eine Straftat zu begehen, oder der B sich zumindest wegen Beihilfe der Strafbarkeit unterzieht, bezieht der A bei seinem Vorhaben mit ein, auch wenn ihm dies unerwünscht sein mag.

Die dritte Form des Vorsatzes ist der Eventualvorsatz, **dolus eventualis**. Diese Vorsatzart ist in praxi heftig umstritten. Um die Anforderungen an den bedingten Vorsatz ranken sich unzählige Theorien, die im Großen und Ganzen dem Täter eine gewisse Kenntnis der Tatumstände unterstellen. Umstritten ist jedoch, wie die Intensität der Vorstellung des Täters hinsichtlich der Erfolgsherbeiführung definiert werden muss. Fraglich ist auch, ob der Erfolg gewollt sein muss (voluntative Seite des Vorsatzes).

Beispiel: A hat durch einen Squeeze-out Spekulationsgewinne i. H. v. 1000,- €, die eigentlich dem Finanzamt zur Besteuerung vorzulegen sind. A ist sich jedoch nicht sicher, ob ihn eine Pflicht zur Anzeige des Spekulationsgewinns trifft. Jedoch hat A bereits im Umfeld schon einmal etwas von Steuerverkürzung und Steuerhinterziehung gehört. Auch der Begriff des Squeeze-out und der Spekulationsbesteuerung sind ihm nicht unbedingt fremd. Ob A jedoch mit der Nichtanzeige den Tatbestand einer Steuerverkürzung oder Steuerhinterziehung erfüllt, ist ihm weder bewusst noch bekannt. A unterlässt die Anzeige beim zuständigen Finanzamt und umgeht somit eine Besteuerung seiner Einkünfte.

Wie bereits erwähnt, führt auch die Fahrlässigkeit zur tatbestandlichen Verwirklichung einer Strafnorm. Voraussetzung ist jedoch, dass die Tat mit fahrlässiger Begehung bestraft werden kann. Wurde dies positiv festgestellt, ist zu fragen, welche Voraussetzungen für die Fahrlässigkeit vorliegen müssen.

Zunächst ist zu untersuchen, ob überhaupt ein tatbestandlicher Erfolg eingetreten ist. Wird dem Täter Unterlassen vorgeworfen, ist hierbei zu prüfen, ob dem Täter eine Garantenstellung (etwa durch Ingerenz) treffen kann. Ansonsten wäre sein Verhalten straffrei. Wurde der Erfolg bejaht (etwa Steuerverkürzung oder Steuerhinterziehung), ist darauf abzustellen, ob der Täter sorgfaltswidrig gehandelt hat. Dieses Tatbestandsmerkmal ist umstritten. Nach herrschender Meinung wird dieses Tatbestandsmerkmal rein objektiv verstanden, wobei in der Literatur vertreten wird, dass sorgfaltswidrig handelt, wer die Gefährlichkeit für das Rechtsgut hätte erkennen können und wer seine Fähigkeiten und Kenntnisse zur Vermeidung des Erfolges nicht eingesetzt hat, obwohl er dies hätte tun können und ihm dies auch zuzumuten war. Die herrschende Meinung der Literatur und Rechtsprechung stellt sich die Frage, ob der Täter diejenige Sorgfalt angewandt hat, die von einem besonnenen und gewissenhaften Menschen in dessen sozialer Rolle des Handelnden und in seiner konkreten Lage zu erwarten ist. Dabei muss berücksichtigt werden, dass dem Täter ein gewisser Sorgfaltsmaßstab hinsichtlich seines Sonderwissens zukommen muss. Insofern ist Fahrlässigkeit nicht als abstraktes

Tatbestandsmerkmal hinzustellen, sondern immer auf eine bestimmte vergleichbare Personengruppe abzustellen. Insoweit ist die Sorgfaltswidrigkeit in eine objektive und eine subjektive aufzuteilen. In praxi nähern sich jedoch alle Standpunkte und vertretenen Ansichten hinsichtlich der Sorgfaltswidrigkeit an.

Auch bei einem Fahrlässigkeitsdelikt kann eine Strafbarkeit durch Unterlassen hervortreten. Dabei ist abzustellen auf die fehlerhafte Vornahme einer Handlung bzw. das Erkennen einer Garantenstellung.
Subjektiver Rechtfertigungselemente bedarf es bei der Fahrlässigkeit nicht. Es ergibt sich damit also folgender Aufbau:

1) Vorsatz:
Erfolg
Handlung
Kausalität
Vorsatz
Objektive Zurechenbarkeit
Rechtswidrigkeit / Rechtfertigungsgründe
Schuld / Fahrlässigkeit / Schuldausschließungsgründe / Milderungsgründe

2) Fahrlässigkeit:
Handlung
Erfolg
Kausalität
Objektive Sorgfaltswidrigkeit
Objektive Zurechnung
Rechtswidrigkeit / Rechtfertigungsgründe
Schuld (persönliche Vorwerfbarkeit – subjektive Fahrlässigkeit / Schuldausschließungsgründe)

Teilweise treten im StGB auch Kombinationen von Vorsatz und Fahrlässigkeitstatbeständen auf. Dann ist zu differenzieren, ob der Erfolg fahrlässig und die Handlung vorsätzlich erfolgt ist.

Bestandteil eines jeden Tatbestandes ist auch, dass die Handlung rechtswidrig erfolgte. Eine Differenzierung in vorsätzliche oder fahrlässige Begehungsweise erfolgt dabei nicht. Denn die Rechtswidrigkeit ist stets elementarer Bestandteil einer Handlung, ohne die eineBestrafung des Täters nicht erfolgen kann. Ein Verhalten ist also immer dann rechtswidrig, wenn kein Rechtsfertigungsgrund (Notwehr u. a.) die Rechtswidrigkeit entfallen lässt. Teilweise wird in der Literatur auch von Unrechtsausschließungsgründen gesprochen, wobei diese Unterscheidung vom Verfasser für überflüssig erachtet wird und lediglich dogmatischer Rechtsnatur ist. Roxin etwa (Strafrecht AT, Bd. 1, Grundlagenaufbau der Verbrechenslehre, 3. Auflage, München 1997) unterscheidet die Begriffe der Rechtswidrigkeit und des Unrechts dahingehend, dass „die Rechtswidrigkeit eine Eigenschaft der tatbestandsmäßigen Handlung, nämlich in Widerspruch zu den Geboten und Verboten des Strafrechts bezeichnet, während man unter dem Unrecht die tatbestandsmäßige und rechtswidrige Handlung selbst, also den Gegenstand der Rechtswidrigkeitsbewertung mitsamt seinem Wertprädikat, versteht“. Darum werden also die drei Verbrechenskategorien der Handlung, Tatbestandsmäßigkeit und Rechtswidrigkeit zusammengefasst. In praxi ist auf diese Unterscheidung jedoch nicht einzugehen; verwendet wird daher auch vorliegend immer nur der Begriff der Rechtswidrigkeit.

Rechtswidrig ist demnach eine Handlung, wenn sie gegen ein gesetzliches Verbot oder Gebot verstößt. Unterschieden wird zwischen materieller und formeller Rechtswidrigkeit, deren Unterscheidung jedoch vom Verfasser abgelehnt wird. Denn im Hinblick auf die Praxis und deren Handhabung des Begriffes muss von einem einheitlichen Begriff der Rechtswidrigkeit ausgegangen werden. Nach Ansicht des Verfassers gibt es lediglich ein rechtswidriges oder rechtmäßiges Verhalten. Eine Zwischenabstufung ist eine rein dogmatisch-theoretische Unterscheidung, die dem Praktiker die Rechtsanwendung nicht vereinfacht.

In der Regel wird die tatbestandsmäßige Handlung die Rechtswidrigkeit indizieren, es sei denn, dies ist durch einen Rechtfertigungsgrund ausgeschlossen worden. Rechtfertigungsgründe sind Erlaubnissätze, die ungeschrieben oder geschrieben sind und das Indiz der Rechtswidrigkeit einer tatbestandsmäßigen Handlung widerlegen. Damit wird die Rechtmäßigkeit der Tat und ihre Vereinbarkeit mit der Gesamtrechtsordnung begründet. Diese ex ante Betrachtung zu Grunde legend, soll vorliegend auf die Notwehr (§ 32 StGB) eingegangen werden.

Wer eine Tat begeht, die durch Notwehr geboten ist, handelt nicht rechtswidrig. Notwehr ist die Verteidigung, die erforderlich ist, um einen gegenwärtigen rechtswidrigen Angriff von sich oder einem anderen abzuwenden. Mit der Notwehr wird der Schutz von Rechtsgütern bezweckt; dazu gehört auch die Bewährung des Rechts. Voraussetzung für die Notwehr ist, dass ein Angriff vorliegt. Nach herrschender Meinung ist dies die von einem Menschen drohende Verletzung rechtlich geschützter Interessen, wobei Tiere dem § 228 BGB unterfallen. Denn Tiere werden nach heutigem Gesetzesverständnis als Sachen betrachtet. Angriffe sind sowohl durch vorsätzliches Handeln als auch durch Unterlassen möglich, nämlich dann, wenn den Unterlassenden eine besondere Rechtspflicht zum Handeln trifft (Garantenpflicht, Ingerenz). Der Angriff muss gegenwärtig sein, d. h. er muss unmittelbar bevorstehen, gerade begonnen haben oder noch andauern.[180] In diesem Zusammenhang ist auf die Fälle der sogenannten Dauergefahr hinzuweisen. Bei diesen kommt rechtfertigender Notstand nach § 34 StGB in Betracht.
Der Angriff muss ferner rechtswidrig gewesen sein, d. h. der Angreifende darf nicht rechtfertigend gehandelt haben.

---

[180] BGH NJW 1973, S. 255.

2) Steuerstrafrecht

Wie bereits erwähnt, rutscht ein Minderheits- oder Mehrheitsaktionär sowie andere mit Finanzgeschäften betraute Menschen sehr schnell in das Steuerstrafrecht hinein. Das nachfolgende Kapitel soll einen Einstieg in das Steuerstrafrecht geben und versuchen zu helfen, den Überblick im Paragraphendschungel der Abgabenordnung zu bewahren.

Unterschieden werden muss zwischen dem Finanzgericht, der Finanzbehörde und dem normalen Strafgericht.

Das Finanzgericht entscheidet in steuerlichen Streitsachen, während die Finanzbehörde die Besteuerung festsetzt und durchführt sowie Haftungsbescheide erlässt und in gewissem Rahmen auch im Wechsel mit der Steuerfahndung Ermittlungen hinsichtlich steuerstrafrechtlicher Tatbestände durchführt.

Das Strafgericht hat die Aufgabe, Straftaten zu ahnden und die allgemeinen und besonderen Regeln des Strafrechts anzuwenden.

Bei der Steuerhinterziehung oder Steuerverkürzung haben die tatsächlichen und rechtlichen Feststellungen von Strafgericht und Finanzbehörde keine Bindungswirkung an das Finanzgericht. Die getroffenen Feststellungen und Entscheidungen sind lediglich im Rahmen einer Vorentscheidung interessant, wobei die freie Beweiswürdigung dem Finanzgericht einen eigenständigen Beurteilungsspielraum zur Verfügung stellt. Umgekehrt kann sich das Finanzgericht nach eigenem Ermessen die Feststellungen eines Strafurteils zu eigen machen, wobei zu beachten ist, dass – wenn ein Beteiligter substantiierte Einwendungen dagegen vorbringen kann – diese zu berücksichtigen sind.

Ähnliches gilt für das Strafgericht. Dieses ist weder an Rechtsauffassungen noch an Sachverhaltsdarstellungen des Finanzgerichts gebunden. Dadurch kommt es durchaus vor, dass ein Strafgericht eine Besteuerungsgrundlage bejaht, während ein Finanzgericht eine Besteuerung verneint und sich somit Verurteilung und Freisprechung widersprechen. Um diese vom Gesetzgeber billigend in Kauf genommenen Widrigkeiten auszuschließen, wird sich in praxi in der Regel jedoch das Finanzgericht bzw. das Strafgericht den Feststellungen bzw. den Beurteilungen der jeweils vorhergehenden Instanz anschließen. Dieses Vorgehen entspricht sowohl Praktikabilitätserwägungen als auch den Grundsätzen der Prozessökonomie. Für den Strafverteidiger bedeutet dies, sowohl strafgerichtliche als auch finanzgerichtliche Entscheidungen zu verfolgen. Misslich wäre es, rechtliche Darstellungen oder Tatsachen außer acht zu lassen, die von einer jeweiligen Instanz festgestellt wurden, in der Hoffnung, diese würden von der nächstfolgenden Instanz nicht berücksichtigt werden.

Gleiches gilt für die Finanzbehörden. Diese sind weder an die Feststellungen des Finanzgerichts noch an die Feststellungen des Strafgerichts gebunden. Jedoch wird es auch hier wieder in praxi den prozessökonomischen Gründen entsprechen, wenn die Finanzbehörden sich Feststellungen, Tatsachen und Rechtsansichten der Finanzgerichte bzw. der Strafgerichte zu eigen machen. Im Grundsatz wird daher selbst entschieden, im Zweifel werden sich jedoch die Feststellungen der anderen Institutionen zu Eigen gemacht.

Beispiel:

Ein LKW-Fahrer A wird beschuldigt, an einer Steuerverkürzung bzw. Steuerhinterziehung beteiligt zu sein, indem er einen anderen Fahrer B anstiftete, in dessen LKW Zigaretten über die Grenze zu schmuggeln. Damit sollte verhindert werden, dass die Zigaretten vom Zoll bei der Einfuhr besteuert werden. Zu einem tatbestandlichen Erfolg kam es nicht, da der LKW-Fahrer B von der Zollbehörde erwischt wurde. Der LKW-Fahrer A wurde nunmehr von der Strafbehörde beschuldigt, wegen Hehlerei und Anstiftung zur Steuerhinterziehung tätig geworden zu sein. Die Finanzbehörde richtete daraufhin ihren Haftungsbescheid an den LKW-Fahrer A, der zu einer Nachversteuerung der Zigaretten i. H. v. 160.000,- € in Anspruch genommen werden sollte. Dagegen wendete sich der Fahrer A mittels zulässigem Rechtsbehelf. Streitig war hier, ob – nachdem die Strafbehörde eine Teilnahme bzw. Täterschaft des Fahrers A ablehnte-, die Finanzbehörde an die Feststellungen gebunden war. Hier muss man dies wohl bejahen müssen, da die Strafbehörde eine Täterschaft bzw. Teilnahme ablehnte, diese jedoch unmittelbare Voraussetzung für die Rechtmäßigkeit eines Haftungsbescheides nach § 79 AO ist. Insofern wird die Steuerbehörde auf Handeln des Strafverteidigers dergestalt tätig werden, dass sie sich die Feststellungen des Strafgerichts zu eigen macht und den Haftungsbescheid gegen den LKW-Fahrer A zurücknehmen wird.

Unklarheiten bestehen auch oft hinsichtlich der Kompetenzen Steuerfahndung (Steufa), Betriebsprüfung (BP) und Bußgeld- und Strafsachenstelle (BuStra).

Die Bußgeld- und Strafsachenstelle gem. § 387 I AO ist eine Finanzbehörde, die eine Steuerstraftat aufdeckt und zu deren Verfolgung ermächtigt ist. Dies folgt auch aus § 409 AO. Dadurch wurden Dienststellen geschaffen, welche eine übergreifende Zuständigkeit besitzen. Von der BuStra werden Rechte und Pflichten der Finanzbehörde im strafrechtlichen Ermittlungsverfahren wahrgenommen, wobei sich die Befugnisnormen aus § 386 AO und § 399 AO ergeben. Der BuStra kommen mithin ähnliche Rechte und Pflichten wie der Staatsanwaltschaft zu. Insoweit wird auch gerne von einer Steuerstaatsanwaltschaft gesprochen, während in Abgrenzung dazu die Steuerfahndung als Steuerpolizei bezeichnet wird. Begründet wird dies damit, dass die BuStra speziell im Steuerrecht ausgebildet wurde. Bezüglich der Staatsanwaltschaft bedeutet dies, dass der Grundsatz gilt, dass jeder in seinem eigenen Bereich tätig werden soll, wovon er spezielle Kenntnisse, sei es aus Vorbildung oder Praxiskenntnissen, besitzt. Daher wurde auch die BuStra geschaffen, die spezielle Kenntnisse im Steuerrecht auf das strafrechtliche Ermittlungsverfahren übertragen soll. Damit soll verhindert werden, dass sich eine Stelle der Verfolgung steuerstrafrechtlicher Taten bemächtigt, ohne die genügenden Vorkenntnisse zu besitzen. Die BuStra ist wegen des Legalitätsprinzips zum Einschreiten gesetzlich verpflichtet, so dass ein eventuelles Ermessen ggf. auf Null reduziert wird. Die BuStra leitet das steuerstrafrechtliche Ermittlungsverfahren und kann Anweisungen hinsichtlich eventueller Ermittlungen ggü. der Steufa erteilen. Dies geht jedoch nur, soweit dies Steuerstraftaten betrifft. Auch hier verdeutlicht wieder das Begriffspaar „Polizei-Staatsanwaltschaft und Steufa-BuStra“ die Parallelität zum allgemeinen Strafverfahren.

Die Steuerfahndung ist eine Behörde mit weitreichenden Kompetenzen. Allerorts wird über die Steuerfahndung geredet, wobei kaum jemand über die Kompetenzen, die Aufgaben und die Pflichten der Institution Bescheid weiß. Jedoch ist darauf hinzuweisen, dass die Steufa eine ganz normale Behörde wie jede andere auch ist. Die Steufa hat es sich zur Aufgabe gemacht, eine Aufklärung von Tatsachen herbeizuführen, Steuern festzusetzen und zu erheben. Es ist daher durchaus gerechtfertigt, dass die Steufa Steuern eintreibt und die Strafverfolgung bzgl. Steuerstraftaten wahr nimmt. Die jeweiligen Kompetenzen ergeben sich aus §§ 404, 208 AO. Daraus ist zu entnehmen, dass in § 404 AO die Strafverfahrensbefugnisse geregelt sind, während § 208 AO die Aufgabenzuweisung der Steufa übernimmt und die Regelung der Befugnisse im Besteuerungsverfahren darlegt.

Die Steufa ist eine unselbständige Dienststelle der Finanzbehörden des jeweiligen Landes, ohne jedoch eigene Behörde zu sein. Überwiegend wird sich die Steufa jedoch als Teil eines Finanzamtes wiederfinden, wobei diese Eingliederung Sache der jeweiligen Länder ist. Dies leitet sich daraus ab, dass die Steufa für das Finanzamt ermittelt und somit verlängerter Arm des Finanzamtes ist. Dadurch ist es nur konsequent und plausibel, die Dienstwege zu verkürzen und die Steufa im Zugriffsbereich des jeweiligen Finanzamtes unterzubringen, wobei zu beachten ist, dass die Steufa nicht an den Bezirk des jeweiligen Finanzamtes gebunden ist, sondern auch grenzübergreifend tätig werden darf. Dann jedoch wird es sich i. d. R. um sogenannte „Amtshilfe“ handeln, die vorher zu ersuchen bzw. zu beantragen ist. Die Steufa wird somit strafrechtlich und steuerlich tätig. Hauptaufgabe der Steufa besteht darin, Steuerordnungswidrigkeiten und Steuerstraftaten zu erforschen. Daneben hat sie jedoch auch die Besteuerungsgrundlagen zu ermitteln. Daher ergibt sich auch die „Dualkompetenz“ der Steufa: Strafverfolgung und Steuerfestsetzung. Voraussetzung für das Tätigwerden der Steufa ist, dass ein gewisser Anhaltspunkt hinsichtlich einer Steuerverkürzung oder Steuerhinterziehung vorliegt. Damit soll verhindert werden, dass die Steufa in`s Blaue hinein ermittelt und somit im Rahmen einer etwaigen Rasterfahndung tätig wird. Es müssen also immer konkrete Anhaltspunkte gegeben sein, die ein Tätigwerden der Steufa rechtfertigen. Wie bereits erwähnt, ist die Abgrenzung zwischen einer Vorfeldermittlung und einer steuerstrafrechtlichen Ahndung schwer zu vollziehen. Hierauf kann sich ein Strafverteidiger stützen, indem nachgewiesen werden kann, dass die Steuerfahndung überhaupt nicht zuständig war, sondern in`s Blaue hinein ermittelt hat. Dies wird in der Regel jedoch eine steuerliche Strafverfolgung nicht verhindern können. Denn gem. § 208 II Nr. 1 AO kann die Steufa auch dann tätig werden, wenn keine Anhaltspunkte für eine Steuerstraftat/Steuerordnungswidrigkeit vorliegen. Dazu müssen jedoch gewichtige Gründe vorliegen, die ein Tätigwerden der Steufa rechtfertigen.

Die Steufa hat sich an die Regelungen der StPO sowie an die allgemeinen Rechte und Pflichten der Behörden des allgemeinen Polizeidienstes zu halten. Daher kann die Steufa auch als „Steuerpolizei“ bezeichnet werden. Zu beachten ist jedoch, dass die Steufa im Rahmen ihres Tätigwerdens an die Anordnungen der Staatsanwaltschaft gebunden ist. Dies gilt jedoch nicht für die steuerlichen

Straftaten. Denn die Steufa soll nur mit steuerrechtlichen Delikten beauftragt werden, da ansonsten eine Kompetenzvermischung zwischen Staatsanwaltschaft und Steufa entstehen würde. Auch hier muss wieder darauf geachtet werden, dass jeder in dem Bereich tätig wird, in dem er spezielle Kenntnisse erwirbt und anwenden kann. Somit bleibt der Steufa die Ermittlung steuerstrafrechtlicher Tatbestände vorbehalten, während die Staatsanwaltschaft sich mit allgemeinen Straftaten beschäftigen wird.

Die Betriebsprüfung dagegen hat mit dem steuerstrafrechtlichen Bereich per se wenig zu tun. Sie stellt hauptsächlich ein Mittel zur Besteuerung von jur. Personen oder natürlichen Personen dar. Die Betriebsprüfung ist dabei als eine Unterart der Außenprüfung zu bezeichnen. Damit soll sichergestellt werden, dass durch die Betriebsprüfung die richtige Ermittlung und Beurteilung von Steuersachverhalten gewährleistet wird. Anhaltspunkte für die Kompetenzen ergeben sich aus der BpO, der AO und dem Finanzverwaltungsgesetz. Daneben kommen bei einem Verdacht einer Steuerstraftat aber auch die Vorschriften der StPO in Betracht, um Ermittlungen aufzunehmen oder ein Verfahren einzuleiten. Dabei ist ein fließender Übergang bei der Weiterleitung an die BuStra zu sehen. Bemerkt also der Betriebsprüfer bei der Außenprüfung, dass eine Steuerstraftat vorliegen könnte, wird er zum Einen den Betroffenen davon unterrichten, dass dieser keine Aussagen mehr tätigen muss. Zum Anderen wird er die zuständige BuStra informieren, damit diese unverzüglich die jeweiligen Ermittlungen aufnehmen kann. Ergibt sich nach den zahlreichen Ermittlungen, dass eine Steuerstraftat mit an Sicherheit grenzender Wahrscheinlichkeit nicht vorliegen wird, sondern allenfalls eine Ordnungswidrigkeit, so hat die zuständige Behörde gem. § 47 I OwiG zu entscheiden, ob eine strafrechtliche Verfolgung stattfinden soll. Dieses Ermessen ist richterlich nachprüfbar, jedoch nur hinsichtlich Ermessensfehler (Ermessensnichtgebrauch, Ermessensfehlgebrauch, Ermessensüberschreitung).

Ungeachtet der vorliegenden Gegebenheiten kann aber auch die Staatsanwaltschaft ein steuerstrafrechtliches Ermittlungsverfahren führen. Dies richtet sich nach §§ 385, 386, 400 AO. In der Regel wird die Staatsanwaltschaft dann tätig, wenn ein Steuerstraftatbestand mit einer anderen Straftat (Betrug, Hehlerei) in Tateinheit oder auch sonst zusammentrifft. Dann übernimmt automatisch die Staatsanwaltschaft das Ermittlungsverfahren, wobei die BuStra das Verfahren abzugeben hat und damit auch sämtliche Kompetenzen, Rechte und Pflichten verliert.

Die Staatsanwaltschaft kann auch dann tätig werden, wenn sie es für nötig hält. Dies kann zu jedem Zeitpunkt des Ermittlungsverfahrens (steuerstrafrechtliches Ermittlungsverfahren) erfolgen. Damit soll gewährleistet werden, dass die Staatsanwaltschaft sich das Ermittlungs- und Anklagemonopol erhält. Dies wird in der Regel zumeist dann stattfinden, wenn es sich um Fälle von besonderer Bedeutung handelt. Für die Übernahme eines solchen Verfahrens wird inoffiziell von einem Rahmen zwischen 50.000,- € und 250.000,- € ausgegangen. Diese Verkürzungsbeträge sollen jedoch keine wirksame Grenze darstellen, sondern eher Anhaltspunkte liefern. In der Praxis wird dies kaum eingehalten, denn in der Regel arbeiten Steuerbehörden und Staatsanwaltschaft Hand in Hand, so dass die Staatsanwaltschaft regelmäßig tätig werden dürfte.

Die Zuständigkeit der jeweiligen Gerichte (Amtsgericht, Landgericht) richtet sich nach dem GVG. Insbesondere ist darauf hinzuweisen, dass die allgemeinen Regeln der §§ 24, 73 ff. GVG auch für das Steuerstrafrecht gelten. Insoweit wird auch hier auf den Gesetzestext bzw. auf die einschlägige Kommentarliteratur verwiesen.

§ 369 AO definiert, was Steuerstraftaten sind. Danach sind dies

1) Taten, die nach den Steuergesetzen strafbar sind, 2) der Bannbruch, 3) die Wertzeichenfälschung und deren Vorbereitung, soweit die Tat Steuerzeichen betrifft, 4) die Begünstigung einer Person, die eine Tat nach den Nrn. 1-3 begangen hat.

Gem. § 369 II AO gelten für Steuerstraftaten die allgemeinen Normen des Strafrechts soweit die Strafvorschriften der Steuergesetze nichts anderes bestimmen.
Steuerstraftaten sind von Ordnungswidrigkeiten zu unterscheiden (Zuwiderhandlungen, die mit Geldbuße geahndet werden können) oder anderen Sanktionen des Steuerrechts (Verspätungszuschläge, Säumniszuschläge oder Zwangsmittel). Wird durch eine Tat eine Steuerstraftat und zugleich eine Steuerordnungswidrigkeit tatbestandlich erfüllt, wird nach § 17 I OwiG lediglich das Steuerstrafgesetz als lex specialis geahndet. Dies gilt nicht, wenn die Ordnungswidrigkeit im Tatbestand weitergehender ist.

Die Begünstigung des § 369 I Nr. 4 AO unterscheidet sich von der Begünstigung des Strafgesetzbuches (§ 257 StGB) und der Strafvereitelung (§ 258 StGB) dadurch, dass Begünstigung den Oberbegriff beider Tatbestände darstellt. Die Strafvereitelung von § 258 StGB ist daher keine Straftat i. S. d. AO, da der Oberbegriff „Begünstigung" nach nunmehr alter Rechtssprechung heute obsolet ist. Begünstigung ist demnach ein eigenständiger Tatbestand und umfasst nicht mehr die Strafvereitelung. Daher ist diese im Sinne von § 258 StGB auch keine Steuerstraftat.

Begünstigung ist gegeben, wenn einem anderen, der eine rechtswidrige Tat begangen hat, in der Absicht Hilfe geleistet wird, ihm die Vorteile der Tat zu sichern. Abzustellen ist dabei auf § 257 I, II StGB. Dadurch wird deutlich, dass die Strafe geringer ausfallen kann als bei einer Steuerhinterziehung. Fällt die Begünstigung tateinheitlich mit einer Strafvereitelung zusammen, geht die Kompetenz der Strafverfolgung auf die Staatsanwaltschaft über. Dies folgt – wie bereits dargelegt – aus dem Legalitätsprinzip, dass die Staatsanwaltschaft zu befolgen hat, was beinhaltet, dass die Staatsanwaltschaft das Verfahren an sich ziehen kann, denn dieser obliegt die Strafverfolgungs- und Ahndungskompetenzen.

Die Rechtsnatur der Begünstigung ist umstritten und nicht einheitlich. Denn unklar ist, welches Rechtsgut mit der Begünstigung geschützt werden soll. Die Rechtsprechung und die herrschende Meinung im Schrifttum sehen die Rechtspflege als geschütztes Rechtsgut an. Denn dieser obliegt die Aufgabe, die Wirkung von Straftaten zu beseitigen. Die Mindermeinung dagegen betrachtet die Begünstigung als ein gegen das Vermögen gerichtetes Delikt, dass sich an die Vortat anlehnt, die auch gegen das Vermögen gerichtet ist. Eine vermittelnde Meinung sieht in der Begünstigung einen Inhalt, der sowohl die Rechtspflege als auch das durch die Vortat verletzte Rechtsgut berührt. Diese Ansicht wird auch vom Verfasser vertreten.

Gem. § 257 I StGB ist Voraussetzung für die Begünstigung, dass eine rechtswidrige Tat als Vortat eines anderen vorliegt. Diese Handlung soll dem Täter Vorteile gebracht haben oder in der Zukunft noch Vorteile bringen. Daher kommen nicht nur Vermögensdelikte in Betracht, sondern auch andere Straftaten, wobei Ordnungswidrigkeiten ausscheiden. Weiter ist Voraussetzung, dass die Vortat des Täters rechtswidrig war. Dabei kommt es nicht darauf an, dass der Täter schuldhaft handelte oder die persönliche Strafbarkeit des Täters bejaht wurde. Ferner ist nicht auf Strafausschließungs- oder -aufhebungsgründe abzustellen; die Tat kann auch fahrlässig begangen worden sein. Für die Vortat genügt es, dass sie begangen wurde. Dies bedeutet, dass zumindest eine Vorbereitung oder ein Versuch stattgefunden hat. Hinsichtlich der Tathandlungen wird auf die Ausführungen zum allgemeinen Strafrecht (Anstiftung, Beihilfe/Täterschaft/Teilnahme etc.) verwiesen.

Hilfe leistet, wer eine Handlung vornimmt, die objektiv geeignet ist und subjektiv mit der Tendenz vorgenommen wird, die durch die Vortat erlangten oder entstandenen Vorteile gegen die Entziehung zu sichern.[181] Als Handlungen kommen alle Tätigkeiten in Betracht, die den Vortäter zwar nicht besser stellen müssen, die jedoch geeignet sind, die Vorteile zu sichern. Auch das Unterlassen

---

[181] BGHSt 4, S. 224 ff.

(vgl. Ausführungen zum allgemeinen Teil des Strafrechts) können als Hilfeleistung herangezogen werden. Diese Hilfeleistung muss einem anderen zukommen, d. h. Selbstbegünstigung erfüllt nicht den Tatbestand des § 257 StGB, da die Vorteile dem Täter selbst zukommen würden. Erforderlich ist ferner, dass der Täter vorsätzlich gehandelt hat. Dabei ist zumindest bedingter Vorsatz ausreichend. Ferner kommt hinzu, dass der Täter die Absicht hatte, dem Vortäter die Vorteile der Tat zu sichern. Dies bedeutet, dass es dem Täter gerade darauf ankam, die Wiederherstellung des gesetzlichen Rechtszustandes zu erschweren oder zu verhindern. Der Täter des Begünstigungstatbestandes kann dabei nicht an der Vortat beteiligt sein. Denn § 257 III S. 1 StGB deklariert die Straflosigkeit des an der Vortat Beteiligten.

Ein Rücktritt von der Begünstigung ist nach h. M. nicht möglich; vollendet ist die Begünstigung dann, wenn die Hilfeleistung erfüllt wurde. Es kommt nicht darauf an, ob die Hilfeleistung erfolgreich war oder nicht. Die Tat ist dagegen beendet, wenn der Vortäter über die Tatvorteile verfügen kann. Hinsichtlich der Strafandrohung ist noch auf § 257 II StGB hinzuweisen. Daraus geht hervor, dass der Strafrahmen nicht größer gefasst werden darf als der für die Vortat. Es muss also zunächst einmal ermittelt werden, welchen Strafrahmen die Vortat hatte. Alsdann ist dieser Strafrahmen als Grenze anzunehmen. Gem. § 257 IV StGB wird die Begünstigung nur auf Antrag (Strafantrag) verfolgt. Dafür ist § 248 a StGB analog heranzuziehen.

Steuerhinterziehung i. S. d. § 370 AO liegt dann vor, wenn Finanzbehörden oder anderen Behörden über steuerlich erhebliche Tatsachen unrichtige oder unvollständige Angaben gemacht werden, § 370 I Nr. 1 AO. Wenn die Finanzbehörden pflichtwidrig über steuerlich erhebliche Tatsachen in Unkenntnis gelassen werden (§ 370 I Nr. 2 AO) oder wenn pflichtwidrig die Verwendung von Steuerzeichen oder Steuerstemplern unterlassen wird (§ 370 I Nr. 3 AO) liegt ebenfalls eine Steuerhinterziehung vor. Durch diese Handlungen müssen Steuern verkürzt oder für sich oder einen anderen nicht gerechtfertigte Steuervorteile erlangt werden. Gem. § 370 II AO ist auch der Versuch strafbar. Die Strafe ist Geldstrafe oder Freiheitsstrafe bis zu fünf Jahren. In einem besonders schweren Fall ist die Freiheitsstrafe zwischen sechs Monaten und zehn Jahren festgelegt. Ein besonders schwerer Fall liegt gem. § 370 III S. 2 AO dann vor, wenn der Täter aus grobem Eigennutz in großem Ausmaß Steuern verkürzt oder nicht gerechtfertigte Steuervorteile erlangt, seine Befugnisse oder Stellung als Amtsträger missbraucht, die Mithilfe eines Amtsträgers ausnutzt, der seine Befugnisse oder seine Stellung missbraucht oder unter Verwendung nachgemachter oder verfälschter Belege fortgesetzt Steuern verkürzt oder nicht gerechtfertigte Steuervorteile erlangt.

§ 370 IV AO definiert die Steuerverkürzung. Danach sind Steuern verkürzt, wenn sie nicht in voller Höhe, nicht oder nicht rechtzeitig festgesetzt werden; dies gilt auch dann, wenn die Steuer vorläufig oder unter dem Vorbehalt der Nachprüfung festgesetzt wird oder eine Steueranmeldung einer Steuerfestsetzung unter Vorbehalt der Nachprüfung gleichsteht. Gem. § 370 IV S. 2 AO sind Steuervorteile auch Steuervergütungen; nicht gerechtfertigte Steuervorteile sind erlangt, soweit sie zu Unrecht gewährt oder belassen werden. Aufgrund des Umfangs der Vorschriften des § 370 AO soll nicht auf sämtliche Absätze eingegangen werden; insoweit wird auf den Gesetzestext und einschlägige Kommentarliteratur verwiesen. Eingegangen werden soll nur auf die engste und unmittelbare Bedeutung des § 370 AO, um dem Anwender einen zu vertiefenden Überblick zu verschaffen.

Die Steuerhinterziehung ist eine Norm, die an Tatbestände anknüpft, die in einem anderen Steuergesetz näher umschrieben sind. Die Steuerhinterziehung (der Tatbestand der Steuerhinterziehung) wurde deshalb eingeführt, da das Dunkelfeld der hinterzogenen Steuern unübersehbar ist. Denn oft lassen sich Steuerstraftaten nur zufällig aufklären, da eine hinreichende Verfolgbarkeit durch die Finanzbehörden nicht gegeben ist. Die Steuerhinterziehung soll also das öffentliche Interesse an dem rechtzeitigen Ermitteln und Beitreiben der jeweiligen Steuer schützen. Gleichzeitig soll mit dem Tatbestand der Steuerhinterziehung bezweckt werden, dass die Steuerbürger ihren Wahrheitspflichten gegenüber den zuständigen Finanzbehörden nachkommen. Es soll also damit verhindert werden, dass – entgegen dem Prinzip des geltenden Steuerrechts – eine ungleiche Belastung der Bürger durch Steuern erreicht wird. Die Lastenverteilung soll vielmehr gerecht und gleichmäßig erfolgen. Legt man hier also die Terminologie des Völkerrechts zu Grunde, so kann davon ausgegangen werden, dass die Steuerhinterziehung den Staat in seiner Gesamtheit schützen soll. Um dieses Ziel zu erreichen, reicht allein die Gefährdung der Durchsetzbarkeit des jeweiligen Steueranspruches.

Nicht zwingende Voraussetzung ist, dass eine Steuer bereits hinterzogen ist.

Die Steuerhinterziehung wird erreicht durch falsche oder unvollständige Angaben über steuerlich zu betrachtende Sachverhalte bzw. Unterlassen von Angaben über steuerlich erhebliche Tatsachen. Wie bereits erwähnt, sind auch hier positives Tun und Unterlassen in der rechtlichen Würdigung gleichgestellt. Voraussetzung dafür ist, dass der Täter auf die Steuerdurchsetzung erheblich einwirken kann. Ob in diesem Zusammenhang eine Garantenstellung des Steuerhinterziehenden bejaht werden kann, kann vorliegend dahingestellt bleiben. Es sei jedoch der Hinweis gestattet, dass dies höchst umstritten ist, nach h. M. jedoch kaum noch dogmatisch betrachtet wird.

Steuerhinterziehung ist dann vollendet, wenn der jeweilige tatbestandliche Erfolg des entsprechenden Steuergesetzes eingetreten ist bzw. verhindert wurde. In allen anderen Fällen sind die Vorschriften über den Versuch anwendbar. Durch die Steuerhinterziehung wird die Finanzbehörde bzw. der Staat in der Regel geschädigt. Der Schaden kann dabei in der Verkürzung von Steuern oder in der Erlangung von ungerechtfertigten Steuervorteilen gesehen werden.

Die Verkürzung von Steuern (Steuerverkürzung) ist gegeben, wenn die Soll-Einnahmen den Ist-Einnahmen vorauseilen oder im Umkehrschluss, wenn die Ist-Einnahme umfanggemäß hinter der Soll-Einnahme zurücksteht. Den Fiskalbehörden werden also die Einnahmen vorenthalten, die ihnen eigentlich zustehen. Im Ergebnis ist immer dann Steuerverkürzung zu bejahen, wenn tatsächlich weniger Einnahmen gegeben sind, die hinter den vorgesehenen Einnahmen zurückbleiben. Einzelne Stimmen in der Literatur, die die Steuerhinterziehung als Verletzungsdelikt einstufen, wurden der Übersicht halber hier nicht dargestellt, denn nach Ansicht des Verfassers handelt es sich um ein Gefährdungsdelikt, da es für den Tatbestand bereits ausreichend ist, diesen zu verwirklichen. Steuerhinterziehung ist ein abstraktes Gefährdungsdelikt und kein Erfolgsdelikt. Dies leitet sich nicht zuletzt aus der Tatsache her, dass bereits dann eine Steuerverkürzung vorliegt, wenn und soweit eine gesetzlich festgelegte Steuerschuld zu einem verfristeten Zeitpunkt bedient wird. Gleichwohl es sich genaugenommen dabei nur um einen Verspätungsschaden (verzugsähnlich) handelt, ist dieser als Steuerverkürzung zu behandeln. Unterschieden werden muss dabei jedoch zwischen Fälligkeitssteuern und Veranlagungssteuern. Veranlagungssteuern setzen ein Handeln der jeweiligen Veranlagungsbehörde voraus. Bereits mit der falschen Anmeldung eines Steuersachverhaltes wird ein Verkürzungserfolg erreicht. Zu diesem Zeitpunkt liegt dann begrifflich schon eine Steuerverkürzung vor.

Bei Fälligkeitssteuern ist eine Verkürzung dann zu bejahen, wenn die jeweils fällige Steuer an einem bestimmten Termin unvollständig oder überhaupt nicht gezahlt wird.

Unerheblich ist in diesem Zusammenhang der Umfang der Verkürzung. Dieser ist nur dann maßgeblich, wenn es auf die Schuld des Hinterziehenden im jeweiligen Strafverfahren ankommt.

Voraussetzung für eine Verkürzung von Steuern ist jeweils, dass der Täter Angaben ggü. der Finanzbehörde gemacht hat. Ob diese Angaben in Form von positivem Tun oder pflichtwidrigem Unterlassen (vgl. Garantenstellung oder Ingerenz) vorgenommen werden, ist dabei unerheblich. Auch konkludente Erklärungen werden als ausreichend erachtet, um eine Steuerverkürzung annehmen zu können. Bei sämtlichen Begehungsformen der Steuerhinterziehung muss es sich jedoch um Tatsachen handeln, die den Erklärungen zu Grunde liegen. Freie Meinungsäußerungen spielen für den Tatbestand keine Rolle. Äußert der Täter also Werturteile oder Rechtsmeinungen, ist dies für den Tatbestand der Steuerhinterziehung irrelevant. In diesem Zusammenhang ist zu beachten, dass falsche Tatsachen nur dann vorliegen, wenn und soweit die Angaben des Täters mit der Wirklichkeit nicht übereinstimmen. Erforderlich ist also immer ein Vergleich zwischen den Angaben des Täters und den in realiter gegebenen Tatsachen. Zudem muss den Tatsachen eine gewisse Steuererheblichkeit zu Grunde liegen. Dabei ist zunächst das jeweilige Steuergesetz zu betrachten, mit Hilfe dessen tatbestandliche Voraussetzungen einer Steuerhinterziehung bejaht werden könnten. Alsdann ist zu prüfen, ob die Angaben oder das pflichtwidrige Unterlassen des Deklarierens von Tatsachen des Täters entgegen dem Tatbestand des jeweiligen Sachverhaltes eine unwahre Tatsache darstellen. Ferner muss die Angabe oder das Unterlassen von Angaben ggü. einem Gläubiger (hier also Finanzbehörden) gemacht werden. Abzugrenzen ist also von privaten Äußerungen gegenüber privaten Dritten. Denn nicht zwingend jede Äußerung soll zum Tatbestand der Steuerhinterziehung führen. Verhindert werden soll damit die Strafbarkeit eines jeden Handelns. Durch die Angabe von falschen Informationen bzw. das Unterlassen von Angaben wahrer Tatsachen muss der jeweilige Täter einen Steuervorteil erlangen. Die Definition des Steuervorteils ist nicht unproblematisch. Abzugrenzen davon ist der Betrug und der Subventionsbetrug (§§ 263, 264 StGB). Diese Abgrenzung ist deshalb notwendig, um die Straffreiheit des § 370 AO anwenden zu können. Im

Gegensatz zu § 370 AO wird bei den §§ 263 f. StGB eine straffreie Selbstanzeige nicht zugelassen.

Ein Steuervorteil ist jeweils anzunehmen bei einer Steuervergütung, die dem Täter unter keinen Umständen zustehen würde. Besteht dieser Steuervorteil zu Unrecht, ist dieser also nicht gerechtfertigt, so ist der Tatbestand des § 370 AO in der Regel erfüllt. Irrelevant ist in diesem Zusammenhang die Auszahlung des Steuervorteils. Es ist also ausreichend, wenn die zuständige Finanzbehörde einen entsprechenden Steuervorteil gewährt.

Der Täter muss immer vorsätzlich handeln, d. h. er muss Wissen und Wollen bzgl. der Steuerhinterziehung in sich vereinigen. Wie bereits erwähnt, ist dolus eventualis dafür ausreichend. Der Täter muss demnach wissen, dass er dem Tatbestand eines Steuergesetzes zuwider handelt, indem er unwahre Tatsachen angibt oder über steuerlich relevante Sachverhalte die Steuerbehörde nicht informiert, obwohl ihn dazu eine Pflicht träfe. Er muss ferner wissen, dass dadurch ein Steueranspruch der Finanzbehörde vereitelt wird. Bezüglich beider Voraussetzungen muss das voluntative Element des Täters vorhanden sein. In der Praxis sind solche Fälle insbesondere dann relevant, wenn sich zwei Parteien in ein Scheingeschäft einlassen. Dies ist oft dann gegeben, wenn sich zwei Vertragspartner bei einem Kaufvertrag bezüglich eines Grundstückes inklusive darauf befindlichem Haus über den Kaufpreis dergestalt einigen, dass der Kaufpreis extrem niedrig angesetzt wird. Umgangen werden soll damit die Grunderwerbssteuer bzw. die Besteuerung aus gewerblichem Grundstückshandel. Denn diese steht in einem unmittelbaren Bezug zum Kaufpreis. Die Frage, wann ein Missbrauch zur rechtlichen Gestaltungsmöglichkeit oder eine Steuerhinterziehung vorliegt, ist unklar. Ein Missbrauch liegt jedenfalls dann vor, wenn das Ziel eines Rechtsgeschäftes auf einem ungewöhnlichen Wege erreicht werden soll. Zwar kann die Rechtsprechung bzw. der Gesetzgeber niemandem eine freie Gestaltungsmöglichkeit des Rechts vorschreiben; jedoch liegt dann ein Missbrauch vor, wenn dies von der Gesamtrechtsordnung missbilligt wird.

Dieser Grenzzug ist jedoch fließend und nicht eindeutig feststellbar. Ist jedoch ersichtlich, dass eine Steuerumgehung erreicht werden soll, ist eine missbräuchliche Anwendung des geltenden Rechts anzunehmen.

Steuerhinterziehung kann auch dann vorliegen, wenn der Gewinn eines Unternehmens falsch festgestellt wurde. Dazu ist es jedoch notwendig, dass die Feststellung vorsätzlich und nicht fahrlässig erfolgte.
Gem. § 4 EStG ist Gewinn der Unterschiedsbetrag zwischen dem Betriebsvermögen am Schluss und am Anfang eines Wirtschaftsjahres, vermehrt um Entnahmen und vermindert um Einlagen. Die Definition der Entnahmen und Einlagen ist dem § 4 I EStG zu entnehmen.

Die zweite Gewinnermittlung ist möglich nach § 4 III EStG. Danach ist der Gewinn der Überschuss der Betriebseinnahmen über die Betriebsausgaben. In beiden Gewinnermittlungsarten sind diverse Möglichkeiten zur Steuerhinterziehung/Steuerverkürzung gegeben. Erwähnt werden soll in diesem Zusammenhang die falsche Bewertung von Aktiva und Passiva bzw. der Versuch, Betriebsausgaben geltend zu machen, die für sich gesehen so nicht existieren oder durch falsche Angaben Betriebseinnahmen nicht zu deklarieren. Schwierig ist es jedoch in praxi, dem Gewinnermittelnden Vorsatz nachzuweisen. Denn niemand kann von einem Gewinnermittler spezifizierte Kenntnisse hinsichtlich der Bewertung von Bilanzbestandteilen verlangen. Ob dann eine Verallgemeinerung zu einem Straftatbestand der Steuerhinterziehung/Steuerverkürzung führen kann, bleibt der Bewertung des Einzelfalls vorbehalten. Eine pauschale und generelle Verallgemeinerung verbietet sich jedoch von selbst.

Werden dagegen Betriebseinnahmen und Betriebsausgaben in der Bilanz bzw. in der Gewinnermittlung falsch oder offensichtlich unwahr angegeben bzw. nicht angegeben, kann bei langjähriger Praxis des Steuerpflichtigen davon ausgegangen werden, dass ein Missbrauch vorliegt. Aber auch dann unterliegt die endgültige Bewertung der Einzelfallbetrachtung.

Hinsichtlich des pflichtwidrigen Unterlassens der Angabe von Tatsachen ist dann eine Steuerhinterziehung gegeben, wenn der Steuerpflichtige den Finanzbehörden eine Aufklärung der Tatsachen ermöglichen muss. Der dem Steuerpflichtigen zukommenden Erklärungspflicht muss dieser pflichtwidrig nicht nachgekommen sein. Dazu bedarf es jedoch einer Garantenstellung. Unterlassen liegt unter anderem dann vor, wenn Steuervoranmeldungen nicht oder unrichtig ggü. der Finanzbehörde deklariert bzw. eingereicht werden. Ferner ist Unterlassen gegeben, wenn eine Steuererklärung, die jeder Steuerpflichtige nach dem jeweiligen Steuergesetz abzugeben hat, nicht eingereicht wird. Dies ist zum Beispiel dann der Fall, wenn der Steuerpflichtige beim zuständigen Finanzamt noch nicht aktenmäßig geführt wird, das Finanzamt also noch keine Erkenntnisse über den Steuerpflichtigen hat, obwohl dieser eine Erklärung abgeben muss. Voraussetzung ist natürlich immer, dass der Steuerpflichtige zu versteuernde Einnahmen hat. Diese sind de lege lata ggü. dem Fiskus zu deklarieren; wird dies unterlassen, kommt u. U. eine Steuerhinterziehung in Betracht. Der Nichtabgabe einer Steuererklärung steht natürlich auch die verspätete Abgabe einer solchen gleich. Zu beachten ist jedoch, dass der Stpfl. bei einer bereits abgegebenen Steuerklärung keine weiteren Angaben machen muss, wenn er sich dadurch strafrechtlich belasten würde. Erkennt also der Steuerpflichtige, dass er unwahre Angaben gemacht hat, muss er die Angaben nicht nachliefern, wenn er sich dadurch gleichzeitig einer Straftat bezichtigen würde. Ergänzend sei in diesem Zusammenhang auf die Berichtigung von Erklärungen gem. § 153 AO hingewiesen.

Steuerverkürzung kann u. U. im Rahmen der KSt dann vorliegen, wenn die Körperschaftsteuer niedriger festgesetzt wird als diese gesetzlich geschuldet ist. Sie kann ferner dann vorliegen, wenn eine verdeckte Gewinnausschüttung (vGA) gegeben ist. Dazu ist jedoch notwendige Voraussetzung, dass a) den

Gesellschaftern Vorsatz bzgl. der Steuerverkürzung nachgewiesen werden kann und b) den Gesellschaftern nachzuweisen ist, dass die jeweilige Vereinbarung einem Drittvergleich nicht standhält bzw. nicht vollziehbar ist. Steuerverkürzung ist auch dann gegeben, wenn der Steuerpflichtige (etwa ein Minderheitsaktionär) Einnahmen ggü. der Finanzbehörde nicht deklariert, diese also über einkommensteuerrechtliche Tatsachen im Dunkeln lässt (Einkommensteuer – \`Spekulationssteuer\`). Dies kann unter anderem dann gegeben sein, wenn der Stpfl. keine Angaben über Veräußerungsgewinne aus Wertpapieren (ehem. \`Spekulationsgewinne\`) ggü. dem Fiskus macht. Wird also ein Minderheitsaktionär aufgrund eines Squeeze-out aus der Aktiengesellschaft ausgeschlossen und gibt er den Abfindungsbetrag nicht in der Steuererklärung des jeweiligen Jahres an, kann es sich um eine Steuerhinterziehung handeln. Dies gilt selbst dann, wenn der Steuerpflichtige Angaben unterlässt, die die Besteuerung seiner Wertpapiergewinne betreffen. Jedoch besteht auch hier die Schwierigkeit, dem Steuerpflichtigen Vorsatz nachzuweisen. Es ist also notwendig, dass die Finanzbehörde dem Täter Wissen hinsichtlich der täuschenden Handlung nachweisen kann und auch das Wollen des Täters bzgl. des tatbestandlichen Erfolges nicht fern liegt. Ob ein Täter Unrechtsbewusstsein hat, wenn er die jeweilige Rechtslage nicht kennt, also keine Kenntnis von der Rechtswidrigkeit seines Handelns hat, bestimmt sich nach den Vorschriften der Irrtümer des StGB Allgemeiner Teil. Insoweit wird darauf verwiesen.

Zu beachten ist auch im Bereich der Steuerhinterziehung, dass Anstiftung und Beihilfe eine gleiche Täterqualität inne haben wie die Täterschaft selbst.[182]

Anstiftung zu einer Steuerhinterziehung liegt immer dann vor, wenn ein Handelnder einen Dritten zu der Realisierung eines steuerstrafrechtlichen Tatbestandes anstiftet, diesen also überredet, eine Steuereinnahme nicht der Besteuerung zuzuführen. Dies kann etwa so aussehen, dass ein Dritter

---

[182] Zur Anstiftung und Beihilfe vgl. die Ausführungen zum StGB Allgemeiner Teil.

angestiftet wird, Spekulationsgewinne ggü. der Finanzbehörde nicht anzuzeigen. In diesem Fall machen sich beide Personen (Anstifter und handelnder Dritter) der Steuerhinterziehung (bzw. der Anstiftung – Milderung der Strafe) strafbar.

Beihilfe ist stets dann zu bejahen, wenn dem Dritten, der eine Steuerhinterziehung begeht, Hilfe dergestalt geleistet wird, dass der Dritte die Vorteile aus der Vortat erreichen kann. Will also ein Minderheitsaktionär die Barabfindung bei einem Squeeze-out nicht versteuern, und nimmt dieser die Hilfe eines anderen in Anspruch, der ihm anbietet, die Abfindung auf dessen Konto zu überweisen, damit dies der Finanzbehörde nicht bekannt wird, so liegt Beihilfe des Dritten vor. In diesem Fall machen sich beide Personen strafbar. Denn der anbietende Dritte macht sich der Hilfeleistung strafbar, während sich der Minderheitsaktionär der Steuerhinterziehung per se strafbar macht.

Gem. § 371 AO wird dem Steuerpflichtigen, der eine Steuerstraftat begangen hat, Straffreiheit eingeräumt, indem dieser eine Selbstanzeige gem. § 371 AO ggü. der zuständigen Finanzbehörde einleiten muss. Damit verbunden ist auch die Nachzahlung der hinterzogenen Steuern.

Mit der Steuerhinterziehung soll zum Einen die Pönalisierung des steuerstrafrechtlichen Verhaltens erreicht werden. Auf der anderen Seite soll mit der Selbstanzeige bezweckt werden, dass Steuern, die noch nicht bekannt wurden, eingetrieben werden können. Damit soll dem Staat also geholfen werden, sich noch unbekannter Finanzmittel zu bedienen. Nicht zuletzt ist mit der Selbstanzeige auch eine Präventionswirkung verbunden. So wurde mit Einführung der Selbstanzeige gehofft, dass mit Bekanntwerden in der Bevölkerung auch die Akzeptanz ggü. diesem Institut wächst, und so ein Mehr an Menschen erreicht wird, die sich zur Steuerehrlichkeit bekennen.

Gem. § 371 AO kann nur derjenige eine Selbstanzeige einleiten, der auch Täter des jeweiligen Steuerhinterziehungstatbestandes ist. Bezüglich der Täterschaft wird auf die allgemeine Gesetzessystematik des StGB sowie auf die vorangehenden Ausführungen verwiesen. In Betracht kommen also auch Mittäter, Nebentäter, Anstifter etc. Voraussetzung ist somit immer, dass eine bereits begangene Straftat eine Straffreiheit durch Selbstanzeige nach sich zieht. Der Anzeigenerstatter muss dabei unterlassene oder fehlende Angaben berichtigen. An die Stelle dieser Falsch- oder Fehlinformationen müssen die wahren Tatsachen gesetzt werden. Die sich aus diesem Zusammenhang bildenden Steuern hat der Täter ferner nachträglich zu entrichten. Häufig wird die Selbstanzeige durch die beauftragten Rechtsanwälte oder Steuerberater für den Mandanten vorgenommen. Denn die steuerliche Selbstanzeige hat nicht zur Voraussetzung, dass diese persönlich vorgenommen wird. Ob die Selbstanzeige bei der zuständigen Finanzbehörde einzulegen ist, ist umstritten. Vorliegend wird der Ansicht gefolgt, dass eine Selbstanzeige auch bei der Polizei bzw. bei der Staatsanwaltschaft erfolgen kann. Denn es kann lediglich darauf ankommen, ob dem Staat in seiner Gesamtheit ein steuerlich erheblicher Sachverhalt mitgeteilt und eine Berichtigung vorgenommen wird. Es kann also nicht überzeugen, eine Mitteilungspflicht ggü. der zuständigen Finanzbehörde zu statuieren. Denn dies geht zum Einen weder aus dem Gesetzestext explizit hervor; noch ist zum Anderen unklar, warum die Staatsanwaltschaft – die auch sonstige strafrechtliche Ermittlungen für den Staat führt – nicht auch zur Entgegennahme solcher Anzeigeerklärungen befugt sein soll. So ist es auch nicht unschädlich, wenn eine Klage bei einem unzuständigen Gericht eingereicht wird. Dieses wird dann i. d. R. an das jeweils zuständige Gericht verweisen; dem Kläger wird dann lediglich die Fristwahrung zum Nachteil gereichen. Ähnliche Grundsätze müssen auch bei einer Selbstanzeige anzuwenden sein. Legt demzufolge der Täter Selbstanzeige bei der Staatsanwaltschaft ein und leitet diese die Erklärung an die zuständige Finanzbehörde weiter, muss der Täter damit rechnen, innerhalb der Weiterleitungszeit anderweitige strafrechtliche Ermittlungen im gleichen

Rechtsfall gegen sich gelten lassen zu müssen. Ob dann eine Selbstanzeige noch fristgerecht bzw. ordnungsgemäß als durchgeführt gilt, kann dabei dahingestellt bleiben. Denn eine solche Konstellation wird es in praxi selten geben.

Bezüglich der Form der Selbstanzeige ergeben sich keine nennenswerten Einschränkungen. Denn auch dem Staat ist daran gelegen, neue Steuerquellen zu erschließen. Dann wäre es nicht sachgerecht, erhebliche Formerfordernisse an eine Selbstanzeige zu stellen. Insbesondere musste der Gesetzgeber auch darauf achten, dass oft Laien, die nicht juristisch vorgebildet sind, aus Gründen der Gleichheit (Art. 3 GG) in der Lage sein müssen, eine Selbstanzeige eigenhändig zu erstatten. Dann wäre es jedoch nur bloße Förmelei und Bürokratie, erhebliche Formerfordernisse an eine solche Erklärung zu stellen.

Die oft geäußerte Ansicht, in der Selbstanzeige müsse das Wort „Selbstanzeige" auftauchen, kann nicht Platz greifen. Denn nach ständiger Rechtsprechung des BFH ist der explizite Gebrauch dieser Terminologie nicht notwendig, um die Folgen einer Selbstanzeige herbeizuführen. Im Gegenteil dazu kann auch eine konkludente Selbstanzeige im Einzelfall den Anforderungen des § 371 AO genügen. Insbesondere muss sich der Täter nicht eines strafrechtlichen Fehlverhaltens bezichtigen. Selbst wenn der Täter in der Selbstanzeige noch sein Handeln als nicht strafbar darstellt, ist dies für eine Selbstanzeige unschädlich. Denn im Vordergrund stehen immer die Fiskalinteressen des Staates. Dann muss auch eine Auslegung genügen, die zu einer wirksamen Selbstanzeige führt. Konkludent kann eine Selbstanzeige in der Form vorkommen, indem eine erneute Steuererklärung für das streitbefangene Fiskaljahr bei der Finanzbehörde eingereicht wird.

Natürlich kommt der Täter nicht umhin, konkrete und exakte Angaben hinsichtlich des steuerrechtlichen Sachverhaltes zu machen. Im Ergebnis wird auf den Einzelfall abzustellen sein; doch dürfen keine überhöhten Anforderungen an eine Selbstanzeige gestellt werden. So muss es dem

Steuerbürger ermöglicht werden, neue Tatsachen berücksichtigen zu können. Denn neben der Rückkehr in die Legalität ist das Fiskalinteresse des Staates maßgeblich. Anzumerken ist ferner, dass ein Antrag auf Außenprüfung keine Selbstanzeige darstellt, wenn es dabei an exakten materiell- rechtlichen Angaben hinsichtlich eines steuerlichen Sachverhaltes fehlt. Es muss zumindest erkennbar sein, dass der Antragsteller der Täter eines steuerstrafrechtlichen Sachverhaltes ist bzw. der Täter bzw. der Anzeigenerstatter etwaige Angaben in strafbefreiender Form nachholen will. Auf die Selbstanzeige kommt es jedoch nicht zwingend allein an. Denn gem. § 371 AO ist für eine Straffreiheit auch die fristgerechte Nachzahlung der hinterzogenen Steuern Voraussetzung. Ferner ist darauf hinzuweisen, dass eine Selbstanzeige nicht freiwillig erstattet werden muss. Im Übrigen ist auf die Besonderheit hinzuweisen, dass – wie auch im geltenden Strafrecht – eine Selbstanzeige dann nicht mehr möglich ist, wenn bereits ein Amtsträger mit der Ermittlung steuerrechtlicher Sachverhalte oder steuerstrafrechtlicher Tatbestandsmerkmale begonnen hat. Insoweit ist die Selbstanzeige einer gewissen zeitlichen Ummantelung unterworfen. Dies gilt nur dann nicht, wenn die Staatsanwaltschaft gegen den Steuerpflichtigen ermittelt. Denn diese ist kein Amtsträger im Sinne der Strafanzeige. Amtsträger sind in diesem Zusammenhang lediglich Angestellte der Finanzverwaltung. Zusammenfassend ergibt sich also Folgendes für die Selbstanzeige:

1. Der Täter muss Tatsachen berichtigen oder deklarieren. Diese müssen sich steuererheblich auswirken.
2. Der Steuerpflichtige muss die hinterzogenen Steuern nachzahlen.
3. Es darf keine Sperrwirkung (vgl. die selbständige Ermittlung von Amtsträgern) hinsichtlich der Selbstanzeige gegeben sein.

Hinsichtlich der Nachzahlung der hinterzogenen Steuern sei noch erwähnt, dass die Art der Nachzahlung irrelevant ist. Der Täter kann also frei die Art der Finanzübermittlung wählen. Er hat dabei Anspruch auf eine Fristsetzung zur Überweisung des jeweiligen Geldbetrages.

Da in der Vergangenheit gehäuft Fälle auftraten, in denen Steuerpflichtige ihre Gelder in Luxemburg oder in der Schweiz angelegt haben, wurde versucht, mittels Steueramnestie unterlassene Angaben durch die Steuerpflichtigen nachzuholen und so unversteuerte Gewinne etc. nachträglich zu versteuern und dem Fiskus zuzuführen. Die Steueramnestie ist hoch umstritten und bei weitem nicht so effektiv und erfolgreich wie vom BMF erhofft. Lediglich ein Bruchteil wurde bis zur Drucklegung dieses Buches erst deklariert, um so in den Genuss der Straffreiheit zu gelangen. Dies leitet sich zuvörderst daraus her, dass die Steuerpflichtigen mit weiteren Ermittlungen zu rechnen haben. Obwohl dies laut Steueramnestie nicht stattfinden soll, sind in praxi Fälle aufgetaucht, in denen die Finanzbehörden eigenmächtig weiter gegen die Steuerpflichtigen ermittelten. Begründet wurde dies damit, dass nunmehr ein Anfangsverdacht vorliege, der weitergehende Ermittlungen rechtfertige. Insbesondere Außenprüfungen sind in diesem Zusammenhang ein beliebtes Thema. Derjenige also, der Steuern nachentrichten will, muss immer damit rechnen, dass er damit einmal mehr ins Visier der Steuerbehörden gerät. Ferner ist zu beachten, dass die Höhe der Prozentzahlen, die bei der Nachentrichtung angesetzt werden, für viele Steuerpflichtige nicht adäquat ist. Es lohnt sich schlicht nicht, die Gewinne aus Luxemburger oder Schweizer Konten der Finanzverwaltung gegenüber zu deklarieren. Denn angesichts der Tatsache, dass die deutschen Steuerbehörden kaum in den genannten Ländern ermitteln dürfen, kann sich ein Steuerpflichtiger derart sicher wähnen, dass er alles daran setzen wird, seine realisierten Gewinne nicht zur Aufdeckung gelangen zu lassen. Im Übrigen zeichnet sich eine Einigung ab, womit derartige Länder eine Abgeltungssteuer einführen werden; dann wird ein gewisser Teil der Gewinne versteuert, wobei wahrscheinlich 30 % Abzug angesetzt werden. Dies kann immer noch erheblich günstiger sein als die Besteuerung in Deutschland durchführen zu lassen. Insoweit wird auch diese Regelung keine weiteren Deklarationen von Transfergeldern mit sich bringen. Allenfalls kann eine einheitliche, gleichmäßige Besteuerung der europäischen Länder versucht werden, um diesem Missstand abzuhelfen.

3) Besonderer Teil des StGB

Wer in der Absicht, sich oder einem Dritten einen rechtswidrigen Vermögensvorteil zu verschaffen, das Vermögen eines anderen dadurch beschädigt, dass er durch Vorspiegelung falscher oder durch Entstellung oder Unterdrückung wahrer Tatsachen einen Irrtum erregt oder unterhält, wird mit Freiheitsstrafe bis zu fünf Jahren oder mit Geldstrafe bestraft. Betrug gem. § 263 StGB ist ein Straftatbestand, der sich auf das Vermögen als Solches auswirkt. Neben dem Individualvermögen wird mithin auch das wirtschaftliche Allgemeininteresse geschützt. Im dogmatischen Aufbau erfordert der Betrugstatbestand eine Täuschung über Tatsachen. Diese Tatsachen müssen wahr sein. Durch die Täuschung muss ferner ein Irrtum erregt werden, der sich also kausal auf die Täuschung bezieht. Weiter ist eine kausale Vermögensbeschädigung erforderlich, die eine Folge des Irrtums ist. Nicht zuletzt muss ein stoffgleicher Schaden bei der geschädigten Person vorliegen. Für den Betrug ist Vorsatz bezüglich aller objektiven Tatbestandsmerkmale erforderlich. Ferner muss der Täter die Absicht haben, sich oder einem Dritten einen rechtswidrigen Vermögensvorteil zu verschaffen. Gem. § 263 II StGB ist auch der Versuch strafbar. § 263 III StGB definiert die Strafandrohung für einen besonders schweren Fall (1 Jahr bis 10 Jahre Freiheitsentzug (Verbrechen)). In Absatz vier werden die Strafantragstatbestände normiert.

Tatsachen sind alle objektiv in Erscheinung getretenen Zustände, Geschehnisse oder Verhältnisse, die objektiv wahrnehmbar und dem Beweise zugänglich sind. Künftige Sachverhalte unterliegen daher nicht den Tatsachen. Zu beachten ist, dass nicht nur äußere sondern auch innere Tatsachen eine Tatbestandsvoraussetzung des § 263 StGB darstellen. Von den Tatsachen sind auch hier wieder Werturteile abzugrenzen. Dies sind Meinungsäußerungen oder Wertauffassungen eines Dritten, die dessen persönlicher Sphäre entstammen. Diese sind daher nicht dem Beweise zugänglich und folglich nicht als Tatsachen im Sinne des Betruges anzusehen.

Der Täter muss ferner über die erwähnten Tatsachen getäuscht haben. Die Täuschung muss ggü. einem Dritten erfolgen. Sie kann durch positives Tun oder Unterlassen im Falle einer Garantenstellung erfolgen. Eine Täuschung kann also sowohl durch Vorspiegelung falscher Tatsachen (ausdrücklich) aber auch durch schlüssige Handlung (konkludent) erfolgen. Konkludent erfolgt eine Täuschung ggü. einem Dritten, indem diesem ggü. ein Verhalten an den Tag gelegt wird, was dieser als Erklärung zu verstehen hat. Dies spiegelt sich auch bei inneren Tatsachen wider. Für den Dritten muss sich darstellen, dass durch schlüssige Handlungen eine Absicht des Täters hervortritt, etwas Bestimmtes tun zu wollen. Für die Täuschungshandlung kommt im Weiteren die Entstellung wahrer Tatsachen oder das Unterdrücken wahrer Tatsachen in Betracht. Dies ist dann gegeben, wenn eine Aufklärung geboten ist, diese jedoch nicht durchgeführt wird. Das Unterlassen ist in diesem Zusammenhang jedoch nur dann eine Strafbarkeitsvoraussetzung, wenn und soweit dem Täter eine Pflicht zur Aufklärung oblag. Dies ist dann gegeben, wenn eine Garantenstellung oder Ingerenz des Täters vorliegt. Dazu muss die Aufklärung jedoch zumutbar sein. Eine Garantenpflicht lässt sich zum Beispiel aus dem Gesetz, aus Treu und Glauben, aus einem besonderen Vertrauensverhältnis etc. herleiten. Die Garantenstellung kann jedoch nicht zu weit gezogen werden. Verhindert werden soll damit, dass ein Großteil der täglich handelnden Bevölkerung pönalisiert wird. Aufgrund der unzähligen Varianten ist es nicht möglich, an dieser Stelle einzelne Betrugsvarianten darzustellen. Deshalb sei auf die Kommentarliteratur der herrschenden Meinung verwiesen.

Eine Aufklärungspflicht kann auch aus Vertrag hergeleitet werden. Dies ist zum Einen dann gegeben, wenn dem Vertrag ein besonderes Vertrauensverhältnis zu Grunde lag. Zum Anderen kann die Aufklärungspflicht auch explizit vereinbart werden. Anzumerken ist ferner, dass sowohl ein positives Tun als auch ein pflichtwidriges Unterlassen nebeneinander stehen können. Dies bedeutet, dass der Betrug nicht mehrmals, sondern nur einmal gegeben ist. Dies ist selbstverständlich stark vom Einzelfall abhängig. Insoweit kann jedoch von einer Mischbegehung des Betruges ausgegangen werden.

Durch die Täuschungshandlung muss bei einem Dritten ein Irrtum erregt oder unterhalten werden. Der Irrtum ist dabei die Differenz zwischen der Vorstellung des Dritten und der tatsächlichen Wirklichkeit. Er muss ferner erst durch die Handlung des Täters entstanden sein. Nicht ausreichend ist es, wenn der Dritte innerlich bereits über verschiedene differenzierte Ansichten verfügte. Insoweit ist auf eine strenge Kausalität abzustellen. Erreicht also der Täter, dass Wirklichkeit und Vorstellung des Dritten durch die Handlung oder das Unterlassen des Täters auseinanderfallen, ist ein Irrtum i. S. d. § 263 StGB zu bejahen.

Ferner ist für die Bejahung eines Betruges notwendig, dass eine Vermögensverfügung stattgefunden hat. Vermögensverfügung ist jedes Handeln, Dulden oder Unterlassen, das sich unmittelbar vermögensmindernd auswirkt.[183] Dazu ist Voraussetzung, dass der Verfügende in seinem Willen generell frei war. Anzumerken bzw. hinzuweisen ist hier auf den sog. Dreiecksbetrug. Dieser ist dann gegeben, wenn der Täter auf eine Person einwirkt, durch deren Handlung ein Dritter geschädigt wird. Bei diesem Dreiecksbetrug wird ersichtlich, dass Getäuschter und Geschädigter nicht in einer Person zusammenfallen müssen. Ob der Getäuschte Vertretungsmacht haben muss oder nur im Lager des Geschädigten zu stehen hat, kann hier dahinstehen. Zu bejahen ist außerhalb dieses Streites ein Näheverhältnis des Geschädigten zum Getäuschten. Insoweit wird vorliegend eine vermittelnde Meinung eingenommen. Die Vermögensverfügung kann auch hier wieder in einem Unterlassen oder in einem positiven Tun bestehen. Dies ist zum Beispiel dann der Fall, wenn es unterlassen wird, eine Handlung vorzunehmen, die eigentlich gewollt war. Alsdann kommt es lediglich auf den tatbestandlichen Erfolg an.

---

[183] BGHSt, 14, S. 171.

Nicht zuletzt muss auch ein Vermögensschaden vorliegen, der die unmittelbare Folge der Verfügung darstellt. Vermögensschaden ist ein Schaden am Gesamtbegriff von geldwerten Gütern einer Person.[184] Bezüglich des Vermögensbegriffes sei darauf hingewiesen, dass es verschiedene Definitionen gibt. Vorliegend ist dieser Streit jedoch unbeachtlich; insoweit wird auf eine Wertminderung des Vermögens abgestellt. Zum Vermögen wird unter anderem Gewahrsam an einer Sache oder Besitz gezählt. Nicht zum Vermögensbegriff dagegen zählt eine unbestimmte Gewinnerwartung. Zum Zeitpunkt der Vermögensverfügung darf also noch kein konkreter Gewinn in Aussicht gestellt sein.

Hinzuweisen ist ferner auf die Besonderheit, dass auch zwischen Kriminellen eine Vermögensverfügung und damit das Tatbestandsmerkmal des Betruges vorliegen kann. Gleiches gilt bei unsittlichen Rechtsgeschäften oder bei Rechtsgeschäften, die gegen das Gesetz verstoßen. Der für die Vermögensverfügung beachtliche Zeitpunkt ist der Zeitpunkt in der Verfügung selbst.

Schlussendlich ist als weitere Voraussetzung für die Strafbarkeit des Betruges das Vorliegen eines stoffgleichen Schadens notwendig. Stoffgleichheit besteht dann, wenn zwischen dem Vermögensvorteil und dem Schaden des Opfers die gleiche Vermögensverfügung den Schaden unmittelbar herbeiführt. Dies ist zum Beispiel dann zu verneinen, wenn mittelbare Schäden (Folgeschäden) durch weitere Handlungen eintreten. Denn dann mangelt es an der erforderlichen Stoffgleichheit.

Bezüglich des Vorsatzes ist noch zu erwähnen, dass der Täter mit der Täuschung auch einen Irrtum hervorrufen wollte. Ferner muss durch den Irrtum eine Vermögensverfügung des Opfers und eine Vermögensschädigung gewollt sein. Auch muss der Täter in der Absicht gehandelt haben, sich oder

[184] Vgl. BGHSt 3, S.102.

einem Dritten einen Vermögensvorteil zu verschaffen. Auf die Erlangung des Vorteils kommt es mithin unmittelbar an. Ein Vermögensvorteil liegt dann vor, wenn die Vermögenslage des Täters eine günstigere Gestaltung durch das Tun oder Unterlassen des Täters erreicht. Anzumerken ist auch, dass der Vermögensvorteil rechtswidrig sein muss; dies bedeutet, dass der Täter keinen rechtlichen Anspruch auf den Vorteil haben darf.

Bezüglich des Versuches ist auf den allgemeinen Teil des StGB hinzuweisen. Insoweit sind keine gravierenden Unterschiede zu bisher Gesagtem gegeben.

Die Abgrenzung zum Diebstahl bzw. zur Unterschlagung ist teils sehr schwierig und nur im Einzelfall zu betrachten. Abgrenzbar sind diese Delikte jedoch insoweit, als dass beim Betrug der Geschädigte bzw. der Getäuschte willentlich handelt, während beim Diebstahl der Täter gegen den Willen des Geschädigten tätig wird. Auch die Unterschlagung erfordert eine Handlung des Täters, die einen Schaden hervorruft. Insofern ist zu prüfen, ob eine Willensbildung des Geschädigten bzw. des Getäuschten vorliegt oder ob ein Schaden bzw. eine Vermögensverfügung gegen den Willen des Opfers stattfand.

Betrug ist in allen Formen der Täterschaft und Teilnahme durchführbar. Er ist lex generalis zu den §§ 370 ff. AO. Die Steuerhinterziehung ist daher lex specialis und dem Betrug per se vorzugswürdig.

F) Rechtsbehelfsverfahren im Steuerrecht

Im Steuerrecht wie im Zivilrecht ergeben sich teilweise Situationen, in denen es notwendig ist, sofort und ohne große Formalanforderungen Rechtsschutz zu erlangen. Dienen soll dies in erster Linie dem Rechtschutzbedürfnis, aber auch der Verfahrensökonomie. Denn schließlich sind die bearbeitenden Behörden am Sachverhalt näher dran und können dem Rechtsbehelf stattgeben. Nachfolgend soll in erster Linie auf den Einspruch als wichtigster Rechtsbehelf eingegangen werden.

I) Einführung

Der Einspruch und weitere Rechtsbehelfe richten sich gegen Steuerbescheide und bestimmen sich nach den Vorschriften der AO und der FGO. Die Rechtsbehelfe tragen der Tatsache Rechnung, dass das Steuerrecht Massenfälle beherbergt. Daher sind viele Erfahrungssätze den Entscheidungen zu Grunde zu legen. Somit rechtfertigt sich aber auch die Tatsache, dass die Finanzbehörden kaum jeden Fall intensiv nachprüfen können. Inhalte solch materiell unrichtiger Entscheidungen treten also relativ häufig auf, was die Praxis in Form von Einspruchsstatistiken zeigt. Um der Überlastung der Gerichte mittels Nachprüfung von Steuerbescheiden entgegen zu wirken, wurden diverse Rechtsbehelfsverfahren eingeführt. Sie sind daher in Teilen lex speziales zum Widerspruchverfahren der VwGO.

II) Einspruch

Der Einspruch ist das sog. verlängerte Verwaltungsverfahren und wird bei der ursprünglich zuständigen Behörde eingelegt. Daher kommt dem Einspruch auch kein Devolutiveffekt zu; überdies erklärt sich auch die Stellung des Einspruchs in der AO und nicht in der FGO. Dies trägt dem Grundsatz der Selbstkontrolle der Behörde Rechnung und dient in erster Linie der Erweiterung des Rechtschutzes des Steuerpflichtigen. Das Einspruchverfahren muss obligatorisch durchlaufen werden, um eine Klage erfolgreich verlaufen zu lassen. Mit dem Einspruch hat jeder Steuerpflichtige die Überprüfung seines Steuerbescheides selbst in der Hand. Er kann den Einspruch zurücknehmen oder erweitern. Jedoch ist zu beachten, dass die Finanzbehörde auch eine Verböserung eintreten lassen kann. Insoweit endet die Dispositionsmaxime des

Steuerpflichtigen. Der Einspruch ist kostenfrei. Durch die Einlegung des Einspruchs tritt lediglich ein eingeschränkter Suspensiveffekt ein, denn es wird lediglich die formelle Bestandskraft, nicht jedoch die Vollziehung des angegriffenen VA gehemmt.

1) Zulässigkeit

Um dem Einspruch zum Erfolg zu verhelfen, muss dieser zulässig sein. Die Finanzbehörde hat also zunächst zu prüfen, ob die Sachentscheidungsvoraussetzungen vorliegen. Ansonsten ist der Einspruch als unzulässig zurückzuweisen.

a) Finanzrechtsweg, § 347 AO

Zunächst ist die Zulässigkeit des Finanzrechtswegs gem. § 347 AO zu prüfen. Danach ist der Einspruch zulässig in allen Abgabeangelegenheiten, in denen die AO Anwendung findet. Im Unterschied zu § 40 I VwGO gibt es hinsichtlich des Finanzrechtswegs keine Generalklausel, die eine Zuweisung zu den Finanzgerichten konstituiert. Der Finanzrechtsweg ist daher als abdrängende Sonderzuweisung zu den Finanzgerichten zu betrachten.

Der Finanzrechtsweg ist also immer dann gegeben, wenn es sich um eine öffentlich-rechtliche Streitigkeit über Abgabenangelegenheiten handelt, § 33 I Nr. 1 FGO. Es muss sich dabei um eine Abgabe handeln, die der Gesetzgebung des Bundes (Art. 105 GG) unterliegt und mittels Bundes- oder Landesbehörden verwaltet wird. Daher ist bei kommunalen Steuern auch nie der Finanzrechtsweg, sondern immer der Verwaltungsrechtsweg gegeben. Steuerbescheide hinsichtlich der Einkommensteuer oder der Körperschaftsteuer stellen jedoch eine Finanzrechtsangelegenheit dar. Ein Unterschied besteht auch bei Realsteuern, deren Messbetrag von den Finanzbehörden festgesetzt und von den Gemeinden endgültig festgesetzt und erhoben wird. Insoweit muss zwischen den einzelnen Kompetenzen aufgespaltet werden. Danach richtet sich dann auch der Rechtsweg.

Auch die Steufa als Doppelnatur erlangt besondere Bedeutung im Rahmen des Rechtsweges. Wird sie im Steuerstrafverfahren oder im Ordnungswidrigkeitenverfahren tätig, weil sich ein Anfangsverdacht herausgestellt hat, dann muss der ordentliche Rechtsweg für die Überprüfung der Steufa-Maßnahmen bestritten werden. Denn dann kommt der Steuerfahndung eine Kompetenz als Justizbehörde zu. Dann müssen ihre Maßnahmen aber auch als Justizakte gelten. Wird die Steuerfahndung dagegen nach dem Abschluss des Steuerstrafverfahrens oder der Steuerordnungswidrigkeit tätig, ist der Finanzrechtsweg einschlägig.

Der Finanzrechtsweg ist ferner gegeben, wenn eine explizite Zuweisung (EigZulG u. a.) an die Finanzgerichte gegeben ist.

Wird eine Klage unzulässigerweise im Finanzrechtsweg betrieben, kommt eine Verweisung an das zuständige Gericht in Betracht. Dazu müssen die Beteiligten angehört werden und die Unzulässigkeit des Finanzrechtsweges ausgesprochen sein. Eine Abweisung der Klage als unzulässig ist zu verneinen. Da die Rechtswege als gleichwertig betrachtet werden, kann das nunmehr zuständige Gericht das Verfahren nicht ablehnen. Insofern ist eine aufdrängende Wirkung gegeben. Der Verweisungsbeschluss ist bindend und lediglich mit der zulassungsbedürftigen Beschwerde zum BFH anzufechten.

b) Statthaftigkeit des Einspruchs, §§ 347 I, 348 AO

Ferner ist Voraussetzung, dass der Einspruch gem. §§ 347 I, 348 AO statthaft ist, d. h. dass ein solcher Rechtsbehelf überhaupt zur Anwendung kommen kann. Zur Hilfe genommen werden kann die enumerative Aufzählung unter § 347 AO. Zunächst muss also ein Verwaltungsakt i. S. d. § 118 AO vorliegen. Die Legaldefinition des § 118 AO lehnt sich eng an die des VwVfG an. Verwaltungsakt ist danach jede Verfügung, Entscheidung oder andere hoheitliche Maßnahme, die eine Behörde zur Regelung eines Einzelfalls auf dem Gebiet des öffentlichen Rechts trifft und die auf unmittelbare Rechtswirkung nach außen gerichtet ist. Besondere Schwierigkeiten hinsichtlich der Qualifizierung eines Verwaltungsaktes dürften im Steuerrecht nicht auftreten, da die Bescheide der Finanzverwaltung in der Regel einen Verwaltungsakt darstellen. Davon zu unterscheiden sind lediglich unverbindliche Auskünfte ohne Regelungscharakter[185] oder Steueranmeldungen, die jedoch dem Steuerbescheid unter dem Vorbehalt der Nachprüfung gleichstehen. Ferner ist von diesen Regelungen der Fall auszunehmen, in dem die Behörde binnen angemessener Frist über einen Antrag nicht entschieden hat, § 347 I S. 2 AO. Auch Verwaltungsanweisungen, behördeninterne Vorgänge oder bloße Meinungsäußerungen stellen keinen VA dar, denn sie sind in der Regel nicht geeignet, einen Einzelfall zu regeln bzw. unmittelbare Rechtswirkung nach außen zu entfalten.

Um zu vermeiden, dass sich das Einspruchsverfahren unnötig in die Länge zieht und damit effektiver Rechtschutz gewährt wird, ist ein Einspruch gegen eine Einspruchentscheidung nicht zulässig. Alsdann ist direkt auf den Klageweg zu verweisen, § 44 I FGO. Bleibt im Fall der Untätigkeit der Behörde eine Einspruchsentscheidung aus, ist auch hier der nächste Weg das finanzgerichtliche Klagevorgehen.

Gegen andere Entscheidungen der Behörde ist der Einspruch nicht statthaft. Dann bleibt dem Stpfl. nur noch abzuwarten, bis eine Regelung der Behörde erfolgt, gegen die dann der Einspruch oder im Zweifel der Widerspruch zulässig ist oder der Betroffene nimmt andere Rechte wie die Dienst- oder Fachaufsichtsbeschwerde oder die Gegenstellung wahr.

Zu beachten ist auch, dass in Straf- und Bußgeldverfahren nicht die Vorschriften des Einspruchs sondern die der StPO, oder des EGGVG bzw. des OWiG gelten.

c) Einspruchsbefugnis, §§ 350 ff. AO

Ferner ist zu besorgen, dass die Einspruchsbefugnis gem. §§ 350 ff. AO gegeben ist. Anders als in § 40 FGO ist hierfür keine Rechtsverletzung sondern lediglich eine Beschwer notwendig. Der Einspruchsführer muss also geltend machen, durch einen bestimmten Verwaltungsakt in seinen subjektiven Rechten

[185] Vgl. auch Mahnungen, Belehrungen, Hinweise, Rechtsauskünfte, Erledigungsvorschläge des Finanzamtes u. a.

verletzt, also beschwert worden zu sein. Jedoch ist hier eine überschießende Tendenz zu § 40 FGO zu beobachten, indem die Beschwer die fehlerhafte Anwendung einer Verwaltungsvorschrift sowie die unzweckmäßige Ermessensausübung umfasst. Große Anforderungen werden an die Beschwer nicht gestellt.
Mit Hilfe des § 350 AO soll eine Popularklage abgewehrt werden, genauso wie die Finanzbehörden entlastet werden sollen, indem die Einspruchsberechtigten herausgefiltert werden können. Zugelassen zum Einspruchsverfahren wird also nur derjenige, der erkennbar persönlich in seinen Rechten betroffen sein könnte. Die behauptete Rechtsverletzung muss schlüssig und explizit geltend gemacht werden.
Ob die geltend gemachte Beschwer tatsächlich vorliegt, zeigt sich im Rahmen der Begründetheit des Einspruchs.

Die Beschwer teilt sich in ein **subjektives** und ein **objektives** Element. Die **subjektive** Beschwer ist demnach immer dann anzunehmen, wenn der Einspruchsführer selbst und unmittelbar durch einen Verwaltungsakt betroffen ist. Dieses Erfordernis dient der Verhinderung der Popularklage und ist i. d. R. unproblematisch gegeben. Insoweit ist auch ein expliziter Vortrag entbehrlich, schadet jedoch nicht.

Exkurs:
Der Gesamtrechtsnachfolger tritt gem. § 45 AO vollumfänglich in die Rechte des Erblassers ein. Somit gehen auch die Steuerverbindlichkeiten auf den Erben über. Dann ist es nur konsequent, dem Erben die verfahrensrechtliche Stellung des Rechtsvorgängers zukommen zu lassen. Der Erbe kann also alle Handlungen vornehmen, um gegen einen VA wirksam vorzugehen. Ein anderes gilt für den Einzelrechtsnachfolger. Dieser kann eventuelle Rechte des Vorgängers nicht ohne Weiteres geltend machen oder fortführen. Ausnahmen gelten lediglich für einzelne Tatbestände wie Zerlegungsbescheide,

Grundsteuermessbescheide o. ä. Denn diese Tatbestände entfalten dingliche Regelungswirkung, die ähnlich der der Gesamtrechtsnachfolge zu behandeln ist.
Exkurs Ende

Sind mehrere Adressaten gegeben, ist jeder von ihnen allein einspruchsbefugt. Daraus ergibt sich, dass nicht nur derjenige beschwert ist, dem der VA zugegangen ist, sondern auch derjenige, dem der Inhalt des VA gegolten hat. Die geltend zu machende Beschwer liegt regelmäßig im Ergebnis des jeweiligen VA, nicht jedoch in der Begründung desselben, die zu dem anzufechtenden Ergebnis führt. Eine Ausnahme liegt nur dann vor, wenn die Gründe selbst eine Grundlage für die Festsetzung einer anderen Steuer sind. Wird zum Beispiel ein Steuersachverhalt anders beurteilt, ergibt sich für das zu Grunde liegende Veranlagungsjahr jedoch keine Steueränderung, also keine abändernde Beurteilung, i. w. S. liegt eine Beschwer nicht vor. Dies gilt auch dann, wenn zwar andere Sachverhaltsvoraussetzungen geltend gemacht werden, die von der Finanzbehörde so nicht weiterverfolgt werden, also eine gänzlich andere Beurteilung von Steuertatbeständen erfolgt, im Ergebnis jedoch die Steuerschuld auf Null festgelegt wird. Wird ein Steuerbescheid o. ä. aufgehoben oder geändert, liegt keine Beschwer des Stpfl. mehr vor. Hat er sich zu Ungunsten des Stpfl. geändert und sich dann erledigt, kann der Stpfl. jedoch mittels Fortsetzungsfeststellungsinteresse seine Rechte weiter verfolgen.

Für Ehegatten ergibt sich keine Änderung in der grundsätzlichen Darstellung dieser vorangegangenen Grundsätze. Lediglich die Tatsache, dass einem Ehegatten der jeweilige Bescheid nicht bekannt gegeben wurde, lässt eine Beschwer entfallen. Dieser Grundsatz gilt für die Zusammenveranlagung der Eheleute.

Die Beschwer muss grundsätzlich auf dem Gebiet des Steuerrechts stattfinden, d. h. es müssen steuerliche Streitfragen geklärt werden. Eine außersteuerliche Beschwer ist für den Einspruch mithin ergebnislos und nicht zu beachten. Denn anderenfalls kann ein Verwaltungsverfahren des Betroffenen angestrengt werden. Eine Ausnahme gilt jedoch dann, wenn die an sich nicht steuerlichen

Tatsachen zu einer Bindung in einem außersteuerlichen Bereich führen. Dabei ist eine gesetzliche Bindung nicht notwendig. Es reicht also aus, wenn Behörden die Feststellungen des Finanzamtes als bindend betrachten.[186] Die Beschwer liegt auch bei vorläufigen Bescheiden vor und muss hinsichtlich eines jeden Veranlagungszeitraumes gesondert festgestellt werden. Dies gilt nur dann nicht, wenn sich die Festsetzung auf die späteren Zeiträume negativ auswirkt.

Die **objektive Beschwer** ist immer dann anzunehmen, wenn ein VA angegriffen wird, durch dessen Inhalt der Betroffene belastet wird und geltend macht, in seinen Rechten verletzt worden zu sein. Wird zum Beispiel eine bestimmte Steuer festgesetzt, leitet sich die sachliche Beschwer bereits aus der Steuerbetragsfestsetzung, ohne dass es eines besonderen Vortrages des Stpfl. bedarf. Eine Begründung für die sachliche Beschwer ist also in aller Regel entbehrlich, arg. ex § 357 III AO. Dabei ist darauf zu achten, dass die Beschwer nicht in der Festsetzung der Steuer selbst, sondern bereits in einer Nebenbestimmung liegen kann. Diese muss jedoch unselbständig vom Steuerbescheid sein. Eine Beschwer ergibt sich selbst dann, wenn der Stpfl. zwar einen ihn begünstigenden Bescheid erhalten hat, dieser nach seiner Ansicht jedoch quantitativ zu gering ausgefallen ist. Es kommt also lediglich auf die festgesetzte Steuer an. Gründe oder andere Erläuterungen spielen dabei keine herausragende Rolle. Die sachlich Beschwer ist selbst dann zu bejahen, wenn der Stpfl. begehrt, eine steuerliche Rechtsposition generell zu überprüfen.

d) Beteiligtenfähigkeit, §§ 33, 78 AO

Die Beteiligtenfähigkeit ist eine weitere Voraussetzung für den steuerrechtlichen Einspruch. Beteiligtenfähig in diesem Sinne ist demnach, wer steuerrechtsfähig ist. Steuerrechtsfähig ist, wer Träger von Rechten und Pflichten ist und eine natürliche oder juristische Person darstellt, §§ 33, 78 AO. Die Rechte und Pflichten konzentrieren sich dabei auf das Steuerrechtsverhältnis.

---

[186] Z. B. die Anerkennung von Werbungskosten und deren Verlustvortrag in das laufende Jahr, wodurch das Einkommen auf Null herabgesetzt wird. Dann ist die Sozialbehörde an das Feststellungsergebnis gesetzlich nicht gebunden, wird es jedoch regelmäßig dem Sozialunterstützungsverfahren zu Grunde legen.

In der AO kommt der Begriff der Steuerrechtsfähigkeit nicht vor. Gesprochen wird in diesem Sinne lediglich von einem Steuerpflichtigen. Nach der Legaldefinition des § 33 AO ist Stpfl., wer eine Steuer schuldet, für eine Steuer haftet, eine Steuer für Rechnung eines Dritten einzubehalten und abzuführen hat, wer eine Steuererklärung abzugeben, Sicherheit zu leisten, Bücher und Aufzeichnungen zu führen oder andere, ihm durch die Steuergesetze auferlegte, Verpflichtungen zu erfüllen hat. Voraussetzung dafür ist jedoch auch wieder die Steuerrechtsfähigkeit. Diese lehnt sich eng an die Rechtsfähigkeit der des BGB an. Gemeint sind also die subjektiven Voraussetzungen für einen Rechtsträger. Steuerrechtsfähigkeit wird in der Regel von den einzelnen Steuergesetzen verliehen. Sie darf jedoch nicht nur auf das Steuerpflichtverhältnis zwischen Bürger und Staat ausgedehnt werden, sondern muss auch Betrachtung finden bei der Durchsetzung der Rechte des Bürgers gegen den Staat. Da die Steuerrechtsfähigkeit von den einzelnen Gesetzen verliehen wird, ist auf eine einheitliche Darstellung in der AO bewusst verzichtet worden. Denn selbst dann müsste ein jedes Gesetz die Steuerrechtsfähigkeit wieder selbst regeln, indem es die Steuerpflicht für sich selbst statuiert. Eine natürliche Person fällt mit ihren Einkünften aus nicht selbständiger Arbeit eben nicht unter das Körperschaftsteuergesetz. Dies gilt in umgekehrter Konstellation selbstredend auch für die Ansprüche des Bürger gegen den Fiskus. Der Beginn der Steuerrechtsfähigkeit bestimmt sich demzufolge auch nach den einzelnen Gesetzen bzw. nach den allgemeinen Regelungen subsidiär. So kann für eine GbR die Vorgesellschaft bereits steuerpflichtig werden, während eine natürliche Person erst mit der Geburt und dann erst mit der Erzielung von Einkünften den einzelnen Steuerarten unterfällt. Auch das Ende der Steuerrechtsfähigkeit ist individuell zu bestimmen. Erlischt eine GbR, kann sie unter Umständen noch zu einer Steuernachzahlung in Anspruch genommen werden. Denn dann haftet die Abwicklungsgesellschaft für die Steuerverbindlichkeiten der Vorgänger-Gesellschaft. Eine natürliche Person dagegen verliert ihre Steuerverbindlichkeiten mit dem Tod. Mit dem Tod geht die Steuerschuld natürlich nicht unter. Denn gemäß § 1922 BGB geht diese Verbindlichkeit auf den Erben als Gesamtrechtsnachfolger über. Insofern kann von einer Fortdauer der Steuerrechtsfähigkeit über den Tod hinaus gesprochen werden. Insolvenz oder Vergleich haben keinerlei Auswirkungen auf die Steuerrechtsfähigkeit.

Die Steuerrechtsfähigkeit von juristischen Personen des öffentlichen Rechts ist in der AO allgemeinverbindlich nicht geregelt. Insoweit müssen die Grundsätze für die juristischen Personen des Privatrechts analog angewandet werden. Die Steuerrechtsfähigkeit beginnt also erst mit der Gründung dieser Gebilde (etwa Anstalten, Stiftungen, Bund, Länder, Gemeinden, Religionsgesellschaften u. a.) und endet mit deren vollständiger Abwicklung.

e) Handlungsfähigkeit, §§ 365 I, 79 AO

Die Handlungsfähigkeit bestimmt sich nach §§ 365 I, 79 AO und definiert die Fähigkeit zur Vornahme von Handlungen. Lediglich die Personen, die selbst durch ein Verhalten Rechtsfolgen herbeiführen können, sind handlungsfähig. Für das Steuerrechtsverfahren gilt dies mit der Maßgabe, Handlungen selbständig vorzunehmen, die Auswirkungen auf den Prozess per se haben. Die Handlungsfähigkeit weist einen engen Bezug zur Steuerrechtsfähigkeit auf. Denn steuerrechtsfähig kann nur sein, wer auch handlungsfähig ist. Alle natürlichen Personen, die im Zivilrecht unbeschränkt geschäftsfähig sind, sind auch im steuerlichen Verfahren handlungsfähig. Die Handlungsfähigkeit erstreckt sich also auf alle das Steuerrechtsverhältnis betreffenden Maßnahmen, die von einer natürlichen Person getroffen werden. Dabei ist das Persönlichkeitsrecht als Auslegungshilfe heranzuziehen. Im Zweifel der Handlungsfähigkeit ist der Rechtsbehelf daher als unzulässig abzuweisen.

Die Handlungsfähigkeit betrifft also zunächst die aktive Seite, eigene Handlungen wirksam im Prozess vorzunehmen. Sie betrifft jedoch auch die passive Seite, nämlich Verwaltungsakte wie Steuerbescheide entgegen zu nehmen und zu verstehen. Problematisch ist dann nämlich, ob die Verwaltungsakte bei Bekanntgabe ggü. einem Handlungsunfähigen Wirksamkeit entfalten können oder nicht. Bedeutung hat dies für etwaige Rechtsbehelfe oder Klagen gegen den jeweiligen Verwaltungsakt. Beschränkt handlungsunfähige natürliche Personen können jedoch auch wirksam Handlungen vornehmen, wenn sie die Ermächtigung des gesetzlichen Vertreters vorweisen können. Zweifel an der Handlungsfähigkeit sind von Gerichtsseite von Amts wegen zu prüfen.

Juristische Personen sind de natura nicht handlungsfähig. Daher ist es stets erforderlich, dass gesetzliche Vertreter oder sonstige Beauftragte etwa durch Rechtsgeschäft, die jeweilige juristische Person wirksam vertreten. Natürlich müssen die jeweiligen Vertreter auch handlungsfähig sein.

Behörden sind als Gebilde juristischer Art nicht handlungsfähig. Denn sie sind weder rechtsfähig noch geschäftsfähig. Dann ist es nur logisch und konsequent, die Behörden auch als handlungsunfähig zu statuieren. Die Begründung findet sich in der Tatsache, dass Behörden durch ihre Leiter, Vertreter oder Bedienstete vertreten werden. Diese natürlichen Personen erst können eine Handlung für die Behörde vornehmen. Für sich selbst kann eine Behörde nicht handeln.

Der Handlungsfähigkeit kommt eine Doppelfunktion zu. Denn die Handlungsfähigkeit ist zum Einen Sachentscheidungsvoraussetzung und zum Anderen Verfahrenshandlungsvoraussetzung. Für die Seite der Sachentscheidungsvoraussetzung muss die Handlungsfähigkeit gegeben sein, m. a. W. zum Zeitpunkt des Erlasses des Verwaltungsaktes muss der Beteiligte oder dessen Vertreter fähig gewesen sein, Rechtshandlungen vorzunehmen. Im Falle der Verfahrenshandlungsvoraussetzung ist zu besorgen, dass die aktive und passive Handlungsfähigkeit vorhanden ist, um wirksame Verfahrenshandlungen vorzunehmen. Ist die Verfahrenshandlungsfähigkeit im Streit, so tritt die Fiktion der Handlungsfähigkeit in Kraft, solange und soweit das Gegenteil dargelegt und bewiesen wurde. D. h., der an sich handlungsunfähige Beteiligte wird solange als verhandlungsfähig betrachtet, bis das Gegenteil von Amts wegen festgestellt wurde. Die Feststellung kann dabei per Verwaltungsakt erfolgen. Alle bis dahin erfolgten Handlungen sind in vollem Umfang wirksam. Wurde die Verhandlungsunfähigkeit rechtsverbindlich dargestellt, muss der Einspruch als unzulässig abgewiesen werden.

Besteuerungsverfahren und andere Verfahren, die von Amts wegen erfolgen, sind bis zur endgültigen Feststellung auszusetzen.

Die von einem Handlungsunfähigen vorgenommenen Rechtshandlungen sind also unwirksam. Sie sind jedoch nicht ohne Weiteres heilbar, sondern erst im Wege der Genehmigung wirksam. Solange sind sie als schwebend unwirksam zu betrachten. Die Genehmigung wirkt also ex tunc, d. h. ihr kommt echte Rückwirkung zugute. Eine Ausnahme gilt bei bekannt zu gebenden Verwaltungsakten; diese sind ex nunc heilbar. Denn es ist nicht ersichtlich, warum der Empfänger die dadurch abgelaufene Rechtsmittelfrist nicht mehr soll einhalten können. Die dafür erforderliche nachträgliche Zustimmung (Genehmigung) kann formlos und sogar konkludent erfolgen.

f) Einspruchsfrist, § 355 I S. 1 AO

Gem. § 355 I S. 1 AO ist es elementar erforderlich, dass die Einspruchsfrist von einem Monat eingehalten wird.

Der Fristbeginn läuft ab Bekanntgabe des Verwaltungsaktes bzw. ab Zustellung des VA. Die Bekanntgabe muss wirksam erfolgt sein.

Im Falle der Zustellung per Post gilt der VA mit dem dritten Tag nach der Aufgabe zur Post als bekannt gegeben. Wird vor Ablauf der Bekanntgabefrist Einspruch eingelegt, ist dieser als unzulässig abzuweisen. Denn vor Bekanntgabe kann dieser keine Wirkung entfalten. Dann ist auch keine Beschwer des potenziellen Adressaten gegeben. Im Übrigen wird man wohl davon auszugehen haben, dass überhaupt kein Verwaltungsakt vorliegt, da vor Bekanntgabe keine Rechtswirkung nach außen gegeben ist. Damit ist auch Rechtschutzbedürfnis zu verneinen. Dagegen ist jedoch zu argumentieren, dass der zunächst unzulässige Rechtsbehelf in die Zulässigkeit hineinwächst. Dann erlangt er also automatisch die Voraussetzung als Zulässigkeitskriterium. Ein an sich unzulässiger Einspruch kann jedoch dann wirksam sein, wenn die Finanzbehörde durch Übersendung eines Schreibens den Eindruck erweckt, die sei als VA zu deuten. Im Zweifel ist aufgrund der unterschiedlichen Ansichten und Deutungen also zu raten, den Einspruch erneut einzulegen.

Für die Berechnung gelten die Vorschriften des BGB analog. Für die Fristberechnung ist der Stpfl. beweisbelastet. Daher empfiehlt es sich, immer den Posteingang zu vermerken. Bei divergierenden Daten, etwa aus dem VA und dem Poststempel, sind beide festzuhalten und im Zweifel die kürzere Frist zu wählen, obwohl die Datumsangabe des Poststempel nach h. M. bestimmend sein soll.

Die Frist kann bis zum letzten Tag ausgenutzt werden, ohne dass es einer Begründung bedarf, warum der Einspruch nicht früher eingelegt wurde. Zu beachten ist dabei, dass es auf die Einlegung i. e. S. ankommt und nicht auf die Begründung. Diese kann zu einem späteren Zeitpunkt noch nachgeschoben werden. Allerdings ist dabei darauf zu achten, dass die Frist nicht allzu lange hinausgezögert wird, da die Behörde dann wegen mangelnder Mitwirkungspflicht den Einspruch als unbegründet ablehnen kann. Insoweit empfiehlt es sich, entweder den Einspruch sogleich mit einer Begründung zu versehen oder auf das Nachschieben der Begründung in angemessener Zeit hinzuweisen. Der Einspruch muss dabei der Behörde bis zum Ablauf des jeweiligen Tages, also bis 23.59.59 Uhr zugegangen sein. Denn die Frist ist eine gesetzliche Ausschlussfrist und kann nicht verlängert werden. Allenfalls kommt eine Wiedereinsetzung in den vorigen Stand in Betracht, jedoch nur dann, wenn die Versäumung der Frist unverschuldet war. Geschieht dies mittels Einwurf in den Briefkasten der Behörde, muss diese darlegen, dass der Stpfl. die Frist nicht gewahrt hat. In der Regel wird eine Vorrichtung vorhanden sein, die automatisch am Tagesende den Briefkasten auswechselt oder schließt. Ist diese nicht vorhanden, muss sich die Behörde das Fehlen zurechnen lassen. Bei einem Postfach gilt der Einspruch mit dem Einsortieren als zugegangen.

Im Zweifelsfall muss der Stpfl. darlegen und bewiesen, dass das Schriftstück fristgerecht der Behörde zugegangen ist.[187] Die Einlegung des Einspruchs mittels Fax ist mittlerweile als gefestigt anzusehen und mithin als zulässig zu bejahen. Zweifelhaft ist jedoch, ob im Einzelfall der Nachweis des Übertragungsprotokolls den Zugang beweisen kann.

[187] Die Schriftform ergibt sich aus § 357 I S. 1 AO, wobei die falsche Bezeichnung- etwa als Widerspruch – nicht schadet (falsa demonstratio non nocet).

Liegen die Fristerfordernisse nicht vor, d. h. liegen sie vor aber wurden sie nicht eingehalten, wird der Einspruch als unzulässig abgewiesen, ohne auf die Begründetheit überhaupt einzugehen. Denn die Zulässigkeit ist zuvörderst zu prüfen. Die teilweise vertretene Meinung, zunächst sei mit der Prüfung der Begründetheit zu beginnen, kann nicht durchdringen. Denn eine Rechtsbehelfsstelle wird aus ökonomischen Gründen immer versuchen, den Einspruch möglichst schnell zu erledigen. Dann darauf zu hoffen, die nicht vorliegenden Sachurteilsvoraussetzungen könnten noch nachgeschoben werden, entbehrt jeder Praxisrealität. Niemand wird sich die Mühe machen, dem Einspruchsführer den Hinweis zu geben, der Einspruch sei begründet aber noch nicht zulässig. Daher müsse eine Wiedereinsetzung beantragt werden, da sonst der Rechtsbehelf abgelehnt werden müsse.

Die Einlegung des Einspruchs kann durch Schriftform, durch Telegramm, Fernschreiben, Fax oder gar per e-mail erfolgen. Entscheidend ist, dass bei derartigen rechtsgestaltenden Erklärungen immer der Absender erkennbar ist. Daher bedarf die Versendung per e-mail auch der Verschlüsselung und der Identifizierung durch eine elektronische Signatur, die von der Behörde anerkannt wird. Der Einspruch ist persönlich zu unterschreiben. Zum Faksimile-Stempel vgl. die aktuelle Rechtsprechung. M. E. muss ein solcher Stempel als Unterschrift genügen. Denn damit ist das jeweilige Schriftstück dem Absender zuzuordnen.

g) Sonstige Sachentscheidungsvoraussetzungen

Im Übrigen müssen die sonstigen Sachentscheidungsvoraussetzungen vorliegen. Diese sind in der Regel unproblematisch. Deshalb wird darauf nur kursorisch eingegangen.

Der Einspruch darf nicht zurückgenommen werden, § 362 AO. Dann entfällt nämlich das Rechtschutzbedürfnis des Einspruchführers, sodass der Einspruch ohnehin als unzulässig abzuweisen wäre. Denn das Verfahren wird so behandelt, als wäre es gar nicht erst anhängig geworden. Jedoch kann der

Einspruch wieder eingelegt werden. Alsdann beginnt das Rechtsbehelfsverfahren erneut. Ferner darf auf das Rechtsmittel Einspruch nicht verzichtet werden, § 354 AO. Denn dies hat zur Folge, dass der Einspruch mangels Aktivlegitimation als unzulässig abgewiesen werden muss. Ein Verzicht ist auch nicht rückgängig zu machen oder etwa wegen Irrtums anfechtbar.

2) Begründetheit

Der Einspruch muss nicht begründet werden. Vorzutragen sind nur die Tatsachen, durch die der Einspruchsführer glaubt, in seinen Rechten verletzt worden zu sein, die also als fehlerhaft betrachtet werden. Ein bestimmter Antrag entfällt als Voraussetzung des Einspruchs. Es empfiehlt sich jedoch stets, diesen beizufügen. Zwar wird der VA im Ganzen überprüft; jedoch ist es geeignet, hinsichtlich einer Verböserung die Finanzbehörde auf lediglich bestimmte Punkte hinzuweisen. Für einen Squeeze-out und dessen sich anschließende Besteuerung empfiehlt es sich somit, zunächst auf die Rechtswidrigkeit der Norm, also der Besteuerung per se hinzuweisen. Danach ist näher auf die einzelnen Punkte ausführlich einzugehen. Die Anfechtung sollte sich also auf einige zentrale Punkte beschränken, die in der Tat Aussicht auf Erfolg haben. Denn allzu oft sind alle angegriffenen Punkte rechtlich nicht zu beanstanden. Das erkennt auch die Finanzbehörde. Alsdann wird diese kaum noch dem Einspruch stattgeben, sodass nur noch die Klage zum Finanzgericht offen bleibt.

Es empfiehlt sich, den Einspruch mit einem Antrag auf Aussetzung der Vollziehung zu versehen. Zwar ist die Aussetzung in das Ermessen der Finanzbehörde gestellt. Jedoch verdichtet sich das Ermessen zu einer Pflicht der Vollzugsaussetzung. M. E. statuiert Art. 19 IV GG einen effektiven Rechtschutz, der im Einspruchsverfahren keine andere Bedeutung erlangen kann. Somit ist der Suspensiveffekt des Einspruchs herzustellen.[188]

---

[188] Vgl. spätere Ausführungen zur AdV!

An die Einspruchsbegründung werden also nur geringe Anforderungen gestellt, denn die Finanzbehörde ist an die Ausführungen des Einspruchsführers nicht gebunden. Es muss lediglich ersichtlich sein, wer der Einspruchsführer ist, gegen welche Beschwer sich der Rechtsbehelf richtet und das die Nachprüfung begehrt wird. Soweit die Theorie. In praxi ist eine erweiterte Einspruchsbegründung vorzuschlagen. Denn ein unbegründeter Einspruch wird auch schnell abgewiesen. Verwiesen wird dabei oft auf den Verhältnismäßigkeitsgrundsatz, der es nicht erlaubt, weitreichende Ermittlungen erneut durchzuführen. Das soll zwar nicht de lege lata herrschendes Finanzverfahren sein, ist jedoch in praxi zu beobachten.

Bei Ehegatten ist zu beachten, dass erkennbar sein muss, wer von beiden den Einspruch eingelegt hat. Ferner ist der Augenmerk darauf zu richten, dass ggf. ein Ehegatte für den anderen Rechtschutz begehrt. Dies kann zum Beispiel an Vertretung statt geschehen. Denn ein Einspruch des einen Ehepartners hat nicht unbedingt die gleiche Bedeutung wie der Einspruch des anderen Partners. Der § 357 III AO ist nicht als Mussvorschrift sondern als Sollvorschrift zu lesen. Insoweit ist auch eine Begründung nicht zwingend erforderlich. Jedoch genügt die Behörde ihrer Ermittlungspflicht, wenn sie den Bescheid auf tatsächliche und rechtliche Fehler kursorisch überprüft. Dies geschieht an Hand der vorhandenen Akten. Beweise werden also nur erhoben, wenn eine Tatsache zweifelhaft ist. Das ist sie dann nicht, wenn die Behörde eben jene Tatsache für tatsächlich und rechtlich fehlerfrei hält und sich keine Zweifel von selbst aufdrängen. Daher empfiehlt es sich, den Einspruch genau zu begründen. Dies ist auch auf die Reichweite des eingelegten Einspruchs zu übertragen. Der Einspruch soll einen Antrag enthalten. Wird dieser nicht beigefügt, ist die Reichweite des Begehrens des Einspruchführers durch Auslegung zu ermitteln. Die Ermittlung durch Auslegung birgt jedoch erhebliche Gefahren hinsichtlich Art und Umfang des Ergebnisses in sich. Es ist zwar normalerweise davon auszugehen, dass ein Einspruchsführer keine Teilbestandskraft herbei führen will. Jedoch ist diese Vorgehensweise nicht zwingend.

Zu beachten ist ferner, dass ein Einspruch bedingungsfeindlich ist. Soweit er unter einer Bedingung eingelegt wird, ist er als unzulässig abzuweisen. Dies ist nicht der Fall bei höchstvorsorglich eingelegtem Einspruch.

Zu beachten ist auch, dass im Einspruch steuermindernde Sachverhaltsdaten aufgezeigt werden können. So kann der Einspruchsführer noch im selben Verfahren Werbungskosten deklarieren, die die Steuerlast mindern. Dies kann auch erstmals geschehen. Nach Ansicht des Verfassers wird der Rechtschutz hier zu sehr erweitert. Denn es überzeugt nicht, diesen Rechtsbehelf derart zu erweitern, dass der Stpfl. ohne Bedenken Tatsachen vergessen kann. Es kann ihm nämlich ohne weiteres zugemutet werden, Rechtsbeistand in Form eines Steuerberaters oder Fachanwalts für Steuerrecht beizuziehen. Es überzeugt ferner nicht, das Einspruchsverfahren kostenlos auszugestalten. Denn dem Stpfl. wird der effektive Rechtschutz durch die Einführung einer Kostenpflicht wie in anderen Verwaltungsverfahren nicht genommen. Dass Einspruch häufig nur vorsorglich eingelegt wird und auch Querulantentum die Kosten der Finanzverwaltung in die Höhe treibt, lässt eine Kostenbeteiligung als zumutbar erscheinen. Dies gerade und erst recht in der heutigen Zeit der Kassenleere.

Ist ein Einspruch unbegründet, wird er demzufolge auch als zulässig aber unbegründet abgewiesen. Dann bleibt dem Einspruchsführer die im Übrigen kostenpflichtige Klage vor dem zuständigen Finanzgericht.

III) Klageverfahren

Die Finanzgerichte sind die besondere Gerichtsbarkeit des Finanzverfahrens. Hierbei gilt ein zweistufiger Aufbau, d. h. die Finanzgerichtsbarkeit als rechtsprechende Gewalt im besonderen Verwaltungsverfahren teilt sich in Finanzgerichte der Länder und dem Bundesfinanzhof auf (§§ 1 f. FGO). Der BFH ist dabei nicht mehr Tatsacheninstanz sondern lediglich Rechtsmittelinstanz für Revisionen und Beschwerden.

Der Finanzrechtsweg hat ein in sich abgeschlossenes Klageartensystem und kennt mehrere Klagearten: Anfechtungsklage, § 40 I HS. 1 FGO / Verpflichtungsklage, § 40 I HS. 2 FGO / Leistungsklage, § 40 I HS. 3 FGO / Feststellungsklage, § 41 I FGO. Im Folgenden soll verstärkt auf die in praxi am häufigsten vorkommende Anfechtungsklage eingegangen werden, wobei die anderen Klagearten kursorisch dargestellt werden.

1) Zulässigkeit der Klage

Eine Klage ist zulässig, wenn die allgemeinen und besonderen Sachurteilsvoraussetzungen vorliegen. Die Zulässigkeit des Klagearten ist zum Teil in § 40 II FGO dargelegt. Daraus lässt sich jedoch keine enumerative Aufzählung aller Sachurteilsvoraussetzungen ableiten. Vielmehr müssen sämtliche auch den zivilrechtlichen Klagen vorauslaufende Sachurteilsvoraussetzungen gegeben sein. Im Folgenden wird zunächst auf die allgemeinen (allen Klagen zugrunde liegenden) Sachurteilsvoraussetzungen eingegangen und dann gestaffelt auf die besonderen der unterschiedlichen Klagearten.

a) Zulässigkeit des Finanzrechtsweges, § 33 FGO

Voraussetzung ist zunächst, dass der Finanzrechtsweg gem. § 33 FGO für die Streitigkeit als zulässig erklärt werden muss. Hierbei ergeben sich kaum Abweichungen zu den Ausführungen des Einspruchs. Für folgende Sachverhalte ist daher der Finanzrechtsweg als zulässig zu erklären:

- Abgabenangelegenheiten (Nr. 1), die da sind alle mit der Verwaltung der Abgaben einschließlich der Abgabenvergütungen oder sonst mit der Anwendung der abgabenrechtlichen Vorschriften durch die Finanzbehörden zusammenhängenden Angelegenheiten einschließlich der Maßnahmen der Bundesfinanzbehörden zur Beachtung der Verbote und Beschränkungen für den Warenverkehr über die Grenze (Abs. 2).
- Nichtabgabenangelegenheiten (Nr. 2)
- Berufsrechtliche Streitigkeiten (Nr. 3)

- Streitigkeiten kraft Zuweisung (Nr. 4).

Sind Streitigkeiten anderer Art zu besorgen, ist das Finanzgericht nicht als Instanz für die Sachprüfung einer Klage zu betrachten. Der Finanzrechtsweg enthält anders als in § 40 I VwGO keine Generalklausel, denn der Finanzrechtsweg ist, wie bereits dargelegt, eine abdrängende Sonderzuweisung. Ist also das Finanzgericht unzuständig, so wird das Verwaltungsgericht als zuständiges Gericht in Betracht kommen.

b) Zuständigkeit des Finanzgerichts, § 35 FGO

Die Klage ist beim zuständigen Finanzgericht gem. § 35 FGO einzureichen. Unterschieden werden muss dabei zwischen der sachlichen, örtlichen und instanziellen Zuständigkeit.

Die **sachliche Zuständigkeit** bestimmt die Zuständigkeit des Finanzgerichts für alle Rechtstreitigkeiten des Finanzrechtsweges im ersten Rechtszug. Dies gilt unabhängig vom Streitwert, den Beteiligten oder vom Streitgegenstand sondern de lege lata. Das Finanzgericht wird also mit der Bestimmung der Zuständigkeit im Einzelfall zuständig und hat über den Rechtstreit zu entscheiden. Problematisch wird dies allenthalben dann, wenn sich Gerichtsbezirke überschneiden.

Für Entscheidungen über Verwaltungsakte von Bundesbehörden sind die Finanzgerichte der Länder ebenfalls zuständig. Die Zuständigkeit der Finanzgerichte ist immer ausschließlich, m. a. W. ein anderes Gericht kann und darf nicht tätig werden in einer Sache, die einem bestimmten Finanzgericht zugewiesen ist. Diese Zuweisung kann auch nicht dadurch ausgehebelt werden, indem eine Gerichtszuständigkeit vereinbart wird.

Die sachliche Zuständigkeit eines Finanzgerichts kann sich auch dann ergeben, wenn die Sache durch den BFH an das ursprüngliche Gericht zurückverwiesen wird. Dabei ist jedoch eine Bindung an die Rechtsausführungen des BFH zu bejahen. Eine Überprüfung der Entscheidung des BFH kann das Finanzgericht

dabei nicht bewirken, da es dem BFH instanziell untergeordnet ist. Das Finanzgericht ist jedoch nicht nur zuständig für Finanzgerichtsentscheidungen sondern auch für die dazugehörigen Annexkompetenzen, etwa die zur Feststellung der Prozesskostenhilfe oder als Vollstreckungsgericht.
Die Zuständigkeit des Finanzgericht prüft dieses von Amts wegen, bevor es sich überhaupt inhaltlich mit der Sache beschäftigt. Die Prüfungspflicht kann daher als Sachurteilsvoraussetzung angesehen werden. Wird die Zuständigkeit des jeweiligen Finanzgerichts nach Rechtshängigkeit der Streitsache verändert, berührt dies nicht die sachliche Zuständigkeit (perpetuatio fori). Nach Erklärung des Finanzgerichts zu seiner Zuständigkeit sind alle anderen Gerichte an diese Entscheidung gebunden. Dieser Entscheid kann vorab und insbesondere auf Rüge eines Prozessbeteiligten geschehen.

Die **örtliche Zuständigkeit** gem. § 38 I FGO bestimmt die Zuweisung des jeweiligen Finanzgerichts in räumlicher Hinsicht, m. a. W. es wird verbindlich festgestellt, welches Finanzgericht an welchem Ort für welchen Rechtstreit zuständig ist. Angeknüpft wird dabei an die sachliche Zuständigkeit des jeweiligen Gerichts. Maßgeblich ist dafür der Sitz der Behörde, die tatsächlich verklagt wird. Dies betrifft auch sämtliche Nebenverfahren wie z. B. die Aussetzung der Vollziehung.
Nicht von Bedeutung ist daher, gegen welche Behörde die Klage eigentlich zu richten wäre.
Bei Entscheidungen oberster Finanzbehörden ist nicht der Sitz des Behörde ausschlaggebend sondern vielmehr der Sitz des Klägers. Vermieden werden soll mit dieser Regelung, dass die Finanzgerichte, in deren Bezirk die oberste Finanzbehörde ihren Sitz hat, unverhältnismäßig stark belastet werden. Daher wird auf den Wohnsitz des Klägers abgestellt, auch, um diesem unnötige Anfahrwege zu ersparen. Hat ein Kläger mehrere Wohnsitze, ist darauf abzustellen, wo er seinen gewöhnlichen Aufenthalt begründet. Dieser befindet sich dort, wo der Betreffende sich nicht nur vorübergehend aufhält.

Auch die örtliche Zuständigkeit erlangt den Rang einer Sachurteilsvoraussetzung, d. h. ist diese nicht gegeben, ist per Beschluss an das zuständige Finanzgericht zu verweisen.
Ferner ist zu beachten, dass auch hier wieder die perpetuatio fori Anwendung findet, d. h. das Finanzgericht bleibt auch dann zuständig, wenn nach Eintritt der Rechtshängigkeit eine Änderung der Zuständigkeit zu besorgen ist. Bei Erklärung der Unzuständigkeit sind alle anderen Finanzgerichte an diese Entscheidung gebunden. Entschieden wird durch Beschluss und zwar auf Rüge eines Beteiligten oder von Amts wegen. Eine Anfechtungsmöglichkeit dieses Beschlusses ist nicht gegeben.

Instanziell ist das Finanzgericht unzuständig, wenn es sich bei dem Rechtstreit um eine Revision (§§ 115 ff. FGO) gegen ein Urteil eines anderen Finanzgerichts handelt, oder Streitgegenstand eine Entscheidung ist, die einem solchen Urteil gleichsteht, § 36 Nr. 1 FGO. Gleiches gilt bei Beschwerden gegen andere Entscheidungen des Finanzgerichts, des Vorsitzenden oder des Berichterstatters[189], § 36 Nr. 2 FGO. Aufgrund der Zweistufigkeit des Finanzgerichtsverfahrens ist der BFH die einzige Rechtsmittelinstanz. Es werden also alle Urteile in rechtlicher Hinsicht überprüft, wobei die Nachprüfung der Tatsachenvoraussetzung nicht durchgeführt wird, § 118 II FGO. Wird der BFH aufgrund von nicht gegebener Zuständigkeit für unzuständig erklärt, ist automatisch das Finanzgericht mit dem Rechtstreit zu befassen.

c) Statthafte Klageart

Die jeweilige statthafte Klageart richtet sich nach dem Begehren des Klägers. Wird durch den Kläger eine Klage falsch bezeichnet, wird die Klage jedoch nicht als unzulässig abgewiesen. Vielmehr ist im Wege der Auslegung festzustellen, welche Klageart Anwendung finden soll (falsa demonstratio non nocet). Ansonsten ist der Kläger auf die richtige Klageart hinzuweisen und zu

[189] Nach §§ 79 ff. FGO kann ein Berichterstatter Entscheidungen treffen, die mittels Beschwerde angreifbar sind. Gleiches gilt für den Vorsitzenden eines Finanzgerichts.

belehren, die richtige Klagebezeichnung zu wählen. Erfolgt alsdann keine Reaktion in Form der Bezeichnungsänderung, ist die Klage als unzulässig abzuweisen.

Die **Anfechtungsklage** gem. § 40 I HS 1 FGO ist die statthafte Klageart für die gerichtliche Anfechtung eines Verwaltungsaktes. Wird dieser nicht beseitigt, ist er vollstreckbar. Der Kläger macht daher in seiner Klage die Rechtswidrigkeit und die subjektive Rechtsverletzung geltend, auf Grund derer der Verwaltungsakt aufzuheben oder zu ändern ist. Dazu muss konsequenterweise ein VA vorliegen, d. h. er muss zum Zeitpunkt der Klageerhebung bereits erlassen worden sein. Es reicht hierfür nicht aus, dass der VA lediglich zum Zeitpunkt der letzten mündlichen Verhandlung dem jeweiligen Gericht vorliegt. Denn dann wäre mit Rechtshängigkeit die fehlende Beschwer und somit das Rechtschutzbedürfnis zu verneinen. Die Klage wäre also als unzulässig abzuweisen. Mit der Anfechtungsklage kann auch ein Antrag auf Folgenbeseitigung gestellt werden, etwa dann, wenn der VA bereits vollzogen wurde, § 100 I S. 2 FGO. Der ursprüngliche Verwaltungsakt wird in Form des Einspruchs aufgehoben.

Die **Verpflichtungsklage** gem. § 40 I HS 2 FGO ist eine Unterart der Leistungsklage, denn sie ist auf den Erlass eines Verwaltungsaktes gerichtet. In Betracht kommt diese Klageart immer dann, wenn die Finanzbehörde einem Antrag des Betreffenden nicht stattgegeben hat und dieser meint, darauf einen Anspruch zu haben. Liegen die Voraussetzungen für den Erlass eines entsprechenden VA vor, spricht das Gericht die Verpflichtung aus, den VA in der beantragten Form zu erlassen. Anderenfalls ist der Kläger unter Beachtung der Rechtsauffassung des Gericht zu bescheiden, § 101 S. 2 FGO. Ist der Klage ein VA oder ein Einspruchsbescheid vorausgegangen, umfasst die Entscheidung des Gerichts auch die Aufhebung der VAe. Immer dann also, wenn der Kläger den Erlass eines VA begehrt, ist die Verpflichtungsklage die statthafte Klageart. Lag bereits in einem früheren Zeitraum der begehrte VA schon beim Kläger vor, wurde ihm dieser jedoch wieder entzogen, kommt die Verpflichtungsklage nicht in Betracht. Statt dessen ist die Anfechtungsklage die statthafte Klageart. Denn diese hat spezielleren Charakter und ist der Verpflichtungsklage vorrangig. Ferner wird dann die Aufhebung des Entzuges begehrt. Wird dennoch Verpflichtungsklage erhoben, kann diese in die richtige Klageart umgedeutet werden.

Die Verpflichtung zur Bescheidung der Behörde stellt sich immer als Minus zur Vornahme einer Handlung dar. Insoweit ist die Verpflichtungsklage dafür auch die richtige Klageart.

Möglich ist auch, mit der Verpflichtungsklage vorbeugenden Rechtschutz zu erhalten. Dies geschieht im Rahmen der vorbeugenden Verpflichtungsklage, etwa dann, wenn die Finanzbehörde zu erkennen gibt, dem Kläger einen für diesen ungünstigen VA zu erlassen. Ob dann ein Rechtschutzbedürfnis gegeben ist, ist im Einzelfall zu klären, kann jedoch zweifelhaft sein. Vertreten werden kann nämlich die Auffassung, dass dem Bürger zugemutet werden kann, bis zur Entscheidung der Finanzbehörde zu warten um dann Klage zu erheben. Denn bis zum Erlass des VA ist unklar, ob ein negativer Bescheid überhaupt ergeht. Dann muss vermieden werden, unnötige Kosten zu verursachen.

Die Verpflichtungsklage kann auch ergänzend mit der Anfechtungsklage erhoben werden, indem mittels Anfechtungsklage ein VA aufgehoben wird und gleichzeitig mit der Verpflichtungsklage ein für den Kläger günstigerer Bescheid erlassen wird. Dies ist häufiger Fall in der sog. Konkurrentenklage.

Eine nächste Klageart ist die **Leistungsklage** des § 40 I HS 3 FGO. Mit der Leistungsklage wird eine Verurteilung begehrt, mittels derer ein Handeln, Tun oder Unterlassen erreicht werden kann. Dieses soll jedoch nicht in Form eines VA bestehen. Dafür wäre nämlich die Verpflichtungsklage die statthafte Klageart. Die Leistungsklage hat also lediglich subsidiären Charakter. Denn für sie ist nur dann Raum, wenn eine Leistung durch einen Hoheitsträger nicht erbracht wird. Sie kommt beispielsweise bei Auskunftsersuchen oder aber auch bei Akteneinsichtsgewährung in Betracht. Auch hier ist wieder eine vorbeugende Leistungsklage möglich, um eventuelle Rechtsnachteile des Klägers zu vermeiden.

Für die Leistungsklage ist immer richtungsweisend, dass der begehrte Rechtschutz Verbindung mit einem Realakt aufweist. Sobald ein Verwaltungsakt im Verfahren auftaucht, ist sich die Frage zu stellen, ob die betriebene Klage noch zulässig ist.

Auch bei der Leistungsklage schadet die falsche Bezeichnung der Klageart nicht. Insoweit ist der beantragte Rechtschutz und damit die statthafte Klageart auszulegen oder der Kläger auf die Begriffsumstellung hinzuweisen. Nimmt der Kläger entsprechende Hinweise nicht an, kann die Klage als unzulässig abgewiesen werden.

Gem. § 41 FGO ist abschließend die **Feststellungsklage** die verbleibende Klageart im Finanzrechtsweg. Mit der Feststellungsklage wird ein besonderer Rechtschutz begehrt, denn mit der Feststellungsklage wird kein VA angefochten oder eine Leistung begehrt sondern das Wesen der Feststellungsklage besteht in der Feststellung hinsichtlich des Bestehens oder Nichtbestehens eines Rechtsverhältnisses zwischen Antragsteller und Behörde. Insoweit ist begrifflich zwischen der positiven und der negativen Feststellungsklage zu unterscheiden. Daraus kann auch die Schlussfolgerung abgeleitet werden, dass die Beweislast für die unterschiedlichen Klagearten differenzierbar sind. Allgemein kann daher angenommen werden, dass der Kläger bei der positiven Feststellungsklage für die Voraussetzungen hinsichtlich des bestehenden Rechtsverhältnisses zuständig ist, während die Behörde bei der negativen Feststellungsklage das Nichtvorliegen eines solchen Rechtsverhältnisses darlegen und beweisen muss.

Die vorbeugende Feststellungsklage ist im Steuerrecht ebenso möglich wie im gewöhnlichen Verwaltungsverfahren. Zwar muss der Kläger nachweisen, dass die Feststellung des jeweiligen Rechtsverhältnisses ihm Schaden zufügen könnte. Dies ist jedoch nicht so unmöglich, als dass im Steuerrecht eine vorbeugende Feststellung nicht zugelassen wird. Denn es ist nicht ersichtlich, lediglich aus der Struktur des Steuerrechts generell ein Verbot des vorbeugenden Rechtschutzes zu konstruieren, nur weil die Ansicht vorherrscht, es müsse ein VA abgewartet werden oder die Nichtsteuerbarkeit von Umsätzen etwa müsse sich im Nachhinein herausstellen. Art. 19 IV GG gebietet die Gewähr effektiven Rechtschutzes. Nichts anderes kann daher im Steuerrecht gelten. Daher ist die vorbeugende Feststellungsklage zuzulassen.

Ferner ist Voraussetzung, dass der Kläger ein berechtigtes Interesse an der Feststellung des Bestehens des Rechtsverhältnisses darlegt. Kann er dies nicht tun, ist ein entsprechendes Rechtschutzbedürfnis zu verneinen. Die Klage ist alsdann als unzulässig abzuweisen. Denn bereits das Feststellungsinteresse ist besondere Sachurteilsvoraussetzung für diese Klageart.

Bei Änderung der Rechtslage ist der Kläger berechtigt, dem Klageantrag einen Hilfsantrag hinzuzufügen, mit dem er geltend macht, die Feststellung zu ermöglichen, dass nach der alten Rechtslage sein Begehren zulässig und begründet war. Die Feststellungsklage ist subsidiär zu den vorangehenden Klagearten. Daher kommt ihr im Steuerrecht auch nur eine geringe Bedeutung zu.

d) Erfolgloses Vorverfahren, § 44 I FGO

Für die Anfechtungs- und Verpflichtungsklage ist auch Voraussetzung, dass den Klagen ein Vorverfahren erfolglos vorausgegangen ist, § 44 I FGO. Der im Finanzrechtsweg vorgeschriebene Einspruch als Vorverfahren muss obligatorisch durchlaufen werden. Ist diese Sachurteilsvoraussetzung nicht gegeben, wird die Klage als unzulässig abgewiesen. Der Einspruch richtet sich nur gegen Verwaltungsakte. Daher erklärt sich auch die Nichtanwendung hinsichtlich der Leistungsklage und der Feststellungsklage, die gerade nicht auf einem Verwaltungsakt aufbauen. Der Einspruch muss nicht vor der mündlichen Verhandlung abgeschlossen sein. Nach ganz h. M. ist es ausreichend, wenn der Einspruch erst im Laufe des Verfahrens abgelehnt wird und diese Sachurteilsvoraussetzung erfüllt ist. Denn maßgeblich ist der Schluss der mündlichen Verhandlung. Somit erwächst die an sich unzulässige Klage in Zulässigkeit.

e) Klagebefugnis, § 40 II FGO

Der Kläger muss zudem gem. § 40 II FGO klagebefugt sein, d. h. er muss geltend machen, in seinen Rechten verletzt worden zu sein. Die Klagebefugnis soll die Popularklage verhindern und gleichzeitig dafür sorgen, dass effektiver Rechtschutz gem. Art. 19 IV GG gewährleistet wird, indem die Gerichte nicht mit an sich unzulässigen Klagen belastet werden. In seinen subjektiven Rechten verletzt ist, wer rechtswidrig in seinem Rechtskreis durch ein Verhalten der Behörde tangiert wurde. Betroffen ist also lediglich der Adressat des Verhaltens der Behörde. Dritte können nur dann klagebefugt sein, wenn sie durch den Verwaltungsakt bzw. durch das Verhalten der Behörde beeinträchtigt werden. Hier ist besonders auf die bereits erwähnte Konkurrentenklage hinzuweisen. Dazu ist elementare Voraussetzung, dass eine drittschützende Norm verletzt wurde, um der Klagebefugnis gerecht zu werden. Der Dritte muss jedoch ferner in seiner Existenz bedroht sein. Beide Voraussetzungen müssen durch den Dritten substantiiert dargelegt werden.

Zur subjektiven Betroffenheit des Klägers ist es erforderlich, dass dieser die Voraussetzungen darlegt. Eine bloße Behauptung reicht dafür nicht aus. Die Darlegungslast geht jedoch nicht soweit, dass die Rechtsverletzung zu beweisen ist. Vielmehr muss sie als möglich erscheinen.

f) Beteiligtenfähigkeit, Prozessfähigkeit, Postulationsfähigkeit, §§ 57 ff. FGO

Hinsichtlich der Sachurteilsvoraussetzungen Beteiligten-, Prozess- und Postulationsfähigkeit gem. §§ 57 ff. FGO wird auf die Ausführungen im Einspruchsverfahren verwiesen. Insoweit ergeben sich keine Änderungen.

g) Klagefrist, § 47 FGO

Die Anfechtungs- und Verpflichtungsklage müssen innerhalb der Klagefrist gem. § 47 FGO erhoben werden. Diese Frist beträgt einen Monat und beginnt i. d. R. mit der Bekanntgabe der Einspruchsentscheidung. Auch hier ist zu beachten, dass die Klage bis zum Fristablauf beim zuständigen Gericht eingegangen ist. Insoweit wird auf die Ausführungen beim Einspruch verwiesen. Das Finanzgericht muss die Klageschrift zur Kenntnis nehmen können, § 47 II FGO.

Die Klagefrist muss nicht bei nichtigen VAen gewahrt werden. Denn dem Stpfl. erwachsen aus einem nichtigen VA keine Rechtsfolgen nach Anfechtung. Um den Rechtschein zu beseitigen, die ein solcher VA stets mit sich bringt, muss die Anfechtung durchgeführt werden. Da der Steuerpflichtige jedoch nicht sicher sein kann, ob der VA rechtlich wirklich nichtig ist, kann ihm auch nicht die Einhaltung einer Klagefrist zugemutet werden. Dennoch ist anzuraten, die Klage stets in der richtigen Frist einzulegen. So wird ein eventuelles Zulässigkeitsproblem umgangen. Die h. M. wendet die Klagefrist auch auf einen nichtigen VA an. Denn es sei nicht ersichtlich, warum zwischen fehlerhaftem und nichtigem VA differenziert werden sollte.

Für Leistungsklagen ist die Klagefrist ebenfalls nicht einschlägig. Denn mit dieser Klageart wird eine Leistung und nicht ein VA begehrt. Dann ist auch schwierig festzustellen, wann die Frist beginnen soll.

Die Klagefrist ist von Amts wegen zu prüfen, d. h. es bedarf keiner Rüge hinsichtlich der Zeitüberschreitung. Ist die Klage nicht innerhalb der Frist eingelegt worden und kommt eine Wiedereinsetzung nicht in Betracht, weil der Kläger die Fristüberschreitung eigens verschuldet hat, wird die Klage mittels Prozessurteil als unzulässig abgewiesen. Die Verlängerung der Frist ist nicht vorgesehen. Denn sie steht nicht zur Disposition der Parteien und ist im Gegenteil eine ausschließliche Frist. Eine Ausnahme gilt nur dann, wenn keine Rechtsbehelfsbelehrung dem VA beigefügt wurde oder die Zustellung an einem Mangel leidet.

Bei der Berechnung der Frist sind die Normen des BGB anwendbar. Danach wird der Tag der Bekanntgabe in die Frist nicht miteinbezogen, §§ 187 ff. BGB, §§ 222 ff. ZPO. Ist das Ende der Frist auf einem Samstag, Sonntag oder Feiertag gelegen, so ist als Fristende der nächste Werktag zu berechnen.

2) Begründetheit

Die jeweilige Klage ist begründet, wenn der Kläger durch den Erlass des angefochtenen VA in seinen Rechten verletzt ist. Die Behauptungen des Klägers werden also durch das Gericht geprüft. Dabei müssen diese schlüssig und glaubhaft dargelegt werden. Den Nachweis, dass ein VA vorliegt und dass seine subjektiven Rechte verletzt sind, muss der Kläger grundsätzlich beweisen. Dies ist dann gegeben, wenn ein VA solchen Inhalts nicht hätte erlassen werden dürfen, wenn er gegen geltendes Recht verstößt, dass die zu Grunde gelegten Tatsachen unrichtig sind oder die angewandte Norm per se rechtswidrig ist. Ein VA ist ferner dann rechtswidrig, wenn ein Ermessensfehler vorliegt, sei es als Ermessensnichtgebrauch, -fehlgebrauch oder Ermessenüberschreitung. Anzuwenden sind sämtliche Tatsachen und Rechtslagen hinsichtlich des Zeitpunktes des VA-Erlasses. Unerheblich ist also, ob sich die bestehende Rechtslage oder Tatsache inzwischen geändert hat. Alsdann greifen nämlich die Tatbestände der Rücknahme oder des Widerrufes eines VA, den die Behörde daselbst in Anspruch nehmen kann. Zur Entscheidung soll jedoch regelmäßig die Frage gestellt werde, ob die Entscheidung zum damaligen Zeitpunkt ihres Erlasses dem geltenden Recht entsprach. Wirken sich dagegen Rechtsänderungen markant auf den vorgelegten Fall aus, ist zweifelhaft, ob die Rechtsgrundlage zu Grunde gelegt werden soll. Denn unklar ist, warum ein Kläger anders behandelt werden soll, als ein Kläger, der nach der Rechtsänderung klagen würde.

Die Kausalität der verletzten Rechte durch den fehlerhaften VA hat der Kläger ebenfalls schlüssig darzutun. Er muss also darlegen, dass seine Rechte durch die VA-Regelung geschmälert werden, dass der Erlass des VA kausal für die Rechtsverletzung verantwortlich ist.

Ebenfalls begründet ist ein VA, wenn eine Ablehnung oder Unterlassung eines VA rechtswidrig ist. Hinsichtlich der sich daran anschließenden Rechtsverletzung des Klägers und der Kausalität gilt nichts anderes. Hier ist vorrangig der Anspruch auf den Erlass eines VA, der jedoch von der Behörde nicht erfüllt oder dem inhaltlich nicht voll entsprochen wurde. Die Klage ist also als unbegründet abzuweisen, wenn dem Kläger kein Anspruch auf den Erlass eines solchen begehrten VA zusteht. Der Kläger ist auch hier gehalten, die Voraussetzungen für seinen Anspruch darzulegen und zu beweisen. Hinsichtlich der behördlichen Ermessensentscheidungen ist auf die allgemeinen Ermessensfehler und deren Folgen zu verweisen, die auch hier Anwendung finden.

IV) Antrag auf Aussetzung der Vollziehung, § 69 FGO

Ein weiterer Rechtsbehelf ist der Antrag auf Aussetzung der Vollziehung gem. § 69 FGO. Dieses bedingungsfeindliche Rechtsinstitut rührt aus der Tatsache her, dass einstweiliger Rechtschutz in der FGO nur ungenügend ausgeprägt ist. Wird etwa mittels Einspruch ein VA – etwa ein Steuerbescheid – angefochten, heißt dies nicht automatisch, dass der VA nicht vollstreckt wird. Es ist also durchaus die Regel, dass bereits ein Einspruchsverfahren anhängig ist, die Finanzbehörde jedoch bereits die Erhebung der Steuer betreibt. Dies kann nur dadurch verhindert werden, indem die Vollziehung des Bescheides ausgesetzt wurde. Hier macht sich der fehlende Suspensiveffekt des Einspruches bemerkbar. Anders ist dies etwa im Zivilprozessrecht oder im Verwaltungsgerichtsverfahren, wo die Einlegung des jeweiligen Rechtsbehelfes den Vollzug des angegriffenen Rechtsaktes suspendiert.

Mit dem fehlenden Suspensiveffekt im Finanzverfahren soll bewirkt werden, dass die Steuer nicht mutwillig verweigert wird und eine Art Stundung erreicht wird und dass Prozessquerulanten kein Mittel zum Zweck mitgegeben wird. Denn die Steuererhebung ist elementarer Bestandteil für die Funktion des Staates. Mit den Steuereinnahmen wird das Überleben des Bundes garantiert. Dann kann es nur konsequent sein, diese Einnahmen einem besonderen Schutz zu unterwerfen.

Von der Aussetzung der Vollziehung abzugrenzen ist die **Aufhebung der Vollziehung** gem. § 69 III S. 4 FGO, § 361 II S. 3 AO. Diese ist nur scheinbar in der FGO erwähnt und lehnt sich an die Voraussetzungen der AdV an. Dabei wird eine Wirkung eines VA bereits für die Vergangenheit im Hinblick auf den einstweiligen Rechtschutz bewirkt. Bereits getroffene Vollstreckungsmaßnahmen sind daher aufzuheben; bei der AdV geschieht dies für die Zukunft. Da die Aufhebung der Vollziehung von den gleichen Voraussetzungen wie die AdV abhängt, ist es nicht erforderlich, eigens auf dieses Rechtsinstitut einzugehen. Alle Ausführungen sind analog auf die Aufhebung anzuwenden. Beide Rechtsinstitute können auch kumulativ geltend gemacht werden.

Die Aussetzung der Vollziehung bedeutet, dass ein VA zumindest vorübergehend von der Verwaltung bei dem Betroffenen nicht durchgesetzt werden kann. Der Bescheid entwickelt also in diesem Zeitraum keine Wirkungen für den Betroffenen, sodass dieser seine Rechte anderweitig verfolgen kann. Sofern von der Behörde in diesem Zeitraum dennoch Maßnahmen ergriffen werden, die der Durchsetzung des VA dienen, sind diese Maßnahmen als rechtswidrig zu betrachten und entfalten für den VA-Adressaten keine Bindungswirkung. In § 69 I S. 1 FGO wird deutlich, dass die Klage keine automatische Aussetzung der Vollziehung nach sich zieht. Daraus ist auch ein Tatbestandsmerkmal abzuleiten, nämlich das des Vorliegens einer Klageschrift, eines erfolglosen Vorverfahrens sowie grundsätzlich das Vorliegen eines VA, der eine Rechtsverletzung des Klägers mit sich führt.

Gemäß § 69 II S. 1 FGO soll die Finanzbehörde den VA (dessen Vollzug) aussetzen, dies jedoch nur, wenn ernsthafte Zweifel an der Rechtmäßigkeit des Bescheides bestehen. Diese Vorschrift ist eine Ermessensvorschrift, die sich jedoch zu einem Ermessen auf Null reduziert, wenn die Voraussetzungen der Vollziehungsaussetzung vorliegen.

1) Geltungsbereich

Der Geltungsbereich der AdV beschränkt sich auf Rechtstreitigkeiten im Finanzrechtsweg. Der Antrag auf AdV ist dann zulässig, wenn der eingelegte Rechtsbehelf noch nicht abschließend beurteilt wurde und der VA angefochten wurde. Bei Ehegatten bedeutet dies, dass beide Ehepartner Einspruch eingelegt haben müssen und AdV beantragen.

Ist der VA bereits unanfechtbar geworden – sei es durch Zeitablauf, Anerkennung oder Rücknahme des Einspruchs – ist eine AdV nicht mehr möglich.

Nach h. M. ist auch eine Verfassungsbeschwerde zum BVerfG ausreichend, um eine AdV zu beantragen. Da das AdV-Verfahren ein eigenständiges Verfahren ist, tritt es unter Umständen neben das Hauptsacheverfahren. Wenn also Prozesskostenhilfe gewährt wurde, und die Erfolgsmöglichkeit wegen der summarischen Erfolgsprüfung des Gerichts aussichtsreich erscheint, ist es anzuraten, die Aussetzung zu beantragen. Dies berührt das Hauptsacheverfahren jedoch nicht. Jedoch ist zu beachten, dass die AdV nicht kostenlos ist wie etwa das Einspruchsverfahren. Verläuft das Hauptsacheverfahren endgültig unvorteilhaft für den Kläger, verliert dieser also, muss er einen Gegenwert für die so erreichte Stundung des Steueranspruches erbringen. Gem. §§ 237 I S. 1 f. AO sind demzufolge Stundungszinsen zu erheben, die sich mit 0,5 v. H. für jeden vollen Monat bemessen. Für ein Jahr sind also 6 % Zinsen zu zahlen. Daher sollte vor dem Antrag auf Aussetzung überlegt werden, ob es nicht rentabler sein könnte, die Steuer zunächst zu zahlen und auf die AdV zu verzichten.

2) Zuständigkeit, § 69 II FGO

Gem. § 69 II FGO ist die den Bescheid erlassende Behörde auch für den AdV-Antrag zuständig. Wird von der Finanzbehörde der Antrag abgelehnt, kommt nunmehr ein Antrag an das zuständige Finanzgericht in Betracht. So soll vermieden werden, dass der Steuerpflichtige frei wählen kann, bei welcher Institution er den AdV-Antrag einreicht. Wird der Antrag bei der

Finanzbehörde eingelegt, ist ein explizit begründeter Antrag nicht notwendig. Sinnvollerweise und aus Rechtssicherheitsgründen ist jedoch zu empfehlen, den Antrag auf AdV gleichzeitig mit dem Einspruch bei der zuständigen Behörde einzulegen. Zuständig dafür ist demnach die Behörde, die auch den angegriffenen VA erlassen hat. Ein Antrag wird von der Behörde nur dann nicht vorausgesetzt, m. a. W. die Behörde erklärt von sich aus die AdV, wenn der Ursprungs-VA offensichtlich rechtswidrig ist, die Vollziehung jedoch unmittelbar bevorsteht.

3) Antragsbefugnis

Antragsbefugt zur Antragstellung ist jeder Adressat eines VA im Finanzrechtsverfahren, der zudem die allgemeinen Voraussetzungen wie Prozessfähigkeit, Rechtsfähigkeit, evtl. Postulationsfähigkeit u. a. erfüllen muss. Ferner ist zu fordern, dass der Antragsteller eine eigene Beschwer geltend machen kann. Auch hier soll wieder vermieden werden, dass im Wege des Popularantrags Dritte rechtlich für einen anderen selbständig agieren und dessen Rechte wahrnehmen. Die Beschwer muss überzeugend, schlüssig und zweifelsfrei vom Antragsteller dargestellt werden. Der Vortrag des Antragstellers muss also den Schluss zulassen, dass der erlassene VA ernsthaft rechtswidrig sein könnte. Generell ist daher folgender Grundsatz aufzustellen: Wer berechtigt ist, Einspruch oder Klage gegen einen VA einzulegen, ist auch berechtigt, einen Antrag auf AdV zu stellen.

Für Dritte gilt auch hier wieder die Drittanfechtungsklage und insbesondere die Drittantragsbefugnis. Ein Dritter kann nur dann einen entsprechenden Antrag stellen, wenn er geltend machen und schlüssig und überzeugend darlegen kann, durch einen VA, der einem anderen zugestellt wurde, in seinen eigenen Rechten verletzt worden zu sein. Auch hier ist wieder die Konkurrentenproblematik entscheidend. Wurde also gegen einen Steuerpflichtigen ein Steuerbescheid in Höhe von 0 € erlassen und muss ein Dritter eine höhere Steuer zahlen, obwohl die gleichen Voraussetzungen vorliegen, ist der Dritte in seinen subjektiven Rechten aus dem Gleichbehandlungsgrundsatz hinsichtlich der gleichen

Besteuerung verletzt. Also kann dieser auch einen Antrag auf Aussetzung der Vollziehung stellen. Der Bescheid gegen den anderen Steuerschuldner hat also auf den Dritten reflektierende Wirkung.

4) Rechtschutzbedürfnis

Der Antragsteller muss mithin geltend machen, antragsbefugt zu sein. Damit ist auch verbunden, dass der Antragsteller ein Rechtschutzbedürfnis geltend machen kann. Dieses ist in der Regel vorhanden, wenn der Antragsteller einen belastenden VA vorweisen kann, der nicht auf andere (schnellere und kostengünstigere) Weise anfechtbar ist. Die Behörde oder das Gericht darf also nicht für unlautere Ziele in Anspruch genommen werden. Das Vorhandenseins des Rechtschutzbedürfnisses muss vom Antragsteller schlüssig und überzeugend dargelegt werden. Entstehen Zweifel darüber, ob diesem ein solches Interesse zusteht, ist der Antragsteller beweisbelastet, die ihm günstigen Voraussetzungen vorzutragen. In der Regel entfällt ein solches Rechtschutzinteresse, wenn in der Hauptsache bereits rechtskräftig über den Anspruch entschieden wurde, wenn der Bescheid keinerlei Auswirkungen auf die Belastung des Antragstellers ausstrahlt, wenn der Bescheid inzwischen bestandskräftig geworden ist oder wenn der Antragsteller seinen Rechtsbehelf wirksam zurückgenommen hat. Dies gilt auch dann, wenn der Antragsteller mittlerweile in der Hauptsache obsiegt hat, der Antrag erledigt wurde oder wegen Zeitablaufs der Bescheid wirksam geworden ist.

5) Ernstliche Zweifel an der Rechtmäßigkeit des VA

Voraussetzung ist ferner, dass ernsthafte Zweifel an der Rechtmäßigkeit des angefochtenen VA bestehen. Diese sind dann gegeben, wenn nach summarischer Prüfung des jeweiligen Bescheides und nach Heranziehung der dazu gehörigen Akten ersichtlich wird, dass gewichtige Gründe für eine Rechtswidrigkeit des VA sprechen. Ernstlich sind Zweifel dann, wenn strenge Maßstäbe zu einem dem VA widersprechenden Ergebnis gelangen. Die Zweifel müssen von einigem Gewicht sein, um das Tatbestandsmerkmal erfüllen zu können. Sie müssen jedoch nicht so weitreichend sein, dass die Wahrscheinlichkeit für die Rechtswidrigkeit des VA die Wahrscheinlichkeit gegen die Rechtswidrigkeit des VA überwiegt. Es ist durchaus als ausreichend anzusehen, wenn sich die summarisch abzuwägenden Gründe gleichstark gegenüberstehen. Ernstliche Zweifel sind daher wie in anderen Rechtsgebieten auch dann anzunehmen, wenn die Anfechtung des VA in der Hauptsache als überwiegend erfolgreich anzusehen ist. Jedoch ist zu beachten, dass die AdV eine Finanzangelegenheit regelt. Dann ist es ständige Übung, die Anforderungen höher anzusetzen, um den Vollzug der Steuererhebung nicht grundlos hinauszuschieben. Dennoch muss der Verhältnismäßigkeitsgrundsatz auch gegenüber dem Antragsteller gewahrt bleiben. Denn Sinn dieser Regelung ist gerade die Gewährung schnellen Rechtschutzes.

Für die ernstlichen Zweifel muss also eine gewissenhafte summarische Überprüfung stattfinden. Dabei darf grundsätzlich nicht bereits jeder auftretende Zweifel für eine Bewilligung des AdV-Antrags ausreichen. Vielmehr muss der Antrag erst die Ungewissheit der Rechtmäßigkeit des ursprünglichen VA hervorrufen, m. a. W. es muss eine gewichtige Möglichkeit bestehen, dass der Ursprungs-VA im Hauptsacheverfahren geändert oder aufgehoben wird. Dabei muss Obsiegen und Unterliegen des Klägers mindestens gleich gewichtet sein.

Hinsichtlich eines Revisionsverfahrens ist zu beachten, dass in der summarischen Prüfung die Wahrscheinlichkeit der Aufhebung des vorangehenden Urteils als wahrscheinlich gelten muss, wenn der BFH also aus Rechtsgründen die Aufhebung des erstinstanzlichen Urteils bewirken wird. Aber auch dabei ist der Grad der Zweifel nicht zu hoch anzusetzen. Denn das Aussetzungsverfahren soll Rechtschutz gewähren und nicht der Anwendung von vorläufigem Rechtschutz entgegenstehen.

6) Unbillige Härte

Dem Antrag auf Aussetzung der Vollziehung ist auch dann statt zugeben, wenn die Vollziehung des VA für den Betroffenen eine unbillige Härte darstellen würde, die durch überwiegende öffentliche Interessen nicht geboten wäre, § 69 II S. 2 HS 2 FGO. Dies stellt einen eigenständigen Aussetzungsgrund dar. Denn nicht immer liegen ernsthafte Zweifel an der Rechtmäßigkeit des VA vor. Dennoch kann es vorkommen, dass für den Antragsteller die Vollziehung eine unbillige Härte darstellt. Dann ist dem Antrag auf Aussetzung der Vollziehung stattzugeben.

Der Begriff „unbillige Härte“ ist ein unbestimmter Rechtsbegriff und daher nach den allgemeinen Regeln auszulegen. Unbillige Härte liegt also vor, wenn dem Antragsteller solche Nachteile mit der Vollziehung des VA entstehen, die diesen existenziell belasten bzw. über die eigentliche Belastung des ursprünglichen VA hinweg gehen. Dies ist dann zu bejahen, wenn die Folgen mit der Vollziehung nicht oder nur unter extremen Umständen wieder rückgängig gemacht werden können. Abzustellen ist also immer auf die wirtschaftlichen Verhältnisse des Antragstellers. Dabei ist eine Prüfung des Verschuldens, also ob der Antragsteller die Härte selbst verschuldet hat, zu unterlassen. Auszugehen ist lediglich von einem objektivierten Maßstab. Es muss also gerade damit die unbillige Härte begründet werden, dass vor der Bestandskraft des jeweiligen VA die Vollziehung begonnen wird. Vage Zweifel genügen dabei nicht.

Abzuwägen ist die unbillige Härte mit Gesichtspunkten des öffentlichen Interesses. Auch das öffentliche Interesse ist ein unbestimmter Rechtsbegriff. Die Auslegung ist wieder nach den allgemeinen Regeln auszuführen. Ein öffentliches Interesse besteht immer dann, wenn ein Zusammenhang mit der Erhebung von Abgaben besteht.
Bei der Feststellung des öffentlichen Interesses ist abzuwägen zwischen dem Interesse an der Aussetzung der Vollziehung und dem Interesse an der Vollziehung des Bescheides. Dabei ist ein objektiver Maßstab anzulegen, denn anderenfalls würde die Behörde oder das jeweilige Gericht immer einen Vorrang des öffentlichen Interesses bejahen. Heranzuziehen in die summarische

Überprüfung sind also alle Begleitumstände und Tatsachen, die sich aus der Art des Verfahrens sowie aus den Akten ergeben. Hier kann, entgegen den ernsthaften Zweifeln, mitbestimmend wirken, wie weit der Antragsteller an seinem jetzigen Zustand selbst mitgewirkt hat. Es ist also möglich, das Verschulden des Antragstellers abwägend zu würdigen und in die Entscheidung über den Aussetzungsantrag mit einfließen zu lassen.

Beide Möglichkeiten für die Aussetzung auf Antrag des Steuerpflichtigen dürfen nicht miteinander kombiniert werden. Es besteht also ein Alternativverhältnis.

Zwar ist zu beachten, dass es bei der unbilligen Härte nicht auf die Erfolgsaussichten in der Hauptsache ankommt. Jedoch wird nach ständiger Rechtsprechung diese Voraussetzung in die Entscheidung mit eingeführt. Dem Antrag ist also nur dann statt zu geben, wenn Zweifel an der Rechtmäßigkeit des streitbefangenen VA nicht ausgeschlossen werden können. Bestehen nämlich keine Zweifel an der Rechtmäßigkeit des vorgelegten VA, ist auch nicht ersichtlich, warum dem Antrag auf Aussetzung der Vollziehung statt gegeben werden sollte.

Bei dieser Art der Abwägung ist jedoch immer ein ernsthafter Zweifel vorauszusetzen. Denn bei einer bloßen Möglichkeit würde das Institut der Vollziehungsaussetzung leer laufen.

Eine Versagung der Aussetzung ist dann gegeben, wenn der streitbefangene VA bereits unanfechtbar geworden ist, sei es wegen Zeitablaufs, sei es wegen Bestandskraft o. ä.

7) Wirkung der Aussetzungsanordnung

Wird dem Antrag auf Aussetzung der Vollziehung durch die Finanzbehörde oder durch das Finanzgericht / dem BFH stattgegeben, beseitigt dies nicht das Hauptsacheverfahren. Denn durch das ausgeübte Ermessen der Institutionen wird lediglich die Vollziehung also die Erhebung der Steuer, die Durchführung des VA etc. verhindert. Dessen ungeachtet muss das Hauptsacheverfahren weiter verfolgt werden. Hinsichtlich des Umfangs ist die AdV nach dem

Einspruchsumfang zu bemessen. In die Wertung fließen jedoch auch die ernstlichen Zweifel oder die unbillige Härte mit ein. Wird z. B. bei einem Steuerbescheid die Aussetzung beantragt, wurde die Steuer bereits eingezogen, hat der Antragsteller einen Anspruch auf Rückzahlung eben diesen Betrages.[190] Daraus folgt, dass eine rückwirkende Anordnung der Aussetzung durchaus möglich ist. In der Regel wird die Aussetzungsverfügung auf den Tag der Antragstellung zurück festgelegt. Ist ein näherer Zeitpunkt in der Aussetzungsverfügung nicht explizit dargelegt, ist im Zweifel der Tag der Bekanntgabe entscheidend, m. a. W. ab dem Tag der Bekanntgabe der Aussetzungsverfügung darf der VA nicht mehr vollzogen werden. Angeordnet wird die AdV nur für den Zeitraum des jeweiligen finanzgerichtlichen Verfahrens. In der Regel wird daher das Ablaufdatum einen Monat später als die finanzgerichtliche Entscheidung ihre Wirksamkeit erlangen. Wurde mit der AdV eine Sicherheitsleistung festgelegt, gilt die AdV erst mit Zahlung / Hinterlegung dieser Zahlung. Dennoch ist zu beachten, dass mit der Entscheidung über den Antrag nicht die Fälligkeit der jeweiligen Leistung berührt wird. Denn die Fälligkeit ist materieller Regelungsgehalt des jeweiligen VA – die Aussetzung berührt lediglich das Prozessrecht und im weiteren Sinne erst die materielle Sachlage mittelbar. Mit der AdV entfallen ferner sämtliche Säumniszuschläge. Denn die AdV ist keine Sanktion sondern ein Rechtsbehelf. Es soll damit kein Druck auf den Schuldner ausgeübt werden, sondern eher dessen Rechte gewahrt bleiben. Dennoch entstehen bei Unterliegen in der Hauptsache Zinsansprüche von jährlich 6 % des jeweiligen Betrages. Insoweit ist die AdV trotz alledem mit einem Sanktionscharakter behaftet.

Beispiel:

[190] Abzugrenzen ist dabei von der Aufhebung der Vollziehung, die wohl das passendere Rechtsinstitut in diesem Fall darstellt, § 361 II S. 3 AO.

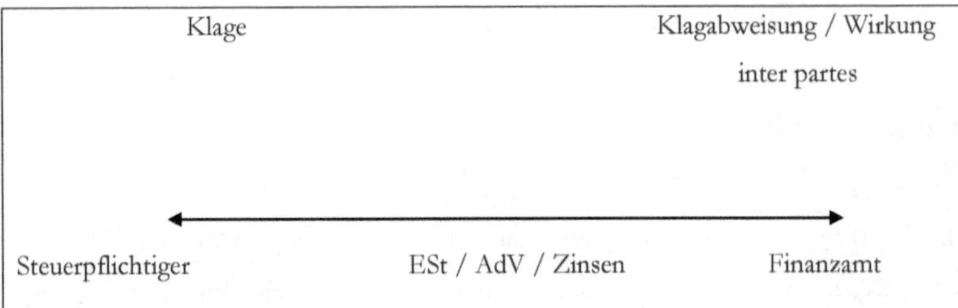

Am 01.01.03 erhebt der Steuerpflichtige Klage vor dem zuständigen Finanzgericht, mit dem Antrag, den ESt-Bescheid in Höhe einer Nachzahlung von 100.000,00 € vom 15.11.2002 aufzuheben. Gleichzeitig wird ihm vom Finanzamt die AdV gewährt. Am 31.12.2003 wird die Klage als unbegründet abgewiesen. Am 01.02.2004 verlangt das Finanzamt 100.000,00 € zzgl. 6 % Zinsen seit AdV-Beginn. Der Stpfl. erhebt isolierten Einspruch gegen die Zinsforderung.

Der Zinsanspruch ist gerechtfertigt. Denn der Stpfl. hat in der Hauptsache verloren. Der Zinsanspruch ergibt sich damit aus §§ 237 I S. 1, 238 I S. 1 AO. Der Einspruch wird als unbegründet abgewiesen. Eine sich anschließende Klage hätte keine Aussicht auf Erfolg.

Durch die AdV wird auch die Verjährung des Zahlungsanspruchs hervorgerufen. Bis zur Beendigung der AdV läuft die Verjährungsfrist nicht weiter.

Finanzgerichtliche Verfahren sind gebührenbelastet und richten sich sowohl nach den einschlägigen Gebührenordnungen (BRAGO, RVG, Steuerberatergebührenverordnung) als auch nach den Gerichtskostenberechnungen (GKG). Wurde ein Bevollmächtigter zugezogen, sind dessen Gebühren und Auslagen vom Kläger zu tragen. Ist der Bevollmächtigte mehrfach qualifiziert, steht es diesem frei, nach welcher Gebührenordnung er abrechnen will. Mehr denn je dürfte mit der Neuordnung der Anwaltsvergütung jedoch die Honorarvereinbarung in den Vordergrund rücken. Zu beachten ist, dass das Verfahren über die Aussetzung der Vollziehung kostenfrei ist. Gleiches gilt für das Einspruchsverfahren und schließt die Auslagen der Behörde ein.

Da sich im Gerichtsverfahren die Kosten nach dem Streitwert bemessen, ist dieser vom Gericht nach dem Antrag oder nach freiem Ermessen festzulegen.

Alles in allem ist die AdV ein geeignetes Mittel, um vorübergehend Rechtschutz erhalten zu können. Dennoch ist dieses Verfahren nicht geeignet, generelle Anwendung zu finden. Denn es muss bereits bei Antragstellung relativ sicher sein, dass das Hauptsacheverfahren Erfolg haben wird. Ansonsten sind die Aussetzungszinsen zu zahlen, die zu den Gerichtskosten zu addieren sind. Es ist also genau abzuwägen – unter Berücksichtigung der wirtschaftlichen Verhältnisse des Mandanten – ob die AdV durchgesetzt werden soll.

Die Kostenfreiheit kann nicht überzeugen. Zwar ist die Aussetzung ein probates Mittel, um einstweiligen Rechtschutz zu erlangen. Dies geht jedoch zumeist auf Kosten des Staates. Denn auch 6 % pro Jahr sind im Vergleich mit Krediten des freien Marktes relativ gering. Daher ist nach Ansicht des Verfassers der Zinsanspruch mit dem Diskontsatz nach Maßgabe des Marktes zu erhöhen oder zu senken. Im Übrigen obliegt es jedem Antragsteller, die Folgen vorherzusehen und eventuelle Verluste einzuplanen. Und der zu gewährende Rechtschutz ist ebenfalls gewahrt. Die Kostenfreiheit muss daher in einer grundlegenden Änderung des deutschen Steuersystems Eingang finden.

V) Einstweilige Anordnung, § 114 FGO

Ein weiteres Rechtsbehelfsmittel ist die einstweilige Anordnung gem. § 114 FGO. Die einstweilige Anordnung ist ein Eilverfahren des Finanzrechtsweges und dient der Regelung eines vorläufigen Zustandes (Regelungsanordnung, § 114 I S. 2 FGO) bzw. der Sicherung eines Rechts vor Veränderung eines bestehenden Zustandes (Sicherungsanordnung, § 114 I S. 1 FGO).

Voraussetzung für beide Anordnungsarten ist das Vorliegen eines Anordnungsanspruchs und eines Anordnungsgrundes. Mit der Anordnung wird die Hauptsache nicht vorweggenommen. Denn der Sinn besteht lediglich darin, dem Antragsteller vorläufigen Rechtschutz zu gewähren. Daher kommt die einstweilige Anordnung auch nicht kumulativ sondern lediglich alternativ zur AdV in Betracht, § 114 V FGO. Die Anordnung hat daher auch nur

Subsidiaritätscharakter. Denn sie besteht in der Forderung, einen VA zu erlassen oder ein Rechtsverhältnis festzustellen bzw. eine Leistung zuzusprechen. Die AdV dagegen setzt einen VA voraus. Daher stehen beide Rechtsinstitute in Konkurrenz zueinander. Würde es die einstweilige Anordnung nicht geben, wäre für die Fälle der Leistungs- oder Verpflichtungs- / Feststellungsklagen kein Raum für vorläufigen Rechtschutz. Daher ist dieses Rechtsinstitut notwendiger Bestandteil des Finanzgerichtsverfahrens, wollte man nicht § 123 VwGO analog anwenden.

1) Anordnungsanspruch

Der Anordnungsanspruch ergibt sich aus dem Recht oder dem Rechtsverhältnis, das in der Hauptsache streitbefangen ist oder noch werden soll. Der Antragsteller muss also glaubhaft darlegen und beweisen, dass ihm ein Recht zusteht, dessen Verwirklichung irreparabel gefährdet ist. Dies kann zum Beispiel in einer Unterlassungsanordnung bestehen.

Die Anordnung kann sich aber auch auf ein Rechtsverhältnis beziehen. Dann hat der Antragsteller darzutun, dass dieses Rechtsverhältnis besteht oder nicht besteht, um Nachteile abzuwenden oder Gewalt zu verhindern. Für die Bejahung eines Anordnungsanspruches ist die Erfolgsaussicht in dem Hauptsacheverfahren summarisch zu prüfen. Hinsichtlich der Beurteilung schwieriger Rechtsfragen reicht eine summarische Interessenabwägung und Rechtsprüfung jedoch nicht aus. Daher muss nach Ansicht des Verfassers die einstweilige Anordnung erlassen werden. Denn in Zweifelsfragen steht immer der Rechtschutz des Antragstellers im Vordergrund. Es muss also auch hier wieder geprüft werden, ob eine hinreichende Wahrscheinlichkeit für die Erfolgswahrscheinlichkeit in der Hauptsache besteht. Treten dabei Zweifel auf, ist für den Antragsteller zu entscheiden. Dies folgt bereits aus Art. 19 IV GG.

2) Anordnungsgrund

Eine weitere Voraussetzung ist der Anordnungsgrund. Dieser ist bereits dann zu bejahen, wenn die Anordnung zur Abwendung einer Gefährdung der

Interessen des Antragstellers (vorläufige Sicherung) mittels Eilverfahren notwendig ist. Verhindert werden soll also die Veränderung eines betsehenden Zustandes. Dies betrifft in erster Linie endgültige Zustände wie etwa Beeinträchtigung des Steuergeheimnisses. Im Vordergrund steht zum einen immer die Eilbedürftigkeit, die sich zum anderen aus der Gefährdung der Sache ergibt. Es müssen demzufolge gewichtige und schwerwiegende Gründe vorliegen, die einen Anordnungsgrund rechtfertigen. Dies erklärt auch die relativ geringe Resonanz in der Praxis im Gegensatz zur Aussetzung der Vollziehung.

Ferner ist zu beachten, dass das private Interesse des Antragstellers gegenüber dem öffentlichen Interesse überwiegt. Im Wege der praktischen Konkordanz beider Rechtspositionen sind also alle Parteiansichten abzuwägen und die Vor- und Nachteile summarisch zu prüfen.

Werden Anordnungsgrund und / oder Anordnungsanspruch nicht glaubhaft dargestellt, kommt eine einstweilige Anordnung dennoch in Betracht. Dies jedoch nur, wenn vorher vom Antragsteller Sicherheit in entsprechender Höhe geleistet wird.

VI) Stundung, § 222 AO

Ein Rechtsbehelf stellt auch die Stundung gem. § 222 AO dar. Die Stundung kommt immer dann in Betracht, wenn der Steuerpflichtige nicht in der Lage ist, die Steuerschuld auf einmal abzutragen. Dies ergibt sich jedoch nicht nur bei natürlichen Personen, sondern auch in vielfältiger Weise bei juristischen Personen. Mit der Stundung soll also eine Härte vermieden werden, die mit der Einziehung fälliger Beträge entstehen würde. Die Stundung soll regelmäßig nur dann gewährt werden, wenn ein Antrag gestellt wurde und eine Sicherheitsleistung erbracht wurde. Die Sicherheitsleistung ist nicht zu fordern, wenn der zu vollstreckende Betrag nur gering ist und der Anspruch per se nicht gefährdet ist. Zu beachten ist, dass eine Stundung nicht kostenfrei sondern gegen Erhebung von Stundungsgebühren erfolgt, § 234 AO. Dennoch können keine Säumniszuschläge erhoben werden, da die Stundung die Fälligkeit der jeweiligen Beträge nach hinten verschiebt. Die für die Säumniszuschläge erforderliche Fälligkeit ist daher nicht gegeben. Die gestundeten Ansprüche können auch nicht vollstreckt werden, sodass die Stundung für nicht liquide Schuldner ein attraktives Mittel zur Eigenfinanzierung darstellt. Die Stundungsgewährung ist eine Ermessensentscheidung der jeweiligen Behörde.

Die Stundung und die AdV können kumulativ beantragt werden.

Voraussetzung für die Stundung ist das Vorliegen von

- einer besonderen Härte für den Schuldner im Falle der Einziehung fälliger Beträge sowie
- einer Gewährleistung des Anspruches (keine Gefährdung).

1) Besondere Härte

Die Einziehung des fälligen Betrages muss für den Schuldner eine besondere Härte bedeuten, d. h. die sofortige Einziehung fälliger Beträge muss unbillig sein. Dieser unbestimmte Rechtsbegriff ist mittels anerkannter Auslegungsmethoden inhaltlich zu füllen. Es muss also regelmäßig eine Abwägung der kollidierenden Interessen des Schuldners und des Gläubigers erfolgen wobei das Ermessen rechtsfehlerfrei auszuüben ist.

Eine persönliche besondere Härte liegt danach vor, wenn die Ursachen für die Unmöglichkeit fristgerechter Begleichung fälliger Beträge in der Person des Schuldners liegt, m. a. W. wenn es dem Schuldner nicht zumutbar ist, aus wirtschaftlichen oder persönlichen Verhältnissen heraus die Schuld zu begleichen. Der Schuldner muss also stundungsbedürftig sein. Dazu ist zunächst erforderlich, dass der Schuldner seine gesamte Wirtschaftskraft einsetzt, um die Stundungsbedürftigkeit zu eliminieren. Zu beachten ist auch seine persönliche und familiäre Situation, die zur Stundungsbedürftigkeit erheblich beitragen kann.

Ferner ist erforderlich, dass der Schuldner stundungswürdig ist. Dies ist er dann, wenn er die Zahlungsschwierigkeiten nicht selbst verursacht hat. Abzustellen ist also auf das Verhalten, das Verschulden des Schuldners. Dieser muss sich sodann auch das Verhalten Dritter zurechnen lassen. Es ist also nicht unbedingter Rechtssatz, dass jedes negative Verhalten auch die Stundungswürdigkeit des Schuldners in Frage stellt.

Eine sachlich besondere Härte ist zu bejahen, wenn die Grundsätze von Treu und Glauben dies erforderlich machen. Dies ist gegeben, wenn die Behörde mit ihrem eigenen Verhalten eine widersprüchliche Praxis aufstellen würde. Ist es zum Beispiel behördliche Praxis, im Falle von Insolvenzbefürchtungen eine Stundung zu gewähren, so erscheint es rechtsfehlerhaft, wenn bei einem Schuldner die Rechtslage anders beurteilt wird.

2) Gefährdung des Anspruchs

Eine weitere Voraussetzung für die Stundungsbewilligung ist, dass damit der Anspruch nicht in seiner Durchsetzbarkeit gefährdet wird. Dies ist dann gegeben, wenn die Durchsetzbarkeit nur und aufgrund der Stundung erheblich verschlechtert wird. Durch diesen unbestimmten Rechtsbegriff wird der zuständigen Behörde ein weiter Spielraum eingeräumt. Entscheidend ist nämlich der subjektive Eindruck der Finanzbehörde, wie sich der Sachverhalt also für diese Behörde darstellt. Für die Gefährdung des Anspruchs ist also eine Prognoseentscheidung der Finanzbehörde erforderlich, die der Antragsteller durch positive Darstellung seiner Lebensverhältnisse entscheidend mitgestalten kann. Beeinträchtigt wird die Entscheidung der Behörde auch dadurch, dass es ihr frei steht, eine Sicherheitsleistung zu verlangen, § 241 AO. Damit kann der Gefährdung des Anspruchs vorgebeugt werden. Aufgrund des damit verbunden Verwaltungsaufwandes ist bei kleineren Beträgen von einer solchen Leistung abzusehen. Dies gilt auch bei kurzfristigen Stundungen. Denn in Relation zum gestundeten Betrag ist die Sicherheitsleistung überflüssig weil zeitaufwendig.

Die Sicherheitsleistung kann durch Wertpapiere, Pfandrechte, Spareinlagen oder Abtretung von Forderungen erfolgen. Damit wird deutlich, dass die zu erbringende Leistung eines erheblichen Aufwandes bedarf.

Bei Vorlage aller unbestimmten Tatbestandsvoraussetzungen wird dem Schuldner gestattet, die bereits fällige Leistung zu einem späteren Zeitpunkt zu erbringen. Dies kann sich auf einen Teilbetrag der Leistung oder auf die volle Höhe beziehen. Die Stundung soll nur auf Antrag gewährt werden. Dies ist gängige Praxis. Die Finanzbehörden werden nämlich nur in den seltensten Fällen von sich aus tätig. Billigkeitsmaßnahmen werden nur dann ergriffen, wenn die besondere Lage des Schuldners eklatant nach außen hervor tritt. Es ist also immer zu empfehlen, einen schriftlichen Antrag an die Behörde zu stellen, um eine Stundung zu erreichen. Der Antrag ist bei der zuständigen Behörde einzureichen. In der Regel wird es sich dabei um eine Landesfinanzbehörde handeln. In dem Antrag sollte ausführlich dargelegt und begründet werden, warum eine Stundung zu gewähren ist. Beweisbelastet ist dabei der Antragsteller. Günstig wird es sich auswirken, dem Antrag eine Finanzbilanz des Antragstellers beizufügen und einen Tilgungsplan einzureichen.
Die Stundung ist ein Verwaltungsakt, der unter Ermessensbeachtung Wirkung erlangt. Er unterliegt somit auch der Anfechtung in Form des Einspruchs und der Verpflichtungsklage. In der Stundungsverfügung wird der Fälligkeitszeitpunkt neu bestimmt. Gleichzeit erfolgt eine Anordnung der Ratenzahlung oder der Zahlung des gesamten Betrages. Als Annexbestimmung enthält der VA die Pflicht zur Zahlung von Stundungszinsen (0,5 % / Monat) oder den Erlass dieser Zinszahlung. Da die Fälligkeit zu einem späteren Zeitpunkt ausdrücklich besteht, ist dann eine erneute Mahnung überflüssig.
Die Stundung kann wegen Veränderung der Rechts- oder Sachlage zurückgenommen oder widerrufen werden.

Von der Stundung ist der Zahlungsaufschub abzugrenzen. Dieser ist in § 223 AO geregelt und verlagert die Fälligkeit der geschuldeten Leistung nach hinten.

Damit fallen weder Säumniszuschläge noch Stundungszinsen an. Auch hierbei ist wieder ein Antrag des Schuldners sowie eine Sicherheitsleistung notwendig. Jedoch ist der Zahlungsaufschub nicht nach freiem Ermessen zu erlassen. Denn bei Vorlage aller Tatbestandsmerkmale ist der Aufschub zu gewähren. Es besteht also ein Recht auf Erlass eines bewilligenden Bescheids. Der Zahlungsaufschub kommt bei Verbrauchssteuern und Zöllen in Betracht. Die abgelehnte Genehmigung ist ein VA, die den Regeln der Anfechtung unterliegt.

VI) Gegenvorstellung

Die Gegenvorstellung ist ein Rechtsbehelf, der nicht gesetzlich geregelt ist. Dieses von der Rechtsprechung entwickelte Rechtsinstitut soll dann Anwendung finden, wenn eine Verletzung des rechtlichen Gehörs nach Art. 103 I GG zu befürchten steht oder wenn eine offenbar rechtwidrige Entscheidung ergangen ist, die mit dem geltenden Recht in keinerlei Einklang steht. Mit der Gegenvorstellung soll dem Richter die Möglichkeit der Selbstkorrektur gegeben werden. Sie ist aus Art. 17, 20 III GG herzuleiten.

Die Gegenvorstellung ist also ein nicht förmliches Rechtsinstitut. Daher ist sie auch an keine Form oder Frist gebunden. Gerichtet wird dieses Rechtsinstitut an diejenige Behörde, die eine Handlung vorgenommen hat, die mit der Gegenvorstellung gerügt werden soll. Angreifbar sind alle Maßnahmen einer Behörde.

Einzige Voraussetzung für die Gegenvorstellung ist die Beschwer der Antragstellers sowie ein Antrag selbst auf Abhilfe. Für die Gegenvorstellung gilt jedoch der Grundsatz: „Fristlos, formlos, fruchtlos". Ihr kommt daher auch kein besonderer Stellenwert im finanzgerichtlichen Verfahren zu.

VII) Dienst-/ Fachaufsichtsbeschwerde

Die Dienstaufsichtsbeschwerde und die Fachaufsichtsbeschwerde sind wie die Gegenvorstellung nichtförmliche Rechtsbehelfe. Sie sind daher auch formlos und fristlos bei der die Handlung vorgenommenen Behörde einzulegen. Im Übrigen ist auf die Ausführungen zur Gegenvorstellung zu verweisen.

Mit der **Dienstaufsichtsbeschwerde** wird erstrebt, dass die vorgesetzte Behörde oder der Vorgesetzte i. e. S. Abhilfe schafft. Gerügt wird dabei das persönliche Verhalten eines behördlichen Mitarbeiters. In Betracht kommt dabei die Verletzung von Informationspflichten, Bearbeitungspflichten oder Fürsorgepflichten.

Die **Sachaufsichtsbeschwerde** wird an den Beamten gerichtet, dem die Aufsicht obliegt. Dies kann auch eine aufsichtsführende Behörde sein. Die Beschwerde richtet sich gegen eine Entscheidung der Behörde, die ergehen soll oder bereits ergangen ist. Mit der Sachaufsichtsbeschwerde kann z. B. auf kontrahäre Rechtsauffassungen der Behörde hingewiesen werden, um Einfluss auf die Entscheidung zu nehmen.

Bei beiden Rechtsinstituten gilt auch wieder der Grundsatz der „Fruchtlosigkeit".

VIII) Sonstige Anträge insbesondere Sprungklage, § 45 FGO

Ein sonstiger Antrag, der nicht in der AO oder in der FGO geregelt ist, ist der bloße Antrag auf Erlass oder Änderung einer Entscheidung. Herbeigeführt werden soll eine Entscheidung, die als VA noch nicht vorliegt. Mangels praktischer und theoretischer Bedeutung wird im Folgenden darauf nicht eingegangen.

Die Sprungklage gem. § 45 FGO ist keine besondere Klageart sondern lediglich eine Anfechtungs- oder Verpflichtungsklage mit der Besonderheit, dass das Vorverfahren entbehrlich ist. Zuständig für die Sprungklage ist das FG im ersten Rechtszug gem. § 35 FGO.

Sinn und Regelungsgehalt dieser Klage ist es, das Vorverfahren entbehrlich zu machen, wenn von diesem keine das Verfahren förderliche Auswirkungen zu erwarten sind. Denn grundsätzlich bedeutet der Einspruch, also das

Vorverfahren eine Überprüfung der formellen und materiellen Rechtslage. Es soll dem Kläger die Möglichkeit des schnellen Rechtschutzes bieten. Wird im Vorfeld bereits ersichtlich, dass das Vorverfahren keinen Erfolg verspricht, also zum Verfahren nichts wesentliches beiträgt, kann dieses übersprungen werden und sogleich Klage erhoben werden.

IX) Widerspruch, §§ 68 ff. VwGO

Für Realsteuern - etwa Gewerbesteuer oder Grundsteuer – sind die Normen des Einspruchsverfahrensrechts nicht anwendbar, § 1 AO. Gem. Art. 105 II, 108 V 2 GG steht dem Bund die volle Gesetzgebungskompetenz zu. Um bundeseinheitliche Regelungen zu treffen, wurde davon auch weitestgehend Gebrauch gemacht. Die Verwaltung wurde dabei den Gemeinden übertragen. Daher ist es auch sinnvoll, dass das außergerichtliche Rechtsbehelfsverfahren nach denjenigen Vorschriften durchgeführt, nach denen sich die Gemeinden richten (jeweiliges Landesrecht). Der Rechtsweg in Realsteuersachen führt daher immer zu den Verwaltungsgerichten. Also ist es nur konsequent, die außergerichtlichen Rechtsbehelfe nicht der AO sondern der VwGO zu unterwerfen. Damit ist der Weg zum Widerspruch gem. §§ 68 ff. VwGO eröffnet.

1) Sinn und Zweck des Vorverfahrens

Das Vorverfahren hat regelmäßig den Zweck, dem Grundsatz der Gesetzmäßigkeit und Zweckmäßigkeit der Verwaltung zu genügen. Denn mit dem Vorverfahren, was notwendig einer Anfechtungs- und Verpflichtungsklage vorgeschaltet ist, kann der Rechtsbegehrende nochmals Rechtschutz erlangen, indem die angefochtene Entscheidung grundlegend überprüft wird. Damit sollen die zuständigen Behörden, die grundsätzlich am Fall näher dran sind, ihre Entscheidung grundlegend überdenken. Ferner ist mit dem Vorverfahren beabsichtigt, die Gerichte zu entlasten. Denn mit Hilfe des Widerspruchs, wird eine Vielzahl von Entscheidungen im Sinne des Anfechtenden geändert. Es ist also auch eine Selbstkontrolle der Verwaltung.

Die Kompetenzen der Behörden sind dabei weitgehend, da sie Entscheidungen der vorgeschalteten Behörde aufheben können. Bei der Entscheidungsfindung können die Ermittlungen des Tatbestandes erweitert werden, weitere Einwendungen des Widerspruchführers berücksichtigt werden, rechtliche Überlegungen ausgedehnt und Ermessensfehler rückgängig gemacht werden.

Prozessual ist das Institut des Vorverfahrens als Sachurteilsvoraussetzung zu betrachten, d. h. ohne das Widerspruchsverfahrens ist eine eventuelle Klage als unzulässig zu verwerfen. Denn dieses muss zum Zeitpunkt der Entscheidungsfindung vorliegen und von Amts wegen geprüft werden. Grundsätzlicher letzter Zeitpunkt für die Vorlage des Widerspruches ist der Zeitpunkt der letzten mündlichen Verhandlung.
Die Rechtsprechung hat zum Teil versucht, das Widerspruchsverfahren entbehrlich zu machen, indem die Klage als Rechtsbehelf gesehen wurde und die Klageerwiderung der Behörde als Bescheid gedeutet wurde. Denn aus prozessökonomischen Gründen scheint es durchaus sinnentleert, der Klage in solchen Konstellationen, in denen aus der Klage der Inhalt eines etwaigen Widerspruches hervorgeht, ein förmliches Verfahren voranzustellen, obwohl ersichtlich ist, dass dieses keine andere Beurteilung zulässt. Diesem Verfahren kann nicht gefolgt werden. Denn zum einen ist bereits de lege lata der Widerspruch notwendig bestimmten Klagen vorzuschalten. Davon kann nicht im Einzelfall abgewichen werden. Zum anderen soll das Vorverfahren gerade der Behörde die Möglichkeit geben, ihre Entscheidung nochmals zu überdenken, um eine offensichtliche Fehlentscheidung zu korrigieren. Daher ist der Widerspruch als notwendige Sachurteilsvoraussetzung zu sehen.

Der Widerspruch hat grundsätzlich aufschiebende Wirkung (sog. Suspensiveffekt), d. h. der angegriffene Bescheid kann bis zur Entscheidung nicht durchgesetzt werden; die Vollziehung ist also gehemmt. Ausnahmen davon bestehen, wenn die Entscheidung öffentliche Abgaben und Kosten betrifft (§ 80 II Nr. 1 VwGO), bei unaufschiebbaren Anordnungen und

Maßnahmen von Polizeivollzugsbeamten (§ 80 II Nr. 2 VwGO) oder in anderen durch Bundesgesetz oder für Landesrecht durch Landesgesetz vorgeschriebenen Fällen, insbesondere für Widersprüche und Klagen Dritter gegen Verwaltungsakte, die Investitionen oder die Schaffung von Arbeitsplätzen betreffen (§ 80 II Nr. 3 VwGO). Der Grund besteht darin, dass mit dem Suspensiveffekt vollendete Tatsachen verhindert werden sollen, die nur schwer wieder rückgängig zu machen sind. Der Anfechtende soll somit nicht auf die Schadensersatz- oder Folgenbeseitigungsansprüche verwiesen werden. Bei den vorgenannten Ausnahmen muss im Sinne des Gemeinwohls und der Rechtsordnung darauf verzichtet werden, einen solchen Effekt hervorzurufen. Denn bei diesen Regelungen wird das überwiegende öffentliche Interesse an der sofortigen Vollziehung bejaht. Stellt sich nämlich im nachhinein heraus, dass die ursprüngliche Maßnahme rechtmäßig war, hat diese sich eventuell bereits durch Zeitablauf erledigt oder entfaltet nicht mehr die gewünschten Wirkungen.

2) Voraussetzungen des Widerspruchsverfahrens

Gem. § 69 VwGO beginnt das Widerspruchsverfahren mit der Erhebung des Widerspruchs bei der zuständigen Behörde. Dabei schadet es nicht, wenn dem Schreiben des Widerspruchsführers nicht die Überschrift „Widerspruch“ vorangeht. Denn im Sinne eines umfassenden Rechtschutzes (das Verwaltungsverfahren bedingt keine anwaltliche Vertretung) muss dem Rechtsuchenden ein umfassendes Verfahren zur Verfügung gestellt werden, ohne dass dabei auf rechtsintensive Formalien oder Kenntnisse abzustellen ist. Daher ist ein jedes Schreiben unter Berücksichtigung sowohl des Wortlautes des Begehrens als auch des Gesamtverhaltens des Erklärungsgebers auszulegen oder umzudeuten. Weitere inhaltliche Anforderungen an einen Widerspruch werden vom Gesetzgeber nicht gefordert. Dieser muss also nicht begründet sein oder gar einen bestimmten Antrag enthalten. Ungeachtet dessen empfiehlt es sich natürlich, einen Widerspruch so substantiiert wie nur möglich zu gestalten. Denn dann kann sich die Behörde auf die jeweiligen Einzelpunkte konzentrieren und andere Eckdaten nur summarisch und kursorisch überprüfen. Erkennbar muss jedoch sein, welcher Verwaltungsakt mit dem Widerspruch angefochten werden soll und dass dessen Überprüfung begehrt wird. Anderenfalls würde die Ermittlungspflicht der Behörde ausufern. Dem Widerspruchsführer trifft dabei eine gewisse Mitwirkungspflicht, die sich jedoch in den Grenzen der Zumutbarkeit halten soll.

Ferner muss wenigstens im geringsten erkennbar sein, dass nicht etwa ein anderer Rechtsbehelf gewollt ist. Für die Auslegung ist § 88 HS. 2 VwGO anzuwenden. Die Anwendung findet jedoch nur analog statt, da sich § 88 VwGO auf Klageanträge bezieht, der Widerspruch jedoch gerade kein Klageverfahren darstellt.

Aus dem Widerspruch muss die **Befugnis** hervorgehen, einen solchen Rechtsbehelf einzulegen, m. a. W. es muss ersichtlich sein, dass der Widerspruchsführer in seinen Rechten verletzt sein könnte. Abzustellen ist dabei immer auf ein subjektives Recht des Antragstellers, d. h. ist offensichtlich, dass dieser kein verletztes subjektives Rechts rügen kann, ist der Widerspruch ohne Prüfung der Begründetheit als unzulässig abzuweisen.

Während des Widerspruchsverfahrens kann der Rechtsbehelf **zurückgenommen** oder durch Erklärung der **Erledigung der Hauptsache** oder durch **Vergleich** beendet werden.

Auch ein **Verzicht** auf das Widerspruchsverfahren ist ohne weiteres möglich. Der Verzicht kann jedoch nur vor der Einlegung des Widerspruchs Anwendung finden. Alsdann wird ein dennoch eingelegter Widerspruch und eine später eingereichte Klage als unzulässig verworfen. Wird während des Widerspruchsverfahrens Verzicht erklärt, wird dieser in die Rücknahme des Rechtsbehelfes umgedeutet werden müssen.

Der Widerspruch ist innerhalb eines Monats zu erheben. Gem. § 70 I VwGO ist für den Empfang die Stelle, die den Verwaltungsakt erlassen hat, zuständig. Die Erhebung des Widerspruchs kann **schriftlich** oder **mündlich zur**

Niederschrift erfolgen. Daraus folgt, dass ein telefonisch eingelegter Widerspruch als nicht eingelegt gilt, selbst wenn darüber Notizen gefertigt wurden. Abzustellen ist nämlich immer darauf, ob der Rechtsbehelf vom Widerspruchsführer herrührt und mit dessen Willen in den Verkehr gelangt ist.[191] Dies geht aus einer Telefonnotiz nicht zweifelsfrei hervor; im übrigen ist die Behörde nicht verpflichtet, Aktennotizen darüber zu fertigen. Wurde der Widerspruch nicht formgerecht eingelegt, kann die Heilung des Schriftformerfordernisses nach Ablauf der Widerspruchsfrist nur noch über das Rechtsinstituts der Wiedereinsetzung in den vorigen Stand erfolgen, § 60 VwGO.

Die **Widerspruchsfrist** beträgt gem. § 70 I VwGO einen Monat nach Bekanntgabe des Verwaltungsaktes. Die Frist ist Zulässigkeitsvoraussetzung für die Zulässigkeit des Widerspruchs und der sich eventuell anschließenden Klage. Der Widerspruch kann auch bereits vor der Bekanntgabe des VA eingelegt werden. Insoweit ist der Fristbeginn irrelevant. Die Berechnung der Frist erfolgt nach § 57 VwGO, § 222 ZPO, §§ 187 ff. BGB.
Als Bekanntgabe ist die Zustellung, die öffentliche Bekanntgabe, die Verkündung und die formlose Eröffnung zu definieren. Wird der VA nicht bekannt gegeben, beginnt auch keine Widerspruchsfrist zu laufen. Wird der VA nur zufällig wahrgenommen – etwa die Baugenehmigung des Nachbarn, indem dieser anfängt zu bauen – läuft die Monatsfrist ebenso wenig. Denn die Bekanntgabe setzt gerade die Willenserklärung der Behörde voraus, eine Entscheidung dem Empfänger bekannt zugeben. Dann findet auch die Frist des § 58 VwGO (ein Jahr) keine Anwendung. Denn die Einhaltung der Rechtsbehelfsfristen würde schlechterdings nur vom Zufall abhängen und nicht den rechtstaatlichen Grundsätzen genügen. Der Widerspruch kann dann nur als – materiellrechtlich oder prozessrechtlich - verwirkt (§ 242 BGB analog) erachtet werden. Ähnliches gilt für die Rechtsbehelfsbelehrung. Deren Fehlen

---

[191] BVerwG 30, S. 274 ff.

im Zusammenhang mit dem jeweiligen VA löst automatisch den Gang der Ein-Jahres-Frist nach § 58 VwGO aus.

Wird kein Widerspruch gegen den jeweiligen VA eingelegt, erwächst dieser in Bestandskraft und kann nicht mehr angefochten werden.

Wird der Widerspruch nicht fristgerecht eingelegt, kann dieser als verspätet zurückgewiesen werden.

3) Begründetheit

Gem. § 72 VwGO hilft die Behörde dem Widerspruch ab, wenn sie diesen für begründet erachtet. Damit verbunden ist die Entscheidung über die Kosten. Aus o. g. Norm geht hervor, dass die zuständige Behörde verpflichtet ist, ihre Entscheidung nochmals auf Richtigkeit und Ermessensfehler zu prüfen. Berücksichtigt werden müssen dabei die neu geltend gemachten Tatsachen des Widerspruchführers sowie die bereits in das Vorverfahren eingebrachten Tatsachen. Jedoch muss die Behörde kein neues Verfahren eröffnen, sondern das alte nochmals aufrollen. Dazu gehört auch, dass gem. § 28 VwVfG Beteiligte u. U. neu angehört werden müssen. Kommt die Behörde nach summarischer Prüfung zu dem Schluss, dass der Widerspruch begründet ist, wird der ursprüngliche geändert, aufgehoben oder der Antragsteller neu verbeschieden. Kommt die Behörde dagegen zu dem Resultat, der Widerspruch sei unbegründet, ergeht kein Abhilfebescheid sondern ein Widerspruchsbescheid i. S. d. § 73 VwGO. Dieser hat schriftlich an den Widerspruchsführer zu ergehen. Daraus muss eindeutig die Begründung, die Kostenentscheidung sowie die Belehrung für den Klageweg (Rechtsbehelfsbelehrung) hervorgehen. Der Bescheid muss zudem hinreichend bestimmt sein und dem Empfänger zugestellt werden. Da eine Bindung an den Antrag nicht besteht (§ 88 VwGO) und zum Teil auch nicht ersichtlich ist, wogegen sich der Widerspruchsführer im einzelnen wendet, kann die Behörde mehr gewähren, als eigentlich vom Widerspruchsführer gewollt war. Sie kann jedoch dem Widerspruch auch nur in Teilen stattgeben oder im Gegenteil komplett zurückweisen.

Ob der Widerspruchsführer eine Verschlechterung seiner Rechtsposition hinnehmen muss (**reformatio in peius**) ist umstritten, wird aber bejaht werden müssen.

Dagegen spricht, dass der ursprüngliche VA eine gewisse Bestandskraft inne hat, die eine Vertrauensregelung geschaffen hat. Diese ist dann nur aufgrund besonderer Ermächtigung rücknehmbar. Ferner ist keine besondere Rechtsgrundlage für die reformatio in peius geschaffen worden. Dies hätte der Gesetzgeber aus Rechtstaatsgründen tun müssen. Auch hindert eine Gefahr der Verböserung an der Einlegung von Rechtsbehelfen, indem diese eine abschreckende Wirkung entfaltet. Ferner spricht gegen eine Verböserung, dass der Widerspruchsführer einen bestimmten Antrag gestellt hat, indem er Widerspruch einlegte. Eine Verböserung würde über den Antrag hinausgehen und damit den Grundsatz „ne ultra petita" verletzen.

Dafür spricht jedoch, dass die Verwaltung „Herrin des Verfahrens" ist, und somit in alle möglichen Richtungen entscheiden kann. Ferner kann niemand eine nur günstige Regelung beanspruchen. Auch ist die Verböserung lange bereits richterlich und gewohnheitsrechtlich anerkannt. Ferner spricht dafür, dass ein VA nach Bestandskraft zurückgenommen oder widerrufen werden kann. Dann muss dies erst recht vor dessen Bestandskraft gelten. Im übrigen ist § 79 II 1 VwGO als Anzeichen dafür heranzuziehen, dass vom Gesetzgeber eine Verböserung gewollt und gesehen wurde. Diese Ansicht überzeugt. Wenn der Widerspruchsführer also ein Rechtsbehelfsverfahren durchführt, muss er damit rechnen, dass sich seine Rechtsposition auch verschlechtern kann. Er hat es demnach in der Hand, die für ihn günstigste Rechtsfolge selbst zu bewirken. Ein schutzwürdiges Interesse am Bestand des nunmehr angefochtenen VA besteht daher nicht mehr. Somit ist es der Behörde unbenommen, eine reformatio in peius zu bewirken.

Beispiel:

Am 01.01.04 ergeht an den Unternehmer X ein Bescheid zur Zahlung von Grundsteuer i. H. v. 1.000,- €. Dagegen legt dieser am 20.02.2004 Widerspruch ein, mit dem Antrag, die Grundsteuer um 10 % zu ermäßigen. Am 15.03.2004 ergeht ein ordnungsgemäß zugestellter Widerspruchbescheid. Darin wird festgelegt, dass der Ursprungs-Bescheid dergestalt geändert wird, dass der X statt 1.000,- € nunmehr 2.000,- € zahlen soll.

a) Der Widerspruch ist zulässig und begründet – die Klage hat Aussicht auf Erfolg.

b) Der begründete Widerspruch ist unzulässig – Die Klage wird als unzulässig verworfen.

c) Der zulässige Widerspruch ist unbegründet – Die Klage wird als unbegründet abgewiesen.

d) Die reformatio in peius ist unzulässig – die Klage hat Aussicht auf Erfolg.

e) Die reformation in peius ist zulässig – die Klage hat keine Aussicht auf Erfolg.

f) X hat bereits während des Vorverfahrens Verzicht hinsichtlich des Widerspruchs erklärt – Die Klage ist unzulässig.

Die Begründung des Widerspruchbescheides muss sowohl die tatsächlichen Voraussetzungen als auch die rechtliche Begründung enthalten, auf die sich Entscheidung stützt. Denn der Bescheid soll für jedermann nachvollziehbar und überprüfbar sein, also rechtstaatlichen Grundsätzen genügen. Form- und Verfahrensfehler können nachträglich geheilt werden. Etwaige fehlende Begründungen können bis zum Schluss der letzten mündlichen Verhandlung nachgeholt werden.

Für den Praktiker ist es wichtig zu beachten, die jeweilige bundesrechtliche VwGO-Bestimmung zur Anwendung kommen zu lassen. Ergeben sich aus dem Landesrecht keine unterschiedlichen Betrachtungsweisen, ist die bundeseinheitliche VwGO heranzuziehen. In der Regel bestehen nur marginal geringe Unterschiede. Gleiches gilt für das VwVfG. Hierbei sind schon erheblichere Differenzen zu beachten, sodass ein Vergleich mit dem Bundesrecht lohnenswert ist. Zu achten ist auf das richtige Zitat der jeweiligen Norm (etwa: BremVwVfG o. ä.).

Tenorierungsbeispiel:

Sehr geehrter Herr X,

auf grund Ihres form- und fristgerecht eingelegten Widerspruches vom 20.02.2004 gegen den Grundsteuerbescheid vom 01.01.2004 (Az.: xxxxx/xxx) erlässt die Stadt XY folgenden

<u>Widerspruchbescheid</u>

Der Grundsteuerbescheid vom 01.01.2004 wird aufgehoben.

oder

Der Grundsteuerbescheid wird mit der Maßgabe geändert, dass die Grundsteuerschuld um 10 % v. H. auf 900 ,- € reduziert wird.

oder

Ihr zulässiger Widerspruch wird als unbegründet zurückgewiesen.
Begründung, Kosten, Rechtsbehelfsbelehrung, Unterschrift / Siegel.

X) Wiedereinsetzung in den vorigen Stand, § 110 AO[192]

Wiedereinsetzung in den vorigen Stand gem. § 110 AO stellt ein Rechtsinstitut dar, welches unbillige Härten für den Antragsteller vermeiden soll, sobald dieser unfreiwillig (unverschuldet) eine Frist versäumt. Mit der Wiedereinsetzung wird ein Zulässigkeitskriterium wieder hergestellt, sodass bereits bestandskräftige Verwaltungsakte oder formelle bzw. materielle gerichtliche oder behördliche Entscheidungen rückwirkend entfallen. Der Antragsteller wird also in den Verfahrensabschnitt versetzt, in dem er sich vor der Fristversäumnis befand. Es wird also fingiert, dass der Antragsteller die Frist nie versäumt hätte. Dadurch kann dieser seinen Prozess weiter führen und sämtliche Sachentscheidungen wir vor Fristversäumnis geltend machen bzw. herbeiführen.
Für die Fristendefinition ist darauf abzustellen, ob eine Frist von der Handlung des Antragstellers abhängt und damit eine Rechtsfolge bewirkt werden sollte. Es fallen also Verjährungsfristen o. ä. nicht unter den Fristbegriff des § 110 AO.

Verschulden ist im Kontext der Wiedereinsetzung in den vorigen Stand das problematischte Tatbestandsmerkmal. Hinsichtlich des Verschuldens ist im weiteren Sinn auf den allgemeinen Fahrlässigkeitsbegriff abzustellen, der vom BGH modifiziert wurde. Verschulden ist demzufolge anzunehmen, wenn der Antragsteller hinsichtlich der Wahrung der von ihm versäumten Frist diejenige Sorgfalt außer Betracht lässt, die für einen gewissenhaften, seine Rechte und Pflichten wahrnehmenden Bürger geboten und ihm nach den Gesamtumständen des konkreten Einzelfalls zumutbar ist.[193] Im Ergebnis ist also – anders als in § 276 BGB - auf die subjektive Seite der Fahrlässigkeit abzustellen. Kenntnisse, Möglichkeiten und besondere Umstände müssen in den jeweiligen Maßstab mit einfließen, ohne dass auf eine typisierende,

[192] Für das Verwaltungsverfahren gilt § 60 VwGO.
[193] BFH/NV 1996, S. 358 m. w. N.

objektive Begriffsbetrachtung abzustellen ist. Im Umkehrschluss bedeutet dies, dass jede Partei ihr Verschulden zu vertreten hat und mit den daraus resultierenden Folgen umgehen muss. Das heißt auch, das jede Form von Verschulden, also auch jede leichteste Fahrlässigkeit den Weg in die Wiedereinsetzung in den vorigen Stand versperrt. Damit soll erreicht werden, dass zum einen der materiellen Gerechtigkeit zur Durchsetzung verholfen wird, indem Entscheidungen öffentlicher Art innerhalb bestimmter Frist unanfechtbar werden. Alle Beteiligten erhalten damit eine Rechtssicherheit, die nicht durch Wiedereinsetzungsanträge verschleppt werden soll. Auf der anderen Seite erfordert der Schutz der jeweiligen Partei ein Rechtsinstitut, welches der Unerfahrenheit des Laien Rechnung trägt, jedoch nicht ausufernd wirkt. Dies gebietet das Rechtstaatsgebot und der Grundsatz des fairen Verhalten (fair trial). Die Versäumung einer Frist kann also nicht entschuldigt werden, wenn die Vermeidung durch Einleitung weiterer Schritte hätte vermieden werden können. Insoweit ist die Verschuldensbegriffsausfüllung nicht zu eng aber auch nicht zu ausufernd zu betrachten. Irrtümer über die materielle Rechtslage oder über das Wesen der Ausschlussfrist erlauben in der Regel keine Wiedereinsetzung. Denn ein solcher Antrag kann nicht damit begründet werden, dass der Antragsteller ungenügende Kenntnisse hatte und die Folgen für diesen nicht absehbar waren. Begründet wird dies damit, dass sich jede Partei eines professionellen Vertreters bedienen kann. Bedient sich eine Partei eines Vertreters, sei es Steuerberater – sei es Rechtsanwalt – muss sich diese Partei das Verschulden des Vertreters gem. § 110 I S. 1 AO zurechnen lassen. Zunächst sind daher auf die Vertreter die selben Verschuldensmaßstäbe anzuwenden, wie auf die vertretene Partei. Handelt es sich jedoch um Rechtsanwälte, Steuerberater oder andere steuerberatende Berufe, wird ein erhöhter Sorgfaltsmaßstab anzuwenden sein. Dies begründet sich aus der subjektiven Betrachtungsweise des Sorgfaltsbegriffes und richtet sich nicht an einem objektiven Maßstab aus. So hält der BFH Organisationsverschulden für nicht entschuldbar. Eine **Exculpation** dürfte hier nur in den seltensten Fällen Platz greifen. Bedient sich die jeweilige Partei anderer Personen, etwa Boten,

Angestellte, Beauftragte o. ä., muss sie sich deren Verhalten i. d. R. nicht zurechnen lassen. Hat die Partei bei deren Auswahl jedoch sorgfaltswidrig gehandelt, muss sie auch für deren Fehlverhalten persönlich einstehen.

Für die Wiedereinsetzung in den vorigen Stand bedarf es eines **Antrages**, der innerhalb einer Frist von einem Monat einzureichen ist. Für die Monatsfrist kann der Antragsteller wiederum Wiedereinsetzung beantragen, sodass u. U. eine doppelte Wiedereinsetzung vorliegen kann. Zu beachten ist, dass dieser Antrag zu begründen ist, d. h. soweit die Gründe, die eine Wiedereinsetzung rechtfertigen könnten der Behörde nicht schon bekannt oder offensichtlich sind, hat aus dem Antrag ersichtlich zu werden, warum der Antragsteller glaubt, berechtigt zu sein, einen solchen Antrag erfolgreich stellen zu können. Hinsichtlich der Glaubhaftmachung ist eine recht geringe Anforderungshürde konstruiert. Daraus folgt, dass die zu beweisende Tatsache mittels überwiegender Wahrscheinlichkeit als begründet dargestellt wird.

Die Begründung bedarf keiner bestimmten Form. Jedoch empfiehlt es sich, den Antrag und die Tatsachen, auf denen dieser beruht, schriftlich niederzulegen. Dies läuft späteren Beweiszwecken und Darlegungsschwierigkeiten entgegen. Die Gründe sind bis zum Schluss der letzten mündlichen Verhandlung darlegbar und beweisbar.

Die Wiedereinsetzung in den vorigen Stand endet ein Jahr nach dem Ende der versäumten Frist, § 110 III AO, es sei denn, höhere Gewalt bedingt die Unmöglichkeit der Nachholung der versäumten Handlung. Höhere Gewalt ist in diesem Zusammenhang jedes von Außen kommende Ereignis, das unter den gegebenen Umständen auch durch äußerste nach Lage der Sache anzuwendende Sorgfalt nicht abgewendet werden kann.[194]
Da die bei der Finanzbehörde, die über die versäumte Handlung zu befinden (§ 110 IV AO) hat, erfolgte Entscheidung keine Ermessensentscheidung

---

[194] BFH, BStBl. I 1989, S. 196.

sondern Rechtsentscheidung ist, ist eine gerichtliche Nachprüfbarkeit gegeben. Ansonsten wäre nur eine Überprüfung auf Ermessensfehlgebrauch, -nichtgebrauch etc. objektiv nachprüfbar. Die Entscheidung ist unselbständiger Teil der Hauptsache und daher nicht isoliert anfechtbar.
Hinsichtlich der einschlägigen und facettenreichen Wiedereinsetzungsgründe sei auf die umfangreiche Kommentarliteratur verwiesen.

XI) Berichtigung offenbarer Unrichtigkeiten, § 129 AO[195]

Die Berichtigung offenbarer Unrichtigkeiten gem. § 129 AO ist im Prinzip in diesem Kontext fehl am Platz, da sie kein Rechtsbehelfsverfahren in Gang setzt, sondern lediglich der Behörde die Möglichkeit gibt, Schreibfehler, Rechenfehler und andere Unrichtigkeiten eines Verwaltungsaktes jederzeit zu berichtigen, die beim Erlass des VA unterlaufen sind (§ 129 S. 1 AO). Für Willenserklärungen des Stpfl. kommt § 129 AO daher nicht in Betracht. Sinn und Zweck dieser Norm ist es, klar zu stellen, welcher Regelungsgehalt von der Behörde in realiter gewollt war. Vertrauen in eine offensichtliche Unrichtigkeit wird damit jeglicher Grundlage entzogen. Mit der Berichtigung wird also nur deutlich gemacht, was ohnehin schon Bedeutung erlangt hat. Insofern kann nicht darauf abgestellt werden, einen Vertrauenstatbestand zu bilden, der allein auf einem Versehen basiert. Auf die Zumutbarkeit der Berichtigung – wie sie von wenigen Stimmen in der Literatur gefordert wird - kommt es daher nicht an; abzustellen ist einzig und allein auf den Wortlaut des Gesetzes. Und dieser sieht keine Zumutbarkeitsregeln vor.

Voraussetzung ist zunächst eine Unrichtigkeit. Diese liegt dann vor, wenn der erklärte Wille der Behörde mit dem tatsächlichen Willen der Behörde nicht übereinstimmt. Diese Unrichtigkeit muss beim Erlass des Verwaltungsaktes unterlaufen sein. Es kommt also nicht darauf an, ob der jeweilige VA eine Unrichtigkeit enthält. Das Verwaltungsverfahren ist dabei strenger als das Finanzverfahren. Im Finanzrecht muss also von jedem mechanischen Fehler

[195] Vgl. § 42 VwGO u. a. zur Berichtigung im Verwaltungsverfahren.

ausgegangen werden. Dies begründet sich bereits aus dem Gesetzeswortlaut, in dem auf Schreib- und Rechenfehler eingegangen wird. Tatsachen- oder Rechtsirrtümer fallen demnach nicht unter den Berichtigungstatbestand des § 129 AO.

Der Fehler, also die Unrichtigkeit muss aus dem jeweiligen Verwaltungsakt selbst hervorgehen, m. a. W. ein unabhängiger Dritter muss erkennen können, dass vorliegend eine Berichtigung in Betracht kommt. Die Unrichtigkeit bedarf also der Offenbarkeit.

Auf das Verschulden der Finanzbehörden kommt es im Kontext des § 129 AO nicht an.

Die Beweislast ist der Behörde zugeordnet, wobei Aufklärungsmängel zugunsten des Stpfl.

der Finanzbehörde zur Last fallen.

Grundsätzlich ist eine Berichtigung fristlos möglich. Eine Ausnahme besteht jedoch bei der Berichtigung von Steuerbescheiden. Hier kann lediglich bis zum Ablauf der Festsetzungsfrist eine Berichtigung erfolgen. Für die Berichtigung hat die Behörde volles Ermessen. Kann der Steuerpflichtige jedoch ein berechtigtes Interesse nachweisen, reduziert sich die Ermessensentscheidung auf Null.

XII) Aufhebung und Änderung von Steuerbescheiden, § 172 AO

Die Aufhebung und Änderung von Steuerbescheiden gem. § 172 AO bewirkt eine Durchbrechung der Bestandskraft von Steuerbescheiden. Steuerbescheide können nach Bestandskraft nicht mehr mit Rechtsbehelfen angefochten werden. Dies gilt jedoch nicht für die Behörde. Diese kann immer noch nachkorrigieren. Voraussetzung für die Korrektur nach § 172 AO ist jedoch immer, dass der zu ändernde Verwaltungsakt rechtswidrig ist. Der Anwendungsbereich des § 172 AO ergibt sich aus dessen Aufzählung.

Voraussetzung ist ferner, dass keine Festsetzungsverjährung des jeweiligen Steuerbescheides eingetreten ist.

XIII) Korrektur wegen nachträglich bekanntgewordener Tatsachen / Beweismittel, § 173 AO

Die Korrektur von Steuerbescheiden wegen nachträglich bekannt gewordener Tatsachen / Beweismittel erfolgt im Rahmen des § 173 AO. Dadurch kommt der Finanzbehörde kein Ermessen, sondern eine Pflicht zur Änderung der Bescheide zu. Die Korrektur der Bescheide ist jedoch sachlich begrenzt auf die neu bekannt gewordenen Tatsachen., d. h. der Bescheid muss objektiv unrichtig gewesen sein.

Verschulden spielt auch in diesem Korrektursystem keine Rolle, sofern auf die Darlegungslast hinsichtlich der bekannt gewordenen Tatsachen abzustellen ist. Diese obliegt der zuständigen Finanzbehörde. Ansonsten ist im weiteren der Verschuldensbegriff ein zentraler Punkt dieser Norm. Verschulden umfasst Vorsatz und Fahrlässigkeit. Vorsätzlich handelt, wer sich den Handlungserfolg vorstellt und dessen Eintritt auch begehrt oder zumindest billigend in Kauf nimmt. Fahrlässig handelt, wer die ihm obliegende Sorgfalt verletzt – grob fahrlässig, wer die ihm obliegende Sorgfalt in ungewöhnlichem Maße und nicht entschuldbar verletzt. Die Abgrenzung zwischen grober Fahrlässigkeit und Vorsatz ist schwierig und bereitet nicht selten Probleme, da die Abstufung eine sehr feine ist und die Tendenz in die eine oder andere Richtung eine Gratwanderung ist.

Der Geltungsbereich des § 173 AO erstreckt sich über sämtliche Steuerbescheide, soweit nicht eine Verdrängung aufgrund Gemeinschaftsrecht eintritt. Eine weitere Ausnahme gilt für Haftungs- und Duldungsbescheide. Bei der Ermittlung des Sachverhalts kommt dem Stpfl. eine Mitwirkungspflicht zu, die sich aus § 242 BGB analog herleitet.

Voraussetzung für eine Korrektur ist, dass neue Tatsachen vorliegen. Tatsachen sind dabei alle objektiv in Erscheinung getretenen Lebenssachverhalte, die dem

Beweise zugänglich sind. Darunter sind auch sog. innere Tatsachen zu verstehen, d. h. Tatsachen, die nur aufgrund äußerer komplexer Sachverhalte feststellbar sind. Davon abzugrenzen sind Schlussfolgerungen oder Mutmaßungen, die nicht dem Normgefüge des § 173 AO unterliegen. Ferner ist die so oft zitierte Änderung der Rechtsansichten und Rechtssprechung keine neue Tatsache. Denn zum Einen ist bereits anzuzweifeln, ob die Rechtsprechung als Tatsache anzusehen ist. Zum Anderen ist die Rechtsänderung nachträglich eingetreten. Zum Zeitpunkt des Erlasses des ursprünglichen VA konnte sich keine divergierende Betrachtung der Sach- und Rechtslage ergeben. Ferner soll dem Stpfl. nicht das Risiko eines Vorverfahrens genommen werden, indem diesem zugestanden wird, eine Rechtsprechungsänderung abzuwarten. Insoweit kommt eine Korrektur auch nicht in Betracht. Eine Ausnahme wäre nur dann statuierbar, wenn die Finanzbehörde bereits bei Erlass des VA bei Kenntnis der Rechtsprechung zu einer niedrigeren Steuer gelangt wäre. Diese Ausnahme ist dogmatisch jedoch höchst zweifelhaft und nur unter großen Anstrengungen zu konstruieren, im Ergebnis daher grundsätzlich abzulehnen.

Die Tatsachen, die zu einer Korrektur nach § 173 AO führen, müssen bei Erlass des VA bereits vorgelegen haben, dürfen jedoch noch nicht bekannt gewesen sein. Dafür muss der Entschluss der Finanzbehörde zum Erlass eines Steuerbescheides bereits abgeschlossen sein, d. h. der Zeitpunkt bestimmt sich für einen Zeitraum vor Erlass des Bescheides und nach Steuerfestsetzung. Ferner ist zu beachten, dass der Finanzbehörde die jeweils relevanten Tatsachenänderungen bekannt werden, also nicht dem Stpfl. Denn § 173 AO ist eine Korrekturmöglichkeit für die Behörde.

Die Tatsachen müssen zudem kausal für eine Änderung des ursprünglichen Bescheides sein, d. h. mit der Kenntnis der Tatsachen müsste die Behörde einen inhaltlich differenzierten VA erlassen haben. Der Korrektur steht jedoch der Grundgedanke des § 242 BGB analog (Treu und Glauben) entgegen, nämlich immer dann, wenn es sich bei den Tatsachen um solche handelt, die als bekannt gelten. Dann steht § 242 BGB einer Korrektur entgegen, sodass, obwohl die Voraussetzungen für eine Korrektur gegeben sind, diese nicht mehr möglich ist. Nach der st. Rspr. des BFH ist eine Änderungssperre stets dann anzunehmen, wenn der Stpfl. seiner Mitwirkungspflicht vollumfänglich nachgekommen ist und sämtliche wesentlichen Tatsachen vorgetragen hat, die objektiv für eine Änderung kausal gewesen wären. Dazu kommt, dass die Finanzbehörde bei Kenntnis der Tatsachen keine wesentliche Änderung des Bescheides erwirkt hätte, wären die Tatsachen dieser bei Erfüllung ihrer Amtsermittlungspflicht bekannt geworden.[196]

Die nachträglich bekannt gewordenen Tatsachen müssen kausal zu einer höheren oder niedrigeren Steuer führen. Wirkt sich eine Tatsache steuerneutral aus, ist diese unberücksichtigt zu lassen.

XIV) Korrektur wegen eines rückwirkenden Ereignisses, § 175 I S. 1 Nr. 2 AO

Mit der Norm des § 175 I S. 1 Nr. 2 AO wird die Bestandskraft von Steuerbescheiden durchbrochen. Gem. Nr. 2 ist ein Steuerbescheid zu ändern oder zu erlassen, sobald ein Ereignis eintritt, welches Rückwirkungsbindung für die Vergangenheit entfaltet. Die Änderung unterliegt damit nicht dem Ermessen der Finanzbehörde, sondern hat zu erfolgen. Geregelt wird mit dieser Norm ein dem Wegfall der Geschäftsgrundlage (§ 313 BGB) ähnlich gelagerter Fall, nämlich die Änderung des ursprünglich richtig ermittelten und subsumierten Sachverhaltes durch ein Ereignis. Dieses Ereignis muss für den Sachverhalt von Bedeutung und kausal sein. Die Änderung des Sachverhaltes muss sich steuerrechtlich auswirken, d. h. es genügt nicht, wenn sich der Besteuerung zwar ein anderer Sachverhalt zugrunde legt, dieser aber für die Besteuerung per se keine Auswirkungen darstellt. Eine rückwirkende Änderung von steuerrechtlichen Normen stellt in diesem Zusammenhang keine Rückwirkung dar. Denn damit wird nicht auf den Sachverhalt Einfluss genommen sondern lediglich auf die veränderte Rechtsgrundlage. Diese entzieht sich jedoch bereits

[196] BFH BStBl. I 1988, S. 115.

sprachlich dem Inhalt der Norm. Gleiches gilt für eine Änderung der Rechtsprechung oder der Erklärung der Verfassungswidrigkeit einer Norm durch das BVerfG. Denn zum Einen bleiben unanfechtbare Bescheide unberührt – zum Anderen wirkt sich eine solche Änderung i. d. R. nicht auf den steuerlichen Sachverhalt sondern auf die rechtliche Subsumtion aus, die gerade nicht unter § 175 I S. 1 Nr. 2 AO fallen soll.

Eine Änderung kann zugunsten oder zuungunsten des Stpfl. vorgenommen werden.

Ob ein Ereignis steuerrechtlich Wirkung für die Vergangenheit entfaltet, ergibt sich aus den Einzelgesetzen. Denn für sich betrachtet, kann ein Ereignis keine Wirkung für die Vergangenheit haben; diese muss ihm erst zugesprochen werden. Zuständig dafür ist der Gesetzgeber.

XV) Korrektur materieller Fehler, § 177 AO

Die Korrektur materieller Fehler (alt: Rechtsfehler) bestimmt sich nach § 177 AO. Damit werden sämtliche Steuerbescheide erfasst, die objektiv fehlerhaft sind und aus anderen Gründen geändert werden. Dabei entdeckte Fehler, die nicht durch eine selbständige Änderungsnorm veränderbar sind, werden von § 177 AO erfasst und so korrigiert. Diese Norm ist notwendig, da Fehler eigentlich nicht mehr geändert werden können, wenn die Steuerfestsetzung unanfechtbar geworden ist, also der Steuerbescheid bestandskräftig wurde. Eine Korrektur kann in einem solchen Falle nur aufgrund einer gesetzlichen Ermächtigung wie § 177 AO erfolgen. Dabei wird jedoch nicht der gesamte Sachverhalt neu zur Betrachtung geführt, sondern es erfolgt lediglich eine punktuelle Änderung der jeweiligen Einzeltatbestände. Die Verjährung spielt in diesem Zusammenhang keine Rolle, da die Änderung lediglich die Besteuerungsgrundlage nicht jedoch den Steueranspruch betrifft. Und nur dieser unterliegt der Verjährung.

Voraussetzung ist zunächst, dass ein Verwaltungsakt vorliegt. Dieser ist in der Regel, bei einem Steuerbescheid grundsätzlich, zu bejahen. Ferner muss ein Rechtsfehler vorliegen, der sich nach der Rspr. des BFH als objektive Unrichtigkeit definiert.[197] Dazu muss der Sachverhalt von der jeweils zuständigen Finanzbehörde falsch erfasst worden sein. Daraus folgt gleichsam, dass es sich bei den Rechtsfehlern immer und stets um solche der Behörde handeln muss. Abzugrenzen ist dabei von der falschen Erfassung der jeweils zugrunde liegenden Tatsachen. Auf das Verschulden kommt es dabei nicht an. Hier erfolgt lediglich eine objektive Betrachtung des Sachverhalts. Ermessen wird der Behörde nicht zugestanden. Ist eine materielle Unrichtigkeit festgestellt, muss die Finanzbehörde berichtigen. Diese richtet sich umfänglich nach der Änderung des Steuerbescheides und ist sowohl zugunsten des Stpfl. als auch zuungunsten des Stpfl. vorzunehmen. Allerdings ist auch hier wieder die Grenze von Treu und Glauben (§ 242 BGB analog) zu beachten, die einer Korrektur im Einzelfall entgegenstehen kann. Im übrigen ist der Vertrauensschutz des § 176 zu beachten (§ 177 IV i. V. m. § 176 AO).

Die Höchstgrenze der Korrektur bestimmt sich aus der Differenz zwischen dem ursprünglichen Steuerfestsetzungbetrag und der Steuerauswirkung, die sich aus der Änderung ergibt. Die Untergrenze wird durch den Betrag definiert, der sich aus der Differenz zwischen der bisherigen Steuerfestsetzung und dem Abzug des Änderungsbetrages ergibt.

XVI) Rücknahme eines Steuerverwaltungsaktes, § 130 AO[198]

Die Rücknahme eines Steuerverwaltungsaktes richtet sich nach § 130 AO. Diese Norm ist für Steuerbescheide nicht anwendbar, § 172 I Nr. 2 lit. d AO. Daher gilt § 130 AO auch nicht für diesen ähnlich stehende Bescheide. Die Norm des § 130 ist als lex spezialis zu den Vorschriften der Änderungstatbestände zu sehen. Dies ergibt sich bereits aus der Stellung im Gesetz. Ist also § 130 anwendbar, kommt eine Änderung etwa nach § 172 AO nicht in Betracht.

[197] BFH BStBl. II 1972, S. 742.

[198] Für das Verwaltungsrecht vgl. § 48 VwVfG.

Ausgegangen wird im § 130 AO zunächst von der Möglichkeit der freien Rücknahme eines VA. Eine Ausnahme besteht jedoch für begünstigende Bescheide gem. Abs. 2. Die Rücknahme bezieht sich nur auf rechtswidrige VAe. Rechtmäßige Bescheide können nur widerrufen werden.

Rechtswidrig ist ein VA dann, wenn geltendes Recht unrichtig angewandt wurde oder der falsche Sachverhalt zugrunde gelegt wurde. Daher ist auch die Rücknahme nichtiger Verwaltungsakte möglich. Dafür reicht ein Verstoß gegen Verwaltungsvorschriften jedoch nicht aus. Dieser ist nur dann als rechtswidrig i. S. d. § 130 AO einzustufen, wenn der Verstoß gleichzeitig einen Verstoß gegen Art. 3 I GG impliziert. Für die Rechtswidrigkeit, die sowohl aus formellen als aus materiellem Recht bestehen kann, trägt die Finanzbehörde grundsätzlich die Beweislast.

Die rechtswidrigen VAe können zurückgenommen oder durch einen neuen Verwaltungsakt ersetzt werden. Dabei spielt der Grund für die Rechtswidrigkeit keine Rolle. § 130 AO unterscheidet jedoch zwischen begünstigenden und nicht begünstigenden Verwaltungsakten. Der Unterschied besteht darin, dass für die Rücknahme eines begünstigenden Verwaltungsakts die Voraussetzungen des Abs. 2 gelten, während für einen nicht begünstigenden Verwaltungsakt die Rücknahme ohne weitere Voraussetzungen möglich ist.

Verwaltungsakte mit Mischcharakter bedürfen einer differenzierteren Betrachtung. Soll ein VA mit Mischinhalt – mit sowohl begünstigendem als auch nicht begünstigendem Inhalt – rückgängig gemacht werden, ist zunächst festzustellen, welcher Teil geändert werden soll. Alsdann ist zu prüfen, ob mit der Rücknahme eine Verbesserung oder eine Verschlechterung eintritt. Bei einer reformatio in peius ist daher nur § 130 II AO anwendbar; bei einer Verbesserung ist die Rücknahme ohne weitere Voraussetzungen nach § 130 I AO möglich.

Ob der Verwaltungsakt rechtswidrig und begünstigend ist, muss von der Finanzbehörde festgestellt werden. Dies unterliegt der vollen richterlichen Überprüfung. Die Entscheidung, ob dieser VA zurückgenommen werden soll, liegt dagegen im Ermessen der Behörde. Die Ermessensausführung unterliegt auch hier wieder der vollen gerichtlichen Überprüfbarkeit; der Inhalt der Ermessensausführung jedoch nicht. Mit der Entscheidung, ob die Behörde einen VA zurücknimmt, ist auch die Entscheidung verbunden, ob die Zurücknahme mit Wirkung nur für die Zukunft oder auch mit Wirkung für die Vergangenheit stattfinden soll. Ferner soll die Behörde prüfen, ob die Angaben des Stpfl. unwahr oder nicht vollständig erfolgten. Daraus folgt auch das Entschließungsermessen der Behörde hinsichtlich der Rücknahme des VA.

Hinsichtlich der Fristen für die Rücknahme ist zu differenzieren. Die Anwendungsbereiche des § 130 I, II Nr. 2 AO unterliegen keiner Frist. Sie sind zu jedem beliebigen Zeitpunkt zurücknehmbar. Anders dagegen die restlichen Fälle des § 130 AO. Diese unterliegen der Ein-Jahres-Frist. Fristbeginn dafür ist die Erkenntnis der Finanzbehörde von der Rechtswidrigkeit des VA. Ferner müssen ihr die erheblichen Tatsachen, die eine Rücknahme rechtfertigen, vollständig bekannt sein.

XVII) Widerruf eines Steuerverwaltungsaktes, § 131 AO[199]

Im Gegensatz zu § 130 AO regelt § 131 AO den Widerruf eines Steuerverwaltungsaktes. Zu differenzieren ist also lediglich hinsichtlich der Rechtswidrigkeit. Der Widerruf besteht entgegen des Wortlauts auch für rechtswidrige Verwaltungsakte. Denn wenn ein rechtmäßiger Verwaltungsakt widerrufen werden kann, besteht für den rechtswidrigen kein besonderer Schutz bzgl. dessen Bestand.

Auch diese Norm gilt nicht für Steuerbescheide (§ 172 I Nr. 2 lit. d AO) und ist daher für das Steuerrecht von prinzipiell untergeordneter Bedeutung.

[199] Zum Verwaltungsverfahren vgl. § 49 VwVfG.

Trotz der Differenzierung ist auch hier wieder zwischen begünstigenden und nicht begünstigenden Verwaltungsakten zu unterscheiden.

Ein rechtmäßiger, nicht begünstigender Verwaltungsakt kann, auch nachdem er unanfechtbar geworden ist, ganz oder teilweise mit Wirkung für die Zukunft widerrufen werden, es sei denn, ein VA gleichen Inhalts müsste erneut erlassen werden oder aus anderen Gründen wäre ein Widerruf unzulässig. Der Widerruf ist also auf den gesamten VA oder nur auf einen Teil zu beschränken.
Der Widerruf ist ferner möglich, wenn der Beteiligte eine Auflage (§ 120 II Nr. 4 AO) der Behörde nicht erfüllt hat. Wirkung entfaltet der Widerruf nur ex nunc, es sei denn, die Behörde setzt einen anderen Wirkungszeitraum fest. Mit dem Widerruf wird der Verwaltungsakt ganz oder eingeschränkt unwirksam. Die Unwirksam entfaltet sich mit dem Zeitpunkt der Wirksamkeit des Widerrufs.
Für die Zuständigkeit der jeweiligen Behörde gilt § 26 S. 2 AO uneingeschränkt, gleichwohl aufgrund Redaktionsversehens ein Hinweis auf die Geltung dieser Norm unterblieben ist.
Im übrigen gilt das zu § 130 AO Gesagte.

G) Rechtsbehelfsverfahren im Aktienrecht

I) Einführung

Vorstehend wurde die Rechtsgestaltung der Aktiengesellschaft bzw. KGaA vorgestellt, die auf dem Rechtswillen der Minderheitsaktionäre, dem der Gesellschaft oder den allgemeinen steuerlichen Voraussetzungen unterlag. Nunmehr ist auf die Rechtsbehelfe der Minderheitsaktionäre einzugehen, die einen nicht unerheblichen Stellenwert erlangt. Denn mit Rechtsbehelfen der Aktionäre können diese eine Verbesserung ihrer Rechtsstellung erreichen.

II) Anfechtungsklage, § 246 AktG

Die Anfechtungsklage gem. § 246 AktG ist ihrer Klageart nach Gestaltungs- und Abwehrklage. Sie verfolgt das materielle Ziel, die Unwirksamkeit eines

Beschlusses herbeizuführen und somit dem Rechtschutzinteresse der Kläger Rechnung zu tragen. Mit der Anfechtungsklage soll also erreicht werden, dass ein Beschluss der Hauptversammlung (etwa Verschmelzung, Kapitalerhöhung, Squeeze-out u. a.) wegen der vorgebrachten Streitpunkte als unwirksam erklärt wird. Diese Erklärung soll Wirkung für und gegen jeden entfalten. Die Anfechtungsklage hat nur dann Aussicht auf Erfolg, wenn sie schlüssig, zulässig und begründet ist.

1) Zulässigkeit

Zulässig ist die Anfechtungsklage nur dann, wenn sämtliche Sachurteilvoraussetzungen vorliegen.

a) Ordnungsgemäßheit der Klageerhebung, § 253 ZPO

Gemäß § 253 ZPO ist zunächst darauf zu achten, dass die eingereichte Klage auch ordnungerecht erfolgt ist. Die Klageschrift muss also schriftlich mit Bezeichnung der Parteien und des Gerichts, der bestimmten Angabe des Streitgegenstandes sowie der Angabe des Anspruchgrundes erfolgen. Ferner ist Voraussetzung, dass sie einen bestimmten Antrag enthält, der Streitwert dargelegt wird und erforderliche Abschriften eingereicht werden.

b) Wirksamkeit der Klageerhebung

Zu beachten ist auch, dass die Klage wirksam erhoben wurde. Probleme ergeben sich zumeist aus der fehlenden Postulationsfähigkeit im Rahmen des Anwaltszwanges, § 78 ZPO sowie der fehlenden oder unwirksamen Bevollmächtigung eines Vertreters.

c) Deutsche Gerichtsbarkeit, §§ 18 ff. GVG

Die deutsche Gerichtsbarkeit gem. §§ 18 ff. GVG muss ebenfalls für eine zulässige Klage vorliegen. Besonderheiten können sich im grenzüberschreitenden Wirtschaftsverkehr ergeben. Insoweit wird auf die Kommentierungen des Internationalen Privatrechts verwiesen. In der Regel ist die deutsche Gerichtsbarkeit jedoch unproblematisch gegeben.

d) Zuständigkeit, §§ 12 ff. ZPO, §§ 23 ff., 71 GVG, § 246 III S. 1 AktG

Die Zuständigkeit des angerufenen Gerichts ist ein wesentlicher Bestandteil der Klagezulässigkeit. Differenziert wird dabei in sachlicher, örtlicher, instanzieller und internationaler Zuständigkeit. Verwiesen wird diesbezüglich auf die §§ 12 ff. ZPO, §§ 23 ff., 71 GVG, § 246 III S. 1 AktG. Zuständig ist also das Landgericht, in dessen Bezirk die Gesellschaft ihren Sitz hat. § 246 III S. 1 AktG definiert sich als Ausschließlichkeitsklausel. Die Klage vor einem unzuständigen Gericht steht einer ordentlichen Klageeinreichung nicht entgegen. Denn das Prozessrechtsverhältnis ist spätestens mit diese Zeitpunkt zur Entstehung gelangt. Dem unzuständigen Gericht bleibt alsdann die Verweisung nach § 281 I ZPO an das zuständige Gericht.

e) Parteifähigkeit / Aktivlegitimation, §§ 50 ff. ZPO, § 245 AktG

Das Prozessrecht baut auf dem Zwei-Parteien-Begriff auf, d. h. grundsätzlich sind für einen Prozess zwei Parteien grundlegende Voraussetzung. Partei ist generell, wer Rechtschutz begehrt, wer also klagt oder verklagt wird und auf den sich die prozessualen Erklärungen in realiter beziehen. Die Bezeichnung als Partei genügt dafür nicht. Abzugrenzen ist dabei von den Parteien des jeweiligen Vertrages, der dem Prozess zugrunde liegt. Die Partei kann aufgrund ihrer Rechtstellung kein Zeuge oder Nebenintervenient sein. Denn nur sie ist Trägerin des Rechtsverhältnisses. In der Regel werden die Parteien durch einen Dritten vertreten. Dies ist hinsichtlich Objektivität und Befangenheit der jeweiligen Partei von elementarer Bedeutung.

Zunächst ist also zu prüfen, ob die richtige Partei die Klage erhoben hat. Kläger im Rahmen einer Anfechtungsklage kann nur jede nach §§ 50 ff. ZPO, § 245 AktG aktivlegitimierte Person sein. Als ausreichend ist dabei der bloße Besitz einer Aktie anzusehen. Nicht von Bedeutung ist daher, ob der jeweilige Aktionär stimmberechtigt ist und in welcher Frist er die Aktien hält. Hält die Gesellschaft dagegen eigene Aktien, ist sie nach h. M. nicht anfechtungsberechtigt. Denn damit würde ein Insichprozess bejaht, der so nicht vorgesehen ist.

Der Nachweis der Aktionärseigenschaft wird erhoben, indem eine Aktie oder eine Sammelverwahrungsbescheinigung vorgelegt wird.

Die Frage, wann die Aktionärseigenschaft bestehen soll, ist umstritten. Zum einen wird vertreten, dass die Parteistellung bereits in der Beschlussfassung der Hauptversammlung vorliegen muss. Denn anderenfalls hat der Aktionär kein Rechtschutzinteresse, weil er die Aktien bereits mit einem Makel behaftet erworben hat.[200] Eine andere Ansicht vertritt die Meinung, dass die Aktionärseigenschaft erst mit Erhebung der Klage bestehen soll, der hier gefolgt wird.[201] Aus dem Gesetz ist nicht ersichtlich, dass die Aktionärseigenschaft auf die Beschlussfassung begrenzt sein muss. Im Übrigen sollen die Sachurteilsvoraussetzungen zum Zeitpunkt der letzten mündlichen Verhandlung vorliegen. Daraus folgt, dass die Aktionärseigenschaft mit Klageerhebung vorliegen muss. Bei Erwerb von Aktien geht die Befugnis, Klage zu erheben, auf den Erwerber über. Denn sie ist unmittelbarer Inhalt der Mitgliedschaftsrechte eines Aktionärs an der Gesellschaft.

Der Aktionär oder sein Vorgänger muss in der Hauptversammlung anwesend gewesen sein. Ausreichen soll dafür das Erscheinen eines Stellvertreters gem. §§ 164 ff. BGB.

Der Aktionär muss ferner gegen den Beschluss Widerspruch zur Niederschrift erklärt haben, § 254 Nr. 1 AktG. Darauf kann lediglich dann verzichtet werden, wenn der Beschluss an unerkennbaren Beschlussmängeln leidet.

Weiter ist ein Aktionär klagebefugt, wenn er zur HV zu Unrecht nicht zugelassen wurde, die Versammlung nicht ordnungsgemäß einberufen wurde oder ein Gegenstand der HV nicht ordentlich bekannt gemacht wurde, § 245 Nr. 2 AktG.

---

[200] Vgl. Hüffer, AktG, § 245 Rn. 7 sowie Zusammenfassung in Heidel, Aktienrecht, § 245 Rn. 6 m. w. N.

[201] Ebenda.

Sind mehrere Aktionäre vorhanden, die Klage gegen den Beschluss der HV erheben wollen, sind diese als notwenige Streitgenossen i. S. d. §§ 60, 62 ZPO zu betrachten. Denn dabei soll im Zuge der Prozessökonomie ein einheitliche Urteil ergehen, das Wirkung für und gegen alle Aktionäre entfaltet. Dabei ist jeder Aktionär jedoch in seinen Entscheidungen frei, d. h. Angriffs- und Verteidigungsmittel können von jeder Beteiligten unabhängig gewählt werden. So wirkt ein Geständnis nur für oder gegen denjenigen, der dieses abgegeben hat. Fristen laufen für jeden Streitgenossen getrennt. Auch eine Vertretungsfiktion eines Streitgenossen durch einen anderen tritt nicht ein. Versäumt also ein Beteiligter eine Frist, wirkt diese nur gegen diesen.

Eine Streitgenossenschaft ist jedoch nur dann anzunehmen, wenn sich die Klagen auf den selben Beschluss der HV beziehen.

Ein **Parteiwechsel** während des Prozesses ist nach den allgemeinen prozessualen Vorschriften (§§ 263, 269 ZPO) möglich. Dazu muss also nach Beginn der mündlichen Verhandlung die Zustimmung des Beklagten, hier die der AG, eingeholt werden, da diese Rechte nach § 269 I ZPO geltend machen könnte. Bei Rechtsmissbrauch, also Ablehnung durch die AG, kann das Gericht die Zustimmung mittels Sachdienlichkeitsargumenten ersetzen. Bei Veräußerung bleibt der Aktionär gem. § 265 ZPO analog aktivlegitimiert, wenn er am Ausgang des Verfahrens ein Rechtsinteresse geltend machen kann.

Ist die Frist der Anfechtungsklage abgelaufen, wurde diese also versäumt einzuhalten, kommt eine Parteirolle nur noch im Rahmen der Nebenintervention, § 66 ZPO, in Betracht. Denn die Frist ist keine formell-prozessuale sondern eine materiellrechtliche Frist. Voraussetzung ist ebenfalls, dass der **Nebenintervenient** ein rechtliches Interesse am Obsiegen einer Partei darlegt. Vermieden werden soll damit ein weiterer, sich unmittelbar anschließender Rechtstreit. Ein solches Interesse wird i. d. R. für alle an der Gesellschaft beteiligten Aktionäre zu bejahen sein. Geprüft wird das Interesse nicht von Amts wegen, sondern lediglich auf Antrag eines Beteiligten und zwar im Rahmen eines Zwischenstreits. Ein Beitritt zum laufenden Verfahren ist zeitlich immer möglich. Nach Beitritt zum laufenden Verfahren wird der Nebenintervenient Streitgenosse der Hauptpartei.

Beklagte im Anfechtungsprozess kann nur die AG sein, in der der HV-Beschluss gefasst wurde. Dies ist auch dann zu bejahen, wenn sich die Gesellschaft bereits in Insolvenz befindet oder gar aufgelöst wurde, §§ 262 ff. AktG. Befindet sich die AG bereits in Insolvenz ist zu unterscheiden, ob die Anfechtung die Vermögensmasse der zu liquidierenden Gesellschaft mindert, erhöht oder als neutral zu bewerten ist. Wird die Vermögensmasse erhöht, ist passivlegitimiert die AG daselbst. Wird das Vermögen vermindert, ist der Insolvenzverwalter Partei kraft Amtes. Da auch andere Ansichten vertreten werden, ist es ratsam, die Klage gegen die AG und den Insolvenzverwalter richten und an beide zustellen lassen. Bei der Zustellung ist darauf zu achten, dass höchst vorsorglich die Klage an den Aufsichtsrat, den Vorstand und zugleich an den Insolvenzvertreter als Vertreter der Gesellschaft zu leiten ist. Das dabei auftretende Kostenrisiko ist als marginal gering in Relation zum Verlust des Rechtstreits zu betrachten.
Bei der Auflösung ist Beklagte alsdann die Abwicklungsgesellschaft.

Die Aktiengesellschaft wird vertreten durch den Vorstand und den Aufsichtsrat, § 246 II S. 2 AktG. Insofern ist hier das Doppelvertretungssystem anzuwenden, wobei alle Beschlüsse durch Vorstand und Aufsichtsrat für sich allein gefasst werden.
Vorstand, Aufsichtsrat oder HV fehlt im Rahmen der Beklagtenstation die Passivlegitimation. Insoweit sind diese Voraussetzungen von Amts wegen zu prüfen und die Klage ggf. als unzulässig abzuweisen.
Wurde die AG bereits in eine andere Gesellschaftsform umgewandelt, ist die daraus neu entstandene Gesellschaft passivlegitimiert.

f) Streitgegenstand

Der Streitgegenstand ist maßgeblich für den Zivilprozess. Ihm kommt daher außerordentlich gewichtige Bedeutung zu. Er wird unterteilt in einen prozessualen und einen materiell-rechtlichen Streitgegenstand. Betrachtet werden soll hier lediglich der prozessuale Gegenstand. Er setzt sich demzufolge aus dem Lebenssachverhalt und dem dazugehörigen Klageantrag des Klägers zusammen. Prozessual handelt es sich also stets um einen zweigliedrigen Gegenstandsbegriff.

Im Aktienrecht, speziell in der Anfechtungsklage, kommt dem Begriff des Streitgegenstandes Bedeutung hinsichtlich der Differenzierung zwischen Anfechtungs- und Nichtigkeitsklage[202] und hinsichtlich der Rechtskraftwirkung des angegriffenen Beschlusses zu.

Der Klageantrag ist darauf gerichtet, den für rechtswidrig gehaltenen HV-Beschluss als rechtswidrig zu erklären und zu kassieren. Die Wirkung soll dabei für und gegen jedermann wirken. Der Antrag beruht dabei auf dem für fehlerhaft gehaltenen Beschluss. Diese Zusammensetzung von Antrag und Sachverhalt definiert gleichzeitig den Streitgegenstand.

g) Statthafte Klageart

Statthafte Klageart ist die **Anfechtungsklage** für die Unwirksamkeit eines HV-Beschlusses. Denn mit dieser begehrt der Kläger die Änderung der materiellen Rechtslage, was dadurch eintritt, dass der bis zum Urteil wirksame HV-Beschluss für nichtig erklärt wird. Für die allgemeine Feststellungsklage gem. § 256 ZPO ist wenig Gestaltungsspielraum vorgesehen. Zwar kann damit auch die Unwirksamkeit eines HV-Beschlusses oder dessen Nichtigkeit begehrt werden. Jedoch ist mit der hier richtigen Anfechtungsklage die Änderung der materiellen Rechtslage begehrt. Dann ist die Feststellungsklage jedoch als subsidiär zu betrachten, da die HV auch Entschlüsse feststellen kann, die keine

---

[202] A. A. Heidel, a. a. O., § 246 Rn. 18 ff.

materielle Bindungswirkung haben, jedoch für einige Aktionäre ungünstig ist. Das Anfechtungsurteil hat dann kassatorische Wirkung.

In Betracht käme ferner die **positive Beschlussfeststellungsklage**. Diese ist eine Gestaltungsklage und mittels Rechtsfortbildung entwickelt worden. Die positive Beschlussfeststellungsklage geht über die kassatorische Wirkung der der Anfechtungsklage hinaus, indem ein abgelehnter Antrag eines Aktionärs an die Stelle des als rechtswidrig eingestuften Antrages gestellt wird. Mit der Feststellungsklage nämlich ist dem Aktionär nicht gedient. Dieser will entschieden haben, dass seinem Antrag stattzugeben ist. Dabei nützt ihm die durch Feststellungsklage herbeigeführte Rechtswidrigkeit des Beschlusses nichts. Der Kläger muss also seinen Antrag auf Anfechtung des HV-Beschlusses mit dem Antrag auf Feststellung der Stattgabe seines Antrages verbinden. Kurz: Eine positive Beschlussfeststellungsklage ersetzt den ursprünglichen Beschluss durch einen anderen und erklärt den ersten Beschluss gleichzeitig für rechtswidrig.

Die Schiedsfähigkeit von HV-Beschlüssen ist nicht unumstritten, bedarf hier jedoch keiner Darlegung. Im Folgenden ist davon auszugehen, dass HV-Beschlüsse nach st. Rspr. des BGH nicht schiedsfähig sind.[203]

h) Keine entgegenstehende Rechtskraft, § 322 ZPO

Der Klage darf zudem keine Rechtskraft gem. § 322 ZPO entgegenstehen. Geschützt werden soll damit die Rechtssicherheit. Denn es würde einem Prozess zuwider laufen, jederzeit Gefahr laufen zu müssen, erneut klagen zu müssen oder verklagt zu werden.

i) Keine anderweitige Rechtshängigkeit, § 261 ZPO

Mit dem Verbot der anderweitigen Rechtshängigkeit gem. § 261 ZPO soll erreicht erden, dass keine kontrahären Entscheidungen bezüglich eines

---

[203] Vgl. BGHZ 107, 296, 308 ff; Heidel, a. a. O., § 246 Rn. 14 m. w. N.; differenzierend MK-AktG, § 246 Rn. 29 ff.

Streitgegenstandes getroffen werden (ne bis in idem). Ferner dient sie der Rechtsicherheit der Parteien sowie der Prozessökonomie.

j) Rechtschutzbedürfnis

Das Rechtschutzbedürfnis wird i. d. R. bejaht. Denn ein rechtswidriger Beschluss einer HV lässt sich nur und ausschließlich durch Klage und Urteil dauerhaft beseitigen. Das Rechtschutzbedürfnis besteht auch dann, wenn beim Kläger wirtschaftlich oder sonstige persönliche Auswirkungen nicht ersichtlich sind, die dem HV-Beschluss kausal folgen. Abzustellen ist lediglich auf die mitgliedschaftlichen Rechte des Aktionärs, also die Stellung als Aktionär per se. Der Aktionär muss also nicht persönlich betroffen sein. Es ist ausreichend, dass er nur an ordnungsgemäße Beschlüsse gebunden ist, nicht an rechtswidrige. Dies gilt nur dann nicht, wenn der Beschluss mittlerweile wiederaufgehoben wurde oder dessen Anmeldung zurück genommen wurde. Die dennoch erhobene Klage wäre dann unzulässig. Unzulässig ist auch eine Klage, in der ein ablehnender Beschluss angefochten wird. Denn damit wird kein neues Ergebnis erreicht. Es muss also eine positive Beschlussfeststellungsklage eingereicht werden. Dann wäre auch das Rechtschutzbedürfnis gegeben.
Der Missbrauch des Anfechtungsrechts (vgl. räuberische Aktionäre) lässt das Rechtschutzbedürfnis nicht entfallen. Nach h. M. fällt lediglich die materiell-rechtliche Anfechtungsbefugnis fort, sodass die Klage als unbegründet abzuweisen ist.

k) Anfechtungsfrist, § 246 I AktG

Die Anfechtungsklage unterliegt einer Anfechtungsfrist gem. § 246 I AktG, d. h. einer Frist innerhalb derer die Klage anhängig sein muss. Diese Frist beträgt einen Monat. Sie ist keine prozessual-rechtliche sondern eine materiell-rechtliche Frist (Präklusion). Daher ist eine verspätet eingereichte Klage auch nicht als unzulässig sondern als unbegründet abzuweisen. Eine Verlängerung etwa durch Satzung oder mittels Prozessparteienvereinbarung ist nicht möglich. Denn die Frist ist eine zwingende. Das Vorliegen muss vom Kläger dargelegt und bewiesen und von Amts wegen überprüft werden. Ist die Frist versäumt, kommt eine Wiedereinsetzung in den vorigen Stand nicht in Betracht. Denn es geht hier nicht um die Zulässigkeit der Klage sondern um die Begründetheit einer solchen. Aus diesem Grund ist auch eine Hemmung oder Unterbrechung (BGB a. F.) nicht vorgesehen.

Die Frist der Anfechtungsklage beginnt mit dem Datum der Hauptversammlungsbeschlussfassung, § 187 I BGB. Dabei ist der Tag der Beschlussfassung nicht mit in die Rechnung einzubeziehen. Bei mehreren Verhandlungstagen ist nicht auf den Tag des Beschlusses sondern auf den letzten Tag der Verhandlungen abzustellen. Denn bis zu diesem Zeitpunkt ist auch ein Widerspruch möglich.

Die Frist endet einen Monat später, § 188 II BGB. Fällt der Fristablauf auf einen Sonnabend, Sonntag oder Feiertag, läuft die Frist mit dem Ablauf des nächsten Tages ab, § 193 BGB.

Die Frist wird gewahrt, indem die Anfechtungsklage innerhalb vorgenannter Frist, spätestens am letzten Tag vor Fristablauf erhoben wird. Abzustellen ist dabei auf die Anhängigkeit und Zustellung der Klage. Anhängig wird die Klage mit der Einreichung derselben bei dem zuständigen Landgericht.

Nach § 167 ZPO muss die Zustellung demnächst erfolgen. Demnächst bedeutet, dass die Klage innerhalb angemessener Frist dem Vorstand und der Gesellschaft (vertreten durch den Aufsichtsrat) zugeht. Hier ist wegen der Doppelvertretung einer AG besondere Aufmerksamkeit geboten.

Ein Klageentwurf mit einem Antrag auf Prozesskostenhilfe wahrt die Frist des § 246 I AktG. Denn es ist, entgegen der h. M.[204], nicht verständlich, warum der Kläger zunächst die vollen Kosten tragen soll, wenn eine schnelle Entscheidung des Gerichts rein tatsächlich nicht einholbar ist. Überdies wird nicht selten PKH beantragt mit dem bedingten Klagantrag, um zunächst die Prognose des Landgerichts abzuwarten. Denn in der PKH wird die Erfolgsaussicht der Klage kursorisch geprüft. Wird PKH verwehrt, obliegt es dem Kläger, die Klage gar nicht erst zur Entstehung gelangen zu lassen.

---

[204] Vgl. MüKo/AktG, § 246 Rn. 39 m. w. N.

Auch das Nachschieben von Anfechtungsgründen sowie das Auswechseln derselben ist unbegrenzt im Rahmen des § 296 ZPO möglich. Gleiches gilt für die Klageänderung per se. Denn dem Kläger sind bei Klageerhebung längst nicht alle rechtlichen Tatsachen bekannt, die den Beschluss als rechtswidrig erscheinen lassen. Insoweit muss es ausreichen, innerhalb der Klagefrist nur auf die tatsächlichen Vorgänge einzugehen und die rechtliche Würdigung einem späteren Schriftsatz vorzubehalten. Denn de lege lata ist nur von einer fristgerechten Klageeinreichung, nicht von einer Begründung die Rede. Präklusion ist daher von den Gerichten i. d. R. abzulehnen.

2) Begründetheit

Die Anfechtungsklage ist begründet, wenn er Kläger durch den Hauptversammlungsbeschluss in seinen Rechten verletzt ist. Dies ist insbesondere dann der Fall, wenn der Beschluss rechtswidrig ist.

Die Begründetheit wird bestimmt vom Verhandlungsgrundsatz, d. h. die Parteien können ausschließlich und allein den Streitgegenstand in den Prozess einführen. Nicht vorgetragene Tatsachen dürfen vom Gericht bei der Entscheidungsfindung nicht berücksichtigt werden, auch wenn sie eine Alternative darstellen. Eine Ausnahme besteht im Wege der freien Beweiswürdigung, wenn solche Tatsachen einen gewissen Erfahrungswert in sich bergen. Die Wahrheit der vorgetragenen Tatsachen ist nur dann von Amts wegen festzustellen, wenn diese von einer Partei bestritten werden. Ein öffentliches Interesse an der Wahrheitsfindung besteht nämlich in der Regel nicht. Denn die privatrechtlichen Beziehungen der Parteien entfalten untereinander zumeist keine Drittberührung. Ausnahmen werden von diesem Grundsatz nur dann gemacht, wenn strafrechtliche Sanktionen an gewisse Tatsachen geknüpft sind, und das öffentliche Interesse eine Amtsermittlung zulässt.

Die Parteien haben also den Gang des Verfahrens sowie den Inhalt desselben in ihrer Verfügungsbefugnis. Sie bestimmen, wann das Verfahren beginnt und wann es endet.

Demzufolge muss die Klage als begründet erklärt werden, wenn der Kläger Tatsachen vorträgt, die den Klagantrag rechtfertigen. Dazu ist Voraussetzung, dass die Tatsachen mündlich oder schriftlich vorgetragen wurden, unbestritten, offenkundig oder erwiesen sind. Auch hier ist lediglich der Tatsachenvortrag einziges Kriterium für die Begründetheit der Klage. Insofern kommt es auf die Rechtsansichten der Parteien nicht an. Maßgeblicher Zeitpunkt des Vorbringens der Tatsachen ist der letzte Zeitpunkt der letzten mündlichen Verhandlung.

Die Klage muss zudem schlüssig sein. Das ist sie dann, wenn die Tatsachen, die der Kläger vorgetragen hat, den Antrag rechtfertigen.

III) Nichtigkeitsklage, § 249 AktG

Die Nichtigkeitsklage gem. § 249 AktG ist eine weitere Variante, um Rechtschutz gegen die Beschlüsse einer Kapitalgesellschaft geltend machen zu können. Mit der Nichtigkeitsklage soll hauptsächlich der Rechtssicherheit und der Rechtsklarheit genüge getan werden. Auch hier soll der Beschluss der Hauptversammlung für und gegen jedermann, der der AG angehört, für nichtig erklärt werden. Diese Klageart lehnt sich also im Wesentlichen an die Bestimmungen über die Anfechtungsklage an (§§ 246 ff. AktG). Deshalb soll hier nur schematisch auf die Unterschiede beider Klagearten eingegangen werden.

Hinsichtlich der allgemeinen Sachurteilsvoraussetzungen ist auf die Ausführungen bei der Anfechtungsklage zu verweisen.

Als Kläger kommen bei der Nichtigkeitsklage lediglich Aktionäre, der Vorstand sowie der Aufsichtsrat mitsamt deren Mitglieder in Betracht. Die Aktivlegitimation wird dabei von Amts wegen geprüft. Maßgeblicher Zeitpunkt ist jedoch auch hier der Zeitpunkt der letzten mündlichen Verhandlung.

Beklagte ist auch hier wieder die AG per se, wobei besonderes Augenmerk auf die Doppelnatur der Vertretung zu legen ist.

Hinsichtlich des Streitgegenstandes ist auf die Anfechtungsklage zu verweisen.

Die Nichtigkeitsklage ist eine Feststellungsklage. Dies geht bereits aus der sprachlichen Unterscheidung zur Anfechtungsklage aber auch vom Inhalt der Klagen i. e. S. hervor.

Die gerichtliche Zuständigkeit bestimmt sich nach dem Sitz der Gesellschaft und im Übrigen nach den allgemeinen Voraussetzungen. Gem. § 249 I S. 1 i. V. m. § 246 III S. 1 AktG ist auch hier wieder das Landgericht des Bezirkes zuständig, in dem die Gesellschaft ihren Sitz hat.

IV) Einstweiliger Rechtschutz / Einstweilige Verfügung, §§ 935 ff. ZPO

Fraglich ist zudem, wie sich ein Aktionär wehren kann, wenn trotz der gerichtlichen Anfechtungsmaßnahmen die AG den streitbefangenen Beschluss zur Anmeldung in das Handelsregister bringt oder aber mit dessen Ausführung beginnt. In Betracht kommt dann nur der einstweilige Rechtschutz, der sich nach den allgemeinen Regeln richtet. Dieser wird gerade im Wettbewerbsrecht häufig und gerne in Anspruch genommen, da im Verfügungsverfahren eine Prüfung der Ansprüche erfolgt und die Entscheidung recht zeitnahe erfolgt. Oft wird danach auf die Durchführung des streitigen Verfahrens verzichtet; in Kauf wird, unter Vertrauen auf den Bestand der materiell rechtlichen Prüfung, genommen, dass das Hauptsacheverfahren einen größeren Umfang an Aufklärung und Beweisverfahren bietet.

Voraussetzung ist auch hier wieder das Vorliegen von Verfügungsanspruch und Verfügungsgrund.

Zur Vermeidung überflüssiger Wiederholungen sei auf die Ausführungen zur einstweiligen Anordnung verwiesen. Diese Darlegungen sind vorliegend in weiten Teilen analogiefähig.

H) Zusammenfassung und Ausblick

Am 01.01.2002 ist mit dem WpÜG eine neue wirtschaftliche Ära eingetreten. Nach US-amerikanischem Vorbild[205] können nunmehr Mehrheitsaktionäre die Minderheitsaktionäre einer Kapitalgesellschaft (Aktiengesellschaft oder Kommanditgesellschaft auf Aktie) aus dem Unternehmen verdrängen, indem ihnen die Möglichkeit des Squeeze-out gegeben wird. Dadurch werden die Anteile der Minderheitsaktionäre auf den Mehrheitsaktionär auf dessen Bestreben hin übertragen. Gleichzeitig wird nach Bewertung des Unternehmens ein Barabfindungsangebot ausgearbeitet, das einen Ersatz für die Anteile verkörpern soll. Die Übernahme wird in das zuständige Handelsregister eingetragen. Folge des Squeeze-out ist, dass sämtliche Minderheitsaktionäre ihre Beteiligung am Unternehmen verlieren und den aus der Barabfindung entstehenden Betrag im Rahmen des § 23 I Satz 1 Nr. 2 EStG versteuern müssen.

I) Summarische Würdigung

Das System des Squeeze-out sieht sich erheblichen Bedenken ausgesetzt.

Zum Einen stellt dieses Wirtschaftsinstrument eine versteckte Enteignung durch den Gesetzgeber in mittelbarer Art und Weise dar. Denn die Entschädigung (Junktimklausel) ist weder in der Art noch in der Höhe begrenzt.

Zum Anderen stammt dieses System aus dem US-amerikanischen Rechtssystem. Ob diese Art des Umgangs mit Aktionären auf deutschem Boden grundständig Fuß fassen wird, bleibt abzuwarten. Jedoch ist mit erheblichen Schwierigkeiten zu kämpfen. Denn die vergangenen Jahre zeigen, dass das Barabfindungsgebot häufig nicht dem Unternehmensstand entspricht und viele Anleger den gerichtlichen Weg wählen, um den Übertragungsbeschluss anzufechten.

Weiter kommt hinzu, dass der Minderheitsaktionär aus dem Unternehmen gedrängt wird und zudem noch den erhaltenen Barabfindungsbetrag versteuern

---

[205] Vgl. Schiessl, AG 1999, 442, 451.

muss. Die Versteuerung nach § 23 Abs. 1 Satz 1 Nr. 2 EStG entspricht zwar dem geltenden Steuerrecht. Jedoch ist vorauszusehen, dass die Norm in der Zukunft in dieser Fassung keinen Bestand haben wird. Mangels verfahrensrechtlicher Durchsetzbarkeit dieser Norm verletzt sie den Gleichheitsgrundsatz des Art. 3 I GG. Denn nicht alle Steuerpflichtigen werden von der Finanzverwaltung erfasst. Im Gegenteil werden die ehrlichen Stpfl. ihren Barabfindungsbetrag versteuern müssen, während die unehrlichen Aktionäre ihren Anteil an der Steuer vorbeischleusen.[206] Dies bleibt in den meisten Fällen ohne Sanktionen, da die Finanzverwaltung aus tatsächlichen und rechtlichen Gründen nicht in der Lage ist, die Spekulationseinkünfte zu überprüfen.

Ungeachtet der Neufassung der Norm aus verfahrensrechtlichen Gründen, wird stärker Bezug genommen werden auf das Merkmal der Spekulationsabsicht. Wie die historischen Merkmale dieser Norm zeigen, ist dieses voluntative Element der Norm innewohnend. Die h. M. kann insoweit nicht überzeugen, indem diese der Norm lediglich objektive Tatbestandsmerkmale beimisst. Dies entspricht einer Lenkungsnorm jedoch nicht dem Grundsatz des gleichmäßigen Besteuerungsverhaltens des Staates.

Squeeze-out und Steuernorm entsprechen einem rechtswidrigen Verhalten des Gesetzgebers. Dieses in sich geschlossene System beschränkt den Anlegermarkt und verschließt sich den Bedürfnissen der Anteilsinhaber. Ersichtlich wird, dass die Unternehmen und der wirtschaftliche Markt sowie die Konkurrenzfähigkeit des deutschen Gesellschaftsrechts gestärkt werden sollen. Auf die Schwäche der Minderheitsaktionäre wird keinerlei Rücksicht genommen. Dies widerspricht dem Verhalten der Gesetzgebers, dessen Tendenzen ansonsten verbraucherfreundlich sind. Der europäische Gerichtshof wird mit seinen Richtlinien eine Kursänderung des deutschen Rechts herbeiführen müssen, um diesen Missstand wieder zu beseitigen. Gerade im Zuge der Europäisierung widerspricht ein solches Wirtschaftsgebahren des Gesetzgebers einem fortschrittlichen Europa im Hinblick auf die Steuerharmonisierung. Wie die

---

[206206] Vgl. dazu auch Dembowski, Profi-Handbuch Investmentfonds, S. 154 ff.

Abbildungen zeigen muss der deutsche Gesetzgeber sich seines Auftrages immer bewusst sein. Die Steuersysteme werden allerorts modifiziert und verbraucherfreundlich gestärkt. Deutschland vermag dabei keine Außenseiterrolle einzunehmen versuchen.

II) Neues Steuerrecht

Im Neuen Steuerrecht wird eine umfassende Neuregelung der Spekulationssteuer hervorgehen müssen. In Betracht kommen die Institute der Abgeltungssteuer oder der Quellsteuer. Verfahrensrechtlich werden diese Instrumentarien eng mit dem gesellschaftsrechtlichen Institut verknüpft werden müssen. So ist anzuraten, eine gleichmäßige Besteuerung im Rahmen der Abgeltungssteuer in Höhe von 15 % des z. v. E. anzusetzen. Hinsichtlich der Durchsetzung dieses Steueranspruches wird eine vollkommen neue Verfahrensregelung benötigt. Diese könnte sich an das Grundbuchrecht und das Notarsrecht anlehnen, indem der Mehrheitsaktionär eine Registereintragung solange nicht bewirken kann, bis die Bestätigung der Finanzverwaltung über die Besteuerung der Barabfindung vorliegt.

Dem Stpfl. bleibt es dann unbenommen, weitere Werbungskosten oder Verlustausgleichsrechnungen darzulegen und nachträglich geltend zu machen. Dies kann Ende des Jahres im Rahmen der jährlichen Steuererklärung (Anlage KSO) geschehen. Damit würde die Finanzverwaltung erheblich entlastet und der Gleichbehandlungsgrundsatz gewahrt.

In Betracht käme auch die Abschaffung der Spekulationsfrist von einem Jahr. Die Anstrengungen, die unternommen werden, um die Spekulationsfrist zu ermitteln, würden entfallen. Folge dessen wäre eine erhebliche Zeit- und Kostenersparnis auf Seiten der Finanzverwaltung und der Anteilseigner. Dann hätte sich auch die Differenzierung hinsichtlich der Spekulationsabsicht erledigt.

Einsprüche gegen Steuerbescheide sollten zudem in der Zukunft kostenpflichtig für den dem Rechtsbehelf Unterliegenden werden. Damit würde die Flut von Rechtsbehelfen eingedämmt und die Kosten des Bundes gesenkt. Im Übrigen würden den pauschalen unsubstantiierten Einsprüchen ein Ende gesetzt werden. Ferner würde sich die Qualität der Rechtsbehelfe steigern, indem jeder Einspruchеinlegende seinen Anspruch genau prüfen müsste, um Kosten zu vermeiden. Dazu ist ein Laie i. d. R. nicht fähig. Also wird ein Rechtsanwalt zugezogen werden müssen, der die dafür notwendige Kenntnis in das Verfahren einbringt. Dies würde der Entwicklung des deutschen Steuerrechts qualitativ erheblich zugute kommen.

Zu denken wäre auch an eine Absenkung des Mindesteinkommensteuersatzes auf 15 % variabel. Damit würde der Steuersatz den Marktbedürfnissen angepasst und könnte im Rahmen des Rechtstaatsprinzips jährlich modifiziert werden. Eine jährliche unabhängige Überprüfung muss der Jährlichen Änderung dann vorausgehen. Dann könnte der Spekulationssteuersatz dem Mindeststeuersatz angepasst werden. In guten Zeiten könnte der Satz erhöht werden – in schlechten Zeiten würde dieser gesenkt. Die Investitionen der Anleger würden sich damit umgekehrt proportional verhalten, indem antizyklisch investiert würde. Im Übrigen wäre gut vorhersehbar, wie sich das Marktgeschehen entwickeln wird. Denn die Senkung des Steuersatzes müsste sich an einem Leitindex orientieren. In Betracht käme der DAX oder der MDAX. Denn diese spiegeln das Wirtschaftssystem und dessen Stärke im Laufe eines Geschäftsjahres wider. Überlegung muss auch die Tatsache finden, dass erst aus der ex post Sicht eine Beurteilung des Steuersatzes notwendig sein könnte. Dann müsste das Rückwirkungsverbot[207] des deutschen Rechts modifiziert werden.

Im Ergebnis betrachtet muss sich der deutsche Markt den weltweiten Bedürfnissen und in naher Zukunft den Konkurrenzen der anderen europäischen Staaten anpassen. Insbesondere die neuen EU-Beitrittsländer haben eine steuerlich starke und wirtschaftlich konkurrenzhaltige

---

207 Vgl. Schmidt, Staatsorganisationsrecht, S. 131 ff.

Wirtschaftsmacht zu bieten. Deutschland rückt mit dem Beitritt am 01.05.2004 dieser Länder in einen geographischen Mittelpunkt. Dann muss sich das Wirtschaftssystem auch stark am jeweiligen Umfeld orientieren. So könnte daran gedacht werden, den Einkommensteuersatz bundesrechtlich zu regeln. Damit einhergehen muss eine Änderung des Föderalismus[208]. In diesem Zuge könnte jedes Bundesland seinen eigenen Steuersatz festlegen und damit die eigene Entwicklung selbst bedürfnisgerecht regeln. Denn die neuen Bundesländer (z. B. Mecklenburg-Vorpommern) werden einen anderen Steuersatz (niedriger) benötigen als die alten Bundesländer (z. B. Bayern). Alsdann könnte der wirtschaftliche und steuerliche Finanzausgleich[209] auch wesentlich modifiziert werden, indem nach einem tatsächlichen Bedürfnis verteilt würde. Voraussetzung dafür wäre dann die Darstellung der eigenen Landesbemühungen, d. h. jedes Land wäre stärker in den Wettbewerb eingebunden[210] und hätte seine eigene Wirtschaftskraft selbst zu regeln.

III) Eigene Wertung

Das Problem liegt jedoch nicht in den Vorstellungen der Reformen sondern in Deutschland daselbst. Angestrebte Reformen greifen zu langsam und die Reformbereitschaft sinkt kontinuierlich. Orientiert werden muss sich an westlichen europäischen Ländern (z. B. Großbritannien), die ihr Wirtschaftssystem in einen neuen Aufschwungszyklus drängen. So ist zuvörderste Pflicht des Staates, den Sozialstaat zu regenerieren und die Arbeitslosigkeit zu senken. Dies kann mit zentralistischen Vorstellungen nicht funktionieren. Denn ein System kann nicht für alle Bundesländer gleich förderlich sein. Die jeweiligen Eigenarten sind zu groß, als dass wirtschaftliche und soziale Bemühungen den gleichen Erfolg in Bayern als auch in Mecklenburg bringen könnten. Ziel muss es sein, zu erkennen, dass der Föderalismus zwar im Grundgesetz verankert ist.[211] Dies bedeutet jedoch nicht, dass die Vorstellungen der Väter des Grundgesetzes von 1950 auch noch für

---

[208] Vgl. Benda u. a., a. a. O., S. 1104 ff.

[209] Vgl. Schmalz, Staatsrecht, S. 265 Rn. 646.

[210] Sog. Wettbewerbsföderalismus; vgl. dazu v. Münch, Staatsrecht I, Rn. 607.

[211] Vgl. Degenhart, Staatsrecht I, Rn. 193 ff m. w. N.

das 21. Jahrhundert gelten können. Alles unterliegt einer stetigen Veränderung. Auch die Wirtschaftssysteme und die Regelungen des Rechts müssen dem Lauf des Lebens angepasst werden. Ziel muss also sein, die Länderfunktionen zu stärken. Dies kann geschehen, indem die ausschließliche Gesetzgebungskompetenz des Bundes stark minimiert würde und der konkurrierenden Gesetzgebung mehr Wirkung zugesprochen werden sollte. Der Bund hätte somit nur in den geringsten Ausnahmefällen ein Gesetzgebungsrecht, was an enge Voraussetzungen zu binden wäre. Die oberste Kontrolle müsste diesem dennoch aus rechtstaatlichen Gründen obliegen. Jedoch muss die Durchführung der Gesetze noch stärker in die Hände der Länder gelegt werden. Dann gelangt auch der deutsche Staat wieder zu einem ausgeglichenen Haushalt und einem starken Wirtschaftssystem.

IV) Anhang Abbildungen

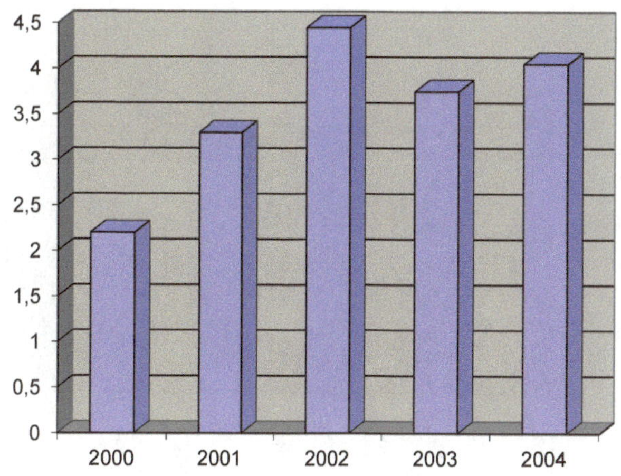

[Abb. (1)]
[Bruttoinlandsprodukt der Slowakei – Veränderung zum Vorjahr in Prozent]

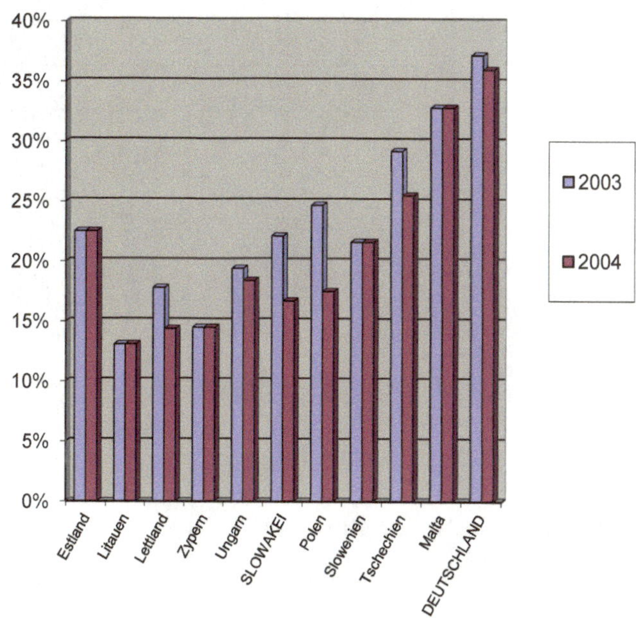

[Abb. (2)]
[Effektive Steuerbelastung von Unternehmensgewinnen sofern dieses dauerhaft im Land bleiben]

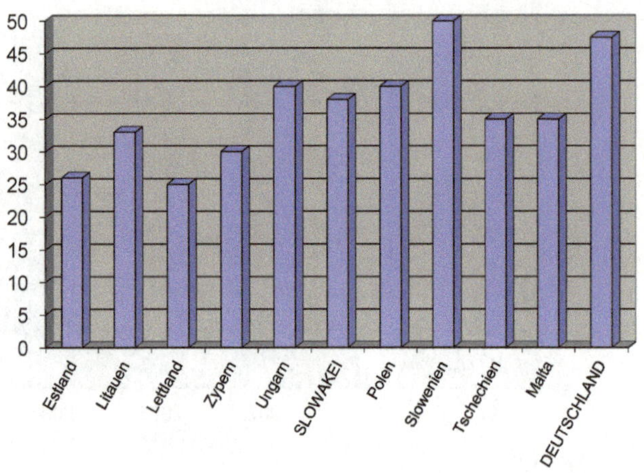

[Abb. (3)]
[ESt-Spitzensätze 2003 in Prozent (Deutschland 2004)]

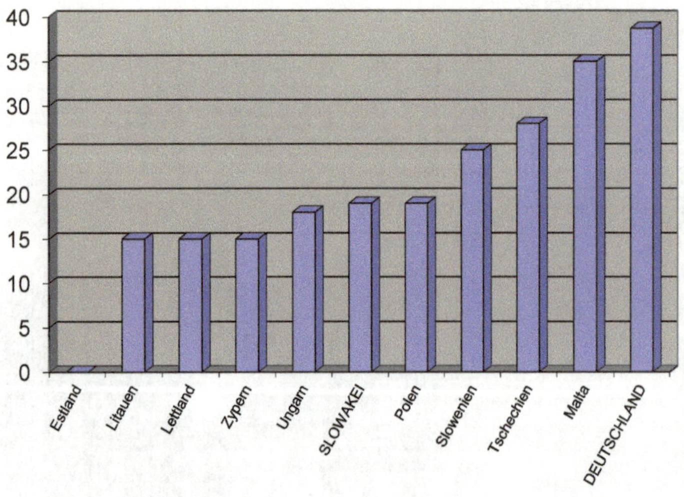

[Abb. (4)]
[Nominale Steuerbelastung 2004 von einbehaltenen Unternehmensgewinnen in Prozent (KSt, GewSt etc.)]

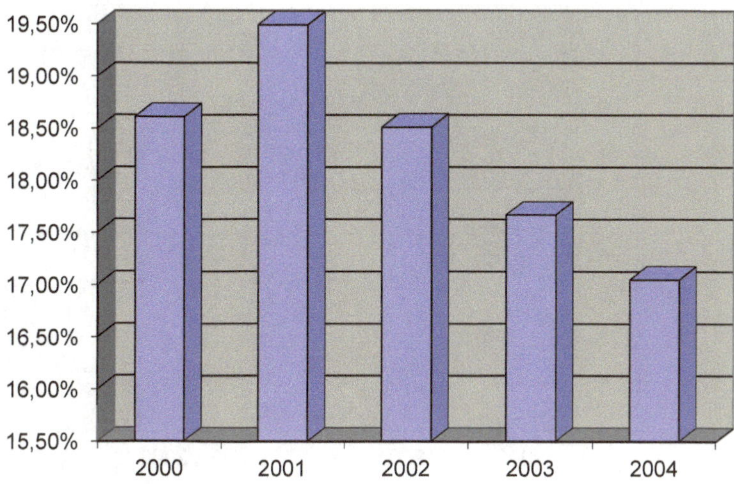

[Abb. (5)]
[Arbeitslosenrate der Slowakei in Prozent]

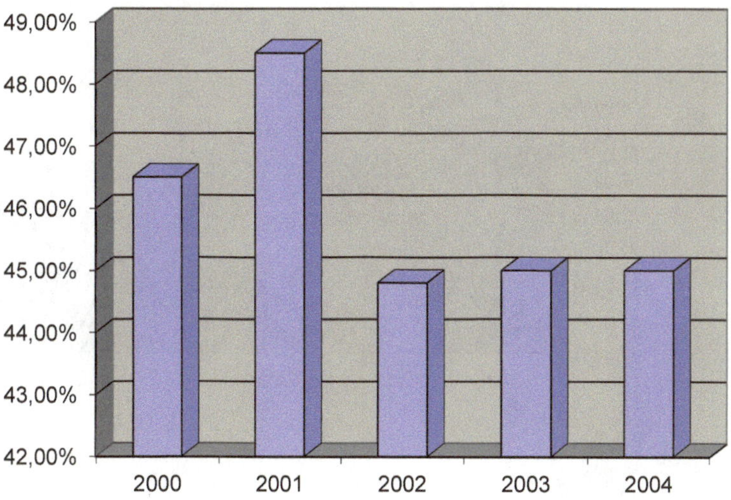

[Abb. (6)]
[Staatsverschuldung der Slowakei in Prozent des BIP]

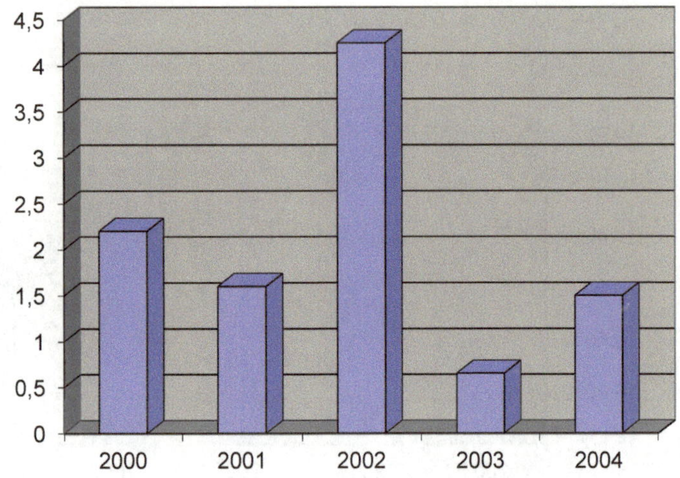

[Abb. (7)]
[Ausländische Direktinvestitionen in der Slowakei in Mrd. Euro]

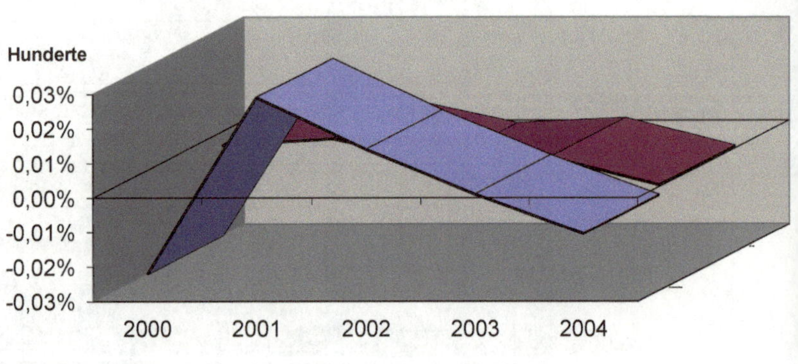

[Abb. (8)]
[Lohnstückkosten – Veränderung zum Vorjahr in Prozent]

V) Literaturverzeichnis

- Aatz, Alois; Die Besteuerung der Wertpapier-Optionsgeschäfte von Privaten, BB 1974, S. 879 ff.

- Achleitner, Ann-Kristin / Wollmert, Peter; Stock Options, Stuttgart 2000

- Arndt, Hans-Wolfgang; Steuerrecht, 2. Auflage, Heidelberg 2001

- Badura, Peter; Staatsrecht, 3. Auflage, München 2003

- Baums, A. Philipps; Der Ausschluss von Minderheitsaktionären nach §§ 327 a ff. AktG n. F. – Einzelfragen -, WM 2001, S. 1843 ff.

- Bayer, Hermann-Wilfried; Grundbegriffes des Steuerrechts, 4. Auflage, Neuwied u. a. 1992

- Benda, Ernst / Maihofer, Werner / Vogel, Hans-Jochen; Handbuch des Verfassungsrechts der Bundesrepublik Deutschland, 2. Auflage, Berlin u. a. 1994

- Berg, Wilfried; Staatsrecht, 3. Auflage, Stuttgart u. a. 2001

- Bleckmann, Albert; Die Struktur des allgemeinen Gleichheitssatzes, Band 9, Köln u. a. 1995

- Birk, Dieter; Steuerrecht, 6. Auflage, Münster 2003

- Bolte, Christian; Squeeze-out: Eröffnung neuer Umgehungstatbestände durch die §§ 327 a ff. AktG?, DB 2001, S. 2587 ff.

- Bosse, Christian; Erwerb eigener Aktien, Dissertation, Heidelberg 2002

- Bundessteuerberaterkammer; Besteuerung von Spekulationsgeschäften auf dem verfassungsrechtlichen Prüfstand – Einspruch gegen Steuerbescheide zur Spekulationssteuer, Beihefter zu DStR 2002 – KR, S. 34 f.

- Bundessteuerberaterkammer; Rückwirkende Verlängerung der Grundstücksspekulationsfrist auf zehn Jahre vermutlich Verfassungswidrig – BFH gewährt Vollziehungsaussetzung, Beihefter zu DStR 2001 – KR, S. 2

- Bundessteuerberaterkammer; Hinweise der Bundessteuerberaterkammer für die Ermittlung des Wertes einer Steuerberaterpraxis, abrufbar unter https://www.bstbk.de/de/presse/publikationen/, 2017

- Butzke, Volker; Die Hauptversammlung der Aktiengesellschaft, 4. Aufl., Frankfurt/M. 2001

- Clausen, Carsten Peter; Bank- und Börsenrecht, München 1996

- Coface Intercredit Holding AG; Slowakei – Leitfaden für Investoren und Exporteure, Wien 2003

- Creifelds, Carl; Rechtswörterbuch, 15. Auflage, München 1999

- Dammer, Thomas; Memento Steuern 2000, Freiburg i. Br. 2000

- Daumke, Michael; Grundriß des deutschen Steuerrechts, 2. Auflage, Berlin 1991

- Degenhart, Christoph, Staatsrecht I Staatsorganisationsrecht, 19. Auflage, Heidelberg u. a. 2003

- Dembowski, Anke; Profi-Handbuch Investmentfonds, Regensburg u. a. 2000

- Ebke,Werner F.; Die Würfel sind gefallen: Die Sanktionen der Sitztheorie sind europarechtswidrig!, BB 2003, S. 1 ff.

- Ehricke, Ulrich / Ekkenga, Jens / Oechsler, Jürgen; Wertpapiererwerbs- und Übernahmegesetz (WpÜG), München 2003

- Ehricke, Ulrich / Roth, Markus; Squeeze-out im geplanten deutschen Übernahmerecht, DStR 2001, S. 1120 ff.

- Emmerich, Volker / Sonnenschein, Jürgen; Konzernrecht, 6. Auflage, München 1997

- Englert, Joachim; Bewertung von Steuerberatungs- und Wirtschaftsprüfungsgesellschaften, in: Peemöller (Hrsg.), Praxishandbuch der Unternehmensbewertung, 3. Auflage, Herne/Berlin 2005

- Ernst, Markus; Die Besteuerung der Veräußerungsgewinne von Anteilen an Kapitalgesellschaften im Privatvermögen und ihre Rechtfertigung, Augsburg 2003

- Eschenbach, Jürgen; Der verfassungsrechtliche Schutz des Eigentums, Dissertation, Osnabrück 1995

- Falterbaum, Hermann / Beckmann, Heinz / Bolk, Wolfgang; Buchführung und Bilanz, 17. Auflage, Achim 1998

- FORUM EUROPAEUM KONZERNRECHT; Konzernrecht für Europa, ZGR 1998, S. 673 ff.

- Gassner, Wolfgang; Europarechtswidrigkeit der Organschaftsbesteuerung, DB 2004, S. 841 ff.

- Geibel, Stephan / Süßmann, Rainer; Wertpapiererwerbs- und Übernahmegesetz (WpÜG), Kommentar, München 2002

- Gimpelevich, David; Simulation-based excess return model for real estate development. A practical Monte Carlo simulation-based method for quantative risk management and project valuation for real estate development projects illustrated with a high-rise office development case study, in: Journal of Property and Investment & Finance 29, 2, S. 115-130, 2011

- Groß, Wolfgang; Kapitalmarktrecht, Kommentar, München 2000

- Grunewald, Barbara; Die neue Squeeze-out-Regelung, ZIP 2002, S. 18 ff.

- Haarmann, Wilhelm / Riehmer, Klaus / Schüppen, Matthias; Öffentliche Übernahmeangebote, Kommentar, Heidelberg 2002

- Haas, Helmut; Körperschaftsteuer, 7. Auflage, München 2002

- Habersack, Mathias; Der Finanzplatz Deutschland und die Rechte der Aktionäre, ZIP 2001, S. 1230 ff.

- Hamann, Axel; Minderheitenschutz beim Squeeze-out-Beschluss, Dissertation, Düsseldorf 2002

- Hartmann, Jörg; Juristische und ökonomische Regelungsprobleme des Insiderhandels, Dissertation, Saarbrücken 1999

- Heidel, Thomas; Aktienrecht, Kommentar, Bonn 2003

- Heinicke in: Schmidt, Ludwig; EStG, Kommentar, 22. Auflage, München 2003

- Herrmann, Carl / Heuer, Gerhard / Raupach, Arndt; Einkommensteuer- und Körperschaftsteuergesetz, Kommentar, 21. Auflage, 1982

- Hüffer, Uwe; Aktiengesetz, Kommentar, 4. Auflage, München 1999

- Huhmann, Marcus; Die verfassungsrechtliche Dimension des Bankgeheimnisses, Dissertation, Kiel 2001

- Institut der Wirtschaftsprüfer (Hrsg.); IDW Standard: Grundsätze zur Durchführung von Unternehmensbewertungen (IDW S 1 i.d.F. 2008), Düsseldorf 2008

- Ipsen, Jörn; Staatsrecht I, 15. Auflage, München u. a. 2003

- Ipsen, Jörn; Staatsrecht II, 6. Auflage, München u. a. 2003

- Jarass, Hans D. / Pieroth, Bodo; Grundgesetz für die Bundesrepublik Deutschland, Kommentar, 7. Auflage, München 2004

- Kallmeyer, Harald; Ausschluß von Minderheitsaktionären, AG 2000, S. 59 ff.

- Kettler, Marion; Steuerreform Slowakei 2004 bis 2006, Wien 2003

- Kittner, Michael / Köstler, Roland / Zachert, Ulrich; Aufsichtsratpraxis, 5. Auflage, Köln 1995

- Klein, Franz; AO, Kommentar, München 2000

- Klose, Tobias / Ruppert, Philipp; Aktienrückkauf (I): Nur PR-Maßnahme oder strategisch sinnvolles Instrument?, Die Bank 2004, S. 250 ff.

- Knaus, Michael / Wakounig, Marian-Raimund; Steuer- und Gesellschaftsrecht der EU-Beitrittskandidaten, Wien 2003

- Köbler, Gerhard; Etymologisches Rechtswörterbuch, Tübingen 1995

- Kötter, Friedrich / Hirt, Ernst / Röttinger, Hans; ABC des Bilanzsteuerrechts, 3. Auflage, Berlin 1979

- Kobler, Markus; Der Staat und die Eigentumsrechte, Tübingen 2000

- Kohls, Rainer, M.; Bankrecht, 2. Auflage, München 1997

- Krieger, Gerd; Squeeze-Out nach neuem Recht: Überblick und Zweifelsfragen, BB 2002, S. 53 ff.

- Kruschwitz, Lutz / Löffler, Andreas / Essler, Wolfgang; Unternehmensbewertung für die Praxis: Fragen und Antworten, Stuttgart 2009

- Kümpel, Siegfried; Bank- und Kapitalmarktrecht, 3. Auflage, Köln 2004

- Land, Volker / Hasselbach, Kai; „Going Private" und „Squeeze-out" nach deutschem Aktien-, Börsen- und Übernahmerecht, DB 2000, S. 557 ff.

- Land, Volker / Hasselbach, Kai; Das neue deutsche Übernahmegesetz, DB 2000, S. 1747 ff.

- Lenenbach, Markus; Kapitalmarkt- und Börsenrecht, Freiburg 2002

- Lippross, Otto-Gerd; Basiskommentar-Steuerrecht, Band II, Köln 2002

- Littmann, Eberhard / Bitz, Horst / Pust, Hartmut; Das Einkommensteuerrecht, Kommentar, Band 3 & 4, Stuttgart 2004

- Lutter, Marcus; "Überseering" und die Folgen, BB 2003, S. 7 ff.

- Maunz, Theodor / Dürig, Günter; GG, Kommentar, Band II, München 2003

- Maurer, Hartmut; Staatsrecht, München 1999

- Münch von, Ingo / Kunig, Philip; Grundgesetz, Kommentar, 5. Auflage, München 2000

- Münch von, Ingo; Staatsrecht I, Band 1, 6. Auflage, Stuttgart u. a. 2000

- Münchener Kommentar, AktG, Band 7, München 2001

- Noack, Ulrich; Entwicklungen im Aktienrecht 1999/2000, Düsseldorf 1999

- Peltzer, Martin; Die Haftung der Konzernmutter für die Schulden ihrer Tochter, mit der sie durch Ergebnisabführungs- und/oder Beherrschungsvertrag verbunden ist, insbesondere im Falle der Insolvenz der Tochter, AG 1975, S. 309 ff.

- Peters, Thorsten; Übertragung von Gesellschaftsvermögen und „Freezeout" – Konfliktpotenzial im Minderheitenschutz, BB 1999, S. 801 ff.

- Piepenburg, Manfred; Mitgliedschaftliche Treupflichten der Aktionäre, Dissertation, Trier 1995/96

- Pieroth, Bodo / Schlink, Bernhard; Grundrechte Staatsrecht II, 16. Auflage, Berlin u. a. 2000

- Pietsch, Reinhart / Posdziech, Ortwin; Grundriß der Körperschaftsteuer, Bonn 1991

- Plack, Marina; Aktionärsklagen im französischen und deutschen Recht unter Einbeziehung der neueren Rechtsentwicklung in Belgien, Dissertation, Bonn 1994

- Plück, Ralf / Schmutzler, Karl Jürgen / Kühn, Peter; Kapitalmarktrecht, Wiesbaden 1999

- Plückebaum, Rodolf / Wendt, Wilhelm / Ehmcke, Torsten / Niemeier, Gerhard / Schlierenkämper, Klaus-Peter; Einkommensteuer, 18. Auflage, Achim 1996

- Pötzsch, Thorsten; Das neue Übernahmerecht, Köln 2002

- Popp, Matthias; Bewertung von Steuerberatungs- und Wirtschaftsprüfungsgesellschaften; in Druckarczyk/Ernst, Branchenorientierte Unternehmensbewertung, S. 255-275, 2. Auflage, München 2007

- Puls, Stephanie; Dagobert Duck und die Luxemburg-Sparer, Dissertation, Berlin 2000

- Rebmann, Volker; Die Ausweitung des aktienrechtlichen Spruchstellenverfahrens, Dissertation, Tübingen 1994

- Richter, Ingo / Schuppert, Gunnar Folke, Casebook Verfassungsrecht, 3. Auflage, München 1996

- Sachs, Michael; GG, Kommentar, München 1996
- Schade, Peter; Grundgesetz, Kommentar, 6. Auflage, Regensburg u. a. 2003
- Schanz, Kay-Michael; Börseneinführung, München 2000
- Schiessl, Maximilian; Ist das deutsche Aktienrecht kapitalmarkttauglich?, AG 1999, S. 442 ff.
- Schlüter, Uwe; Börsenhandelsrecht, 2. Auflage, München 2002
- Schmalz, Dieter; Staatsrecht, 3. Auflage, Baden-Baden 1996
- Schmidt, Rolf; Staatsorganisationsrecht, 2. Auflage, Bremen 2001
- Schmidt-Bleibtreu, Bruno / Klein, Franz; GG, Kommentar, 8. Auflage, Neuwied u. a. 1995
- Schneider, Joachim; Kapitalmarktrechtlicher Anlegerschutz und Internationales Privatrecht, Dissertation, Tübingen 1997
- Schumacher, Rudolf; Private Veräußerungsgeschäfte nach § 23 EStG für Minderheitsaktionäre als steuerliche Folge beim sog. „Squeeze-out"?, DB 2002, S. 1626 ff.
- Schöneberger, Peter; Haftung des Organträgers nach Beendigung des Gewinnabführungsvertrages, BB 1978, S. 1646 ff.
- Schwabe, Jürgen; Grundkurs Staatsrecht, 4. Auflage, Berlin u. a. 1991

- Schwichtenberg, Jörg; Going Private und Squeezeouts in Deutschland, DStR 2001, S. 2075 ff.

- Seifert, Karl-Heinz / Hömig, Dieter; Grundgesetz für die Bundesrepublik Deutschland, 6. Auflage, Baden-Baden 1999

- Seppelfricke, Peter; Handbuch Aktien- und Unternehmensbewertung: Bewertungsverfahren, Unternehmensanalyse, Erfolgsprognose, 3. Auflage, Stuttgart 2007

- Siekmann, Helmut / Duttge, Gunnar; Staatsrecht I: Grundrechte, Nürnberg u. a. 1998

- Stein, Ekkehart / Frank, Götz; Staatsrecht, 18. Auflage, Tübingen 2002

- Stenzel, Stefan; Außerbörslicher Aktienhandel, Teilband I, Dissertation, Darmstadt 1995

- Stern, Klaus; Das Staatsrecht der Bundesrepublik Deutschland, Band V, München 2000

- Stolze, Marie-Theres; Verdeckte Gewinnausschüttung und nahestehende Person, Dissertation, Münster 1998

- Streck, Michael; Körperschaftsteuergesetz, Kommentar, 6. Auflage, München 2003

- Takacs, Peter; Das Steuerrecht der Europäischen Union, Wien 1998

- Thomsen, Birger; Das Amnestiegesetz aus steuerstrafrechtlicher Sicht, Aachen 1995

- Tiedtke, Klaus / Wälzholz, Eckhard; Private Veräußerungsgeschäfte (Spekulationsgeschäfte) nach § 23 EStG im Rahmen von Trennungs- und Scheidungsvereinbarungen, DStZ 2002, S. 9 ff

- Tipke, Klaus / Lang, Joachim; Steuerrecht, 15. Auflage, Köln 1996

- Vetter, Eberhard; Squeeze-out nur durch Hauptversammlungsbeschluss?, DB 2001, S. 743 ff.

- Vetter, Eberhardt; Squeeze-out in Deutschland, ZIP 2000, S. 1817 ff.

- Vogel, Klaus; DBA, Kommentar, 3. Auflage, München 1996

- Waclawik, Erich; Ausgeschlossen und dennoch veräußert? – Die einkommensteuerlichen Folgen der „Steuerfalle Squeeze-out" bei Privatanlegern, DStR 2003, S. 447 ff.

- Walter, Wolfgang / Stümper, Franz-Peter; Überschusserzielungsabsicht bei privaten Veräußerungsgeschäften: Spekulation mit Jahrswagen?, DB 2001, S. 2271 ff.

- Walz, W. Rainer / Fischer, Hardy; Grundlagen des Steuerrechts für Einsteiger, Jus 2003, S. 341 ff.

- Weber, Klaus-Peter; Insiderrecht und Kapitalmarktschutz, Dissertation, Münster 1997/98

- Wichert, Joachim; Die Finanzen der Kommanditgesellschaft auf Aktien, Dissertation, Frankfurt/M. 1998

- Willms, Michael; Auflösung einer Kapitalgesellschaft und Vermögensübername durch den Mehrheitsgesellschafter oder dessen Tochtergesellschaft, Dissertation, Frankfurt/M. 1999

- Wöhe, Günter / Kußmaul, Heinz; Grundzüge der Buchführung und Bilanztechnik, 2. Auflage, München 1996

- Wöhe, Günter; Einführung in die Allgemeine Betriebswirtschaftslehre, 18. Auflage, München 1993

- Zenthöfer, Wolfgang / Leben, Gerd; Körperschaftsteuer und Gewerbesteuer, 11. Auflage, Stuttgart 2001

- Ziemons, Hildegard; Die Haftung der Gesellschafter für Einflussnahmen auf die Geschäftsführung der GmbH, Dissertation, Bonn 1996

- Zimmer, Daniel; Wie es Euch gefällt? Offene Fragen nach dem Überseering-Urteil des EuGH, BB 2003 S. 1 ff.

- Zimmerling, Marc; Kapitalerhaltung und Konzernfinanzierung, Dissertation, Frankfurt/M. 1997

- Zschocke, Christian O. / Schuster, Stephan; Handbuch zum Übernahmerecht, Heidelberg 2003

- Zwirner, Christian; Unternehmensbewertung - Bewertungsmethoden und -ansätze, München 2012

Zeitfracht Medien GmbH
Ferdinand-Jühlke-Straße 7
99095 Erfurt, Deutschland
produktsicherheit@kolibri360.de